커피 기본 이론부터 에스프레소머신 관리까지

바리스타&커피 창업 안내서

COFFEE

김병희 저자 주요 경력

2003~현재
커피 전문점 및 로스터리 카페 매장 1,000여개 오픈 컨설팅
이태리 현지 일렉트라사 커피머신 교육 연수
이태리 현지 하우스브란트사 교육 수료 / 일본 현지 고노사 로스팅 교육 연수
일본 현지 와타루사 생두 교육 연수 / 일본 현지 이시미츠사 생두 교육 연수
중국 현지 호텔 로스터리커피숍 컨설팅 / 대만 현지 클럽사 커피머신 교육 연수

2005~2010
(주)한국커피 직영매장 슈퍼바이저
(주)가비양 커피샵 오픈 컨설턴트
D기업 커피로스팅 담당자 합격 / KCA 심사위원
카페다 본사 오픈
ADI 심사위원 / 한국능력교육개발원 심사위원 / 한능원 바리스타 심사위원 양성과정 연수

2012
한국능력교육개발원 홍보분과 위원장 위촉 / 카페다 송파구 교육센터 오픈
강릉 커피축제 CAEA 전국학생 바리스타대회 심사위원
서울시 교육청 서울 학생 직업체험 교육기부 인증기관 취득(카페다)

2013~2014
일본현지 후지로얄사 엔지니어 과정 수료 및 자격 취득
국정과제 "국가직무능력표준(NCS)" 바리스타분야 개발전문위원 위촉(한국산업인력관리공단)
월드슈퍼바리스타 챔피언십(WSBC) 심사위원

2015
한국능력평가협회 인재평가원(KAEA) 부원장 위촉
유한대학교 호텔관광 · 외식조리과 외식조리경영전공 산학협동위원회 위원

2016
현) UCEI 용인지부 지부장 임명
현) 유한대학교 호텔관광 · 외식조리과 외식조리경영전공 NCS 기반 교육과정개발 전문위원 임명
월드슈퍼바리스타 챔피언십(WSBC) 부심사위원장

2017~2018
괴산 세계유기농엑스포 공식커피 책임로스터
에티오피아 현지 짐마 쇼네 유기농 커피농장 발굴 / (주)에이덴 씨메머신 경기지사 책임자
제4회 ALGOA(아시아유기농지도자교육) 정상회의장 공식커피 책임로스터

2019
WSBC-WSBM 부심사위원장 / 광운대학교 경영대학원 외식경영 석사 MBA
한국 태환자동화산업 커피로스터기 튜닝 엔지니어

2020
대한민국 커피산업대상 한국커피 연합회장상 수상 / 광운대학교 경영대학원 겸임교수

2021
제7회 ALGOA(아시아유기농지도자교육) 정상회의장 공식커피 책임로스터

프 롤 로 그

입대할 때만 하더라도 커피와 거리가 먼 당구선수로서의 삶을 살 줄 알았다. 그전까지 당구 전공자였으며, 하루 12시간 이상을 당구 연습에 몰입했기 때문이다. 그러나 제대 후 물류창고 아르바이트를 하면서 가정용 커피 기계를 접하게 된 순간이 내 인생의 전환점이 될 줄 꿈에도 몰랐다. 커피를 알면 알수록 매력이 커졌고, 대구 유명 카페에서 일하며 수많은 손님이 오가는 것을 보고 '커피는 대박 사업이구나!' 하는 생각이 들었다. 그 후 경제적인 어려움을 겪던 부모님께 힘이 되려고 커피 원두 영업을 시작했다. 커피 기계 AS업체, 커피 로스팅 공장업체 등 거래처를 돌아다니며 커피의 매력을 깊이 알아갔다. 급여도 많이 받으며 보람을 느꼈지만 회사의 시스템이 바뀌면서 인센티브가 줄어들었고, 가장으로서 많은 고민을 거듭하여 형님과 함께 지금의 '카페다'라는 회사를 창업했다. 사업을 시작하며 돈을 버는 것 이상으로 좋았던 것은 '커피'를 통해 다양한 분야의 사람들을 만나는 것이었다. 이 경험으로 유형보다 무형의 상품이 더 큰 감동을 준다는 것을 배웠다. 제품 이상의 감동을 전해주는 것을 목표로 일하다 보니 일이 즐겁고 삶의 목표도 뚜렷해졌다.

우리에겐 일과 끝에 마시는 와인보다, 하루를 시작하며 마시는 커피가 더 친숙하다. '밥보다 커피'라는 말이 있을 정도로 우리나라만큼 커피를 사랑하는 국가도 드물 것이다. 어려운 경제 상황 속에서도 카페는 무분별하게 생겨나다 보니 모든 매장이 다 성공할 수는 없을 것이다. 카페가 잘되려면 좋은 상권, 맛있는 커피, 저렴한 가격 등 차별점이 있어야 한다. 하지만 지금 잘된다고 하더라도 운영하다 보면 어려움은 찾아온다. 특히 업주들이 곤혹스러워하는 순간이 커피 기계가 고장 났을 때이다. 센스있는 업주들은 기계를 꾸준히 관리하지만, 문제는 기계가 고장 나지 않을 거라고 철석같이 믿는 업주들이다. 이들은 평소 기계 관리를 하지 않아 매출 감소의 아픔을 겪는다. 그 아픔을 누구보다 잘 아는 나는 커피 기계를 연구했고, 카페 창업자에게 커피머신 엔지니어 과정을 교육하여 성공에 힘을 실어주었다. 업주들은 커피 기계가 고장 났을 때 빠르게 해결하여 손해를 줄일 수 있고, 질 좋고 위생적인 커피를 제공하여 안정적인 매출을 기대할 수 있다. 얼마 전 TV에서 커피 기계의 불량한 위생 상태를 꼬집는 내용이 방영되었을 때에도, 커피머신 엔지니어를 양성했던 필자는 오히려 고맙다는 전화를 수도 없이 받았다. 커피 기계를 꾸준히 관리하던 업주들은 위기를 슬기롭게 헤쳐나갔기 때문이다.

창업에서는 다양한 지식을 겸비할수록 성공률이 높아진다. 커피를 만들어 서비스하는 것은 바리스타의 몫, 기계를 고치고 관리하는 것은 엔지니어의 몫, 커피 생두를 선별하고 혼합해서 균형 잡힌 원두를 만들어 내는 것은 로스터의 몫, 이것은 구시대적인 이야기이다. 카페 창업을 꿈꾸고 있다면 최대한 다양한 분야의 사람들과 전문적인 지식을 공유하기를 바란다. 급변하는 시대에 남보다 다양한 지식을 가지고 있다면, 성공은 한 발 더 가까워져 있을 것이다.

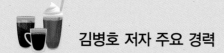

김병호 저자 주요 경력

2005~현재

카페다 수석 엔지니어

커피 전문점 및 로스터리 카페 매장 1000여개 설비인프라 스트럭쳐 디자인 컨설팅

이탈리아 현지 일렉트라사 에스프레소머신 엔지니어 교육 자격 취득

이탈리아 현지 하우스브란트사 교육 수료

일본 현지 UCC커피아카데미 수료

일본 호리구치 커핑마스터 클래스 수료

일본 현지 후지로얄사 로스터기 설치 · 정비 · 관리 엔지니어 과정 연수

일본 칼리타 한국 코엑스 카페쇼 현) 대표 바리스타

미국 자동드립머신 푸어스테디 셋업엔지니어

한국 태환자동화산업 커피로스터기 튜닝 엔지니어

프 롤 로 그

세계에서 가장 널리 소비되는 음료인 커피는 단순히 원료인 커피 콩을 로스팅과 추출이라는 과정을 통해 섭취가 가능한 상태로 요리하는 데서 끝나는 것이 아니다. 마치 안정된 화학적 분자 결합인 공유(covalent) 결합처럼 사람과 사람의 소통의 매개체로 더욱 가치 있는 시대를 커피는 열어가고 있다.

커피를 가르치다 보면 학생들에게 차와 커피를 비교해 달라는 질문을 간혹 받곤 한다. 커피의 가장 대표적인 성분인 카페인은 차에도 많이 들어있다. 카페인은 커피에서 느끼는 쓴맛의 대표적 알칼로이드 성분이다. 연구 자료를 보면 카페인은 중추신경계의 자극을 통해 반응속도를 향상시키고, 근육에너지의 생성을 향상시키며 나른함을 잊게 한다고 한다. 보통의 경우 커피를 마신 후 약 20분~2시간 사이가 혈중에서 카페인이 최고로 반응하는 시간이다. 건강한 사람의 경우 3~7시간 안에 절반 정도가 용해된다. 커피를 마시면 불면증이 온다는 분들은 수면 몇 시간 전에 마시는 것이 수면에 장애가 없었는지 확인해서 본인의 카페인 용해시간을 계산할 수 있다. 이를 참고로 수면에 지장 없는 커피타임을 찾아보면 좋을 것이다.

커피는 탄수화물, 단백질, 지방의 저장고인 커피열매의 씨앗을 매우 높은 열을 가해 그 맛과 향을 끌어올린 음료이다. 그에 반해 차는 식물의 줄기에서 광합성을 통해 성장하여 돋아나는 잎을 최소한의 열만으로 가열하여 찻잎 속 효소의 활성화 및 산화를 방지시켜 우려내는 음료이다. 이 둘은 모두 신이 준 식물을 인간의 기술로 빚어낸 색다른 차이의 창조물인 것이다.

요리는 같은 재료라 하더라도 하는 사람에 따라 개성이 다르게 나타나듯 커피에도 정답이란 없다. 좋은 재료를 확보해서 즐거운 마음으로 요리하듯 커피를 접해보길 바란다.

끝으로 이 책의 Chapter 1을 집필하기까지 도움을 주신 분들과 카페다 김병훈 대표님에게 감사함을 전하며 이 책을 읽는 독자 분들이 커피는 매우 신비롭고 까다로운 음료가 아니라 주방에서 요리하듯 편하고 즐겁게 다가갈 수 있는 음료라고 느낄 수 있기를 바란다.

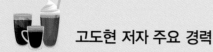 **고도현 저자 주요 경력**

2012~현재

카페다 교육팀장

카페다 영업팀장

이탈리아 일렉트라사 커피머신 엔지니어 교육 자격 취득

이탈리아 현지 하우스브란트사 교육 수료

카페다 대만 클럽사 커피머신 교육 연수

일본 현지 UCC커피아카데미 수료

에티오피아 현지 짐마 쇼네 유기농 커피농장 시찰

UCEI 통합커피교육기관 강사

한국 태환자동화산업 커피로스터기 튜닝 엔지니어

한국능력교육개발원 심사위원

광운대학교 경영대학원 외식경영 석사 MBA

대중 사이에 널리 퍼져 친숙해진다는 뜻의 '대중화'를 다르게 해석한다면 '빠르고 편리하게' 일 것이다. 17~18세기 유럽 지역에 커피의 대중화가 시작되면서 당시 터키식 커피나 드립커피와 같이 추출시간이 오래 걸리고 조리과정이 복잡한 기구로는 늘어나는 수요를 감당할 수 없게 되었다. 더욱 진하고 풍부한 향을 갖춘 커피를 빠르게(express) 내리기 위한 노력의 시작은 1901년 이탈리아 밀라노의 베제라(Luigi Bezzera)가 증기압을 이용한 머신을 개발하면서 시작되었다. 하지만 1.5bar에 불과한 증기압은 많은 양의 커피를 연달아 추출하긴 힘들었고, 1.5bar의 증기압을 만들어내기 위한 물의 온도는 너무 높아서 도리어 커피 맛에 방해가 되는 성분까지도 추출되는 한계에 부딪히게 되었다. 1946년 아킬레 가찌아(Achille Gaggia)가 피스톤의 원리를 이용한 레버식 커피머신을 개발하면서 안정적인 온도와 9기압의 고압 추출이 가능해졌고, 에스프레소의 심장인 크레마가 만들어졌다. 1950년 일렉트라사에서 피스톤 방식의 문제점이었던 고온으로 인한 크레마가 급속히 휘발되는 현상을 보완하여 현대식 머신의 근간인 에스프레소 머신을 생산하면서 안정적인 온도와 기압으로 추출이 가능하게 되었다.

이처럼 에스프레소 머신은 오랜 시간 대중에게 빠르고 완벽한 커피를 제공하기 위한 과학의 산물이고, 현대 커피의 대명사인 에스프레소를 추출하기 위한 핵심 기구이다. 에스프레소를 위한 블랜딩과 로스팅 기술이 개발되고 그 검증이 에스프레소 머신을 통해서 추출된 커피로 평가받게 되는 만큼 머신은 공정해야 하고 정확해야 한다. 만약 과학적으로 증명된 정확한 온도와 압력으로 추출하지 못했을 경우 블랜딩과 로스팅 기술의 근본이 무너질 수 있다. 따라서 에스프레소 머신은 항시 최상의 컨디션을 유지하여야 하는데, 그러기 위해서는 머신의 기본적인 성능 외에도 이상적인 설치와 지속적인 청소·유지관리를 할 수 있는 전문가가 필요하다.

접근성이 높은 사업인 커피 창업 시장은 여전히 건강한 사업이다. 그만큼 커피 교육에 대한 관심 또한 대단하다. 에스프레소 추출과 라떼아트, 로스팅이 중심이 된 교육 속에서 머신에 대한 전문적인 교육은 아직 그 중요성이 부각되지 않고 있는 것 같다. 필자는 바리스타, 로스터, 엔지니어로서 현업에 종사하면서 풀리지 않았던 커피 맛의 2%를 머신의 설치와 유지관리, 청소방법에서 찾게 되었다. 이 경험을 바탕으로 이번 엔지니어 파트에서 기본적인 머신의 원리 외에 현장 경험을 바탕으로 한 설치 방법과 유지관리 노하우를 집필하였다. 그동안 커피머신 관리를 어렵게 느끼셨던 분들과 엔지니어로서 카페전문 컨설턴트를 꿈꾸는 분들에게 도움이 되었으면 하는 바람이다.

마지막으로 이 책을 집필할 수 있게 도와주신 카페다 대표님과 임직원 분들에게 깊은 감사를 표한다.

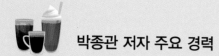 **박종관 저자 주요 경력**

2008년~현재

카페다 부산지사 대표

에이치컴퍼니 대표

로스팅코리아 이사

일본 현지 칼리타 드립과정 수료

란실리오 커피머신 엔지니어 과정 수료

미국 파라곤 정수필터 엔지니어 과정 수료

커피머신 커스텀튜닝 엔지니어

UCEI 바리스타 과정평가형 심사위원

세계 커피 소비량 6순위, 국민 1인당 연간 커피 소비량이 나날이 증가하는 대한민국은 커피 소비 대국의 반열에 올라섰다.

커피는 이제 현대인의 일상에서 빼놓을 수 없는 기호 식품이 되면서, 커피에 대한 대중적인 관심 또한 증가하고 있다. 커피의 원재료인 커피콩뿐만 아니라 커피 음용 방법과 커피머신에 관한 관심은 홈카페 등 새로운 카페 문화를 형성하였고, 지금도 커피 산업은 확장 및 세분화되고 있다.

이로 인해 바리스타, 로스터, 엔지니어 등으로 대표되는 커피 전문가들을 비롯하여 수많은 커피 관련 직업과 일자리가 생겨나고 있다. 커피 산업 종사자들에게는 더욱 전문적인 지식과 기술이 요구되는 것이다. 하지만 커피에 대해 전문적으로 접근하고 이해하려면 노력과 시간이 필요하다. 커피를 배우기 시작했을 당시 겪었던 어려움을 떠올리면서, 커피 전문가가 되기 위해 입문하는 분들이 좀 더 쉽게 이해할 수 있도록 집필했다.

독자들의 도전과 열정을 응원하며, 이 책이 바리스타를 꿈꾸는 모든 이들에게 도움이 되기를 바란다.

Contents

Chapter 1

커피 이야기

Chapter 1.
커피 이야기(Coffee Story)

커피의 기원

사람들이 마시는 커피의 원료는 커피나무에서 열리는 열매를 수확 후 외피와 과육, 그리고 내피와 은피를 제거한 씨앗이다. 이를 생두(Green Bean)라 부른다. 음료로써 커피(Coffee) 또는 커피차(Coffee Beverage)는 이 생두(Green Bean)를 주로 건조 후 볶아 가루로 낸 것을 온수나 증기 또는 냉수나 우유 등으로 기호에 맞게 우려내어 마시는 기호식품(嗜好食品, Favorite Food)이다.

이 음료는 1년에 세계적으로 약 6천억 잔이 소비되며, 한때 원유 다음으로 교역량이 많았다.

커피 열매와 열매의 씨앗(생두)

오늘날 우리에게 알려진 "커피"라는 단어는 영어식 표기 "COFFEE"를 차용한 외래어로, 조선 최초의 국비 유학생으로 유럽과 미국을 둘러본 조선의 지식인 유길준이 쓴 우리나라 최초의 서양견문록인 〈서유견문〉에 소개된 것이 그 시초이다.

유길준 서유견문록

서유견문에는 '우리가 숭늉을 마시듯 서양 사람들은 커피를 마신다'고 설명한다. 하지만 서양에서 커피를 접한 유길준과 다르게 우리 땅에서 커피를 자주 접했던 최초의 사람은 고종(高宗)황제로 알려져 있다. 아관파천(俄館播遷, 1896년 2월 11일 친러세력과 러시아 공사의 공모 하에 고종과 왕세자가 궁궐을 벗어나 지금의 서울특별시 정동(貞洞)에 위치한 러시아 공사관으로 옮겨간 사건) 당시, 러시아 공사인 카를 베베르(Karl Ivanovich Veber, 1841.7.5~1910.1.8)에게 처음 커피 대접을 받은 고종은 이후 덕수궁으로 돌아와 정관헌(靜觀軒)을 짓고 여기서 커피를 자주 애음했다고 한다.

정관헌(靜觀軒)

당시에는 커피의 일본식 표기 '가배(珈琲)'를 '가히'라고 읽었고 궁중에서는 커피를 '가배차'라고 불렀다. 반면 일반인들에게는 빛깔과 맛이 흡사 탕약과 비슷하여 서양에서 들어온 탕이라는 의미로 '양탕국'으로 불렸다. 영어의 "COFFEE"라는 단어는 아랍어 명칭 쿼왓(qhwt)이 오스만 투르크어로 흘러 들어가면서 현지의 유럽인들까지 사용하게 되었다고 한다.

커피의 발견설 중에서 가장 많이 알려진 전설에 따르면 6세기경 에티오피아 고지대에서 염소 목동이었던 소년 칼디(Kaldi)가 우연히 염소들이 열매를 먹고 활발해지는 것을 발견했고, 그 열매를 마을의 이슬람 종교 수행자 즉, 수도승들이 종교행사를 위해 애음하면서 전파되었다고 전한다.

그곳에서부터 커피는 이집트와 예멘으로 전파되었고, 이렇게 전파된 커피는 15세기경 터키(당시 오스만 투르크 제국), 페르시아와 북아프리카에서 음료로 인기를 얻었다. 기독교의 영향을 받은 유럽에서는 향이 뛰어난 커피를 타종교에서 마셨던 음료라 하여 악마가 유혹하는 향을 가진 악마의 음료라고 소문이 나기도 했다.

이렇듯 유럽에서 커피에 대한 첫 반응은 그다지 좋지 않았다. 하지만 1475년 세계 최초의 커피 가게인 키바 한(Kiva Han)이 콘스탄티노플(오늘날 터키의 이스탄불)에 생기면서 커피의 상업화가 시작된다.

1538년 독일의 의사 레오나르도 라우볼프는 커피에 대해 "위에 관련된 질환을 치료하는 데 유용하여 아침에 한 잔씩 마셨다. 이것은 물과 분누라는 관목에서 나는 열매로 만들어진다."고 적었다.

커피가 이슬람 세계에서 유럽으로 퍼지는 결정적인 계기는 이탈리아에서 1600년 교황 클레멘트 8세(Pope Clement VIII)가 더 이상 악마의 음료가 아닌 일반음료로 받아들일 수 있도록 세례를 준 데서 시작됐다.

1669년 메흐메드 4세의 사절로 쉴레이만 아아가 프랑스 베르사유 궁전에서 루이 14세를 접견할 때, 커피를 내리는 모습을 선보였고, 이것이 계기가 되어 상류층들 사이에서는 커피 담당 하인을 고용하는 것이 사회적 지위의 상징처럼 여겨졌다.

그 후 1672년 프랑스 파리에 최초의 커피하우스가 열렸고, 오스만 제국이 오스트리아 빈을 점령한 후 터키에 있던 공직자 프란츠 콜스키(Franz Kolschitzky)는 검붉은 빛깔의 열매를 가져와 1683년에 커피하우스를 열었다. 17세기로 접어들면서 커피하우스는 유럽에서 큰 인기를 얻는데 이때 네덜란드 상인들은 인도네시아 자바 섬 지역에 상업 목적의 커피농장을 만들어 큰 성과를 거두기도 했다.

한편, 오스트리아보다도 먼저 커피를 마시던 영국 사람들에게 커피하우스는 '1 Penny Universities'라 불리면서 지식인 계층의 사람들이 모여 맑은 정신을 만들어 주는 커피를 마시며 토론하는 장으로 자리를 잡았다. 영국인들 사이에서 커피의 인기가 계속 증대됨에 따라 1690년대부터는 미국의 뉴욕, 보스턴, 필라델피아 등지에서 본격적인 커피 가게 붐이 일어난다.

초기 미국에서 커피는 술보다 인기 없는 음료였지만 미독립전쟁 기간 중 커피의 각성효과가 알려지면서 수요가 증가했고 오늘날 카페 아메리카노 메뉴가 탄생한, 그야말로 커피 부흥의 점화가 시작된다. 이때 수요와 공급의 법칙으로 커피의 가격이 급격하게 뛰는 현상이 발생했고, 20세기에 들어서서 커피를 산업적인 부가가치가 있는 것으로 보고 1900년 진공 포장된 커피가 나오기 시작했다. 이듬해에는 보다 간편하게 커피를 마시는 방법을 일본계 미국인 과학자이던 사토리 카토가 연구 끝에 인스턴트 커피를 발명하여 인기를 얻었다. 이후 오늘날 모카포트와 유사한 원리의 커피 추출기구가 발명되지만, 너무 높은 온도에서 커피가 추출되어 커피 맛이 떨어졌다. 사람들은 이보다 간편하면서 빠르게 커피를 먹을 수 있는 더 좋은 방법을 연구하기 시작했다. 이탈리아의 엔지니어 크레모네시(M. Cremonesi)는 1938년에 뜨거운 물을 사용할 수 있는 피스톤식 펌프를 만들었다. 이는 제2차 세계대전(World War II)이 끝난 이듬해인 1946년 이탈리아인 가찌아(Achilles Gaggia)에 의해 활용되어 기존 추출방식과 다른 피스톤 방식의 추출기구가 발명되었다. 뜻하지 않게 천연크림 즉 '크레마(Crema)'를 발견한 가찌아는 'Caffe crema di caffe naturale(coffee cream from natural coffee)' 즉, 천연크림이란 문구를 작성해서 자신의 기계가 보이는 창문에 광고를 하면서 대중의 관심을 일으켰다. 이는 오늘날 반자동 머신의 전신인 수동 에스프레소 추출기계로 커피 역사에 남아 있다.

그리고 1947년 이탈리아의 일렉트라사에도 이 방식과 동일한 수동 커피 추출기계가 만들어졌고 1950년에는 오늘날 상업용 반자동 에스프레소 머신의 전신으로 불리는 기계가 탄생되면서 그야말로 유럽의 에스프레소 커피시장의 발전을 예고하게 만든다.

1950년 이탈리아 gran bar에 설치된 일렉트라사의 반자동 머신

커피의 품종과 특징

커피는 꼭두서니과(Rubiaceae) 코페아속(Coffea)에 속하는 다년생 상록관목(사철 푸른 나무)이고 소교목(키 작은 나무)에 속한다. 커피의 품종은 매우 많은데 분류학적인 연구에 따르면, 60~70여종으로 분류가 된다. 주요 재배 품종은 종(種, Species)에 따라 아라비카(Arabica)와 카네포라(Canephora), 그리고 리베리카(Liberica) 품종으로 나뉘는데 그 중 아라비카는 전 세계 생산량의 75% 이상을 차지하고 향기와 맛이 좋아 최고의 품질로 인정받고 있다. 이 때문에 커피 전문점이나 고급 외식업계에서 주로 사용된다.

커피 꽃 봉오리	아라비카 나뭇잎과 커피 꽃 & 벌	잘 익은 유기농 하와이 코나 커피체리	하와이 코나커피 꿀

커피 꽃이 피는 시기, 현지에서는 양봉을 하여 커피 꿀을 재배하는 농가들도 있는데 커피 꿀에서 커피 맛과 향이 나며 커피 고유의 독특한 풍미가 있다.

미성숙 체리(Unripe Cherry)

익은 체리(Ripe Cherry)

농후한 체리(Over Ripe)

1) 아라비카(Arabica) 품종

1. 열매 맺는 가지(가지 끝은 꽃봉오리)
2. 꽃
3. 열매

원산지는 아프리카의 에티오피아이고, 세계 커피의 총 면적과 총 생산량의 80~82% 이상을 차지하는 세계 주요 재배종이다. 북위 28°와 남위 38° 사이의 고산지대 (1,300~1,900m)에 분포되어 있다. 주요 산지는 라틴아메리카로 그 중 브라질이 가장 많고 그 다음이 콜롬비아이다. 동부 아프리카, 서부 아프리카의 각국 및 아시아의 인도, 인도네시아, 베트남 등에서도 재배하고 있다. 오늘날 신흥 커피 강국으로 부상하는 중국에서도 이 아라비카를 주로 재배하는데 주요 경작지는 운남, 광시, 복건, 월서 등의 성(省)이다.

아라비카는 상록관목으로 길이가 4~5m로 비교적 작고, 분지는 가늘고 길며, 가지의 목전화(木栓化, 코르크화) 진행이 비교적 빠르다. 분지는 옆쪽으로 뻗다가 아래로 늘어진다. 잎은 가죽의 질감으로 작고 끝이 뾰족하며 긴 타원형으로 단단한 편이다. 잎 가장자리에는 톱니 모양이 선명하다. 꼭지눈의 어린잎은 녹색 혹은 고동색인데, 이로 인해 중국 운남에서는 녹정커피 혹은 홍정커피라고도 부른다. 한 마디에서 결실을 맺는 수는 일반적으로 12~20개로, 많은 것은 25개 이상도 된다. 가지 중에 열매를 맺는 마디가 비교적 많을 때는 열매는 비교적 작으며 과육은 달다. 실버스킨은 두꺼운 편이며 알맹이와 쉽게 분리된다. 생두를 건조시키게 되면, 알맹이는 비교적 가벼워지며 kg당 건조된 열매는 4,000~5,200알이다. 그러나 농산물이다 보니 재배환경과 기술에 따라 각 지역마다 kg당 건조된 열매의 수량은 다를 수 있는데, 확인결과 운남산은 kg에 4,000~4,600알, 광시는 4,000~4,400, 해남은 5,200알 정도이고, 관리가 잘 되었다면 그 생산량은 로부스타에 뒤지지 않는다. 추위와 건조에 비교적 잘 견디고, 향기로우며 단맛·감칠맛이 로부스타에 비해 강하며 카페인 함유량도 적다. 아라비카종은 병충해에 약한데 커피 녹병에 잘 걸리고, 하늘소의 위협을 쉽게 받는다. 주요 변이종은 다음과 같다.

(1) 티피카 종

재래종이라 불리는 오래된 품종으로 병충해에 약하고 생산성이 낮은 품종이다. 원산지는 에티오피아 및 수단의 동남부로, 서반구에서 가장 광범위하게 재배하는 원두 종류이다. 열매(Berry)는 비교적 크고 빨리 익으며, 어린잎은 고동색이고, 잎의 폭과 나무는 비교적 좁고 단단하나 햇빛에 약하다. 하와이는 기후와 햇빛이 적당하고 토양이 비옥하기 때문에 생산량이 많다.

(2) 버본 종

이 커피는 아라비카 커피 중에서 티피카에 버금가는 돌연변이종이다. 주요 가지는 줄기의 45° 상향으로 자라나다가 열매의 하중으로 인해 쳐지게 된다. 곁가지 마디 간격은 비교적 좁고, 열매가 많이 맺히며 생산량도 비교적 높다. 그러나 열매는 비교적 작고 좀 천천히 익는다. 결실이 과하게 많거나 과도하게 빨리 열리는 것, 나뭇가지가 마르는 병이 발생하는 정도는 티피카만큼 심각하지는 않다. 이파리는 넓은 편이고 어린잎은 담녹색이며, 빛에 강하고 고지대의 음지가 없는 환경에서도 잘 자란다. 브라질 상파울루에서 나는 노란색 껍질의 버본 종은 생산성이 좋아서 라틴 아메리카 등지에서는 점차 티피카를 대신하고 있다.

(3) 카투라 종

카투라 종은 버본의 단독 유전자 돌연변이종의 하나로 원산지는 브라질이다. 상파울루 및 아프리카의 앙골라 등지에서 광범위하게 재배되고 있는 변이종이다. 현재 카투라 커피는 콜롬비아에서 대량으로 재배되고 있으며, 생산성 좋은 품종으로 그 생산량은 기존 커피의 5~7배이다. 나무는 1.2m 밖에 되지 않지만 그늘이 필요 없고, 아주심기(종자나 묘 등을 농사할 밭에 옮겨 심는 일) 3년이면 결실을 맺는다. 그러나 다른 품종보다 더 비옥한 토양이 필요하고 세밀하게 가지치기를 해 줘야 한다. 또한 비교적 자주 비료를 주고 살충제를 뿌려줘야 한다. 콜롬비아의 커피 재배지는 "황금삼각지대"라고 불릴 정도로 비옥한 토지에서 재배한다. 카투라 커피는 왕성하게 성장하는데, 그 생산량은 거의 콜롬비아 전국 총 생산량의 30%에 달한다.

(4) 문도노보 종

원산지는 브라질 상파울루로, 버본과 티피카의 자연교잡종인 다수확 작물이다. 생산량은 버본과 티피카보다 많다. 그러나 열매가 여물지 않거나 열매 맺지 못하는 경우가 자주 발생하며 녹병에 잘 걸린다.

(5) 켄트 종

원산지는 인도로 1911년 켄트가 마이소르(Mysore)의 Doddengooda 지역 켄트 커피농장에서 처음 발견했다. 생장이 왕성하고 녹병과 개각충(介殼蟲, 깍지벌레, Diaspididae)에 저항력이 강하며 다수확 작물이다. 인도에서 이미 광범위하게 재배되고 있다.

(6) 마라고지페 종

1870년에 브라질의 바이아주 마라고지페시에서 발견된 품종으로 티피카 종의 돌연변이종으로 여겨진다. 이 품종은 생산성이 극히 낮고 꽤 큰 입자의 과실, 종자를 가지는 것이 특징이다.

2) 로부스타(Robusta) 품종

1. 열매 맺은 가지
2. 꽃부리(화관) 및 수술
3. 암술
4. 꽃 봉우리, 꽃망울
5. 과실, 열매
6. 씨앗

카네포라와 동의어로 우리에게 더욱 친숙하게 알려진 로부스타 품종의 원산지는 아프리카 콩고 열대우림지이고, 재배 면적은 아라비카 다음으로 남북위 10° 사이의 낮은 고도(900m 이하) 지역에 분포해 있다. 주요산지는 동남아 각 지역으로 인도 및 아프리카 중부와 동부이다. 중국에서는 해남에서 주로 재배하고, 운남 시쌍반나에서는 소량의 재배가 이뤄지고 있다.

이 종은 상록 소교목으로, 나무는 중간 사이즈, 높이는 5~8m, 분지는 가늘고 길며 연하다. 가지와 줄기의 목전화는 비교적 늦다. 이파리는 크고 타원형의 모양이며 얇고 연하다. 잎 가장자리 톱니모양이 크고 선명하며, 잎맥은 빽빽하고(약 12줄) 잎 끝은 뾰족하다.

가지에는 결실이 많이 맺히는데, 가지 마다에 25~30개의 열매가 맺힌다. 타원형의 열매는 익으면 자홍색이 된다.

껍질, 과육, 실버스킨은 비교적 얇다. 열매즙액은 비교적 적고, 실버스킨과 커피체리 껍질은 잘 분리되지 않아서 생두취득이 어렵다. 익은 열매는 쉽게 떨어지지 않는다. kg당 건조시킨 커피는 3,000~4,000알 정도이다. 강한 빛을 견디지 못하고, 그늘진 장소를 필요로 한다. 가지는 연약해서 바람에 약하고, 뿌리는 얕으며 건조함을 견디지 못하여 호수 근처나 고온 다습한 산비탈 지면에서의 생장이 적합하고, 추위에 매우 약하지만 녹병 저항력이 강하기 때문에 생산량이 비교적 높다. 맛과 향은 진하고 강한 편이고, 유분이 많아 바디감을 잡기 위해 다른 것과 배합하거나 설탕과 프림을 배합하여 인스턴트 커피로 만드는 데 많이 사용한다.

해외 인터넷 사이트에서 발췌

1. 열매가지
2. 커피 열매
3. 열매의 가로 절단면
4. 꽃가지
5. 꽃 눈
6. 개화한 꽃

3) 리베리카(Liberica) 품종

원산지는 아프리카 리베리아로 타종에 비해 비교적 적게 재배된다. 리베리아와 말레이시아, 인도, 인도네시아 등지에 분포되어 있다. 고도가 낮은 곳에서 재배가 적합하다. 중국에서는 해남과 운남 시쌍반나 등지에서 소량 재배하고 있다. 상록교목으로 잘 자란 크기는 약 10m이다. 가지의 목전화는 가장 빠른 편으로 잎은 로부스타보다도 크고, 타원 혹은 장타원형으로 가죽 느낌의 재질이며 두껍고 딱딱하며 광채가 난다. 잎 가장자리의 톱니모양은 선명하지 않고, 잎맥은 드문드문 생긴다(약 6줄). 가지 마디마다 결실은 적은데 일반적으로 3~6개의 과실이 열리고 양은 적다. 단위면적당 생산량이 낮으나 나무당 생산량은 높다. 껍질과 과육은 딱딱하고 두꺼우며 실버스킨은 그린빈에 달라붙어 있다. 과실 배꼽은 크고 튀어나와 있다. 익은 열매는 담홍색이 된다. kg당 건조시킨 커피는 2,600~3,200알 정도가 된다. 원뿌리는 깊고 건조함을 비교적 잘 견디며, 바람과 빛에 강하고, 방한능력은 보통이다. 잎 녹병에 가장 걸리기 쉽다. 맛은 진하고, 로부스타보다 더 자극성이 강하며 커피 맛의 질은 가장 떨어지지만, 다른 커피와 블랜딩하여 로스팅을 하는 데 이용된다.

4) 엑셀사(Excelsa) 품종

원산지는 서아프리카의 찰스강 유역, 나무 모양과 잎 모양은 리베리카 종과 비슷하다. 그러나 열매는 작고 밀집되어 있는 것이 로부스타종과 비슷하다. 홑 마디에서 25~40개의 결실을 맺고 왕성하게 자라며, 척박함, 건조함과 추위를 견디는 힘은 아라비카 종에 버금갈 만큼 강하다. 곤충 저항능력 역시 비교적 강하다. 맛은 진하며 약간의 쓴맛이 난다. 현재 세계에서 그렇게 많이 재배하지는 않는다. 아프리카 및 아시아의 인도네시아, 베트남 등지에 주로 분포되어 있다.

〈아라비카와 로부스타의 특징〉

구 분	아라비카 생두	로부스타 생두
모 양	평평하고 긴 형태	작고 둥근 형태
맛과 향	좋은 향과 산미	흙·보리차 냄새와 산미가 적은 쓴 향
재배 높이	600~2,200m	0~1,000m
생산량	약 75%	약 25%
연강수량	평균 1,500~2,000	평균 2,200~3,000
카페인 함량	평균 1.2%	평균 2.8%
용 도	대개 원두커피	대개 인스턴트
병충해	약 함	강 함
뿌 리	잔뿌리가 많고 길며 가뭄에 강함	뿌리가 얇고 짧으며 가뭄에 약함
체 리	익으면 떨어짐	익은 후 매달려 있음
수확시기	우기 이후	불규칙
주요용도	고급 원두커피의 블랜딩 베이스	바디감이나 묵직함이 필요한 커피의 블랜딩용

대표적인 정제공정	자연건조식	수세식	간이 수세식
대표적 생산국	브라질 에티오피아 예멘	콜롬비아 케냐 자메이카 과테말라 쿠바 탄자니아 페루 하와이 온두라스 인도네시아 에티오피아	브라질 인도네시아

커피의 식물형태학적 구분에 따른 특징

1) 뿌 리

커피는 얕은 뿌리식물에 속한다. 씨앗으로 번식하는 식물은 원뿔형 근계통으로 근계는 뿌리를 총칭한다. 근계의 형태분포와 깊이는 품종, 토양조건에 따라 다르다 보니 세계적으로 커피농사를 짓는 나라의 농업 기술책에 따라 매우 다르게 설명이 된다. 품종으로 보았을 때 아라비카, 로부스타 커피의 뿌리는 비교적 얕고, 리베리카 커피 뿌리는 비교적 깊다. 정상적인 상황에서는 두껍고 짧은 원뿌리와 많은 잔뿌리들이 발달해 있다. 아라비카 커피는 3~4년 생장 후 과실을 맺고, 원뿌리는 약 70cm 깊이에 있다. 70cm 이외 의 곧은 뿌리는 가늘고 길게 변하고, 양분을 흡수하는 뿌리의 형태를 띠며 아래쪽으로 뻗어나간다. 원뿌 리는 일반적으로 교차하지 않지만, 모종을 팔 때 뿌리에 상처가 나면 아주심기를 한 후에는 상처가 아무 는 곳부터 아래로 1~2개의 뿌리가 자라 떨어져나간 뿌리를 대신하기도 한다. 원뿌리에서부터 잔뿌리들 이 자라나는데 수평 성장하는 것을 수평 곁뿌리라고 하고, 아래 방향으로 생장하는 것을 수직 곁뿌리라 칭하며, 잔뿌리에서 뻗어져 나온 뿌리를 분류하여 2급 곁뿌리, 3급 곁뿌리로 칭한다.

원두의 근계는 명확한 층상구조를 띠고 있는데, 일반적으로 간격은 5cm 정도로 층이 져있다. 그러나 대 부분 흡수뿌리는 토양층 내 0~30cm 안에 분포해 있다. 특히 15cm 이상의 토양 층내에 분포해 있는 것 이 비교적 많으며, 일부는 30~60cm의 토양층에 분포해 있고 60~90cm 토양층에는 극소수의 흡수뿌리 만이 있다. 토양 표층의 흡수뿌리는 굵고 하얗다. 30cm 이상 깊게 내려가는 것은 누렇고 가늘다. 커피 뿌리의 수평분포는 유년기에 15~20cm 정도 되고, 성인기에는 교차 뿌리가 되기 시작한다. 토양표층 아 래는 수많은 성인기의 교차뿌리들로 덮혀있다. 토양에 노출되는 표층뿌리는 쉽게 화상을 입는다. 커피뿌 리의 재생능력은 비교적 강한데, 상해를 입거나 절단이 났을 경우 회복이 비교적 빠르다. 7~10일이면 회 복가능하고 새로운 곁뿌리에도 싹이 자라난다. 곁뿌리에도 잔뿌리털이 자라나는데 이는 흡수작용을 하는 가장 활발한 뿌리이다.

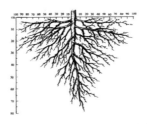

원두근계(아주심기 후 16개월의 아라비카종)

2) 줄 기

원두의 줄기는 곧고, 어린줄기는 다소 네모난 방형으로 녹색을 띠고 있는데 나무화(코르크화)가 진행된 후에는 원형의 갈색으로 변한다. 아라비카 원두의 나무 마디 간격은 4~7cm 정도이고, 그늘이 있는 곳 은 없는 곳보다 나무 마디 간격이 긴데, 심한 것은 마디 길이가 20~30cm가 넘는다. 각 마디에는 한 쌍 의 이파리가 자라고 잎겨드랑이 아래에 싹이 나는데 위쪽에 있는 것은 윗싹, 아래쪽에 있는 것은 아래싹 으로 지칭한다. 윗싹은 자라면서 1번 가지(1분지)가 되고, 아래싹은 수직 성장가지가 된다. 윗싹과 꼭지눈은 동시에 싹이트고, 윗싹에서는 단 한 번만 싹이 생기고 아래싹에서는 여러 번 생긴다.

줄기 꼭지눈이 억제를 받거나 휘었을 경우에는 아래싹에서 바로 수직 성장가지를 만들어낸다. 그런 수직 성장가지를 주요 나무줄기로 키워낸다. 커피 주요 나무줄기의 성장은 매우 우세하다. 줄기의 꼭대기에 가까울수록 생장이 왕성한데, 이런 강점은 줄기가 커질수록 약해진다. 그 성장량은 품종과 그 지역 자연 기후의 특성에 따라 상이하다. 아라비카 원두커피 모종 줄기에서 6~9쌍(카네포라는 8~12쌍) 정도의 이파리가 자라날 때, 1분지 한 쌍이 지평에 평행하게 가로 방향으로 처음 나온다. 아주심기한 그 해에는 일반적으로 4~8쌍의 1분지가 자라나고, 이듬해에는 생장량이 7~12쌍으로 점점 증가한다. 3년째 되는 해에는 14~15쌍이 자라나고, 만약 기후가 적합하고 관리가 잘 된다면 18~20쌍까지 자랄 수 있다. 동시에 수관의 아래에는 2분지(2번째 가지)가 하늘 방향으로 자라난다. 수관이 형성되기 시작하면서 소량의 결실이 맺어지기 시작한다. 일반적으로 나무를 심은 후 3년째는 영양이 가장 왕성하고 성장량이 가장 많은 한 해이다. 그러므로 반드시 관리를 강화해야 하고, 특히나 물과 비료의 공급에 신경써서 크고 실한 수관으로 자라날 수 있도록 해야 한다. 4년째는 주요 줄기의 생장이 줄어들기 시작한다. 마디가 점차 짧아지면서 열매 맺는 시기로 진입한다(영양생장이 왕성하면, 이듬해 다량의 분지가 자라나고 2년째나 3년째에 바로 열매 맺는 시기가 된다). 만약 줄기를 생장하는 대로 내버려두면 아라비카는 4~6m, 로부스타는 6~8m, 리베리카는 10여m로 자라난다. 그렇게 되면 수확이 어려워지고 생산량이 낮아지기 때문에 줄기의 가지를 잘라내어 주어야 한다.

주요 줄기의 생장은 계절성 변화가 있다. 건기에는 생장량이 적고 마디 간격도 짧다. 우기는 생장량이 많고 마디 간격도 길다. 겨울의 생장량이 제일 적고 마디 간격도 제일 짧은데 마디마디가 밀집되어 있을 정도이다. 그러므로 이 생장 특징에 따라 자연적으로 크는 식물의 나이를 알 수 있다.

커피의 가지는 착생하는 부위와 생장방향에 따라 아래와 같이 분류된다.

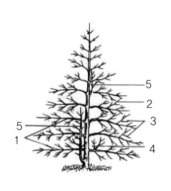

1. 1차 분지 : 커피 주요 줄기 겨드랑눈은 위, 아래 모두 나 있다. 주요 줄기 위에 나는 싹(꼭지눈과 동시 발육)으로부터 가로방향으로 빠져 자라는 가지를 1차 분지라고 부른다.
2. 2차 분지 : 1차 분지 겨드랑눈에서 45~60°의 각도로 빠져 자라는 가지를 2차 분지라고 부른다. 이것은 비교적 1차 분지보다 짧다.
3. 3차 분지 : 2차 분지 겨드랑눈에서 규칙적으로 빠져 나온 가지를 3차 분지라고 부른다. 기타 분지는 이러한 방식으로 유추된다. 카페다 커피농장의 아라비카 커피는 최고 7차 분지까지 나뉜다.
4. 파생지 : 1차, 2차 분지상에 불규칙적으로 수관내부나 위, 아래로 자라나는 가지를 말한다.
5. 상향지 : 주요 줄기 각 마디의 아래 싹은 대부분 잠복상태에 있는데 주간 꼭지눈이 상해를 입거나 생장에 억제를 받을 때는 단기 내에 아래 싹에서 바로 싹이 트고, 줄기와 같은 수직의 윗방향으로 가지가 자라나는데 이를 가리켜 상향지라고 한다. 어떤 상향지는 울창하게 가리어진 수관내에 무성하게 자라는데 이는 쓸데없이 헛자라는 것으로 마디 간격이 매우 길며 도장지라고 칭하기도 한다. 이런 가지의 생장습성은 주간과 비슷하며 많은 가지를 솎아낼 때 그 가지를 주간으로 배양시킬 수 있다.

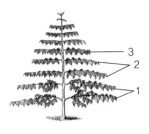

커피나무가 자라고 열매 맺는 상황은 그 품종과 환경조건에 따라서 다르다. 필자가 본 커피농장에서 재배한 아라비카 커피는 기후가 차고 구름이 많으며 일조량이 짧아 식물의 생장은 느리지만, 줄기와 가지가 굵고 견실하여 1차 분지가 열매 맺은 후에는 튼실한 골간의 가지로 자라난다. 2차, 3차 분지가 뻗어나가는 능력은 매우 강해지며 생육이 왕성해져 열매가 촘촘히 열리기 때문에 주요 과실을 맺는 가지가 된다. 그렇기 때문에 주위의 가지를 솎아내야 한다. 2, 3분지는 열매 맺은 2~3년 후 곧 시들어 죽는데 이후 또다시 골간지 상에 제 2, 3분지의 열매의 싹이 난다.

아라비카 커피의 1년 중 시기에 따른 1분지 개화결실의 모습 설명도
1. 제1종 유형 : 2~5월에 1분지가 남
2. 제2종 유형 : 6~9월에 1분지가 남
3. 제3종 유형 : 9월 이후 1분지가 남

1년 중, 월별로 자라는 1분지의 개화하고 열매 맺는 습성은 각기 다르다. 커피나무 1, 2분지의 열매 맺는 습성은 종류와 나는 시기에 따라 다르다. 1분지는 3가지 종류로 나뉜다.

〈유형에 따른 아라비카 커피 가지의 3년간의 변화〉

[아라비카 커피 제1종 유형 가지의 3년간의 변화]
1년 – 첫해 생장
2년 – 이듬해 생장부분 (첫해 생장한 가지부분은 이듬해에 분지와 결실을 맺는다)
3년 – 2년 생장부분이 3년째 결실을 맺음

[아라비카 커피 제2종 유형 가지의 3년간의 변화]
1년 – 첫해 생장
2년 – 이듬해 생장부분 (첫해 생장부분은 이듬해 결실)
3년 – 2년 생장부분이 3년째 결실 (첫해 생장부분은 이듬해 결실 후 분지가 남)

[아라비카 커피 제3종 유형 가지의 3년간 변화]
1년 – 첫해 생장
2년 – 이듬해 생장부분 (첫해 생장부분은 이듬해 결실)
3년 – 3년째 생장부분 (2년째 결실 후 생장부분의 말미에 분지가 남)

- 제1종 유형 : 매년 2~5월에 나는 1분지. 이것은 영양생장 위주이고 그해 성장량은 가장 많으며 대다수는 이듬해 봄에 2분지가 난다. 건강한 1분지라면 그해(7~9월)에 2분지가 나기도 하는데 몇몇 가지는 이듬해에 개화하고 열매를 맺는다. 단일 줄기를 솎아낼 때, 우선은 제1종 유형의 분지는 남겨 놓아서 골간지가 되도록 배양시킨다.
- 제2종 유형 : 매년 6~9월에 나는 1분지. 난 후에 생식생장과 영양생장이 동시에 진행된다. 때문에 이듬해 매 가지마다 모두 개화결실을 맺고, 매우 드물게 2분지가 난다. 열매를 맺은 1분지가 지속적으로 성장하는 부분은 3년째 되었을 때, 개화결실을 맺고 그때 주요 열매를 맺는 가지가 된다.
- 제3종 유형 : 9월 이후에 나는 1분지. 나고 오래되지 않아 저온 및 건조한 시기를 거치기 때문에 생장이 느리고 그해 생장량이 비교적 적다. 단지 1~6마디만이 이듬해에 개화결실을 맺게 된다. 이듬해에 연속 생장하는 부분은 2분지가 날 수 있다.

아라비카의 2, 3분지의 생장 및 결실 습성은 1분지와 다르다. 기후가 적당하고 관리를 잘하면 매년 2~3번(2~3월, 5~6월, 8~9월) 정도 가지가 날 수 있다. 연초에 난 가지는 그해 생장량이 많고, 이듬해 결실 또한 비교적 많다. 가을에 나는 가지는 그해 생장량이 적고, 이듬해 결실 또한 적다. 그러나 이듬해도 연속적으로 생장량이 많다면 3년째 되면 대량의 결실을 맺을 수 있다.

3) 잎

커피의 잎은 마주나는 잎이다. 일반적으로 2열로 넓게 펼쳐져 있으며 몇몇의 잎은 번갈아 난다. 잎자루는 짧고 잎사귀는 가죽같이 질기고 녹색이다(윗부분은 어두운 녹색, 아랫부분은 옅은 녹색). 광채가 있고 타원형이나 긴 타원의 모양을 하고 있다. 아라비카 커피 이파리의 크기는 대체적으로 균일하며 잎사귀는 작고, 끄트머리는 날카롭고 길다. 잎 가장자리는 물결모양이 선명하고 길이는 대략 12~16cm이며 넓이는 대략 5~7cm 정도 된다. 로부스타 커피 이파리는 길고 크며, 질감은 부드럽고 얇다. 물결무늬가 선명하고, 길이는 약 20~24cm, 넓이는 8~10cm 정도이다. 리베리카의 잎은 가죽처럼 질기고 단단하고 두꺼우며 곧고 날카롭다. 잎 가장자리는 웨이브가 거의 없고, 길이는 약 17~20cm, 넓이는 6~8cm 정도이다. 커피나무의 잎사귀는 전형적으로 뒷면 대칭이다. 이파리에는 타닌, 전분립, 옥살산칼슘 등이 함유되어 있다.

4) 꽃

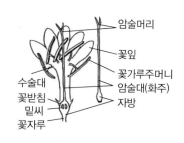

아라비카 커피 꽃의 구조

잎겨드랑이 사이에서 몇 송이 많게는 수십 송이의 꽃이 핀다. 한 꽃줄기에서 2~5송이의 꽃이 피는데, 꽃자루는 짧고 꽃은 하얗고 향기가 난다. 아라비카와 로부스타종의 꽃잎은 일반적으로 5장이고, 리베리카 종은 7~8장의 꽃잎으로 되어 있다. 꽃잎은 관으로 연결되어 있는데, 꽃대가 긴 나비모양의 꽃부리가 만들어진다. 수술은 일반적으로 꽃잎과 개수가 같고 꽃잎 안쪽 아래에 있다. 두 개의 꽃가루 주머니는 수술대 위에 있고, 그 생김이 丁자를 닮았다. 암술꽃자루는 길고 가는 실 모양으로, 암술머리는 두 갈래로 나눠지고 씨방은 아래쪽에 위치해 있으며, 통상적으로는 2실이나 1실 혹은 3실도 있다. 각 실의 중앙 태좌 상에는 배주가 거꾸로 매달려 있고 배주 자루는 매우 짧다. 리베리카와 아라비카는 자가수분(自家受粉, 한 그루의 식물 안에서 자신의 꽃가루를 자신의 암술머리에 붙이는 현상, self-pollination)이 가능하고, 로부스타는 대부분 타가수분(他家受粉, 같은 종의 식물에서 한 식물 개체의 꽃가루가 다른 식물 개체의 암술머리에 붙는 현상, cross-pollination) 한다.

(1) 꽃눈발육 특징

2006년 3월 브라질의 농업연구소에서 작성한 보고서(Pesq. agropec. bras. vol.41 no.3 Brasilia Mar. 2006)에 따르면 커피꽃눈의 형성은 품종 및 환경조건과 밀접한 관계가 있다고 Franco(1940년)가 최초로 제시했고, Borthwick & Piringer(1955년) 등의 인물이 이를 증명해냈다고 한다. 커피는 일조량이 짧은 식물이다(오랜 기간 개화하는 돌연변이 예외). 일조시간이 13시간을 넘거나 혹은 야간에 인공조명을 쬐였을 때 식물은 영양 성장만 하고, 온도가 커피의 싹을 틔우는 데 영향을 끼친다는 점도 발견해 냈다. 낮 기온이 23도, 밤은 17도일 때 나오는 꽃눈의 수는 낮 기온 26도, 밤 기온 20도일 때보다 많았다. 낮 기온 30도, 밤 기온 22도일 때 꽃눈의 발육이 좋지 않았다. 로부스타 커피는 햇빛을 충분히 쬐었을 때, 그 1년생 가지의 곁눈들 대부분이 정상적으로 꽃눈이 되었고 과도한 그림자에 가려서 자란 약한 가지의 곁눈은 거의 발육하지 못했거나 소량만이 꽃눈으로 발육되어 개화결실을 맺었다.

같은 종의 커피라도 다른 시기에 곁눈이 움트면 꽃이 되는 그 소요시간도 달라진다. 예를 들면, 로부스타 커피는 5월 이전에 움튼 곁눈이 꽃이 피기까지 소요된 시간이 가장 길다(약 6~8개월). 5~10월에 움튼 곁눈의 소요시간(약 4~5개월)이 일반적이고 10~11월에 형성된 곁눈은 발육부터 개화까지의 소요시간이 가장 짧다(3~4개월).

(2) 개화 특징

① 커피의 특성은 여러 번 꽃이 피고, 꽃피는 시기가 집중된다는 것이다.

커피의 꽃눈은 복아(한 잎사귀에서 나오는 둘 이상의 싹)이고, 잎겨드랑이에 2~6개의 꽃눈이 맺힌다. 하나의 잎겨드랑이에 동시에 꽃눈이 맺혀도 발아는 동시에 이뤄지지 않는다. 이 때문에 여러 번 꽃이 피는 것처럼 보여지는 것이다. 매년 비슷하게 꽃이 피는 집중기를 성화기라고 한다.

커피의 개화기는 종류와 환경조건에 따라 매우 다르다. 같은 중국에서 자라는 아라비카종을 예로 보면 하이난 지방의 아라비카 커피 개화기는 11~4월, 꽃이 왕성히 피는 시기는 2~4월이고, 운남 지방의 개화기는 2~7월, 꽃이 왕성해지는 시기는 3~5월, 광시 지방의 개화기는 2~6월, 왕성기는 4~6월이다.

② 커피의 개화는 기후의 영향을 받는데 특히나 강수량과 기온의 영향을 많이 받는다.

꽃눈이 발육되고 꽃망울이 분리, 개화되기까지 모두 일정량의 수분이 있어야만 정상적으로 개화할 수 있다. 고온 건조하면 아라비카 커피 꽃망울은 정상적으로 자라지 못하고, 별 모양이나 발톱 모양의 꽃으로 변형된다. 너무 건조한 경우에는 꽃망울이 작아지고 꽃을 피우지 못하거나 꽃이 핀 후에도 여물지 못하게 된다. 기온이 10도 이하로 낮아지면 꽃망울이 생기지 않는다. 온도가 13도 이상일 때 비로소 개화에 유리하다.

③ 꽃의 수명은 2~3일로 짧다.

아라비카 커피의 꽃은 일반적으로 새벽 3~5시에 피기 시작해서 5~7시에 만개한다. 만개하기 전, 수술꽃밥은 소량의 꽃가루를 사방에 퍼뜨린다. 9~10시가 되면 꽃가루 주머니가 찢어져 대량의 꽃가루가 날리게 된다. 로부스타의 꽃가루는 아라비카보다 많다. 종류마다 암술대와 수술의 성숙시기는 일치하지 않으며, 아라비카 커피의 암술머리의 성숙시기는 수술보다 비교적 이르다. 암술머리의 수분능력은 개화한 당일과 이튿날에 가장 강력하다. 그 후 점차 수분능력을 상실하면서, 꽃잎은 빠른 속도로 시들어 떨어지게 된다. 만약 개화시기에 건조했다거나 바람을 맞았다거나 혹은 한파가 들었다면, 암술대는 손쉽게 시들고 상해를 입는다. 만약 계속적으로 비를 맞았다면, 꽃부리가 쉽게 부식되는데 이 모든 것들은 수분활동, 열매가 여무는 정도 및 생산량에 영향을 주게 된다.

5) 커피체리

커피체리는 과육부분에 수분이 많은 장과[漿果, berry ; 다래, 머루 따위]이면서도 씨가 단단한 핵으로 쌓여 있는 열매인 핵과[核果, drupe ; 복숭아, 살구, 앵두 따위]라고도 불린다. 타원형의 9~14mm의 크기이고, 풋과실은 녹색이며, 익었을 때는 붉은색이나 자홍색을 띤다. 한 개의 체리에는 보통 2개의 씨앗(커피콩)이 들어있는데, 한 개나 세 개가 들어있기도 한다. 반 타원형 가운데에 선이 하나 있는데 이를 센터컷이라고 칭한다. 외과피(껍질)는 한 층의 얇고 딱딱한 나무질감의 세포로 조성되어 있고 기공도 나 있다.

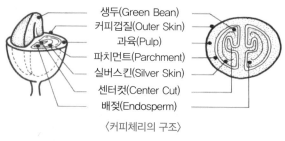

생두(Green Bean)
커피껍질(Outer Skin)
과육(Pulp)
파치먼트(Parchment)
실버스킨(Silver Skin)
센터컷(Center Cut)
배젖(Endosperm)

〈커피체리의 구조〉

중과피(과육)는 여러 층의 다각형으로 크고 나무재질로 된 세포로 조성되어 있고, 그 가장 내부의 여러 층의 세포는 압축형태로 되어 있다. 세포 사이에는 다량의 섬유를 함유한 관다발을 볼 수 있고, 내과피(파치먼트)는 양피(생두껍질)로도 불린다. 커피생두 껍질은 실버스킨으로도 불린다. 바깥은 얇은 껍질로 되어있고, 씨껍질의 색과 두께는 품종을 구분하는 특징 중 하나이다. 그린빈은 실버스킨을 벗겨낸 커피

콩을 말하는데 시장에서는 "생두"라고 불린다. 그린빈에는 배젖과 배가 있으며 배는 배젖의 근본이다. 배젖을 자르면 한 쌍의 해바라기씨 모양의 떡잎과 하얀 배를 볼 수 있다.

(1) 열매의 발육

커피체리의 발육시간은 비교적 길다. 종류에 따라 열매가 벌어지고 익는데 걸리는 시간이 상이하다. 아라비카 커피는 8~10개월(그 해 10~12월에 익는다), 로부스타는 10~12개월(11월에서 이듬해 5월에 익는다), 리베리카는 12~13개월의 시간이 걸린다. 과실의 발육 속도 또한 종류에 따라 상이하다. 아라비카 열매는 꽃핀 후 2~3개월 동안 가장 빨리 증가하고, 4개월 이후는 사이즈 변화가 거의 없어지며 건물질의 축적이 점점 증가한다. 꽃핀 후 5~6개월은 건물질 축적이 가장 빠른 시기이다. 로부스타는 꽃핀 후 3~4개월간 발육이 점차 빨라지며 4~6개월이 가장 빠른 때이다. 7~9개월부터는 느려지며, 이때 열매 건물질은 신속히 축적 증가한다. 열매가 익기 전에 사이즈가 약간 증가한다.

(2) 기후조건이 열매 발육에 미치는 영향

꽃이 핀 후 1개월 내에 가뭄이 들었다면, 유과(어린 과실)는 수분이 부족하고 시들기 때문에 열매를 맺을 확률이 매우 낮다. 열매 발육기에 가물게 되면 열매는 작고 일찍 여물게 된다. 만약 바람(강풍)이 불면 열매가 쉽게 떨어지므로 생산량 감소나 수확의 실패를 초래하게 된다.

종종 커피생두는 위의 그림과 다르게 아래처럼 둥근 씨앗 하나로 구성된 씨앗이 있는데 이를 피베리 생두라 부른다.

탄자니아 피베리 생두   인도네시아 피베리 생두

커피의 재배와 수확

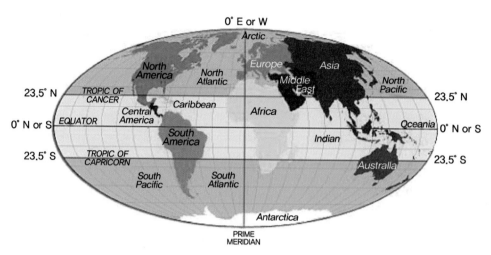

커피존의 대표적 생산국가
1. North America 주변국가 – Mexico
2. Central America 주변국가 – Costarica, Guatemala, Jamaica
3. South America 주변국가 – Colombia, Brazil, Peru, Bolivia
4. Africa 주변국가 – Ethiopia, Kenya, Tanzania, Zimbabwe, Uganda
5. Asia 주변국가 – India, China, Philippines, Vietnam, Indonesia

1) 재배(Grow)

국내 커피시장의 규모가 매년 늘어나고 있다는데 과연 얼마나 될까?

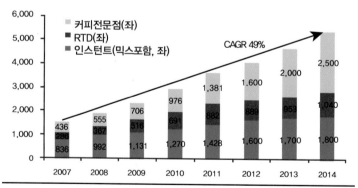

▲ 한국 커피시장 규모 추이(단위 : 십억원) [그래프=업계, SK증권]
  (출처 : http://www.news2day.co.kr/n_news/news/view.html?no=73102)

2011년도의 국내 커피 시장규모는 약 3조 6,910억 원의 매우 큰 시장이지만 아쉽게도 국내에서 상업적 목적의 커피 재배는 아직까지 힘든 실정이다.

커피가 재배되는 지역의 위도를 가리켜 Coffee Belt 또는 Coffee Zone이라고 부르는데 이는 지도상에서 남·북위 25° 이내의 열대, 아열대 지역으로 해발 200~1,800m, 섭씨 5도 이상에서 30도 이하, 연간 강우량 1,300mm 이상으로 건기와 우기가 뚜렷한 기상이 최적의 환경이어서 이 조건에서 커피를 많이 재배하고 있다. 그리고 해발 고도가 높은 지역이거나 서리가 내리지 않고 일교차가 클수록 커피나무의 성장 속도가 느려 열매를 맺기까지 도달하는 시간이 길며 향과 신맛이 우수한 커피가 재배된다. 또한 일반적으로 해발이 높은 고산 지역일수록 커피 열매의 크기가 더욱 커진다.

그리고 꽃에서 열매가 열리고 종자가 생기려면 꽃 속에서 수정과 수분(受粉)이 일어나야 하는데 이를 위해서 약 90일 정도의 건조하고 바람이 선선한 기후가 필요하다.

커피나무는 주로 높이가 3~4.5m 정도까지 도달하며 관목으로 상록성이다. 잎은 대생(對生), 즉 잎이 마디마디에 두 개씩 마주 붙어나며 잎 표면의 색은 짙은 녹색으로 광택이 있다. 잎 뒷면은 연녹색이 난다. 긴 타원형의 잎은 길이가 7~15cm, 폭이 약 3~5cm로 잎 끝은 뾰족하고 물결 모양이다.

아라비카 품종은 로부스타에 비해 잎이 좁고 적으며 잎가의 물결 모양 역시 로부스타보다 작다. 아라비카와 로부스타를 구분하는 가장 쉬운 방법은 잎의 크기와 모양을 비교하는 것이다. 성숙한 로부스타 커피나무의 잎은 성인 남자의 손바닥만한 크기로 잎가의 선명한 물결 모양을 볼 수 있다. 그러나 아라비카 커피나무는 성숙한 뒤에도 길이가 10~12cm 정도이며, 무엇보다도 잎의 폭이 로부스타에 비해 절반 정도로 좁다. 리베리카는 아라비카 및 로부스타와 달리 잎이 매우 넓고 타원형에 가까워 쉽게 구별할 수 있다.

개화기는 늦은 여름부터 초가을이나 열대 지방에서는 일 년 내내 꽃이 지속적으로 피며 열매가 달리고 수확을 한다.

단위 : 톤

순 위	국 가	생산량
1	브라질	171만 6천
2	베트남	103만 2천
3	콜롬비아	47만 4천
4	인도네시아	36만
5	페 루	23만 4천
6	과테말라	23만 1천
7	온두라스	19만 8천
8	우간다	16만 8천
9	인 도	16만 6천
10	에티오피아	15만 6천

출처 : 미국 농무성(USDA)2010.11/Foreign Agricultural Service

커피나무는 관상용으로 재배되기도 하며 이때 배양토는 밭흙과 부엽, 천사를 4:4:2의 비율로 혼합하여 재배한다. 반그늘에서 잘 자라고 16~30℃에서 잘 자란다. 섭씨 8도 이하에서 월동하며 환기를 요한다.

충분히 물을 주고 습도는 높게 관리한다. 커피는 40~60일이 지나면 싹이 트고 9~18개월이 지나면 50~70cm 정도 자라고 3, 4년이 지나면 커피를 얻을 수 있다.

이렇게 생산되는 커피의 세계 커피생산량 순위를 살펴보면 좌측 표와 같다.

① 생두발아 ⇒ ② 화분에 옮기기 ⇒ ③ 묘목 가꾸기 ⇒ ④ 재배지

⑤ 개화 ⇒ ⑥ 맺힌 열매 ⇒ ⑦ 열매 따기 ⇒ ⑧ 과육 제거하기

⑨ 파치먼트 탈곡하기 ⇒ ⑩ 생두 탄생

새싹에서 생두를 얻기까지의 과정

2) 수확(Harvest)

(1) 따내기 수확 방법(Hand Picking)

따내기 방법

일꾼들이 팀을 이루어 나무와 나무 사이로 선홍색이나 노란색의 익은 버번종의 열매를 하나씩 손으로 따는 방법이다. 덜 익은 커피 열매는 다음 추수를 위해 나무 위에 남겨지고 아라비카의 경우 너무 익은 것들은 저절로 땅에 떨어지게 된다. 품질 면에서는 뛰어나지만 수차례 작업인부가 투입되어야 하는 단점이 있다. 최종적으로 과육털이 작업을 진행 후 상품을 판매한다. 이 작업은 수공업으로 진행되며 기계 작업으로는 한계가 있다.

(2) 훑기 수확 방법(Stripping)

따내기 방법에 비해 좀더 빠른 방법이지만 정확성이 비교적 떨어지는 편이다. 나뭇가지를 손으로 훑어 내려 과실을 떨어뜨린 후 빠르게 긁어모으는 것이다. 이때 농부의 손에 상처가 발생할 수도 있으며 땅에 떨어진 열매의 상처부위가 습기찬 토지에서 번식하기 쉬운 박테리아에 전염될 위험이 크다. 한편 훑기 방식에 이용하는 상품의 질을 좀 더 의식하고 있는 커피 재배농가들은 상품의 확실한 품질을 위해 작업 후 이물질 제거를 위한 과육털이개 작업을 진행한다.

따내기(Hand Picking)

훑기(Stripping)

과육털이개 작업(Winnowing)

(3) 기계수확(Mechanical Harvesting)

브라질과 같이 커피생산이 많은 국가에서는 빠른 시간 안에 대규모 농장에서 수확이 이루어져야 하는 특성이 있다. 그로 인해 커피나무 전체를 털면서 지나가는 커피수확기계를 이용한다. 커피체리를 수확하고 떨어진 커피체리는 체리컨테이너 이송기를 이용하여 커피수확기계와 같은 속도로 이동하는 트럭으로 보내져 수확된다. 기계수확방식은 나무에 상처를 내기 십상이지만, 농장의 규모면에서 인부의 투입으로 인한 시간과 돈을 절약하기 위해 넓고 평지인 농장에서 이용된다.

수집(Reception)

이렇게 수확한 체리들은 농장의 자체 창고나 조합에서 운영하는 창고로 운반되어 빠른 시간 안에 처리과정을 거치게 된다. 일반적으로 수확한 체리들은 당일 바로 커피 가공공장으로 이송되지만 해가 진 오후에 수집되어져 다음날 새벽 커피가공을 위한 수집단계로 운송되기도 한다. 이처럼 신속하게 가공과정으로 진행되는 것이 커피의 곰팡이 발생을 억제하고 품질을 향상시키기 위해 매우 중요하다.

이렇게 수확된 커피들은 세계 각국으로 수출된다. 유럽연합 27개국을 제외한다면 단일 국가로는 미국이 1위이며 한국은 7위에 해당한다.

대표적인 커피 생산국별 수확 시기

법례: ■ 주 수확시기 ■ 수확시기

나라		월 9	10	11	12	1	2	3	4	5	6	7	8
콜롬비아	Antioquia, Boyaca, Caldas		■	■	■	■			■				
	Cundinamarca, Huila, Cauca		■	■	■	■			■	■	■		
	Guajira, Cesar, Magdalena			■	■	■							
	Santander	■								■	■	■	■
	Narino, N.Santander, Vallw		■	■	■	■							
인도네시아	N.Sumatra							■	■	■	■		
	Ache			■	■	■							
	Sulawesi, Bali, East Java	■									■	■	■
	West Java, Central Java									■	■	■	■
케냐			■	■	■	■	■					■	■
탄자니아			■	■	■	■	■	■					
코스타리카			■	■	■	■	■	■					■
멕시코			■	■	■	■	■	■					■
과테말라			■	■	■	■	■	■	■				■
인도				■	■	■	■						
에티오피아			■	■	■	■	■						
예멘		■	■	■	■	■	■	■					
브라질			■	■						■	■		
페루		■	■							■	■	■	■
짐바브웨		■								■	■	■	■

* "Coffee : Growing, Processing, Sustainable Production" edited by Jean Nicolas Wintgens

커피 수입량 세계 순위

단위 : Ton

순 위	국 가	수입량
1	EU27(유럽연합)	270만
2	미 국	133만 5천
3	일 본	36만 9천
4	알제리	12만 6천
5	캐나다	12만
6	스위스	11만 8천
7	한 국	10만 5천
8	러시아	9만
9	호 주	6만 4천
10	말레이시아	6만

출처 : 미국 농무성(USDA) 2010.11/Foreign Agricultural Service

아라비카 커피의 주요 병충해 조사 및 예방

1) 커피 해충 조사 및 예방

커피 해충의 종류는 많다. R. H. Le Pelley가 기록한 것에 따르면 커피를 위협하는 해충은 800여 가지에 이른다고 한다. 중국 운남만 해도 100여종의 커피 해충이 있고, 그 중 큰 피해를 주는 것만도 11종이나 있다. 현재 운남 남쪽지역의 커피재배 농장에서 위협성이 비교적 큰 주요 해충의 발생과 피해 상황 및 예방대책을 아래와 같이 정리해 보았다.

2) 운남 남쪽 지역 커피해충의 종류

운남 남쪽 지역의 커피 주요 해충 조사표

목	과	해충 명칭
딱정벌레 목	하늘소과 바구미과 풍뎅이과	Di2 hammus cerinus Xylotrechus quadripes Sitophilus oryzae Anomala orientalis
나비 목	굴벌레나방과 박각싯과	Zeuzera coffeae Cephonodes hylas
동시 목	벚나무 깍지벌레과 깍지벌레과	Planococcus lilacinus Coccus viridis
반시 목	별노린재과	Dysdercus cingultus
흰개미 목	흰개미과	Odontotermes sp.
메뚜기 목	메뚜기과 귀뚜라미과	Ceracris kiangsu Btachytrupes portentosus

3) 커피해충 종류의 생활습성과 피해상황

(1) 나선하늘소

① 생활습성

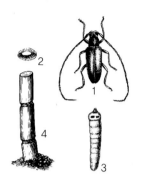

1. 성충, 2. 알, 3. 유충, 4. 피해 형태

지역마다 기후가 다르기 때문에 각종 벌레의 출현시기는 차이가 있다. 그러나 일반적으로 1년에 한 세대를 거친다. 성숙한 유충은 (커피의 나무줄기에 주요 위치한다) 꽃받침, 냄새나는 모란, 피마자, 딱총나무 등에 기생하여 겨울을 난다. 이듬해 3~4월에 번데기로 변태하는데, 약 10일간 번데기의 형태를 지닌다. 성충기는 약 1~1.5개월이다. 일반적으로 성충은 4월 말부터 5월 초까지 나무구멍에서 기생하다가 나온 후 일주일 정도 지나면 나무 껍데기 아래쪽에 알을 낳는다. 6~8일만에 유충으로 부화해서 나무줄기로 들어가 해를 입힌다. 관련자료 기록에 따르면 유충기는 거의 288일이다. 중국의 쓰마오구 다개하 지역과 란창 복납지역의 위치를 정해서 관측한 결과에 따르면, 커피농장들 한 해 전체에 유충이 발생했는데 수량만 다를 뿐이었다고 한다. 특히 1991년 5월 상순에 강성현 차하 및 쓰마오구 다개하 지역 커피농장의 3년 된 커피농장을 조사하던 중 한 그루의 커피나무에서 유충, 번데기 그리고 성충까지 여러 형태의 해충이 동시에 존재하고 있는 현상을 발견하기도 했다는 기록이 있다.

② 피해 정도

유충이 유년기(2~3년) 커피나무의 기초부분 피층을 돌려내어 좀먹는데, 커피줄기는 나선모양의 상처를 입게 된다. 해충의 나이가 증가함에 따라 점차 목질부를 좀먹어 들어가는데, 위쪽으로 빙빙 돌아가며 계속 좀먹어 들어간다. 나무 안팎으로 연속적으로 관처럼 이어진 테를 만드는데, 때문에 체관부는 모두 잘리고 표피만 남게 된다. 심하지 않을 때는 커피나무의 가지와 잎이 시들어 누렇게 되고 약해진다. 심하면 바람에 꺾이거나 나무가 죽는 경우까지 발생한다.

(2) 멸자하늘소

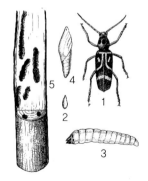

1. 성충, 2. 알, 3. 유충, 4. 번데기, 5. 피해 형태

비교적 넓게 분포해 있고, 고온 건조한 지역이나 고온 다습한 지역 모두 보편적으로 존재한다. 운남 남쪽 열대지역에서는 1년에 두 세대(일부 지역은 여러 세대)가 나타난다. 한 세대는 약 3개월이면 완성되는데, 매년 4~5월과 8~9월은 산란이 왕성한 시기이다. 알은 일주일이면 부화되어 유충이 된다. 유충은 유년기 나무나 노년기 커피나무에 피해를 입히는데 노년기 커피나무는 특히나 더 큰 피해를 입는다. 멸자하늘소의 유충은 주로 커피나무 줄기의 목질부에 피해를 입힌다. 초기에는 표피층을 좀먹다가 점점 목질부로 들어가서 종횡으로 엇갈린 터널처럼 나무를 좀먹는다. 이로 인해 나무의 잎이 떨어지고 가지가 마르며, 심할 때는 커피나무를 죽게 한다.

(3) 커피독나방

운남 남쪽 일대에 1년에 3대 혹은 다세대가 출몰한다. 유충은 커피나무의 기둥과 가지에 피해를 입히는데, 주로 어린 가지나 줄기에 피해를 준다. 유충이 부화되어 나온 후, 어린 잎 위로 침입해 들어가 위로 좀먹어 들어가며 3~5일 후 그 가지는 곧 시들게 된다. 유충은 또 다른 가지로 옮겨 계속적으로 피해를 입힌다.

유충이 침입한 후, 먼저 목질부와 체관부 사이를 한 바퀴 휘감으며 좀먹는데 후에 이 부분을 통해 직선으로 길을 만들어 커피나무가 바람을 맞으면 이 부분 때문에 부러지게 된다.

(4) 커피 뿌리의 깍지벌레

주로 커피나무 뿌리에 피해를 주며 식물의 진액을 빨아먹는다. 뿌리줄기 부근을 시작으로 점차 원뿌리와 곁뿌리까지도 널리 번져 해를 입힌다. 뿌리의 수분과 양분 흡수에 영향을 미쳐 식물이 잘 자라지 못한다. 또 생장과 개화 결실에 피해를 주어 가지를 시들게 하거나 열매를 마르게 한다. 심하면 뿌리가 거무스름해지고 부식하며 나무가 시들어 죽게 된다.

4) 예방대책 비교

본문에서 열거한 커피에 해를 입히는 위험한 해충 몇 가지 중 풍뎅이를 제외한 모든 해충이 균일하게 마디충 종류다. 따라서 이를 방지하는 측면에서 공통점이 있는데 그 예방 대책과 효과를 하나로 합쳐 종합 비교를 해 놓은 자료에는 다음과 같이 나온다.

(1) 농약 예방의 효과

몇 종류의 농약이 커피해충 예방에 미치는 효과 비교〈표 1〉

(란창과 쓰마오 지역 1990~1993년)

피해율(%)

농약종류 / 커피해충	대조군 (무농약)	esfenvalerate	methamidophos	Clopixol depot	omethoate	furadan	906
나선하늘소	8.90	2.22	5.50	6.67	6.70	5.50	4.50
멸자하늘소							
커피독나방	5.60	2.50	3.30	4.50	5.50	5.30	4.50
커피 뿌리의 깍지벌레	8.30	4.20	4.20	4.70	3.30	0.50	5.60
비 고	1) 커피품종, 아주심기 시간은 거의 일치한다. 2) 나선하늘소와 멸자하늘소는 피해 차이가 명확하지 않아 합쳐서 통계(평균) 계산함						

〈표 1〉에서 알 수 있듯이 esfenvalerate, methamidophos, Clopixol depot, omethoate, furadan, 906 농약은 특히 깍지벌레 예방에 더 뛰어난 효과를 보는 것으로 나온다. 중요한 것은 예방 시기를 잘 알아야 하는 것인데 약을 뿌리는 시기를 제대로 파악하지 못한다면 같은 약품의 효과는 완전히 달라질 수 있다(표 2 참고).

Methamidophos의 경우를 보면, 思茅大開河, 灡滄 등의 실험지를 정한 후 실험한 결과, 4~6월, 매 달마다 한 번씩 뿌렸을 때 비교적 효과가 좋다. 그러나 너무 일찍 혹은 너무 늦게 약을 뿌렸을 경우, 비록 일정한 작용은 나타나지만, 힘은 많이 들고 성과는 적어지며 예방효과의 구실을 제대로 하지 못하게 된다.

살충제(Methamidopho)의 처리 시간대 별 효과 비교〈표 2〉
(쓰마오 커피농장 1992~1993년)

처리시간	나선하늘소 피해			바구미 피해		
구 분	처리나무 수	피해 수	피해율	처리나무 수	피해 수	피해율
4월(1차)	270	12	4.44	270	18	6.67
5~6월(3차)	270	15	5.56	270	3	1.10
8월(1차)	270	14	5.20	270	21	7.80
대조군(무농약)	270	24	8.90	270	15	5.56
비 고	일괄적으로 400배 농도의 약을 분사함					

(2) 생태적 예방 및 효과

다른 종류의 나무들과 함께 구성된 커피농장에서의 나선하늘소 피해 조사표(1990~1991년)

결 합	그늘진 정도(%)	조사한 나무그루 수	피해율(%)	비 고
고무나무-커피	30~40	450	6.0	그늘진 정도는 조도를 이용하여 럭스 도수로 측정한 후, 100% 대조율로 측정한 것임
	60~70	240	0.8	
관목나무-커피	30	360	8.0	
	50	250	4.4	
콩-커피	30~40	330	5.0	
황두-커피	30~40	331	4.5	
비교(무농약)	0.0	660	13.8	

커피 하늘소 특히 멸자하늘소의 성충은 햇빛이 쬐이는 커피나무 줄기를 골라 산란하는 습성이 있는데, 커피농장을 그늘진 생태환경으로 조성하고 농장의 육성관리를 강화하면(제때 잡초를 뽑고, 재차 비료를 뿌려주는 등) 커피나무를 튼튼하게 자라게 하면서 커피 하늘소 군의 번식을 억제할 수 있다. 지정 지역 실험이나 대규모 면적의 조사나 관계없이 위와 같은 똑같은 사실을 증명해 내었다.

다른 종류(셰이딩이 있음) 나무들과 함께 있는 커피나무가 커피나무만 심어져 있는 것보다 하늘소의 피해가 적음이 선명하게 드러났다. 운남 농촌진흥청의 조사결과 또한 위와 같게 나타났다. 1990년 조사한 고무나무 아래 심은 커피나무는 3,707그루인데, 멸자하늘소의 피해율은 24.4%였다. 동시에 햇빛이 바로 쬐이는 곳에 심은 커피나무는 838그루, 피해율은 77.7%에 달했다.

지정 지역 연구에서 발견한 또 한 가지는 산언덕의 비탈은 측면마다 일조 시수가 다르기 때문에 충해를 입을 비율이 측면마다 확연한 차이가 난다는 것이다. 동쪽과 북쪽 측면은 일조량이 상대적으로 적기 때문에 하늘소의 피해 비율이 상대적으로 낮은 편이다. 해충으로 인한 피해와 일조량은 정비례한다는 것을 알 수 있다. 다시 말하자면 적절한 그늘은 커피 하늘소의 피해를 예방하게 하는 주요작용을 한다는 것이다. 최근에 쓰마오 지역의 커피농장에선 이미 기존에 성공한 '말라버린 세균에 의한 예방법'을 도입해서 하늘소에 의한 피해상황을 농약을 살포했을 때와 비교할 수 있을 것이다. 최근에는 친환경식품을 강조하는 사회적인 배경으로 인해 미생물을 이용한 하늘소의 피해방지법이 점점 중요해지고 있다.

(3) 인공 포획과 피해식물 정리

인공으로 나무줄기를 닦아내는 것이 나선하늘소를 예방하는 효과에 대한 조사(커피농장, 1992년 4월)

처 리		조사 나무 수	피해 나무 수	피해율
닦아내기	중복1	330	13	3.90
	중복2	330	27	8.20
	중복3	330	24	7.30
	합계	990	64	6.46
대조군		990	93	9.39

중국의 쓰마오의 커피농장에서는 매년 열매를 수확한 후, 즉시 가지마름병에 걸린 잎이나 죽은 나무를 정리하는 것 이외에도 4월에 인공적으로 줄기를 닦아낸다(장갑을 끼고 커피나무 표피층을 없애 버리는

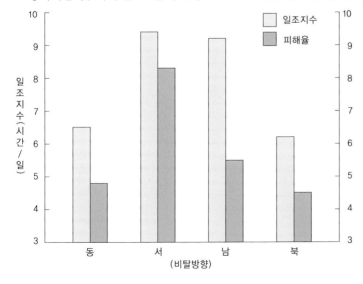

일). 조사 결과, 제때 나무줄기 안의 벌레 알을 없애는 것도 일종의 인공포획 방법 중 하나로 이 또한 마찬가지로 예방작용이 있다.

멸자하늘소의 성충 활동시간은 일정한 규율성이 있기에 인공포획을 진행할 시 반드시 결정적인 시간을 잘 알고 있어야 한다. 성충 출현이 가장 많은 절정기(4월 혹은 5월) 맑은 날 14~17시에 커피농장 부근에 하얀 천이나 백지를 세워놓고 인공적으로 포획하면 비교적 좋은 효과를 얻을 수 있다.

커피 병해 조사 및 예방

1) 커피 세균성 반점병

- 분포 및 피해 – 이 병은 1955년 브라질에서 처음 발견되었다. 근래에 중국 하이난의 완닝, 청마이 및 윈난의 쓰마오 등 지역에서 나타나고 있다. 이 병의 주요 피해는 나무의 모종을 옮겨 심은 지 얼마 안되는 어린 나무들의 잎을 떨어뜨리는 결과를 초래하여 커피나무의 성장과 생산량에 안 좋은 영향을 미친다.

- 증상 – 잎에 주로 발생하는데, 갓 나온 열매나 가지에 생기기도 한다. 잎 위에 난 병반은 잎의 가장자리나 잎맥 양측에 많이 발생하는데, 형태는 불규칙하며 황갈색이고, 가장자리에 얼룩모양의 황색 테두리가 선명하게 보인다. 습하고 비가 많이 오는 날씨에는 담갈색의 세균번식이 짙어진 병해자국이 나타나기도 한다.

- 원인 – 세균성 병원으로, Pseudomonas 속(屬) 간균(桿菌)이며, 학명은 pseudomonas gracae이다. 이는 그램 양성균(Gram positive cell ; 그램 염색법으로 염색되는 세균)으로 짧은 자루 형태를 띠고, 1개의 극성편모를 가지고 있다. 병원세균은 마른 커피잎 상에 90일 이상을 생존할 수 있다. 나무 상에 병해를 입은 잎이나 땅에 떨어진 잎이 감염의 근원이다. 병균은 물로 전파되는데 상처난 부위나 자연적으로 생긴 구멍으로 침투한다. 이 균은 주로 로부스타와 아라비카 커피에 피해를 준다. 황두, 팥, 감자, 면화, 밀감 등 21종의 작물을 감염시키기도 한다.

- 발병조건 – 강수가 발병의 주요 조건이다. 태풍강수가 병균의 전파를 도울 뿐 아니라, 대량의 상해를 입혀 병균의 침입을 도와준다. 때문에 태풍우나 호우가 내린 후, 발생이 비교적 많고 피해가 심각하다.

- 예방방법 – ① 밭 사이 위생에 신경을 쓴다. 발병초기에 병해 입은 잎은 떼어내고, 마른 가지와 낙엽, 병해 입어 죽은 열매들을 제거하여 한 곳에 모아 소각한다. ② 발병기간에 1% 보르도액과 50% 염화구리 70배액, 50% 산화구리 125배액을 2주에 한 번씩 뿌려준다(중국 농림청 권장 비율).

2) 커피 녹병

- 분포 및 피해 – 중국 운남, 광동, 광서, 대만 등에 심은 커피에서 모두 녹병이 발생했는데 커피 생산 피해의 정도가 약간의 차이가 났다. 광동의 서쪽지역 및 운남의 서남부 어떤 농장은 커피 녹병이 너무 심하게 발생하여 커피농사를 실패하기도 했다.

- 증상 – 주로 잎에 발생하고 연한 끝부분에 감염되기도 한다. 잎면에 감염된 후 초기는 연황색 얼룩무늬 병반이 생겨나고 주위에 연녹색 테두리가 있다. 병반이 확대된 후, 잎 등 부위에는 감황색 가루의 포자퇴가 생

커피 녹병
1. 병해 걸린 잎의 옆면(잎의 햇빛 받는 면)의 반점(병반)
2. 병해 입은 잎등의 반점(하포자퇴)
3. 잎의 종단면(기공에서 자라난 하포자퇴 및 기생세균의 균사)
4. 병균포자

겨나며 후기에는 병반이 합쳐져 불규칙한 큰 점들이 만들어지고 최후에는 시든 갈색을 띤다. 심할 경우는 잎이 대량으로 떨어지고 가지가 시들어 마르며, 열매량이 줄어들고 죽기도 한다.

- 원인 – 담자균아문, 진균(Hemileia vastatrix)으로 만들어지며, 학명은 Hemileia vastatrix Berk. et Br이다. 균사 사이에는 틈이 있고 균사끼리 많은 가지를 치며, 세포 간극에 분포한다. 여름포자는 타원형, 계란형, 삼각형 등 모양이 여러 가지다. 오목한 면은 반들반들하고, 크기는 30.6~41.5㎛×21.6~39.6㎛이며 감귤색이다. 동포자는 일반 팽이형으로 튀어나와 있으며, 상부의 돌기부분이 돌출되어 있고, 미색에 크기는 24.4~20㎛×16~24.7㎛이다.

  이 균은 완전 기생균으로, 하포자가 주로 순환 감염되고 동포자와 소포자는 매우 적게 생겨난다. 건조한 조건 하에 하포자의 수명은 1개월 전후이고, 포자발아의 적정온도는 14~30도, 가장 이상적인 온도는 19~24도이다. 포자는 반드시 수막층이 있어야 발아하는데, 햇빛이 하포자의 발아를 억제해주는 작용을 한다. 발아의 pH지수 범위는 pH 4~9가 적당하고, 가장 이상적인 pH지수는 pH 7이다. 병든 식물체에 남은 병해 입은 잎이 주요 감염원이 된다. 균사체를 가진 병균은 병 조직상의 환경을 견뎌내어, 기후가 적합할 때 병반부에 하포자퇴를 만들어내는데 기류, 바람, 비, 인축과 곤충에 의해 전파되며, 잠복기는 14~30일이고 병반 형성 후 5~7일 안에 하포자가 생겨난다. 접식부터 50%의 포자가 생겨나기까지 35~50일이 걸린다.

- 발병조건 – 아이러니하게도 커피가 성장하기 알맞은 온도와 강우 조건 아래, 비교적 많은 감염이 생기고 병에 걸리며, 성장을 약하게 하는 숙주식물이 생겨난다. 이는 커피 녹병을 유행시키는 가장 기본적인 조건이다. 이 병이 발생하기 가장 좋은 온도는 21~26도, 매년 이 병이 유행하는 시기는 현지의 여름철인 9~11월이다. 적절한 습기는 녹균이 포자를 만들고 발아, 전파하는 조건이 되지만, 폭우는 그렇지 않다. 그러므로 적절하고 일정한 강우는 녹병을 퍼뜨리기 매우 좋은 조건이다.

  품종에 따라 병에 대항하는 능력은 매우 큰 차이가 있다. 일반 아라비카종 커피는 가장 병에 걸리기 쉽고, 리베리카 또한 그러하나 로부스타는 병해에 강하다.

  경작지의 고도와 녹병의 발생은 밀접한 관계가 있는데, 일반적으로 저해발고도 지역(1,300m 이하)으로 불리는 곳은 발병이 비교적 심하다.

  적당한 질소비료를 뿌려주고, 적시에 가지치기와 적정한 셰이딩을 해주는 등의 커피 재배관리가 양호하면 식물이 잘 자라고 병에 대항하는 능력을 키울 수 있으며 발병을 줄일 수 있다. 만약, 장기간 관리를 소홀히 하여 토양이 척박하다면, 가지와 잎은 듬성듬성 나고 성장이 나빠서 녹병 발생이 심해지게 된다.

- 예방방법
  ① 병해에 강한 품종을 고른다. 아라비카에서 catimor, Colombia, 말레이시아 1·2호, 멕시코 11호, S288은 항생물질이 있는 종이며, 운남이 과시하는 병해에 강한 교잡종 "arabusta coffee" 역시 병해에 강하여 녹병이 번지는 지역에 보급하여 사용하고 있다.
  ② 화학 예방 : 구리로 약을 지으면 이 병을 예방하는 데 효과가 있을 뿐 아니라 커피 생장에 자극을 주어 생산량을 증가시킨다. 대개 0.5%~1% 정도의 보르도액을 유행기에 몇 번 뿌려주면 곧 예방 효과를 볼 수 있다. 보르도액 중에 알칼리성 보르도액이 좋다. 최근 50%의 옥시카복신 1,000배액, 20% 트라이아디메폰 400배액, 50% Fentin-acetate 1,700배액을 사용하면 커피 녹병 예방

에 효과가 있음을 발견해냈다(중국 농림청 권장).

③ 병해 없는 모종을 선택하여 심으며 해충 입은 잎은 잘라내 버리고 적정으로 비료를 주고 물을 대준다. 또 식물에 적정한 셰이딩을 주는 등 재배관리를 강화하면 발병을 감소시킬 수 있다.

3) 커피 탄저병

- 분포 및 피해 – 커피 탄저병은 분포가 광범위한 병해 중 하나로 커피를 재배하는 지역 거의 대부분에서 이 병이 발생한다. 발병되면, 열매가 떨어져 생산량이 감소한다.

- 증상 – 이 병은 잎, 열매, 가지 위에 발병한다. 잎이 병해를 입으면, 상하표면에 균등하게 담갈색이나 진갈색의 병반이 생기게 된다. 그 직경은 3mm 정도 되고, 중심은 회백색을 띠며, 가장자리는 황색이었다가 후기에는 완전히 회색으로 변하고, 동심원상에 검은 작은 반점이 있다. 병반은 잎 가장자리에도 자주 나타난다. 가지가 감염되면 갈색의 병반이 생기고 후에는 가지가 시들게 된다. 과실이 감염되면 과실이 굳고 과육도 딱딱해지며 과피는 자시의 병반이 생기고, 움푹 패며 심하면 열매가 떨어진다.

- 원인 – 불완전 균으로 Colletorichum속 진균으로 만들어지며, 학명은 Colletorichum gloeosprides 이다. 분생포자는 무색, 단세포로, 타원형 또는 원통형이다. 크기는 $12\sim18\mu m \times 4\sim5\mu m$. 잎과 열매상의 분생포자판에는 강모가 있는데 가지에는 없다. 포자는 작고 강모는 분생포자보다 4~5배 길며 검은색에 마디로 나뉘어 있다. Glomerella cingulata Spauld. et Schrenk일 때가 이 균의 유성세대이다.

  분생포자는 20도 포화된 상대습도 혹은 수막에서 7시간 동안 지속된다면 발아할 수 있게 된다. 발아관은 잎과 과실 맺은 가지의 표피 상처 부위에 침투한다. 감염의 가장 적당한 조건은 상대습도 90% 이상, 온도 18도 정도이다.

- 발병조건 – 우기일 때가 가장 중요하다. 병해는 쌀쌀하고 다습한 계절, 특히 장기간 건조한 후 비가 연속으로 오면 발생이 심해진다. 보통 11월 중순부터 피해가 발생하기 시작해서 20~30일 후 최고로 심해지고, 이듬해 1월에 병세는 점차 안정화된다.

- 예방방법

① 농업 예방 : 합리적으로 비료를 뿌려주고, 사이갈이와 잡초제거를 해주는 등 밭의 관리를 강화하고, 병해 입은 가지와 잎을 제거하며 열매 맺는 결실량을 제어하면 식물의 성장이 왕성해지고 병에 대한 저항능력이 강화된다.

② 화학 예방 : 1%의 보르도액, 40% 산화구리 100배액, 50% 염화구리 100배액, 60% Fentin – acetate 200배액, 70% 클로로탈로닌 250배액, 80% 디폴라탄수화제 80배액을 발병 시, 7~10일에 한 번, 연속으로 2~3번 정도 살포하면 비교적 양호한 효과를 볼 수 있다. 매년 4~9월에 1~2번 정도 뿌려주면, 가지가 시드는 것을 예방할 수 있다.

4) 커피 갈색점무늬병

커피 갈색점무늬병
1. 잎의 병반[잎 중간 검은색의 가루 반점(분생포자)]
2. 잎등의 병반
3. 잎의 종단부(잎에 자라는 분생포자 줄기)
4. 분생포자

- 분포 및 피해 – 커피 갈색점무늬병은 분포가 광범위한 병해 중 하나로, 주로 잎과 열매에 피해를 입히며, 발병되면 과실이 떨어지고 생산량이 감소하여 커피생산에 막대한 피해를 가져다준다.

- 증상 – 주로 잎과 열매 상에 피해가 나타난다. 잎에 나는 병반은 거의 원형에 가깝고, 테두리는 갈색이며, 중간 부분은 회백색이다. 그러나 실생기일 때는 적갈색이다. 병반이 확대된 후에는 그 테두리와 동심윤문(同心輪紋)이 선명하게 보인다. 잎 등에는 검은색의 곰팡이 같은 물질이 있다. 몇 가지의 병반이 하나로 이어져 있기도 하나, 각각의 하얀 중심부는 확연히 드러난다. 열매 상에는 열매병반이 생기는데 열매 전체에 퍼진다.

- 원인 – 불완전아문균 cercospora속 진균으로, 학명은 cercospora coffeicla Berker Dooke이다. 분생포자는 쥐꼬리 모양으로 무색이며 5~8마디로 되어 있고, 한쪽 끝은 비교적 뾰족하고, 다른 한쪽은 둥글다. 크기는 $38.4{\sim}67.2\mu m \times 3.2{\sim}4.8\mu m$이며, 분생자경 위에 분생포자가 있다. Mycosphaerella coffeicola Sace일 때가 유성세대이다. 균사를 포함한 이 균은 병반 상에서 월동하는데 어떤 지역은 월동현상이 없어서 1년 내내 포자를 만들어 전파할 수 있다. 포자는 바람을 타고 전파되는데, 포자 발아의 적정온도 범위는 15~30도, 이상적인 온도는 25도이다. 잎의 숨구멍(기공)을 통해 포자가 침입하고, 열매에서는 상처부위를 통해 들어간다. 칡은 이 포자의 야생 기주(기생식물의 영양 공급원)라고 이미 알려져 있다.

- 발병조건 – 이 병균은 약한 기생균으로, 나무가 안 좋은 환경에서 자라 병에 대한 저항능력이 약해지게 되면 더 심각하게 발병된다. 대개 땅이 척박하고 적당한 그늘(셰이딩)을 받지 못한 어린 모종에서 좀 더 심각하게 병이 발병한다. 상대습도 95% 이상, 생물 표면이 장기간 습윤하면 발병하기 매우 쉽다.

- 예방방법
  ① 밭의 관리를 잘하고 비료를 잘 주며, 적당한 그늘(셰이딩)을 조성해 주어 커피의 병충해 저항능력을 키워준다.
  ② 화학 예방 : 1% 보르도액, 80% 디폴라탄 400배액, 50% 염화구리 100배액, 50% 벤레이트 500배액, 50% 벤레이트 250배액에 티아벤다졸 125배액을 첨가하여 살포해 주면 예방효과를 볼 수 있다.

5) 커피 적의병

- 분포 및 피해 – 커피 적의병은 널리 분포된 병해 중 하나이다. 중국의 커피를 재배하는 거의 모든 지역에서 이 병이 발생했다.

- 증상 – 이 병은 통상 커피나무 밑둥이나 주지, 분지에서 발생하기도 한다. 병이 감염된 초기에는 병해 입은 나무 표피에 거미줄 모양의 은백색 균사다발이 나타나고, 후기에는 환부가 분홍색으로 변하며 표피층이 부식된다. 이것이 이 병의 특징이다. 감염된 가지의 잎은 떨어지고 말라 죽게 된다.
- 원인 – 담자균아문, Corticium-salmonicolor 속 진균으로 되어 있고, 학명은 Corticium salmonicolor Bet Br이다. 균사에는 마디가 나뉘어져 있고, 초기에는 백색이었다가 후기에는 분홍색으로 변한다. 분생포자는 균사층 상에 직접 만들고, 원형에 직경은 12㎛ 정도 된다. 담포자가 유성포자이며, 타원형에 크기는 5.8㎛×4.7㎛이다.

  균사와 포자를 가진 이 균은 가지의 환부에서 월동하고, 이듬해 기후조건이 적합하면, 균사에서 포자를 형성해 내어 널리 퍼뜨린다. 이 균이 기생하는 범위는 아주 넓은데 커피 이외에도 고무나무, 카카오, 차나무, 밀감, 배, 무화과, 비파나무, 뽕나무 등에 기생한다.
- 발병조건 – 고온다습이 최적의 조건이다. 발병의 이상적인 온도는 25~30도, 여름에 자주 비가 내리거나, 그늘의 습윤한 지역에서 발병이 보편적이고 심하다.
- 예방방법
  ① 음습한 지역에 커피를 심지 말 것
  ② 환부는 잘라내어 태워버리고 상처부위에 콜타르를 발라 보호해 준다.
  ③ 발병기에 1% 보르도액 혹은 70% Tridemorph 140배액을 가지에 뿌려주는데 10~15일에 한 번, 연속으로 2~3번 뿌려준다.

6) 커피 모 마름병

- 분포 및 피해 – 이 병은 커피 어린 모종에 발생하는 병으로, 모종을 죽이는 일이 빈번하다. 최근에 중국 운남, 해남 및 광서의 백색(百色) 일대의 지역에서 커피 모종을 키우던 중 자주 이 병이 발견되었고, 때로는 수많은 모종들이 이병으로 인해 죽었으며 큰 손실을 초래했다.
- 증상 – 발병 초기 대다수가 줄기나 잎에 얼룩 병반이 나타나고, 이후에 이 병반들이 점점 커진다. 줄기에 생긴 병반은 점점 확대되는데, 고사환을 만들고 잎은 말라서 떨어지게 하며 식물 위에서부터 아래로 세균성 시들음병에 걸려 죽게 한다. 환부에서는 유백색의 균사체가 나오는데 그물 모양의 균 다발로, 후기에는 채소 씨앗 크기의 균핵이 나며, 색깔도 회백색에서 갈색으로 변한다.
- 원인 – 불완전아문 rhizoctonia로, 학명은 Rhizoctonia solani Kühn이다. 유성세대의 학명은 Thanatephorus cucumeris Donk이고 담자균아문에 속한다. 이 균의 균사는 거미줄 모양처럼 생겼는데 횡으로 간격이 있고, 처음에는 무색이었다가 후에 황갈색으로 변하며 폭은 14㎛이다. 균사 분지처는 미세하고 직각분지를 만들어내는데 미세한 분지처에서 멀지않은 곳에 1개의 횡격막(가로막)이 있다. 이는 rhizoctonia균을 식별하는 주요 특징이다. 이 균은 균사체에 의해 번식한다. 균핵이 담자와 담자포자를 만들어낸다.

  이 균의 기생처는 매우 광범위하다. 균핵은 토양 중에 있다가, 지표면에 떨어진 마른 가지 위에 대량으로 균사체를 만들어 번식시킨다. 이 균은 널리 알려진 토양균의 하나이다. 이 균은 균핵과 균사체를 통해 널리 퍼뜨리는데, 식물에 침입해 병해를 일으키고 식물을 감염시켜 죽인 후 또다시 흙 속으로 돌아간다.

- 발병조건 – 고온다습, 저지대 지역, 배수 불량 혹은 과다 수분 공급, 모판의 과도한 셰이딩, 빽빽하게 심어진 묘목 및 연작(이어서 심기)할 경우 가장 발병되기 쉽고 신속하게 퍼져나간다.
- 예방방법
  ① 황무지에서 육모하고 연작을 피한다. 땅을 세밀히 정지하고 논밭의 구획을 정리하며 높은 곳에 육묘하여 모판에 물이 고이는 것을 방지하도록 한다.
  ② 파종 혹은 접지는 너무 빽빽하게 하지 말고 수분 공급도 과다해서는 안 된다. 밭 사이의 위생에 주의하며 제때 지면에 떨어진 가지 및 낙엽들을 치워준다. 만약, 열대지역에서 양묘를 한다면 파종하고 흙을 덮은 후 또는 로부스타 꺾꽂이 전에, 50% 아모밤(Amobam) 0.5kg나 카복신(carboxin) 800~1,000배액을 지면에 뿌려 토양을 소독해준다.
  ③ 제때에 병해 입은 식물을 골라내고 0.5% 보르도액을 분무하여 주위에 감염되지 않은 식물을 보호한다.

7) 커피 홍근병

- 분포 및 피해 – 커피 홍근병은 광범위하게 분포하나 중국 커피 재배지에서는 현재 드물게 발생하고 있다.
- 증상 – 병해 입은 뿌리는 진흙이 한 겹 평평하게 붙어있는데 물로 쉽게 닦아진다. 닦은 후 뿌리에는 붉은 대추색의 균막을 볼 수 있다. 때로는 백색의 균막 앞부분과 암홍색의 균막 뒷부분을 볼 수 있기도 하다. 병해에 걸린 목재는 스펀지처럼 힘이 없고 강한 버섯냄새가 난다.
  이 병해에 걸린 지상의 나무의 모습은 수관이 듬성듬성하고 마른 가지는 많다. 고온에 비가 많이 오는 계절에는 처마 모양의 자실체(균류의 홀씨를 만들기 위한 영양체)가 자라난다. 심할 경우 나무 전체가 죽기도 한다.
- 원인 – 담자균아문, 영지속진균으로 학명은 Ganoderma pseudoferreum(Wakef.) V. Over. Et Steinm이다. 자실체는 작은 구멍이 빽빽하게 밀집되어 있고, 꼭지는 짧으며 반원형에 나무재질이고 윗면에 동심원의 윤문이 나 있으며 홍갈색이다. 아래는 반들하고 회백색이며 테두리는 두껍다. 담포자는 타원형이고 단포자(홑 홀씨)로 크기는 8.7~9.1㎛×3.3~5.4㎛이다. 유적(油滴)이 있다.
  이 균은 커피나무 이외에 고무나무, 삼각단풍, 소태나무, 타이완 상사수, 산비파나무, 밀감나무, 코코아, 차나무 등에 기생하여 피해를 입힌다.
  이 병은 주로 병해 입은 뿌리와 건강한 뿌리가 접촉을 통해 병을 퍼뜨린다. 이외에 담포자는 바람이나 곤충을 통해 병을 전염시킨다. 여러 가지가 섞인 수목의 병해 입은 뿌리가 주 감염원이다.
- 발병조건 – 이 병의 발생과 개간 전 임야에 얼마의 감염원이 존재했는지는 매우 밀접한 관계가 있다. 때문에, 일반 삼림지나 여러 수목을 심은 임야를 개간한 커피농원은 발병률이 비교적 높다. 기계로 개간한 임지나 철저하게 잡다한 나무들을 제거한 곳의 커피농원은 인공개간하거나 철저하지 못하게 나무를 제거한 곳보다 발병이 매우 적게 나타났다. 토양유형 또한 발병과 관계가 있는데 점질의 통풍이 안되는 토양은 발병율이 비교적 높다.

- 예방방법

  ① 개간 전 철저하게 감염원을 제거한다. 기계로 개간하여 제거하는데 병해 입은 나무와 뿌리 모두 제거하여 버린다. 뽑아낼 수 없는 큰 나무나 기계 경작이 안 되는 비탈상의 나무들은 폭약으로 폭파하거나 2, 4-D 파라콰트 등의 약으로 죽인다.

  ② Tridemorph를 근경보호제로 사용하거나 혹은 스프링쿨러로 사용하여 병의 확대를 방지한다.

  ③ 기생된 식물을 다른 나무의 셰이딩 나무로 사용하는 것을 피한다.

  ④ 병해에 걸려 죽은 나무는 바로 제거해 버리고 발병한 곳의 주변은 땅을 파고 다른 식물들과 격리시켜 놓는다.

8) 커피 갈근병

- 분포 및 피해 – 이 병은 널리 분포되어 있고, 대부분이 커피 경작지는 모두 발생하기는 하나 발병률은 그리 높지 않다.

- 증상 – 병해 입은 뿌리에 붙어있는 진흙과 모래는 많고 울퉁불퉁하며 잘 씻기지 않는다. 균막은 병해 입은 뿌리에 있으며 흑갈색이고 솜털모양의 적갈색 균사를 가지고 있다. 환부의 목재는 마르고 부식했으며 딱딱하고 잘 부서지며 단면에는 갈색의 벌집무늬가 있다. 나무와 나무껍질 사이에 백색 및 황색의 솜털 같은 균사체가 있다. 어떤 때는 뿌리가 부식이 되어 구멍이 나기도 하고 고온에 비가 많이 오는 계절에는 균막과 자실체가 자라기도 한다. 지상부분의 증상은 홍근병과 같다.

- 원인 – 담자균아문, Fomes noxius속 진균이고, 학명은 Phellinus noxius이다. 자실체는 질의 꼭지가 없고 반원형이며 테두리는 위로 향해있고 녹갈색을 띤다. 상 표면은 갈색, 하 표면은 검은색이고 반듯하지 못하며 작은 구멍이 빽빽하게 있다(포자구멍을 만든다). 담포자는 계란형, 단포자(홑 홀씨), 짙은 갈색, 포자의 벽은 두꺼우며, 크기는 3.25~4.12㎛×2.6~3.25㎛, 유적(油滴)이 있다.

  갈근병은 커피 이외에 고무나무, 삼각단풍, 멀구슬나무, 타이완 상사수, 마호가니, 소태나무, 목마황, 상수리나무, 밀감, 후추 등에도 기생하여 병을 감염시킨다.

  개간 전 이미 감염 되어있던 나무의 그루터기나 관목이 이 병의 주요 감염원이다. 병해 입은 뿌리와 건강한 뿌리가 접촉하여 병이 전염된다. 이외에 자실체가 만들어낸 포자는 바람, 비와 곤충에 의해 퍼지기도 한다.

- 발병조건 – 홍근병과 같으니 홍근병 부분을 참고한다.

- 예방방법 – 홍근병과 같다.

9) 커피 자근병

- 분포 및 피해 – 이 병은 진흙과 모래 없이 밀집해 있는 진한 자색의 균사다발로 덮여 있다. 이미 죽은 뿌리의 표면에는 작은 알맹이 모양의 짙은자색 균핵이 붙어있다. 병해 입은 뿌리는 마르고 부식했으며 잘 부러지고 쉽게 으스러진다. 목재와 뿌리껍질은 쉽게 분리되며 버섯냄새가 나지 않는다.

  병해 입은 나무의 지상부분은 잘 자라지 못하고, 잎이 황색으로 변한다.

- 원인 – 학명은 Helicobasidium sp.이다. 이 균은 나무에 스펀지처럼 힘없는 자색의 자실체를 키워 낸다. 균사는 밑동에서 자라나는데, 표면은 자색의 균사체에서 만들어진 솜털이 난 막이나 그물 형태의 주머니가 있다. 펼친 후 편구면의 감염욕을 만드는데 표면은 자색, 안쪽은 황갈색, 중앙은 흰색이다. 담자는 나선모양의 균사 끝 끝부분에서 만들어지는데 무색에 원통형이며, 활처럼 굽어져 있고, 3개의 마디로 나뉘어 있으며, 위를 향해 기울어져 자라는 원추형 줄기가 있고, 줄기 끝부분에서 담포자가 만들어진다. 담포자는 단포자(홑 홀씨)이고, 무색 계란형 또는 낫 모양으로, 끄트머리는 둥글고 약간 뾰족하며 표면은 매끈하다. 이 병은 커피 이외에 카사바, 칡덩굴, 야생 목단, 쪽나무, 망고, 인도사목, 고무나무 등을 감염시킨다. 자근병의 감염원은 개간에 이미 감염된 나무 그루터기나 각종 야생 숙주식물이다. 병해 입은 식물에서 땅으로 떨어진 균핵이나 병해 입은 모종을 옮겨심기 하는 것 또한 주요 감염원이 된다. 이 병은 병해 입은 뿌리와 건강한 뿌리가 접촉하여 병을 퍼뜨린다. 병해에 걸린 모종의 운반은 병을 더욱 확산시키는 주요원인이 된다.
- 발병조건 – 이 병의 발생은 감염원이 얼마나 되는지와 밀접한 관계가 있기도 하지만, 재배관리 또한 깊은 관계가 있다. 토양이 척박하거나, 비료가 결핍되거나, 식물의 성장능력이 떨어지면 발병확률이 비교적 높아진다.
- 예방방법
  ① 병에 걸리지 않은 모종을 선택해 심는다.
  ② 병해 입은 식물은 제때에 처리하고, 병해가 소량씩 분산된 나무들은 홍근병의 처리방법에 따라 처리한다. 병해가 광범위하게 발생한 나무들은 재배관리를 강화하고 흙을 푹신하게 깔아줘야 하며 유기비료를 증가하여 뿌려준다. 황무지를 없애고 배수의 설비를 갖추면 식물의 면역력을 증가시킬 수 있고 발병 확률이 감소한다.

🪔 커피의 처리 과정

1) 세척(Water Cleaning)과 체리분류(Washer Sepatator)

가공을 하기 전 준비하는 첫 단계로 수확한 커피체리의 이물질을 제거하는 단계를 가진다. 이때 사용되는 수질은 관련 기관에서 철저하게 관리하는 수질로 이 단계가 끝나면 비로소 본격적인 커피가공을 위한 준비가 되는 것이다. 대규모 농장의 경우 세척 후 가공단계로 이어지는 것은 컨베이어벨트를 이용하여 자동적으로 체리를 운반 후 이물 분리기계에 의해 진행된다.

분리 방법은 체리의 밀도를 이용하여 1차적으로 물에 뜨는 체리(Floater)와 나뭇잎 등과 가라앉는 체리(Sinker)를 분리하며, 2차적으로 가라앉은 체리 중에 스크린 펄퍼(Screen Pulper)를 이용하여 스크린 홀을 통과할 정도로 무른 체리와 통과하지 못하는 딱딱한 체리를 선별한다. 이렇게 해서 물에 뜨는 체리와 스크릴 펄퍼를 통과하지 못한 체리들은 특정 국가에서는 바로 건조장으로 보내져 건조 후 자국에서 소비하는 내수용 커피로 사용되기도 한다.

세척기로 커피체리를 옮기는 모습

1차 세척과정을 거치는 커피체리

물에 뜨는 체리와 가라앉는 체리를 구분하는 과정

색상이 다른 구분된 체리

스크린 펄퍼에 들어가는 체리

커피체리의 과육(펄프)을 제거하는 모습

펄프가 제거되어 파치먼트와 점액질로 둘러싸인 상태의 그린빈

2) 커피 처리 과정(Coffee Processing)

생두(Green Bean)를 유통하기 위해서는 이에 접합한 상태로 처리하는 가공 작업을 거치는데 이 과정은 제품의 품질에 영향을 준다. 대표적으로 건식(Dry)과 수세식(Wet) 처리방법이 알려져 있으며 국제커피 거래시장에서는 건식처리 방법을 다른 말로 내추럴 커피(Natural Coffee) 방식이라 하며, 수세식 처리방법을 워시드 커피(Washed Coffee) 또는 마일드 커피(Mild Coffee)라고도 한다.

(1) 세미 워시드(Semi Washed)

체리과육(펄프)을 제거한 후 발효과정 없이 생두에 묻어있는 점액질을 물로 제거하는 방식이다. 점액질을 완전하게 제거하기 위해 물이 담긴 수조에서 발효과정을 거치는 단계는 생략할 수 있다. 여운이 짧은 뒷맛을 내는 특징이 있다. 통상적으로 과육의 향미보다 커피콩의 바디감을 끌어내기 위해 이용되며 잘 익은 콩과 그렇지 못한 콩을 소비없이 상품으로 만들 수 있다. 워시드 방식에 사용되는 엄청난 양의 물 소비를 막을 수 있지만 발효과정이 생략되다 보니 맛의 균일성은 아무래도 덜할 수 있다. 그렇다고 해서 이 방식으로 처리된 빈이 로스팅 때마다 맛의 차이가 확연하게 나는 건 아니다. 대표적으로 인도네시아에서 사용하는 처리 방법이다.

(2) 워시드(Fully Washed)

체리과육(펄프)을 제거한 다음 끈적끈적한 젤라틴 성분을 제거하기 위해 발효탱크에 넣어 발효과정을 거치는 방식. 이때 점액질을 제거하기 위해 물이 사용되는 습식발효(wet fermentation)와 물을 사용하지 않는 건식발효(dry fermentation) 두 가지 방법이 이용된다. 통상적으로 워시드 가공을 이용하는 목적은 커피의 탁월한 품질과 균일성을 확보하기 위해서다. 건식발효에 비해 발효효과가 좋은 습식발효가 이용된다. 하지만 이렇게 소비되는 물의 양과 이 과정에서 녹아내린 점액질이 수질오염에 심각한 영향을 줄 수 있다. 이에 최근 현지에서는 주로 eco-pulper라 해서 물 소비를 최소화하는 친환경 과육제거기를 사용하며, eco-pulper를 사용한다는 것을 강조하여 시장에 판매하는 대표적인 나라가 우간다이다. 또는 화학적 방식으로 물 사용을 줄이면서 점액질을 제거하기 위한 방식도 있는데 이 경우 커피 맛에 안좋은 영향을 줄 수 있다는 속설도 있다. 수세식 작업은 생두의 수분함량이 가공현지에서 12~13%로 정도 높은 편이나 출하 이후에 수분이 증발하여 보통 11~12% 정도의 콩을 소비자가 사용하게 된다.

이 방식이 건식처리 작업보다 맛의 균일성이 크며 깔끔한 신맛(Acid)과 향이 좋으며 섬세함이 강하다. 엘살바도르, 멕시코, 과테말라, 파나마, 파푸아뉴기니아, 콜롬비아, 케냐, 탄자니아, 자메이카, 일부 로부스타 등이 이 방식으로 주로 작업된다.

(3) 내추럴(Sundried Natural)

자연건조라고도 불리는 처리방식이다. 수세식에 비해 과정이 간단하고 비용이 적게 든다. 채집한 체리를 펄프(과육)체로 건조장에서 자연건조시키며, 브라질과 같은 기계수확이나 스트리핑 방식으로 수집한 생두에 주로 이용되는데 그렇다 보니 미숙두가 섞일 확률이 높다. 일조량이 풍부하고 출하량이 높은 지역에서 선호하는 방식이다. 출하 시 탈곡기에 넣어 말린 과실과 파치먼트를 제거한 후 선별작업을 거쳐 등급을 매기고 품질검사를 끝으로 포장을 하고 출하한다. 건식처리 작업은 생두의 수분함량이 10~11% 정도 된다.

과육의 단맛이 콩에 전달되어 독특한 단맛과 바디감이 있고, 특유의 강한 과육향이 어우러져 복합적인 맛이 난다. 브라질, 에티오피아, 예멘 등에서 주로 사용되며, 거의 대부분의 로부스타가 이 방식으로 작업된다.

(4) 펄프드 내추럴(Pulped Natural)

수세식과의 주된 차이가 나타나는데 그것은 파치먼트가 발효되거나 씻겨나가는 것이 아니라, 대신에 과육(펄프) 제거 후 점액질(mucilage)이 파치먼트에 달라붙어 있는 채로 곧장 햇볕에 건조된다는 점이다. 이 가공방식은 1990년대에 기계로 체리를 수확함으로 해서 건조과정 중에 익은 체리와 익지 않은 체리가 뒤섞여 발견되는 것을 없애기 위해서 도입되었다. 따라서 내추럴에 비해 고르게 발효될 수 있으며 점액질에 의해 설익은 풋내를 최소화하여 깊은 단맛과 풍부한 과육의 향미를 낼 수 있다.

De-pulping Machine

점액질이 붙은 상태의 생두

펄프드 내추럴 가공 방식으로 건조중인 생두

제거되고 남은 커피 과육은 양질의 유기비료로 활용된다.

🏺 커피건조의 중요성과 커피 등급 분류

1) 커피의 건조와 중요성

커피의 체리 상태에서의 기본 수분율은 평균 50~60% 정도지만 가공과정 중 수분율을 12%~13% 정도로 낮추는 작업을 한다. 수분율에 있어 가장 중요한 것은 기후이며, 햇볕을 통한 자연건조가 품질면에서 우수하지만 상업적인 거래를 위한 대규모 농장에서 자연건조만으로 항상 12%의 수분을 유지하기는 시간과 건조장소가 부족하다. 때문에 1차적으로 자연건조과정을 거친 후 건조기계를 이용하여 커피의 수분함유율이 원하는 %에 거의 오차 없이 도달시킨다. 건조에 있어 품질과 직결되는 것이 수분율이기에 생산자들은 판매에 앞서 그간 농사지은 품질이 손상되지 않도록 심혈을 기울인다.

커피 생두는 쥐도 먹지 않는 신이 준 선물이라는 얘기가 있을 정도로 외부의 피해에 둔감할 수 있지만 건조과정에서 수분 함유율이 13.5%가 넘으면 곰팡이나 균이 번식할 위험이 높아진다. 이런 곰팡이가 억제되기 위한 한계치가 공기 중의 수분함유율 즉, 습도가 75%이고 생두의 수분 함유율이 대략 13.5%로 평행 상태가 유지되어 수분교환이 이루어지지 않는 때라고 알려져 있다.

2008년 국내에서 판매되는 수입 원두커피에서 곰팡이독소인 오크라톡신 A(Ochratoxin A)가 발견되어 언론에서 위험성을 크게 보도하였다. 이 때문에 커피 업계에서 떠들썩했던 뉴스로 기억되는데 당시만 하더라도 한국에는 오크라톡신에 대한 허용 기준치가 없었다. 대부분 수입에 의존하고 있는 밀, 호밀, 보리 및 커피는 생산지역의 기후조건 및 보관 특성에 따라 오염 우려가 있어 곰팡이 독소인 오크라톡신 A의 기준이 설정된 것이 이 사건 때문이었다.

관련 기준을 보면 한국에서는 커피콩, 볶은 커피에 대해서는 $5\mu g/kg$ 이하로, 인스턴트 커피에 대해서는 $10\mu g/kg$ 이하로 설정하게 된다. 오크라톡신 A는 Aspergillus나 Penicillium속 곰팡이에 의해서 따뜻한 지역에 주로 생성되며 사람이 장기적으로 섭취하게 되면 신장장애(복통, 식욕 결핍, 피로, 빈혈 등)를 유발시키는 독성이 강한 물질로 알려져 있다.

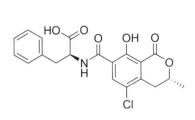
OTA 화학구조도

곰팡이가 핀 생두의 모습

이런 곰팡이 예방을 위한 사전 조치 작업으로 ICO(국제커피협회)에서는 가이드라인을 설정해 놓고 있는데 크게 4단계로 구분한다.

1단계. 수확 전
– 비수기시 낙과(체리)는 제거한다.
– 개화기 및 개화기 직후에는 과목에 유기물질을 투여하지 않는다.
– 커피체리는 수확 후 지체 없이 바로 세척 가공하여야 한다.
– 커피체리의 펄프는 발효시켜 사용한다.

2단계. 수확 시
– 체리를 즉시 처리하지 않을 경우 수확하지 말고 처리 가능할 때 수확한다.
– 습기가 많은 날씨에는 수확 후 바로 가공한다.

3단계. 건조 시
– 수분함유율을 12~13%로 유지하여 OTA 유발 곰팡이들을 최대한 억제한다.

4단계. 핸드픽
– OTA가 있을 확률이 더 높은 결점두들(벌레 먹거나 곰팡이 핀)을 최대한 제거한다.
  결국 OTA를 예방하려면 생산국에서 소비국까지 철저한 관리가 있어야 하며, 로스팅을 하는 담당자들의 철저한 관리가 필요하다(현실적으로 대형 로스팅 공장에서는 핸드픽이 어려운 한계가 있다).

자연건조 과정

2) 커피의 선별방법

한국에서 주식으로 사용하는 쌀도 품질경쟁에서 상품의 가치를 높이기 위해 까다로운 선별과정을 거치듯 커피도 상품의 가치를 높이기 위해 다른 곡물에 뒤지지 않는 까다로운 선별과정을 거쳐 포대에 남긴다. 일반적으로 쌀이나 밀가루와 같은 곡물들은 수확시기가 일정하여 기계적인 수확이 가능하나 커피의 경우는 이런 곡물과는 다르게 커피나무에서 자라는 열매 즉, 잘 익은 커피체리 속에 있는 곡물인 생두(그린빈)를 선별한 후 로스팅하기 때문에 수확단계를 기계적으로 하기에 어려움이 있다.

일반적인 선별기준은 첫째 결점두, 둘째 밀도, 셋째 색상, 넷째 이물질이 있다. 이중 결점두에는 발효나 건조 과정 중에 색상이 변하는 현상(Black bean, Dark gray bean, Foxy bean, Glassy bean)에 의한 결점두와 보관이나 운반, 수확시기와 같은 처리과정 중에 손상이 생기는 현상(Blotchy bean, Drought affected bean, Broken bean, Pitted bean, Stinker bean, Rancid or acid bean, Musty bean)이 있다.

이러한 결점두의 선별은 생산국의 규모나 농장의 규모에 따라 다르지만 일반적인 소작농들은 수작업을 통한 선별을 하고 있다.

하지만 수작업의 한계는 결국 선별량과 직결된다. 장기간 두고 볼 때 인건비는 상승하기 때문에 분류작업에는 사람의 눈을 대체할 수 있는 자동화 선별기가 점차 확산되고 있는 실정이지만, 아직은 최상의 품질을 유지하는데 사람에 의한 선별을 기계가 월등하게 대체하지 못하는 것이 사실이어서 소작농들의 커피품질(등급)은 아직도 시장에서 높은 평가를 받는다.

3) 커피의 등급분류

최근 로스터리숍이 늘어나고 있고 가정에서 핸드드립이나 커피메이커로 원두를 직접 내려 먹는 소비자들이 늘어나고 있지만 이런 소비자들 대부분이 커피를 부르는 호칭을 생소하게 느낀다. 예를 들어 브라질 No.2 콜롬비아 슈프리모, 과테말라 SHB 등 커피 생산국가 뒤에 붙은 생소한 등급문구 때문이다.

생산된 커피는 특성에 따라 분류되는 기준이 있는데 크게 생산된 생두에 포함된 결점체량, 생두의 크기, 생산지 고도에 따라 분류된다.

일반적으로 아라비카 생두의 등급 분류기준으로 사용되는 것은 뉴욕무역거래소(NYBOT ; NewYork Board of Trading)에서 사용하는 방법을 따른다. 이는 300g의 생두 안에서 발견되는 결점체의 수나 종류에 따라 차등 부여되는 방식이다. 대표적인 결점체로는 백화현상콩, 기형콩, 미성숙콩, 검은콩, 발효콩, 벌레먹은콩, 속빈콩, 주름진콩 등 콩자체의 결점에 촛점을 둔 경우와 나뭇가지, 옥수수, 돌 등과 같이 외부적인 요인에 따라 등급을 나누어 점수가 부여된다.

커피콩 자체의 결점두의 원인은 결점상태에 따라 다르

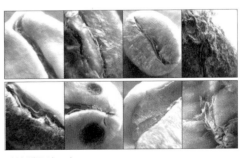

결점 생두의 모습

지만, 재배 중에 발생하는 유전적인 문제, 수확시기에서 발생하는 문제, 수확과정에서의 문제, 습식 · 건식 가공시 발생하는 문제, 부적절한 건조와 보관 등으로 이렇게 문제가 생긴 생두는 그 맛과 향이 매우 불쾌하며 로스팅시 팝핑이나 크랙에 문제가 있고 로스팅 과정에서 정상적인 생두에게도 나쁜 영향을 준다.

결점체를 기준으로 등급을 매기는 대표적인 국가

국 가	등 급	결점 두(300g 당)	비 고
브라질	No.2	4개 이하	세계 제일의 커피 생산국이자 수출국. 비교적 낮은 고도의 대규모 농장에서 커피를 경작. 에스프레소 베이스 블렌딩(Espresso Base Blending)에 많이 사용
	No.3	12개 이하	
	No.4	26개 이하	
	No.5	46개 이하	
	No.6	86개 이하	
에티오피아	Grade 1	3개 이하	아라비카 커피(Arabica Coffee)의 원산지로 '커피의 고향'으로 알려져 있으며, 아프리카 최대의 커피 생산국
	Grade 2	4~12개	
	Grade 3	13~25개	
	Grade 4	26~45개	
	Grade 5	46~100개	
	Grade 6	101~153개	
	Grade 7	154~340개	
	Grade 8	340개 이상	
인도네시아	Grade 1	11개 이하	네덜란드에서 커피나무가 이식되면서 1696년 자바섬에서 커피재배가 시작되었다. 대표적인 커피로 만델링(Mandheling), 자바(Java), 바자와(Bajawa), 코피 루악(Kopi Luak)이 있다.
	Grade 2	12~25개	
	Grade 3	26~44개	
	Grade 4a	45~60개	
	Grade 4b	61~80개	
	Grade 5	81~150개	
	Grade 6	151~225개	

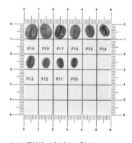

스크린별 사이즈 참조

생두의 사이즈를 기준으로 등급을 매기는 대표적인 국가

국 가	등 급	사이즈 기준	비 고
콜롬비아	Supremo	17스크린 이상	Specialty Coffee
	Excelso	14~16스크린	수출표준 등급
	U.G.Q(내수용)	13스크린	수출금지 등급
	Caracol(내수용)	12스크린 이하	
케 냐	AA	18스크린	수출표준 등급
	A	17스크린	
	AB	15~16스크린	
	C(내수용)	14스크린 이하	
하와이	Kona Extra Fancy	19스크린	
	Kona Fancy	18스크린	
	Kona Caracoli No.1	10스크린	
	Kona Prime	무 관	
탄자니아	AA	18스크린 이상	AMEX 등급은 Clean Cup 판정 없는 등급을 의미(커피를 마시는 순간부터 마시고 난 후까지 부정적인 영향의 유무)
	A	17~18스크린	
	AMEX		
	B	16~17스크린	
	C	15~16 이하	
	PB	Peaberry	
인 도	Plantation AA	17스크린 이상	수세 처리된 아라비카 생두 기준 *로부스타의 기준은 상이함
	Plantation A	16스크린	
	Plantation B	15스크린	
	Plantation C	14스크린	
	Plantation Bulk	14스크린 이하	
파퓨아 뉴기니	AA	18스크린 이상	1937년경 자메이카 블루마운틴(Jamaica Blue Mountain) 종자가 이식되어 커피의 재배가 시작되었다.
	A	17스크린	
	AB	16스크린	
	B	15스크린	
	C	14스크린 이하	

* 1스크린은 1/64 인치로 약 0.44mm

재배지 고도에 따른 등급 분류

국 가	등 급	재배지 고도	등급설명(세부등급)	특 징
과테말라	SHB	해발 1,400m 이상	Strictly Hard Bean	수출을 목적으로 하는 모든 커피는 자국의 커피협회의 등급을 받아야 하나, 지역 명칭을 브랜드로 사용할 시 까다로운 품질 절차를 주기적으로 받아야만 가능하다. (예 과테말라 안티구아)
	HB	해발 1,200~1,400m	Hard Bean	
	SH	해발 1,000~1,200m	Semi Hard Bean	
	EPW	해발 900~1,000m	Extra Prime Washed	
	PW	해발 750~900m	Prime Washed	
	EGW	해발 600~750m	Extra Good Washed	
	GW	해발 600m 이하	Good Washed	
온두라스	SHG	해발 1,500~2,000m	Strictly High Grown	온두라스의 커피중 가장 유명한 커피는 온두라스 SHG이다.
	HG	해발 1,000~1,500m	High Grown	
	CS	해발 900~1,000m	Central Standard	
멕시코	SHG	해발 1,700m 이상	Strictly High Grown	해발 1,700m 이상에서 재배된 품질 좋은 커피에 '알투라(Altura)'라는 명칭을 붙인다. 유기농 커피(Organic Coffee)로 유명한 타파출라(Tapachula) 커피를 생산한다.
	HG	해발 1,000~1,600m	High Grown	
	PW	해발 700~1,000m	Prime Washed	
	GW	해발 700m 이하	Good Washed	
자메이카	High Quality	해발 1,100m 이상	Blue Mountain No.1	High Quality 등급만을 블루마운틴이라고 호칭한다.
			Blue Mountain No.2	
			Blue Mountain No.3	
	Low Quality	해발 1,100m 이하	High Mountain	
		해발 750~1,000m	Prime Washed, Jamaican	
		−	Prime Berry	
코스타리카	SHB	해발 1,200~1,650m	Strictly Hard Bean	생산량 40%
	GHB	해발 1,100~1,250m	Good Hard Bean	생산량 10%
	HB	해발 800~1,100m	Hard Bean	생산량 19%
	MHB	해발 500~1,200m	Medium Hard Bean	생산량 14%
	HGA	해발 900~1,200m	High Grown Atlantic	생산량 5%
	MGA	해발 600~900m	Medium Grown Atlantic	생산량 8%
	LGA	해발 200~600m	Low Grown Atlantic	생산량 3%
	P	해발 400~1,000m	Pacific	생산량 1%

국가별 생두		
코나 티피카	에티오피아DP 하라 롱베리	에티오피아DP 하라 숏베리
인도 로부스타 피베리	인도 수세식 로부스타	인도 아라비카 몬순
탄자니아 잔지바르 리베리카	인도 건식 리베리카	카메룬 자바 롱베리
니카라과 자바 롱베리	파카마라	파카마라 피베리
파나마 게이샤	온두라스 파카마라	에티오피아 짐마 롱베리
예멘 모카	말라위 카티모르	르완다 브루봉
술라웨시 세미 수세식	수마트라 세미 수세식	과테말라 옐로우 부르봉
수마트라 에이지드	오스트레일리아 문도노보	커피 파치먼트
파치먼트, 실버스킨(은피), 생두		

커피의 로스팅(가공)

1) 커피 로스팅=커피 배전=커피 볶기

로스팅 장면

커피산지에서 생산된 커피는 수확 후 여러 가공 과정을 거쳐 건조과정이 끝나면 장시간 보존이 가능하다. 그러나 음료로 만들기 위해서는 섭씨 200~230℃ 이상의 열을 가하여 내부조직을 변화시켜 커피 고유의 휘발성 향을 발생시킨다. 커피의 맛은 엄선된 생두를 선별하는 것이 제일 중요하며, 다음으로 로스팅 과정이라 할 수 있겠다. 생두를 보존하기 위해서도 온도와 습도가 중요하듯 로스팅 역시 온도와 습도에 따라 열전달이 크게 달라지기에 로스팅의 정답이 존재하지 않는다. 그래서 로스팅에는 많은 시간과 경험이 중요하다고 할 수 있다.

생두가 열을 만나면 수분이 빠지면서 색상이 옅은 흰색계통에서 노란색으로 바뀌고, 다음으로 옅은 갈색으로 바뀌면서 고소한 향이 올라온다. 조금 더 시간이 흐르면 짙은 갈색과 신향이 서서히 올라오며 고소한 향도 함께 나기 시작한다. 이때 생두 속 수분과 약 600여 가지의 산화물 같은 가스가 빠지면서 총 비중이 15~20% 정도 감소하여 무게가 줄어든다. 동시에 생두 세포 속의 압력이 높아져 생두 부피가 60%가량 늘어난다. 결국 무게는 줄고 그린빈이 가지고 있는 단단한 느낌에서 점점 분쇄하기 쉬운 상태로 바뀐다.

2) 로스팅 중 일어나는 현상과 거시적인 변화

- 커피빈 색깔변화

green→	whitish→	yellow→	cinnamon→	light brown→	brown→	dark brown→	dark black
녹 색	흰색계통	노란색	계피색	옅은 갈색	갈 색	짙은 갈색	검은색

※ 수세식 커피가 아닌 아라비카 커피빈과 로부스타 커피빈을 수세식 아라비카와 같은 색상으로 만들기 위해서는 최종 배전온도를 더 높일 필요가 있다.

- 커피빈 표면

  기름기가 표면에 감돌며 특히나 진한 갈색을 띄는 에스프레소용 로스팅 단계에서 더욱 그러하다.

- 색상 수치[25(검정)~95(회색)]

  로스팅 시간이 짧을수록 색상 수치가 크게 나타나며 약배전시에도 색상 수치는 높다. 로스팅 시간을 길게 할수록 색상 수치를 줄일 수 있다.

- 커피콩 구조

  현미경으로 볼 경우에는 마치 육각모양 안에 원 구성물이 뒤섞여 덮여져 있는 화산토처럼 보인다. 수분과 이산화탄소가 다량 방출되면서 내부조직이 허니컴 구조를 만들어 낸다.

- 부서지는 정도

  로스팅 정도에 따라 점차 높아지는데, 커피콩 내부 재질이 눈에 보일 정도로 변화하게 된다.

- 밀 도

  생두는 리터당 550~650g인데 로스티드빈에서는 17~20% 정도 감소해서 450~550g이 된다. 고속
  배전 커피에서는 최저치가 된다.

- 뜨거운 물에 대한 추출 정도

  그린빈에서 약배전으로는 약간 줄어든다. 그 뒤로 로스팅 정도가 높아지면서 약간씩 높아진다. 고속
  배전 커피에서는 더 높다.

- 수 분

  생두 속 수분은 배전이 진행되는 내내 일정하게 줄어들어 방출된다. 최종 냉각단계에서 물로 냉각하
  는 경우가 아니라면 최종 수치는 1% 이하가 된다. 고속배전 커피에서는 수분 방출량이 낮다.

- 유기물 손실량

  옅은 갈색을 띠기 시작하는 시점이 중요하다. 약배전에서는 2~5%, 중배전 커피에서는 5~8%, 강배
  전에서는 11%를 넘는다. 고속 배전에서는 낮으며 배전 후 수일간은 꾸준하게 이산화탄소가 더 방출
  된다. 배전 직후 방출되는 이산화탄소 모두를 산정할 수는 없다.

- 휘발성 물질 구성(아로마)

  약배전에서 최대치가 되며 중배전에서는 손실이 더 중요해진다. 고속배전에서는 그 양이 더 많은데
  최대치는 중배전에서 일어난다.

- 음료 산성도(pH)

  수세식 아라비카는 약배전에서 pH 4.9, 강배전에서 pH 5.4이고 내추럴 커피에서는 수치가 높아진
  다. 고속배전 커피는 그 수치가 낮다.

그린빈 상태는 매우 다양하고 그린빈의 함수율이 생산지, 품종, 수확시기, 저장 상태와 기간 등에 따라
다르기 때문에 배전 방법에 절대적인 공식은 없다. 그러므로 때에 따라서 각 생두의 맛과 향을 살릴 수
있는 가장 알맞은 로스팅 방법을 결정해야 한다. 커피의 맛과 향은 외부에서 로스터가 주입시키는 첨가
물이 있는 것이 아니라, 그린빈의 성분 속에서 자체적으로 우러나오는 것이므로 로스팅 과정에서 이것을
찾아내야 한다. 따라서 로스팅의 기술은 곧 원두를 탄생시키는 가장 중요한 노하우이기도 하다.

3) 커피 로스팅의 단계

- 약배전 로스팅

  볶아놓은 원두의 색은 엷은 붉은 기 나는 갈색이고 커피를 끓이면 가벼운 맛이 나고 배합하기 좋다.
  커피를 캔으로 포장해 수출할 때 이 방법을 쓰며 대부분의 진짜 커피 애호가들은 이 방법으로는 커
  피에서 충분한 풍미를 추출하지 못한다고 말한다. 질 좋은 커피를 이 방법으로 볶는 것은 현명하지
  못하다.

• 중배전 로스팅

약배전보다는 진하지만 갈색에 가깝다. 이 방법은 강하게 볶았을 때 대부분 날아가 버릴 우려가 있는 미묘한 풍미까지 살려준다는 장점을 가진다.

• 강배전 로스팅

원두에서 나온 기름이 표면을 가열하기 시작했을 때의 콩이다. 색은 짙은 황갈색이며 기름 때문에 약간 광택이 난다. 신맛과 쓴맛이 완벽한 조화를 이루는 커피에 적합한 볶기이며 농도가 진하고 색이 깊으며 풍부한 풍미를 가진 커피를 만든다. 이것은 에스프레소나 에스프레소 음료를 만드는 데 쓰인다. 다크 로스트는 원두의 가장 좋은 상태를 끌어 낼 수 있지만 미디엄 로스트처럼 맛의 섬세한 부분까지 살려주지는 못한다.

로스팅의 단계별 특징

일본식 (SCAA/미국식)	색 상	팝핑단계 / Agtron	특 징
1단계 – 라이트 (Very Light)		1차 팝핑 시작 전 · 후 / 95	감미로운 향기가 나지만 이 단계의 원두를 가지고 커피를 추출하면 쓴맛, 단맛, 깊은 맛은 거의 느낄 수 없다. 생두를 로스터기에 투입해 생두가 열을 흡수하면서 수분이 빠져나가도록 하는 초기단계로 이때 생두는 노란색으로 변화된다.
2단계 – 시나몬 (Light)		1차 팝핑 중반부 전 · 후 / 85	뛰어난 신맛을 갖는 원두이며 그 신맛을 즐기고 싶다면 이 단계의 원두가 최적이다. 짙은 노란색이던 원두가 계피색을 띠게 된다. 커피 생두의 외피가 왕성하게 제거되기 시작한다.
3단계 – 미디움 (Moderately Light)		1차 팝핑 후반부 / 75	아메리칸 로스트라고도 한다. 신맛이 주역인 아메리칸 커피는 이단계의 원두가 최적이다. 식사 중에 마시는 커피. 추출해서 마실 수 있는 기초단계이며 원두는 담갈색을 띤다.
4단계 – 하이 (Light Medium)		1차 팝핑 끝지점 / 65	여기서부터 신맛이 엷어지고 단맛이 나기 시작한다. 가장 일반적인 단계로 갈색의 커피가 된다.
5단계 – 시티 (Medium)		2차 팝핑 시작 전 · 후 / 55	저먼(german) 로스트라고도 한다. 균형 잡힌 강한 느낌을 준다. 맛과 향이 대체로 표준이며 풍부한 갈색을 띠게 된다.
6단계 – 풀시티 (Moderately Dark)		2차 팝핑 중반부 전 · 후 / 45	신맛은 거의 없어지고 쓴맛과 진한 맛이 커피 맛의 정점에 올라서는 단계이다. 아이스커피 용도로 사용할 수 있다. 크림을 가미하여 마시는 유럽 스타일. 원두의 색깔은 짙은 갈색으로 변하며 에스프레소 커피용의 표준이다.
7단계 – 프렌치(Dark)		2차 팝핑 후반부 / 35	쓴맛, 진한 맛에 중후한 맛이 강조된다. 기름이 표면에 끼기 시작하는 단계로 원두는 검은 갈색이 된다.
8단계 – 이탈리안 (Very Dark)		2차 팝핑 끝지점 / 25	쓴맛과 진한 맛의 최대치에 달한다. 원두에 따라서는 타는 냄새가 나는 경우도 있다. 예전에는 이 로스팅이 에스프레소용으로 많이 선호되었으나 점차 줄어드는 경향을 보이고 있다.

커피의 포장과 보관

로스팅된 커피가 한 잔의 음료로 만들어지기까지 산소와 습기로부터 최대한 보호되어야 본연의 커피 맛을 장시간 유지할 수 있다. 원두커피는 특성상 향기가 공기 중으로 날아가기 쉽고, 반대로 공기 중에 있는 가스나 습기를 빨아들이는 특성도 강하여 커피의 향이 변질되기 쉽다. 이런 특성 때문에 원두커피를 방향제로 쓰거나 냉장고나 신발장에 넣어 탈취제로 사용한다. 그렇기 때문에 상업적으로 유통되는 원두커피를 선택하기 위해 염두에 두어야 할 부분이 원두커피 포장지의 질이다.

원두커피의 신선도를 장시간 지속시키는 포장지는 두께와 재질에서 차이가 나며 포장방법으로는 밸브포장(valve packing), 원웨이포장(JFS packing), 진공포장(vacuum packing), 질소포장(nitrogen packing), 지퍼팩포장(Zip packing) 등 5가지 기술이 주로 사용되고 있다.

1) 밸브포장(valve packing)

아로마 밸브(Aroma Valve)라 불리우는 기구를 포장 부착하여 포장의 팽창과 파열을 방지해 커피의 신선도를 유지하는 포장기술로, 커피 포장지에 이 밸브를 달면 포장지 내부에서 발생한 가스는 외부로 나올 수 있는 반면 외부의 공기는 포장지 내부로 들어갈 수 없게 된다. 이로서 커피의 신선도를 유지하는 기술이다.

2) 원웨이포장(JFS packing)

Ampac사의 Jamison freshness System 기술로 커피콩 또는 분말형태의 볶은 커피를 포장하는데 별도의 장치를 사용하지 않고도 백의 실링부분을 통해 가스를 배출할 수 있는 경제적인 시스템이다. 이 기술은 커피 백을 성형하는 성형기의 실링 다이를 특별하게 고안하여 실링시에 내부의 이산화탄소 가스가 외부로 배출될 수 있도록 통로를 만들어 준다.

포장 내부의 특별한 압력 하에서만 배출구가 개봉되고, 압력이 낮아지면 다시 닫힌다. 즉 기능은 아로마 밸브와 동일하지만 부착물이 필요 없는 기술이다.

3) 진공포장

진공포장은 분말형태 커피의 신선도를 장시간 보존하는 방법으로 가장 일반적으로 사용되는 포장방식이다. 포장 시 내부의 공기를 얼마나 최소화할 수 있는지와 포장 후 발생할 수 있는 가스를 얼마나 잘 억제할 수 있는지가 중요한 관건이다.

4) 질소포장

포장재 속의 공기를 뺀 후 질소가스(nitrogen gas)를 채우거나 내부의 공기 자체를 질소가스로 치환하여 공기와의 접촉을 차단함으로써 커피의 변질을 최소화하여 커피 보존기간을 늘리는 방법이다. 불활성 기체인 질소가스는 산소의 유입을 근원적으로 차단하기 때문에 원두의 산화를 최대한 억제할 수 있지만 일단 개봉 후에는 자체적으로 외부환경에 노출되는 것을 막을 수 없다. 질소가스가 외부로 방출되지 못하도록 알루미늄 캔을 사용하므로 기본 단가가 많이 든다.

5) 지퍼팩포장

갈지 않은 커피를 선호하는 이유는 향의 보관을 최대로 하기 위해서다. 소비자들이 원두커피를 별도의 전용용기에 보관하기가 쉽지 않기에 편리함과 진공포장의 성능을 최대한 유지하기 위한 방법이 바로 지퍼팩포장이다. 이는 커피에 산소와 수분이 만날 수 없도록 최대한 차단시켜 지방 산화를 지연시키는 데 탁월한 성능이 있다.

6) 보관방법

원두 보관방법 중 가장 잘못 알려진 방법 중의 하나가 개봉한 원두커피를 가정에서 사용하는 냉동실에 그대로 보관하는 것이다. 물론 원두를 먹지 않고 일정기간 보관을 해야 할 경우에는 밀폐가 아주 잘 되는 상황에서 이 방법이 유효할 수 있지만 장시간 냉동 보관 시 신선도가 급격하게 떨어지고 커피의 향이 많이 날아가게 된다. 따라서 일반적으로 개봉한 원두를 보관하기 위해서는 지퍼팩이나 외부의 공기가 들어오지 않는 밀폐용기를 이용하여 서늘한 상온에 보관하면 된다.

☕ 커피와 건강

1) 신선한 원두커피의 매력_커피의 주요성분

(1) 클로로겐산(Chlorogenic acid)-항암효과가 있다.

현대인의 질병 중 약 90%가 활성산소와 관련이 있다고 알려져 있으며, 구체적으로 그러한 질병에는 암 · 동맥경화증 · 당뇨병 · 뇌졸중 · 심근경색증 · 간염 · 신장염 · 아토피 · 파킨슨병, 자외선과 방사선에 의한 질병 등이 있다. 따라서 이러한 질병에 걸리지 않으려면 몸속의 활성산소를 없애주면 된다. 활성산소를 없애주는 물질인 항산화물에는 비타민E · 비타민C · 요산 · 빌리루빈 · 글루타티온 · 카로틴 등이 포함된다. 이러한 항산화물을 자연적인 방법으로 섭취하면 큰 효과가 있다.

클로로겐산은 커피 속에 다량 포함되어 있는 폴리페놀 화합물의 일종이며, 커피콩 특유의 착색 원인물질이다. 생체 내에서 과산화지질의 생성 억제효과, 콜레스테롤 생합성 억제효과 및 항산화 작용, 항암 작용이 있다. 또한 유해산소를 억제하는 효과가 크다.

(2) 카페인(caffeine)

카페인은 1820년 스위스의 생리학자 루게(Ruge)에 의해 커피콩에서 처음 발견되었고, 1827년 영국의 오드리(Oudry)란 사람이 녹차 잎에서 발견해 Theine이라 명명한 성분이 커피의 카페인과 같은 물질로 확인되어 차 잎에도 카페인이 있음이 확인되었다.

보통 사람들은 커피가 건강에 좋지 않은 가장 큰 이유 중 하나로 이 '카페인'을 지적하는데 카페인은 녹차, 홍차, 콜라 같은 기호음료에도 들어있으며 적당량 섭취는 정상적인 성인에게 무독성일 뿐 아니라 체내에 축적되지 않고 소변 등으로 수 시간 내에 배설된다.

카페인 관련 수치들	
1990년대의 1인당 1일 카페인 소비량(mg)	
노르웨이, 네델란드, 덴마크	400
독일, 오스트리아	300
프랑스	240
영국	200
미국	170
주요 가공식품 카페인 함량(mg)	
음료 – 인스턴트커피	80
티백형 녹차	25.68
티백형 홍차	48.02
코카콜라 라이트	31
코카콜라	24
코코아	6.3
원두커피(250ml)	90
아이스티	27
외국 브랜드차	63
음식 – 다크초콜릿(35g)	25
커피아이스크림(1컵)	48
저지방 커피맛 요거트	36
한국인 카페인 1일 섭취 기준	
어린이 및 청소년 단위체중 kg당 2.5mg 이하	
성인 400mg 이하	
임산부 300mg 이하	
※ 자료 – 식품의약품안전처	

1958년 미국 FDA가 GRAS(Generally Recognized As Safe)에서 논평하기로 카페인은 장기간 사용하여도 습관성(중독성)이나 인체에 해가 적은 식품이라고 했으며, 세계보건기구(WHO)가 정한 국제 질병분류에서 카페인은 의존성, 남용성 있는 중독물로 지정되지 않았다.

또한 미국 국립보건원(NIH, National Institutes of Health)은 어린이와 성인의 카페인 대사방법에는 차이가 없으며 카페인을 함유한 음료나 음식이 어린이의 과잉행동에 영향을 주지 않는 것으로 보고하고 있다.

카페인에는 근육이나 중추신경계를 자극하는 작용이 있기 때문에 근육의 피로를 회복시켜 주어 운동이나 일의 성적을 높이기도 한다. 대뇌피질에 작용해 피로 물질인 아데노신의 작용을 방해하여 커피를 마셨을 때 일시적으로 정신을 맑게 함으로 졸음을 방지해 주고, 뇌의 활동도 활발하게 한다. 한편, 심장의 기능을 높여 혈관을 넓혀주는 작용을 하기 때문에 혈액순환을 좋게 해 두통을 진정시키고 기분을 유쾌하게 해준다. 또 교감신경을 자극하여 부교감신경의 흥분을 일으키는 천식의 발작을 억제하는 역할도 한다.

한국식품영양재단 김숙희님의 취약계층 카페인 일일권장기준량설정에 관한 연구 결과를 살펴보면 다음과 같다.

한국식품영양재단(김숙희) 연구

동물실험 또는 인체를 대상으로 카페인에 대한 유해성은 광범위하게 보고되고 있으나 실제로 건강에 유해한 정도가 심각하지 않다는 결과도 상당수 보고되고 있다. 미국·호주·유럽연합 등의 경우 카페인은 식품첨가물 사용기준에 의해 규제되고 있으나, 식품 중에 함유된 카페인의 섭취에 대해서는 캐나다를 제외한 여러 국가에서 아직 제대로 규정이 마련되지 않은 상태이다. 다만 임산부의 경우 하루 섭취량은 300mg으로 제한할 것을 권장하고 있다. 호주와 EU의 경우 카페인 표시기준과 경고 문구에 대한 법률을 제정하고 있다. 외국의 카페인 관리는 강제적인 규정보다는 카페인의 적당한 섭취를 위해 카페인의 이해를 돕는 정보를 제공하는 방향으로 이뤄지고 있다.

우리나라 국민의 카페인 섭취실태를 파악하기 위해 실시한 설문조사는 다음과 같다.

서울, 경기도 및 충청도에 거주하는 720명을 대상으로 카페인 섭취 시 인식도, 카페인 함유식품별 섭취 빈도와 섭취량을 조사하였다. 조사대상자는 유치원생 61명, 초등학생 94명, 중고생 143명, 성인 420명이었다. 대상 그룹별 총 카페인 섭취량을 조사한 결과를 보면 90percentile의 1일 카페인 섭취량은 0～5세의 경우 74.6mg, 6～11세는 148.52mg, 12～19세는 157.82mg, 20～59세는 313.88mg이었다. 문헌조사 결과에서 나타난 제외국의 카페인 섭취수준과 비교해 보면 우리나라 성인 90percentile 섭취량은 아이슬란드보다는 낮은 수준이었으나 상당한 수준의 카페인을 섭취하는 것으로 나타났다.

국내의 「카페인 섭취기준 평가위원회」는 학계, 산업계, 소비자단체, 정부 등 전문가 11인이 참여하여 4회에 걸쳐 카페인 섭취기준에 관한 심의를 하였다. 「카페인 섭취기준평가위원회」에서는 카페인 섭취기준이라는 용어를 결정하고 기준 설정의 대상으로 어린이·성인·임산부로 나누어 제시하도록 결정하였다. 카페인 섭취기준을 보면 어린이 및 청소년의 경우 하루 최대 단위체중 kg당 2.5mg 이하, 성인의 경우 하루 최대 400mg으로, 임산부의 경우 하루 최대 300mg 이하로 제시하였다. 섭취기준과 섭취량을 비교 분석한 결과를 보면 일일 섭취허용량 이상으로 카페인을 섭취하는 비율은 0～5세는 12.7%, 6～11세는 23.2%, 12～19세는 13.1%, 20～59세로 5.7%로 나타났다.

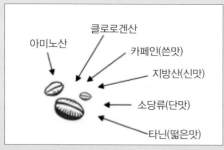

아미노산
클로로겐산
카페인(쓴맛)
지방산(신맛)
소당류(단맛)
타닌(떫은맛)

볶은 원두커피의 주요성분들

그밖의 자료를 보면 갓 볶은 중배전 원두에는 항산화 화합물이 풍부하여 항산화 작용에 좋다는 연구 결과가 있으며, 뇌졸증과 간암예방, C형 간암 진행 억제, 심장질환, 알츠하이머 질환의 예방 등 건강에 도움을 준다는 연구 결과도 보고되고 있다. 그러나 이것은 적당하게 마실 경우에 해당되고 체질에 따라 커피가 몸에 받지 않는 사람은 해당이 되지 않을 수 있다. 다량 섭취할 경우 불면증, 신경과민, 가슴의 두근거림, 칼슘 유출을 유발할 수 있는 부작용도 있는 것이다.

한편 식품의약품안정청에 조사에 따르면 만 6세～11세 어린이 4명 중 1명이 기준치 이상(체중 1kg당 2.5mg)의 카페인을 섭취하는 것으로 나타났다. 30kg 어린이가 하루에 25mg 콜라 1캔, 15mg 초콜릿, 25mg 커피우유를 섭취했을 때 총 86mg의 카페인을 섭취하게 되어 1인 섭취 기준량인 75mg을 쉽게 초과한다.

결론은 과유불급[過猶不及], 즉 지나치게 마시는 것은 차라리 마시지 않는 것보다 못할 수 있으니 커피에 바람직하지 못한 증상을 느끼는 고객에게는 정확하게 이를 알려주는 것도 바리스타 또는 로스터의 중요한 의무일 것이다. 로스터리숍을 운영하려면 이런 정보를 정확하게 인식하여 고객에게 주의를 주고 올바르게 음용할 수 있도록 해야 할 것이다.

(3) 지방산(脂肪酸, fatty acid)

지방산은 커피의 신맛을 결정하고 커피가 공기 중에서 산화 시 커피의 맛에 영향을 주는 성분으로 알려져 있다. 지방산은 탄소결합물로서 '포화지방산'과 '불포화지방산'이 있는데 포화지방산은 단일 결합물로 상온에서 고체상태로 존재하는데 대표적으로 우유, 치즈, 육류, 소시지에 다량 함유되어 있다. 신체 조직에서 만들어 낼 수 있어 필수 지방산이 아니다.

불포화 지방산은 이중결합으로 상온에서 액체상태로 존재하는 특성을 갖는데 다가불포화지방산(Polyunsaturated fatty acid : PUFA)과 단일불포화지방산(Monounsaturated fatty acid : MUFA)이 있다. 이 중 알파 리놀렌산과 리놀레산 등의 다가불포화지방산은 반드시 음식으로 섭취해야 하는 필수 지방산이다. 대표적인 다가불포화지방산에는 연어, 고등어, 참치에 많은 DHA(Docosa Hexaenoic Acid)와 리놀렌산으로 합성되는 오메가 3 지방산이 있으며 망막이나 중추신경계의 세포막기능에 중요한 기능을 한다.

그리고 적혈구 구조 유지, 생식, 성장, 피부에 중요한 기능을 하며 땅콩, 옥수수, 해바라기 기름 등 식물성 기름에 포함되어 있는 아라키돈산(arachidonic acid)은 리놀레산으로 생성되는 오메가-6 지방산이다.

커피를 볶을 때 표면에 윤기를 내는 것이 바로 '불포화지방산'이다. 흔히 에스프레소(Esperesso) 커피가 추출될 때 생성되는 '크레마(Crema)'는 이 성분이 공기와 접촉하여 산화되면서 나타나는 물질이다. 그 자체로서 맛과는 상관이 없지만 크레마가 많이 생성되는 커피는 산화가 덜 진행된, 다시 말해 갓 볶은 신선한 상태라 할 수 있겠다.

지방산은 포화지방산인 '팔미트산'과 '스테아르산', 불포화지방산인 '올레산'과 '리놀레산'이 있다. 특히 커피에는 우리 몸에 꼭 필요한 지방산인 '리놀레산'이 상당량 들어있다. 이 성분은 물에 빠르게 용해되며 커피의 신맛을 결정한다.

Chapter 2

실전 로스팅과
주요 생산 국가별
커피의 특징에
따른 로스팅 예

Chapter 2.
실전 로스팅과 주요 생산국가별 커피의 특징에 따른 로스팅 예

커피 음료를 만들고 커피머신을 정비할 수 있는 능력과 고객을 응대할 수 있는 서비스 마인드와 커피 지식을 겸비한 전문가를 바리스타라 한다면 이러한 바리스타들에게 꼭 필요한 원두를 만드는 사람 다시 말해서 그린빈(원료)을 로스팅(조리)하는 사람을 커피로스터라 할 수 있겠다.

불과 10년 전만 하더라도 커피 로스팅은 어렵고 아무나 할 수 있는 것이 아니라는 인식이 강했고 비밀에 싸여 부가가치가 엄청 높은 산업분야였다. 그러나 신선한 커피의 맛과 향을 중요시 여기는 고객층이 늘며 커피에 대한 지식과 정보가 늘어나자 조금은 쉽게 참여할 수 있는 분야로 자리매김하고 있다. 그러나 경험보다 중요한 것은 없기에 그저 흉내를 내는 로스팅이 아닌 정확한 이치를 알고 다가설 수 있는 로스팅이 되기를 진심으로 바란다.

로스팅을 수치화된 공식으로 접근한다면 정말 좋겠지만 그럴 수 없다는 점이 안타깝다. 이유는 간단하다. 로스터기마다 특징이 다르고, 그린빈마다 특징이 다르며, 로스터마다 좋아하는 성향이 다르기 때문이다.

만일 로스팅을 가르치는 사람이라면 배우는 사람에게 가급적 가르치는 사람과 같은 로스터기를 구매해서 사용해야 초반 어려움이 적다고 조언해 주는 것이 좋다. 그리고 연습과 실전에서 같은 그린빈을 사용해야 맛의 편차도 적다고 당부를 해야 할 것이다. 가르치는 사람의 감성과 경험을 바탕으로 가르치는 것이기 때문에 '내 것이 정답이다'라는 말은 할 수 없을 것이다. 좋아하는 맛의 특징은 사람마다 다르기 때문이다.

필자의 로스팅 방법은 참고일 뿐 독자 분들만의 개성 있는 커피원두가 나오길 바란다.

로스팅의 기본 10가지

1) 첫 번째는 충분한 예열이다.

로스팅은 예열로부터 시작한다.

갑자기 강한 열을 가하면 기계에 손상을 주기 때문이며, 약한 불로부터 서서히 예열을 하며 충분한 예열이 되어야 생두도 잘 부풀게 된다.

2) 두 번째는 화력조절이다(가장 중요한 부분).

화력의 변화에 따라 콩의 맛과 향이 민감하게 반응을 하므로 1차 팝핑 이후 화력 변화에 예민하게 반응을 해야 할 것이다. 불을 끄는 타이밍은 오랜 경험을 통해 알 수 있는데, 필자의 핵심 노하우는 1차 팝핑 이후 향의 변화에 따라 불 조절을 한다면 조금 쉽게 로스팅을 할 수 있다는 것이다. 기본적으로 1차 팝핑 이후 향의 변화는 먼저 수분을 동반한 아린 향이 올라오며 다음으로 신향이 올라오고 그 다음 고소한 향이 서서히 올라오며 신향이 점점 사라진다. 그리고 희미한 쓴 향이 올라오고 커피 고유의 달콤한 향이 올라오면서 금방 사라진다. 그리고 깊은 쓴 향이 올라오며 더 진행을 할 경우 탄 향이 배어 올라오는 것을 경험했다.

● **투입 후부터 팝핑 전까지 향을 정리하면 이렇다.**

　생두 고유의 향 → 수분을 동반한 비릿한 향 → 신 향 → 고소한 향

● **팝핑 후 향을 정리하면 이렇다.**

　아린 향 → 신 향 → 고소한 향 → 희미한 쓴 향 → 커피 고유의 달콤한 향 → 깊은 쓴 향

구 분	버너(불)	최종 배출 온도
그린빈의 조밀도	강성 그린빈 : 높게 중성 그린빈 : 보통 약성 그린빈 : 낮게	강성 그린빈 : 높게 중성 그린빈 : 보통 약성 그린빈 : 낮게
그린빈의 수분율	높은 그린빈 : 높게 보통 그린빈 : 보통 낮은 그린빈 : 낮게	높은 그린빈 : 높게 보통 그린빈 : 보통 낮은 그린빈 : 낮게
그린빈의 처리과정	내추럴 그린빈 : 낮게 펄프드 내츄럴 그린빈 : 보통 세미워시드 그린빈 : 보통 수세식 그린빈 : 높게	내추럴 그린빈 : 낮게 펄프드 내츄럴 그린빈 : 보통 세미워시드 그린빈 : 보통 수세식 그린빈 : 높게

여름철과 겨울철 가스 압력에 따른 열량 관계는 많이 달라진다. 그래서 로스팅은 최소한 3년 정도 해봐야 이해할 수 있다는 말을 많이 하며 4계절이 뚜렷한 한국에서는 더욱 그렇다. 가스 압력과 열량의 관계를 이해하고 있다면 로스팅이 조금 더 쉬워질 것이다.

가스압력과 열량과의 관계(상온)	가스압력과 열량과의 관계(상온) x 0.967

8-1 ガス圧力と火力の関係（常温）

13A 気温:25°C

ガス圧力【kpa】	単体トップ R-101【kcal/h】	ハイブバーナー R-101【kcal/h】	R-103 6本【kcal/h】	R-105 9本【kcal/h】
0.5	536.0	1125.5	3215.8	4823.7
1.0	758.0	1591.8	4547.9	6821.8
1.5	928.3	1949.5	5570.0	8355.0
2.0 〈定格値〉	1000.0	2100.0	6000.0	9000.0
2.5	1198.5	2516.8	7190.8	10786.2
3.0	1312.9	2757.0	7877.1	11815.7

LPG 気温:25°C

ガス圧力【kpa】	単体トップ R-101【kcal/h】	ハイブバーナー R-101【kcal/h】	R-103 6本【kcal/h】	R-105 9本【kcal/h】
0.5	426.4	895.4	2558.4	3837.6
1.0	603.0	1266.3	3618.1	5427.2
1.5	738.5	1551.0	4431.3	6646.9
2.0	852.8	1790.9	5116.8	7675.2
2.5	953.5	2002.3	5720.8	8581.2
2.8 〈定格値〉	1000.0	2100.0	6000.0	9000.0
3.0	1044.5	2193.4	6266.8	9400.2
3.5	1128.2	2369.1	6768.9	10153.4
4.0	1206.0	2532.7	7236.3	10854.4
4.5	1279.2	2686.3	7675.2	11512.8
5.0	1348.4	2831.6	8090.4	12135.6

8-2 ガス圧力と火力の関係（夏季） 常温×0.967

13A 気温:35°C

ガス圧力【kpa】	単体トップ R-101【kcal/h】	ハイブバーナー R-101【kcal/h】	R-103 6本【kcal/h】	R-105 9本【kcal/h】
0.5	518.6	1089.0	3111.4	4667.1
1.0	733.4	1540.1	4400.2	6600.3
1.5	898.2	1886.2	5389.1	8083.7
2.0 〈定格値〉	967.5	2031.8	5805.2	8707.8
2.5	1159.6	2435.1	6957.3	10436.0
3.0	1270.2	2667.5	7621.4	11432.1

LPG 気温:35°C

ガス圧力【kpa】	単体トップ R-101【kcal/h】	ハイブバーナー R-101【kcal/h】	R-103 6本【kcal/h】	R-105 9本【kcal/h】
0.5	412.6	866.4	2475.3	3713.0
1.0	583.4	1225.2	3500.7	5251.0
1.5	714.6	1500.6	4287.4	6431.1
2.0	825.1	1732.7	4950.7	7426.0
2.5	922.5	1937.3	5535.0	8302.6
2.8 〈定格値〉	967.5	2031.8	5805.2	8707.8
3.0	1010.6	2122.2	6063.3	9095.0
3.5	1091.5	2292.2	6549.1	9823.7
4.0	1166.9	2450.5	7001.3	10502.0
4.5	1237.7	2599.1	7426.0	11139.0
5.0	1304.6	2739.7	7827.7	11741.6

참조 : 후지로얄 로스터기 1kg, 3kg, 5kg

3) 세 번째는 배기조절이다.

배기 팬의 역할은 버너의 연소를 안정시키며, 배전의 이물질이나 실버스킨을 없앤다. 또한 화력에 영향을 많이 준다.

구 분	뎀퍼 open	뎀퍼 close
화력 강불	Ⓐ	Ⓑ
화력 약불	Ⓒ	Ⓓ

Ⓐ 실린더 전도열이 강하지만 배기로 인해 통과하는 열량이 많아 온도가 낮다. 제1차 팝핑 직후 실버스킨이 많이 날리기 때문에 적합한 단계이다.

Ⓑ 실린더 전도열은 강하고 내부를 통과하는 열량이 감소해 열의 흐름이 안정적이지 않아 그린빈과 기계에 손상을 줄 가능성이 높으므로 피하는 것이 좋다. 콩이 수분을 많이 가지고 있는 제1차 팝핑 전까지는 바디감을 위해 적합한 단계이다.

Ⓒ 열풍가열과 실린더 전도열 모두 약하다. 생두에 묻은 먼지와 작은 이물질을 날려버리는 생두 투입 직후에 짧은 시간(1~2분) 정도 사용하거나, 1차 팝핑이 충분히 일어난 이후에서 2차 팝핑 전후로 사용하는 단계이다. 이 방법으로만 로스팅을 할 경우 시간이 길어지고 팝핑이 일어나지 않을 수 있다.

Ⓓ 로스팅 초기 단계인 건조(탈수)단계에서 많이 사용하고 있는 조작법이다. 배전후반으로 갈수록 화력은 높여주며 뎀퍼는 서서히 열어야 한다.

4) 네 번째는 뎀퍼의 중간 위치(영점)를 찾는 것이다.

뎀퍼의 역할은 화력조절과 함께 커피의 맛과 향에 중요한 영향을 주기에 불(화력)과 뎀퍼(배기)의 상관관계를 정확하게 이해하고 있어야 한다. 로스팅 단계가 시작하는 시점에서 1차 팝핑 직전까지 뎀퍼의 중간 위치는 중요하다.

> 중간 위치 찾는 방법
> 공기의 흐름이 실린더 내부에 머무르지도 않고 분출하지도 않는 점이 중간점이며, 테스트 스푼을 원두가 담기지 않도록 뽑은 후 라이터를 켜서 불꽃이 구멍 속으로 들어가는지 분출되는지 똑바로 서있는지를 보면 알 수 있다. 배전진행에 따라 연기가 테스트 스푼 구멍으로 분출하는지 여부를 통해서도 알 수 있게 된다.

🫘 주의할 점
- 중간 위치(영점)는 1차 팝핑 이후 서서히 열어준다.
- 중간 위치(영점)보다 뎀퍼를 열면 드럼 내부온도는 내려가고 배기량은 증가한다.
- 중간 위치(영점)보다 뎀퍼를 닫으면 드럼 내부온도가 올라가고 배기량은 감소해서 드럼 안에 열량이 쌓이게 된다.

5) 다섯 번째는 로스팅 시간이다.

로스팅 시간은 생두에 따라 다르다(권장시간은 12분~17분).
확실히 팝핑을 시켜 수분을 빼는 것이 중요하며, 동일한 로스팅 온도라도 로스팅 시간이 긴 쪽이 색깔이 더 진하다.

6) 여섯 번째는 냉각이다.

냉각은 향기 성분을 가둘 수 있으며, 로스팅 진행을 멈추는 역할을 한다.

7) 일곱 번째는 공운전이다.

공운전을 안하고 기계를 멈추면 화재의 원인이 되며, 기계의 고장을 불러올 수 있다.

8) 여덟 번째는 로스팅 일지를 적는 것이다.

로스팅 결과의 검증이 가능하며 기계 컨디션 체크도 가능하다.
다음 일지는 카페다 바리스타 아카데미에서 사용하고 있는 로스팅 일지를 가져온 것이다.

로스팅일시	. . ( )		작업자	

내부온도	외부온도	습도		투입온도	℃
				배출온도	℃

	투입	점화	W.Y	Y.B	C.A	1차팝	1차 불조절	2차 불조절	소화	2차	팝배출
	℃	℃	℃	℃	℃	℃	℃	℃	℃	℃	℃

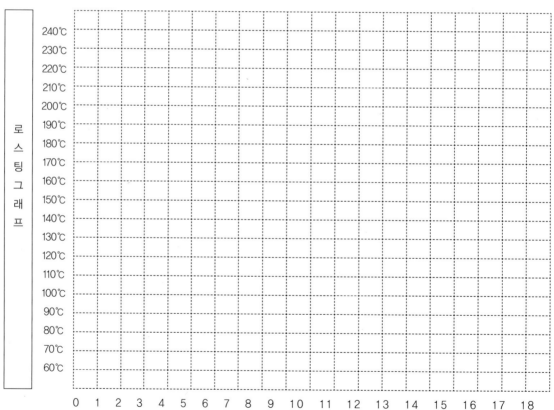

로스팅그래프

240℃
230℃
220℃
210℃
200℃
190℃
180℃
170℃
160℃
150℃
140℃
130℃
120℃
110℃
100℃
90℃
80℃
70℃
60℃

0 1 2 3 4 5 6 7 8 9 10 11 12 13 14 15 16 17 18

G . P . Progress	S ▶ ▶ ▶ ▶ ▶ ▶

Min. Temp :

일지를 적다보면 본인이 꼭 적어야 될 항목을 알게 된다. 필자는 건조단계가 끝나는 시점과 화력의 변화와 댐퍼의 변화를 주는 시점이 중요하다고 생각한다.

그리고 온도와 시간관계를 그래프화하여 그려 놓으면 로스팅을 하는 데 아주 큰 도움이 되리라 본다.

9) 아홉 번째는 청소와 닥트 설비이다.

본체 버너 부위에 체프가 많이 떨어져 재로 남는 경우가 많아 일산화탄소 발생률의 원인이 되며 냉각 중에 떨어진 실버스킨이 냉각기 구멍을 막아 냉각을 방해하여 원하는 로스팅 포인트를 못 잡게 된다. 또 팬의 먼지가 쌓여 배기에 나쁜 영향을 줄 수도 있다. 이러한 부분이 청소가 잘 되어야만 일정한 맛과 맛있는 원두가 탄생되고 로스터의 건강도 지킬 수 있다.

구리스 부분은 로스터가 손쉽게 보충할 수 있는 부분이기에 드럼이 돌아가는 소리를 듣고 보충 여부를 판단하면 될 것이다.

닥트의 길이가 길고 곡선의 굴곡이 많을수록, 닥트 안에 이물질 청소를 하지 않을수록 배기능력이 현저하게 떨어진다. 그러므로 시공 전에 최적의 로스터기 위치 조건을 고려함에 있어 닥트의 길이와 청소의 용이성도 고려하여야 할 것이다.

10) 로스팅의 열 번째 기본은 좋은 생두와 커핑 능력이다.

지금껏 열거한 것들을 아무리 잘 해도 질 나쁜 생두를 사용한다면 다 헛일이다. 그리고 맛있게 볶아졌어도 맛을 볼 수 있는 능력이 없다면 역시나 어려움에 처하게 될 것이다. 생두를 엄선할 수 있는 능력과 커핑의 능력을 계속해서 키워나가기 위해서 우리 몸을 최대한 최고의 컨디션으로 유지할 수 있도록 만드는 것 또한 커피를 볶는 사람의 과제일 것이다.

컵 테스트 하는 장면

※ 생두 보관은 일정한 온도와 일정한 습도가 중요하다(온도 : 15~17℃, 습도 : 60~65% 권장).

☕ 컵 테스트

1) 컵 테스트에서 사용하는 용어와 주요 평가 요소

① Aroma(향) : 커피에서 피어오르는 향, 입안에 머금기 전까지의 느낌
② Clean cup(향미의 깔끔함) : 잡미가 없는 깔끔한 맛
③ Uniformity(품질의 균일함) : 복수의 컵을 다룰 때 각 컵의 맛이 같은 맛을 유지할 것
④ Sweetness(단맛) : 어떤 종류의 단맛이 있는가
⑤ Body(질감) : 입에 머금을 때 느끼는 농도나 점도(특히 혀와 입천장 사이에서 감지되는 촉감)
⑥ Acidity(신맛) : 산미의 강약 및 좋은 산인지 잡미에서 오는 산미인지 구별이 중요 포인트
⑦ Flavor(풍미) : 커피의 향과 맛

⑧ After taste(뒷맛) : 커피를 삼킨 후 혀 뒤끝과 목에서 느껴짐

⑨ Balance(균형감) : 단맛/신맛/질감의 밸런스가 잘 맞았는지

⑩ Overall(전체) : 전체를 놓고 종합적으로 평가

⑪ Total(종합점수) : 평가점수를 모두 더한 수

채점방법·각항목설명

이름	Aroma			Cleancup	Uniformity	Sweet ness	Body	Acidity	Flavor	Aftertaste	Balance	Overall	Total
볶은 원두 명													
	dry	crust	break										

10점 만점이지만 <보통 6점> 으로 채점을 진행함

※ 분명한(강한) 결점을 느꼈을 경우 0점

※ 약한 결점의 경우 60~70점이 되는 경우가 많다.

커피 풍미를 훈련하기 위해 위의 구분을 참고해서 훈련하면 컵 테스트에서 가장 힘든 풍미의 접근을 좀 더 쉽게 할 수 있다.

2) 일반적인 컵 테스트 방식

5.5g~8.25g(보통 8.25g)의 커피를 적당히 가는 분쇄로 일반 컵(강화유리 또는 도기컵 6~7온즈)에 뜨거운 물(95℃ 내외, 끓이고 20초 이상 식힌물)을 100~150cc 넣어 약 3~5분(보통 4분)간 뜸들인 후 물위에 뜬 분말과 거품을 브레이킹하며, 향미를 맡고 떠있는 분말과 거품을 두 개의 스푼으로 완전히 걷어내어 표면이 맑게 보이도록 하는 것이 중요하다. 시간을 두고 55~60℃ 정도가 되면 정한 시간 안에 테스팅해서 체크한다(유럽과 미국 각 나라마다 다소 차이가 있다).

⬤ CAFEDA 컵 테스팅 추출방식

24g의 커피를 일본 후지로얄사 R-300그라인더(분쇄수치 4~5)로 100~125cc를 3분 이내로 추출하여 맛본다(페이퍼 드립방식).

※보통 핸드드립으로 손님에게 나갈 경우 카페다 추출방식에서 뜨거운 물을 희석해서 나간다.

• 아이스 드립의 경우 일본 후지로얄사 R-300그라인더 분쇄수치 2를 기준으로 한다.

• 아이스 드립시 서버에 있는 얼음은 잡미가 있을 가능성이 있으므로 넣지 않는다.

🫘 카페다 Drip

- 뜸 들일 때 점드립으로 촘촘히 원을 그려서 외각으로 빠져주고 가는 물줄기로 빠르게 가운데로 돌아와, 서버에 몇 방울 떨어지게 한다.
- 1차 추출 시 가운데에서 1초간 머물다가 가는 물줄기로 천천히 외각으로 빠져주고, 신속하게 중심으로 돌아온다. 2차 ~ 3차로 진행되면서 속도는 빨라지고 물줄기는 굵어진다.

로스팅에 의한 변화를 화학적으로 표현하면 「열에 의해 커피의 원두가 화학반응을 일으켜 변화하는 것」 정도로 말할 수 있을 것이다. 로스팅도 많은 화학반응과 같이 열과 시간에 가장 크게 영향을 받는다. 그린빈에 열을 가할 때 로스터기의 종류(직화 · 반열풍 · 열풍), 가스의 종류(LPG · LNG), 불의 세기(가스압력), 열의 전달방법(전도 · 대류 · 복사)을 어떻게 사용하느냐에 따라 시간이 달라진다.

🏭 로스터기의 종류

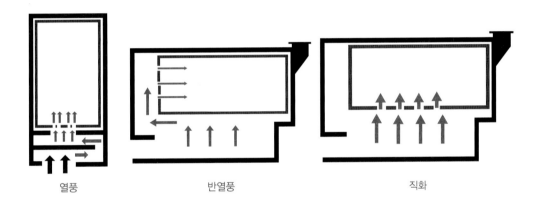

| 열풍 | 반열풍 | 직화 |

산지별 미각표현

지역	산지	풍미경향		꽃	캐러멜	초콜릿	레몬	너트	사과	스파이스	기타
		강약	풍미								
중미&카리브바다	멕시코	중	레몬	특이한 시트라스 향기와 헤이즐 너트의 향기							
	과테말라	강	캐러멜	캐러멜 초콜릿에다가 너트의 향기가 훌륭하게 서로 얽힌 강한 바디							
	엘살바도르	중	레몬	감귤계의 부드러운 신맛과 희미한 초콜릿의 향기							
	코스타리카	강	캐러멜	캐러멜 풍미의 단맛과 감귤계의 아름다운 신맛이 뒷맛에 남는 커피							
	온두라스	중	레몬	시트라스 향기에다가 살아있는 신선한 신맛							
	파나마	강	꽃	단맛에 바닐라의 향기, 부드러운 신맛이 있다.							
	자메이카	약	꽃	부드러운 신맛과 단맛이 훌륭하게 조화된 마일드 바디							
	도미니카	약	꽃	부드러운 신맛과 초콜릿과 캐러멜의 풍미를 감싸는 마일드 바디							
	하이티	약	꽃	카리브해 특유의 부드러운 신맛과 단맛이 훌륭하게 조화한 마일드 바디							
	푸에르토리코	중	초콜릿	캐러멜과 초콜릿의 향기에다가 초원의 향기를 희미하게 느낀다.							
남미	브라질	중	초콜릿	부드럽고 아름다운 신맛, 캐러멜과 초콜릿 같은 맛, 희미한 쓴맛							
	콜롬비아	강	꽃	포도나 무화과를 연상시키는 향기와 단맛이 있다.							
	볼리비아	중	레몬	밝은 신맛과 시트라스 향에 희미한 초콜릿 같은 단맛							
	에콰도르	중	독특한	구운 설탕에다가 스파이스를 더한 것 같은 단 향기, 적당한 신맛의 라이트 바디							
아프리카	에티오피아	중	꽃	섬세하고 상쾌한 단맛이 특징, 감귤계의 꽃과 꿀 같은 향기 속에 희미한 삼목의 향기를 느낄 수 있다. 신선한 꿀 레몬에 새로운 삼목의 향기가 언제까지나 입속에 남는다.							
	케냐	강	캐러멜	스위트캔디 같은 단 향기에다가 와인아로마의 특징. 포도나 체리풍미의 캐러멜 같은 맛							
	탄자니아	강	캐러멜	순한 신맛과 초콜릿. 너트 플래이버가 있는 풀바디							
	말라위	강	사과	부드럽고 싱싱한 단맛의 풀바디, 삼목, 레몬, 망고, 초콜릿 등, 변천하는 아로마의 맛이 훌륭함. 훌륭한 레드와인과 같은 프루트와 삼목의 향기							
	예멘	강	독특한	생강의 향신료와 같은 독특한 맛이 특징							
기타	인도	약	사과	오렌지나 레몬의 과수원에 있는 것 같은 플래이버와 단맛이 있는 마일드 바디							
	만델링	강	기타	완숙망고가 생각나는 강한 단맛, 만데링 특유의 쓴맛, 희미한 신맛이 섞인 풀바디							
	호주	약	초콜릿	익은 오렌지나 레몬의 향기와 캐러멜의 풍미, 꽃 같은 향기도 느낄 수 있다.							
	네팔	중	초콜릿	적당한 쓴맛과 초콜릿 쿠키 같은 고소한 향기							
	하와이	중	독특한	단향기와 부드러운 신맛이 있는 미디엄 바디, 와인 향기와 독특한 맛이 특징							
	파푸아뉴기니	약	사과	독특한 향기와 신맛이 있는 부드러운 마일드 바디							
	동티모르	약	사과	숲향기 속에 코코아와 바닐라의 향기를 느낄 수 있는 약한 신맛							

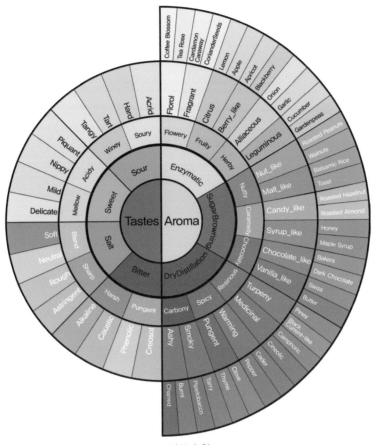

아로마 휠

로스터기 종류에 따른 맛의 특징

가열방식	특 성	커피맛
열풍식	실린더가 이중구조로 되어 있으며, 공기층이 존재하기 때문에 버너의 열이 직접 실린더 외벽에 닿지 않고, 배기 팬에 의해 빨아들이는 열풍으로 배전. 이 때문에 저온으로 배전이 가능하며, 균일하게 배전을 할 수 있음	향이 좋고 산뜻한 커피
반열풍식	실린더는 기본 철판 한 장이며. 열풍식과 같이 배기 팬에 의해 빨아들인 열풍으로 배전. 실린더가 철판 한 장이기 때문에 실린더 외벽으로도 열을 받아 커피콩에 열이 닿음	직화식과 열풍식의 중간적인 맛을 구사
직화식	실린더는 기본 철판 한 장이며. 펀칭(구멍)이 되어 있음. 버너의 열을 직접 커피콩에 전달하여 배전	강하고 깊은 맛의 커피

✔ 온도계의 수치

온도계가 장착되는 위치에 따라 온도계의 수치는 바뀌기 때문에 온도계의 수치를 일반화하기는 힘들다. 이해해야 할 것은 흔히 커피빈 온도라고 얘기하는 수치는 커피빈 자체의 온도가 아니라 커피빈에 전해지는 배전기 내의 공기 온도라는 사실이다.

✔ 전 도

원두의 내부와 같은 고체 내 혹은 정지해 있는 액체, 기체 내에서 일어나는 열전달로 열의 이동 속도는 온도차가 클수록 크게 된다. 또한 열을 전달하기 쉬운 물질일수록 커진다.

✔ 대 류

원두의 표면과 배전기 내의 공기와의 사이에서 일어난다. 대류에 의한 전열속도도 온도차가 클수록 커진다. 열풍량의 증가에 따라 배전 시간이 짧아지는 것은 대류에 의한 전열 속도가 커지기 때문이다.

✔ 복 사

방사라고도 하며, 공간을 매개로 떨어져 있는 두 개의 고체 표면 간에서 일어난다. 원적플레이트나 숯에서 나는 적외선, 원적외선에 의한 전열이 이에 해당한다. 다른 열전달 방식은 온도차에 비례해 생기지만 복사는 온도차의 영향이 매우 크며, 온도의 4승의 차에 비례해 일어난다.

주요 생산국가별 커피의 특징에 따른 로스팅 실전 예

1) 브라질 산토스 No.2 로스팅 실전 예

- 산지 : 브라질(코리나 농장)
- 규격 : NO.2 스크린S17/18
- 정선 : 건식
- 수확시기 : 6 ~ 8월
- 맛의 특징 : 브라질다운 풍미, 카카오 향과 부드러운 맛

여기서는 필자가 사용하는 프로스타(THCR-01) 반열풍으로 지역에 들어오는 도시가스(LNG)로 겨울철에 볶는 프로파일을 기준으로 예를 들겠다.

① 커피온도계(COFFEE TEMP)를 기준으로 충분한 예열(250도) 후 불을 끄고 떨어지는 온도가 200도일 때 브라질 산토스 no.2 코리나 내추럴 생두를 넣고 댐퍼를 10으로 완전 개방하여 먼지와 이물질을 배출한다(클린단계).

② 1분 후 90도±5도에 들어오면 댐퍼는 10을 유지하고 동시에 불을 약불(0.7)로 점화한다. 에어온도가 커피 온도보다 떨어지지 않도록 댐퍼 관리를 잘해야 한다(공기열의 흐름이 안정되기 위한 것임).

③ 145도 전후가 되면 수분이 빠지면서 색상이 희끗한 색상과 옅은 노랑색이 되는데 이 시점에 중불(1.0)로 불을 올려준다.

④ 160도 전후가 되면 그린빈이 갈색을 띄는데 짙은 노랑에서 갈색으로 변하는 시점이라 갈변이라 하겠다. 이때 댐퍼를 1.5~2로 놓고 불을 강불(1.3)로 올린다.

⑤ 195도 전후가 되면 팝핑 소리가 나기 시작한다. 서서히 댐퍼를 에어온도가 커피 온도보다 떨어지지 않을 정도로 7까지 연다(많이 열수록 부드러운 맛을 내며 적게 열수록 강한 맛이 나올 가능성이 많다).

⑥ 204~205도에서 불을 0.7로 낮추며 댐퍼를 6으로 닫는다.

⑦ 209~210도에서 0.4로 낮추며 댐퍼를 5로 닫는다.

⑧ 213~215도에서 댐퍼를 2~3으로 닫으며 불을 끈다.

⑨ 220도 전후가 되면 2차 팝핑이 오면서 댐퍼를 서서히 5까지 연다.

⑩ 향을 빠르게 맡아 가면서 222~223도에 배출한다.

⑪ 냉각손잡이를 밀어 넣음과 동시에 배출게이트를 열어 냉각기에 떨어지면 테스트 스푼이나 스쿱으로 저으면서 냉각을 최대한 용이하게 한다(작업종료).

⑫ 드럼내부의 커피 온도가 50도 이하로 떨어질 때까지 공운전을 하고 끄면 된다.

⑬ 종료 후 사이클론(집진기)과 로스터본체 서랍에 있는 은피를 제거한다.

브라질 커피는 대체로 조밀도가 약해 팝핑 소리도 일반 그린빈보다 늦게 오는 것을 느낄 수 있으며 소리도 조금 작은 편이다. 필자가 좋아하는 브라질 맛의 특징은, 카카오를 연상하는 초콜릿 개통의 부드러운 쓴맛과 희미한 신맛의 조화와 입안에 넣었을 때 내추럴 특유의 깊은 바디감이 나는 맛이다.

※ 여름철에 볶는 기초 화력은 0.8→1.1→1.4→0.8→0.5→0이며, 기초화력에 따른 온도 변화는 겨울철 기준보다 조금 높다(예열은 230도를 권장한다).

2) 콜롬비아 수프리모 로스팅 실전 예

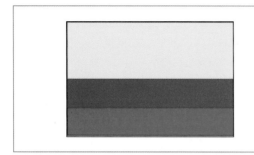

- 산지 : 콜롬비아 공화국 (티에라덴트로 농장)
- 규격 : 스크린 17 이상(허용 범위 : 스크린 15~17이 최대 5%)
- 정선 : 수세식
- 수확 시기 : 메인 10~2월, 서브 4~5월
- 맛의 특징 : 신맛과 바디감이 좋음. 기분 좋은 꽃향기와 은은한 단맛

여기서는 필자가 사용하는 프로스타(THCR-01) 반열풍으로 필자의 지역에 들어오는 도시가스(LNG)로 겨울철에 볶는 프로파일을 기준으로 예를 들겠다.

① 커피온도계(COFFEE TEMP)를 기준으로 충분한 예열(250도) 후 불을 끄고 떨어지는 온도가 200 도일 때 콜롬비아 수프리모 풀 수세식 생두 1kg을 넣고 뎀퍼를 10으로 완전 개방하여 먼지와 이물질을 배출한다(클린단계).
② 1분 후 90도±5도에 들어오면 뎀퍼는 3으로 닫고 동시에 불을 약불(0.7)로 점화한다.
③ 145도 전후가 되면 수분이 빠지면서 색상이 희끗한 색상과 옅은 노랑색이 되는데 이 시점에 중불(0.9)로 불을 올려준다.
④ 160도 전후가 되면 그린빈이 갈색을 띠는데 짙은 노랑에서 갈색으로 변하는 시점이라 갈변이라 하겠다. 이 때 뎀퍼를 1.5~2로 놓고 불을 강불(1.4)로 올린다.
⑤ 190도 전후가 되면 팝핑 소리가 나기 시작한다. 서서히 뎀퍼를 에어온도가 커피 온도보다 떨어지지 않을 정도로 7까지 연다(많이 열수록 부드러운 맛을 내며 적게 열수록 강한 맛이 나올 가능성이 많다).
⑥ 201~202도에서 불을 0.9로 낮추며 뎀퍼를 6으로 닫는다.
⑦ 205도에서 0.5로 낮추며 뎀퍼를 5로 닫는다.
⑧ 208~209도에서 뎀퍼를 2.5~3.5로 닫으며 불을 끈다.
⑨ 215도 전후가 되면 2차 팝핑이 오면서 뎀퍼를 서서히 5까지 연다.
⑩ 향을 빠르게 맡아 가면서 221~223도에 배출한다.
⑪ 냉각손잡이를 밀어 넣음과 동시에 배출 게이트를 열어 냉각기에 떨어지면 테스트 스푼이나 스쿱으로 저으면서 냉각을 최대한 용이하게 한다(작업종료).
⑫ 드럼내부의 커피 온도가 50도 이하로 떨어질 때까지 공운전을 하고 끄면 된다.
⑬ 종료 후 사이클론(집진기)과 로스터본체 서랍에 있는 은피를 제거한다.

콜롬비아 커피는 대체로 수분이 많고 조밀도가 강해 팝핑 소리도 크고 누구나가 좋아하는 감칠맛이 있다.
맛의 특징은 부드러운 단맛을 중심으로 꽃향기가 두드러진다.
※ 여름철에 볶는 기초 화력은 0.8→1.0→1.5→0.9→0.5→0이며, 기초화력에 따른 온도 변화는 겨울철 기준보다 조금 높다(예열은 230도를 권장한다).

3) 에티오피아 예가체프 G-2 로스팅 실전 예

- 산지 : 예가체프 G-2(하루조합)
- 산지해발 : 1,900m 이상
- 품종 : 아비시니카(티피카)
- 규격 : 그레이드 2(수세식)(300 g중, 12점 이하)
- 정선 : 한 알 한 알 손으로 수확 후, 수세 처리
- 그외 특징 : 유기농법 재배. 해발이 높아 기온의 차가 커 단단한 콩
- 맛의 특징 : 다질링과 같은 풍미와 상큼한 신맛, 밸런스가 있는 바디감을 지닌 품위 있는 맛

여기서는 필자가 사용하는 프로스타(THCR-01) 반열풍으로 필자의 지역에 들어오는 도시가스(LNG)로 겨울철에 볶는 프로파일을 기준으로 예를 들겠다.

① 커피온도계(COFFEE TEMP)를 기준으로 충분한 예열(250도) 후 불을 끄고 떨어지는 온도가 200일 때 에티오피아 예가치프 G-2 수세식 생두 1kg을 넣고 뎀퍼를 10으로 완전 개방하여 먼지와 이물질을 배출한다(클린단계).

② 1분 후 90도±5도에 들어오면 뎀퍼는 3으로 닫고 동시에 불을 약불(0.7)로 점화한다.

③ 145도 전후가 되면 수분이 빠지면서 색상이 희끗한 색상과 옅은 노란색이 되는데 이 시점에 중불(1.0)로 불을 올려준다.

④ 160도 전후가 되면 그린빈이 갈색을 띄는데 짙은 노랑에서 갈색으로 변하는 시점이라 갈변이라 하겠다. 이 때 뎀퍼를 1.5~2로 놓고 불을 강불(1.3)로 올린다.

⑤ 190도 전후가 되면 팝핑 소리가 나기 시작한다. 서서히 뎀퍼를 에어온도가 커피 온도보다 떨어지지 않을 정도로 7까지 연다(많이 열수록 부드러운 맛을 내며 적게 열수록 강한 맛이 나올 가능성이 많다).

⑥ 200~201도에서 불을 0.7로 낮추며 뎀퍼를 6으로 닫는다.

⑦ 204~205도에서 0.4로 낮추며 뎀퍼를 5로 닫는다.

⑧ 207~208도에서 뎀퍼를 2.5~3.5로 닫으며 불을 끈다.

⑨ 215도 전후가 되면 2차 팝핑이 오면서 뎀퍼를 서서히 5까지 연다.

⑩ 향을 빠르게 맡아 가면서 216~217도에 배출한다.

⑪ 냉각손잡이를 밀어 넣음과 동시에 배출게이트 열어 냉각기에 떨어지면 테스트 스푼이나 스쿱으로 저으면서 냉각을 최대한 용이하게 한다(작업종료).

⑫ 드럼내부의 커피 온도가 50도 이하로 떨어질 때까지 공운전을 하고 끄면 된다.

⑬ 종료 후 사이클론(집진기)과 로스터본체 서랍에 있는 은피를 제거한다.

에티오피아 예가체프 커피는 에티오피아 여러 지역들 커피 중에서 조금 단단한 커피 중 하나이다. 맛의 특징은 신맛과 꽃향기가 강하며 뒤에 올라오는 단맛이 입안에 오래 머문다.

※ 여름철에 볶는 기초 화력은 0.8→1.1→1.4→0.8→0.5→0이며, 기초화력에 따른 온도 변화는 겨울철 기준보다 조금 높다(예열은 230도를 권장한다).

4) 인도네시아 바자와 로스팅 실전 예

- 산지 : 플로레스
- 품종 : Typica etc
- 규격 : 결점 11점 이하
- 정선 : 세미 워시드
- 수확 시기 : 10월~5월
- 맛의 특징 : 독특한 풍미, 품위 있는 신맛, 강력한 바디를 가진 맛, 쓴맛 속에 단맛

여기서는 필자가 사용하는 프로스타(THCR-01) 반열풍으로 필자의 지역에 들어오는 도시가스(LNG)로 겨울철에 볶는 프로파일을 기준으로 예를 들겠다.

① 커피온도계(COFFEE TEMP)를 기준으로 충분한 예열(250도) 후 불을 끄고 떨어지는 온도가 200도일 때 인도네시아 플로레스 섬에서 재배되는 바자와 생두 1kg을 넣고 댐퍼를 10으로 완전 개방하여 먼지와 이물질을 배출한다(클린단계).
② 1분 후 90도±5도에 들어오면 댐퍼는 3으로 닫고 동시에 불을 약불(0.7)로 점화한다.
③ 145도 전후가 되면 수분이 빠지면서 색상이 희끗한 색상과 옅은 노란색이 되는데 이 시점에 중불(1.0)로 불을 올려준다.
④ 160도 전후가 되면 그린빈이 갈색을 띄는데 짙은 노랑에서 갈색으로 변하는 시점이라 갈변이라 하겠다. 이 때 댐퍼를 1.5~2로 놓고 불을 강불(1.4)로 올린다.
⑤ 190도 전후가 되면 팝핑 소리가 나기 시작한다. 서서히 댐퍼를 에어온도가 커피 온도보다 떨어지지 않을 정도로 7까지 연다(많이 열수록 부드러운 맛을 내며 적게 열수록 강한 맛이 나올 가능성이 많다).
⑥ 202~203도에서 불을 0.9로 낮추며 댐퍼를 6으로 닫는다.
⑦ 205~206도에서 0.5로 낮추며 댐퍼를 5로 닫는다.
⑧ 208~210도에서 댐퍼를 2.5~3.5로 닫으며 불을 끈다.
⑨ 215도 전후가 되면 2차 팝핑이 오면서 댐퍼를 서서히 5까지 연다.
⑩ 향을 빠르게 맡아 가면서 224~225도에 배출한다.
⑪ 냉각손잡이를 밀어 넣음과 동시에 배출게이트 열어 냉각기에 떨어지면 테스트 스푼이나 스쿱으로 저으면서 냉각을 최대한 용이하게 한다(작업종료).
⑫ 드럼내부의 커피온도가 50도 이하로 떨어질 때까지 공운전을 하고 끄면 된다.
⑬ 종료 후 사이클론(집진기)과 로스터본체 서랍에 있는 은피를 제거한다.

인도네시아 플로레스 바자와 커피는 보편적인 커피 중에서 수분이 조금 많은 커피라서 팝핑을 확실히 시키는 것이 중요하다. 맛의 특징은 강한 쓴맛과 부드러운 신맛이 조화를 이루며 블렌딩으로 많이 쓰인다.
※ 여름철에 볶는 기초 화력은 0.8→1.1→1.5→0.8→0.5→0이며, 기초화력에 따른 온도 변화는 겨울철 기준보다 조금 높다(예열은 230도를 권장한다).

5) 과테말라 SHB 로스팅 실전 예

- 산지 : 안티구아
- 산지해발 : 1,400~1,700m
- 품종 : 버번, 카튜라종
- 규격 : SHB(Strictly Hard Bean)
- 정선 : 수세식
- 수확 시기 : 12월 하순~3월
- 그 외의 특징 : 수확, 정선, 건조까지 일괄 생산한다.
- 맛의 특징 : 가벼운 와인과 같은 향을 가지고 있고, 아로마, 바디, 신맛의 밸런스가 으뜸이다. 단맛이 있는 아로마, 양질의 둥근 신맛

여기서는 필자가 사용하는 프로스타(THCR-01) 반열풍으로 필자의 지역에 들어오는 도시가스(LNG)로 겨울철에 볶는 프로파일을 기준으로 예를 들겠다.

① 커피온도계(COFFEE TEMP)를 기준으로 충분한 예열(250도) 후 불을 끄고 떨어지는 온도가 200도일 때 과테말라 SHB 안티구아 생두 1kg을 넣고 뎀퍼를 10으로 완전 개방하여 먼지와 이물질을 배출한다(클린단계).

② 1분 후 90도±5도에 들어오면 뎀퍼는 3으로 닫고 동시에 불을 약불(0.7)로 점화한다.

③ 145도 전후가 되면 수분이 빠지면서 색상이 희끗한 색상과 옅은 노란색이 되는데 이 점에 중불(0.9)로 불을 올려준다.

④ 160도 전후가 되면 그린빈이 갈색을 띠는데 짙은 노랑에서 갈색으로 변하는 시점이라 변이라 하겠다. 이 때 뎀퍼를 1.5~2로 놓고 불을 강불(1.4)로 올린다.

⑤ 190도 전후가 되면 팝핑 소리가 나기 시작한다. 서서히 뎀퍼를 에어온도가 커피 온도보다 떨어지지 않을 정도로 7까지 연다(많이 열수록 부드러운 맛을 내며 적게 열수록 강한 맛이 나올 가능성이 많다).

⑥ 202~203도에서 불을 0.9로 낮추며 뎀퍼를 6으로 닫는다.

⑦ 205~206도에서 0.5로 낮추며 뎀퍼를 5로 닫는다.

⑧ 208~210도에서 뎀퍼를 2.5~3.5로 닫으며 불을 끈다.

⑨ 215도 전후가 되면 2차 팝핑이 오면서 뎀퍼를 서서히 5까지 연다.

⑩ 향을 빠르게 맡아 가면서 222~223도에 배출한다.

⑪ 냉각손잡이를 밀어 넣음과 동시에 배출게이트 열어 냉각기에 떨어지면 테스트 스푼이나 스쿱으로 저으면서 냉각을 최대한 용이하게 한다(작업종료).

⑫ 드럼내부의 커피 온도가 50도 이하로 떨어질 때까지 공운전을 하고 끄면 된다.

⑬ 종료 후 사이클론(집진기)과 로스터본체 서랍에 있는 은피를 제거한다.

과테말라 SHB커피는 중미의 대표적인 커피이며 일반커피보다 조금 단단한 커피이다.

맛의 특징은 고소한 단맛과 안정된 둥근 신맛이 조화를 이루는 커피이다. 뎀퍼 조절에 따라 스모크한 맛도 만들어 낼 수 있다.

※ 여름철에 볶는 기초 화력은 0.8→1.0→1.5→0.9→0.5→0이며, 기초화력에 따른 온도 변화는 겨울철 기준보다 조금 높다(예열은 230도를 권장한다).

6) 니카라과 SHG 로스팅 실전 예

- 생산지 : Nueva Segovia
- 조합 : 만코탈
- 품종 : Caturra
- 산지 해발 : 1,350m
- 그 외 특징 : 수세식, 69kg중량, 유기재배

여기서는 필자가 사용하는 프로스타(THCR-01) 반열풍으로 필자의 지역에 들어오는 도시가스(LNG)로 겨울철에 볶는 프로파일을 기준으로 예를 들겠다.

① 커피온도계(COFFEE TEMP)를 기준으로 충분한 예열(250도) 후 불을 끄고 떨어지는 온도가 200도일 때 니카라과 SHG 생두 1kg을 넣고 뎀퍼를 10으로 완전 개방하여 먼지와 이물질을 배출한다(클린단계).

② 1분 후 90도±5도에 들어오면 뎀퍼는 3으로 닫고 동시에 불을 약불(0.7)로 점화한다.

③ 145도 전후가 되면 수분이 빠지면서 색상이 희끗한 색상과 옅은 노랑색이 되는데 이 시점에 중불(1.0)로 불을 올려준다.

④ 160도 전후가 되면 그린빈이 갈색을 띠는데 짙은 노랑에서 갈색으로 변하는 시점이라 갈변이라 하겠다. 이 때 뎀퍼를 1.5~2로 놓고 불을 강불(1.3)로 올린다.

⑤ 190도 전후가 되면 팝핑 소리가 나기 시작한다. 서서히 뎀퍼를 에어온도가 커피 온도보다 떨어지지 않을 정도로 7까지 연다(많이 열수록 부드러운 맛을 내며 적게 열수록 강한 맛이 나올 가능성이 많다).

⑥ 201~202도에서 불을 0.7로 낮추며 뎀퍼를 6으로 닫는다.

⑦ 204~205도에서 0.4로 낮추며 뎀퍼를 5로 닫는다.

⑧ 207~208도에서 뎀퍼를 2.5~3.5로 닫으며 불을 끈다.

⑨ 215도 전후가 되면 2차 팝핑이 터지기 직전인데 이 때 뎀퍼를 서서히 5까지 연다.

⑩ 향을 빠르게 맡아 가면서 216~217도에 배출한다.

⑪ 냉각손잡이를 밀어 넣음과 동시에 배출게이트를 열어 냉각기에 떨어지면 테스트 스푼이나 스쿱으로 저으면서 냉각을 최대한 용이하게 한다(작업종료).

⑫ 드럼내부의 커피 온도가 50도 이하로 떨어질 때까지 공운전을 하고 끄면 된다.

⑬ 종료 후 사이클론(집진기)과 로스터본체 서랍에 있는 은피를 제거한다.

니카라과 커피는 고소한 단맛과 꽃향기가 일품인 커피이다.

※ 여름철에 볶는 기초 화력은 0.8→1.1→1.4→0.8→0.5→0이며, 기초화력에 따른 온도 변화는 겨울철 기준보다 조금 높다(예열은 230도를 권장한다).

7) 카페다 에스프레소 블렌딩 로스팅 실전 예

- 제품 : 카페다 에스프레소
- 품종 : 100% 아라비카
- 맛의 특징 : 우수한 바디감과 레몬을 한 방울 탄 듯한 깔끔한 신맛, 마시고 난 후 입안 가득 여운이 남는 향기로운 꽃향기

여기서는 필자가 사용하는 프로스타(THCR-01) 반열풍으로 필자의 지역에 들어오는 도시가스(LNG)로 겨울철에 볶는 프로파일을 기준으로 예를 들겠다.

① 커피온도계(COFFEE TEMP)를 기준으로 충분한 예열(250도) 후 불을 끄고 떨어지는 온도가 200도±10도일 때 필자가 블렌딩(PRE MIX)한 1kg의 생두를 넣고 뎀퍼를 10으로 완전 개방하여 먼지와 이물질을 배출한다(클린단계).
② 1분 후 90도±5도에 들어오면 뎀퍼를 3으로 닫고 동시에 불을 강불(1.3)로 점화한다.
③ 160도 전후가 되면 그린빈이 갈색을 띠는데 짙은 노랑에서 갈색으로 변하는 시점이라 갈변이라 하겠다. 이때 뎀퍼를 1.5~2로 놓는다.
④ 190도 전후가 되면 팝핑 소리가 나기 시작한다. 서서히 뎀퍼를 에어온도가 커피 온도보다 떨어지지 않을 정도로 7까지 연다(많이 열수록 부드러워지며 적게 열수록 강한 맛이 나올 가능성이 많다).
⑤ 201~202도에서 불을 0.7로 낮추며 뎀퍼를 6으로 닫는다.
⑥ 205도에서 0.4로 낮추며 뎀퍼를 5로 닫는다.
⑦ 208도에서 뎀퍼를 2~3으로 닫으며 불을 끈다.
⑧ 215도 전후가 되면 2차 팝핑이 오면서 뎀퍼를 서서히 5까지 연다.
⑨ 향을 빠르게 맡아 가면서 223~225도에 배출한다.
⑩ 냉각손잡이를 밀어 넣음과 동시에 배출 게이트를 열어 냉각기에 떨어지면 테스트 스푼이나 스쿱으로 저으면서 냉각을 최대한 용이하게 한다(작업종료).
⑪ 드럼내부의 커피 온도가 50도 이하로 떨어질 때까지 공운전을 하고 끄면 된다.
⑫ 종료 후 사이클론(집진기)와 로스터본체 서랍에 있는 은피를 제거한다.

※ 여름철에 볶는 기초 화력은 1.4→0.8→0.5→0(불을 끈다)이며, 기초 화력에 따른 온도 변화는 겨울철 기준보다 조금 높다(66p 가스압력과 열량의 관계 참조).

로스팅일시 . . ( ) **작업자**

내부온도	외부온도		습도
		투입온도	℃
		배출온도	℃

투입	점화	W.Y	Y.B	C.A	1차팝	1차 불조절	2차 불조절	소화	2차	팝배출
℃	℃	℃	℃	℃				℃	℃	℃

로스팅그래프

240℃ 230℃ 220℃ 210℃ 200℃ 190℃ 180℃ 170℃ 160℃ 150℃ 140℃ 130℃ 120℃ 110℃ 100℃ 90℃ 80℃ 70℃ 60℃

0 1 2 3 4 5 6 7 8 9 10 11 12 13 14 15 16 17 18

G . P . Progress   S   ▲ ▲ ▲ ▲ ▲ ▲ ▲ ▲ ▲ ▲ ▲ ▲ ▲

Min. Temp :

로스팅일시 . . ( ) **작업자**

내부온도	외부온도		습도
		투입온도	℃
		배출온도	℃

투입	점화	W.Y	Y.B	C.A	1차팝	1차 불조절	2차 불조절	소화	2차	팝배출
℃	℃	℃	℃	℃				℃	℃	℃

로스팅그래프

240℃ 230℃ 220℃ 210℃ 200℃ 190℃ 180℃ 170℃ 160℃ 150℃ 140℃ 130℃ 120℃ 110℃ 100℃ 90℃ 80℃ 70℃ 60℃

0 1 2 3 4 5 6 7 8 9 10 11 12 13 14 15 16 17 18

G . P . Progress   S   ▲ ▲ ▲ ▲ ▲ ▲ ▲ ▲ ▲ ▲ ▲ ▲ ▲

Min. Temp :

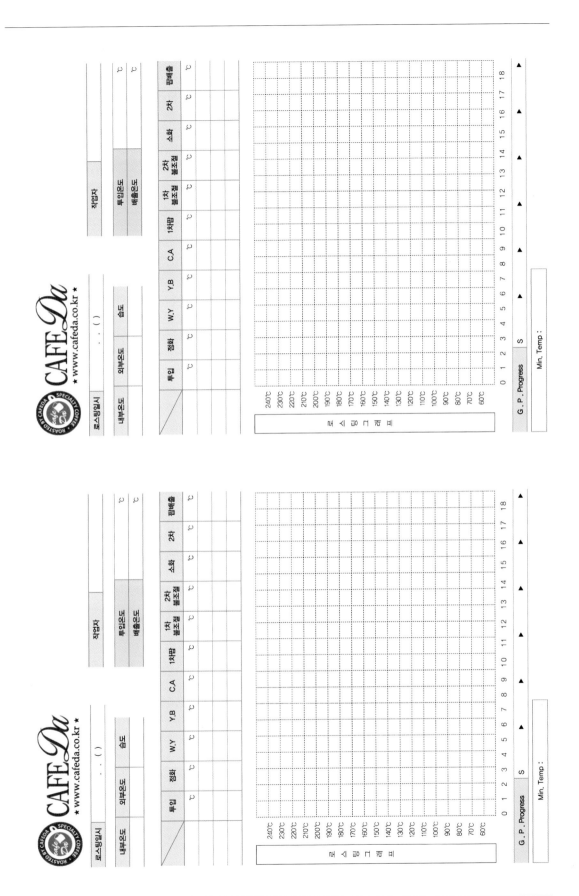

CAFE Da
★ www.cafeda.co.kr ★

로스팅일시   . . ( )   작업자

내부온도		외부온도		습도		투입온도	℃
						배출온도	℃

투입	점화	W.Y	Y.B	C.A	1차팝	1차 불조절	2차 불조절	소화	2차	팝배출
℃	℃	℃	℃	℃	℃	℃	℃	℃	℃	℃

로 스 팅 그 래 프

240℃ 230℃ 220℃ 210℃ 200℃ 190℃ 180℃ 170℃ 160℃ 150℃ 140℃ 130℃ 120℃ 110℃ 100℃ 90℃ 80℃ 70℃ 60℃

G.P.Progress   S   0 1 2 3 4 5 6 7 8 9 10 11 12 13 14 15 16 17 18 ▲

Min. Temp :

CAFE Da
★ www.cafeda.co.kr ★

로스팅일시   . . ( )   작업자

내부온도		외부온도		습도		투입온도	℃
						배출온도	℃

투입	점화	W.Y	Y.B	C.A	1차팝	1차 불조절	2차 불조절	소화	2차	팝배출
℃	℃	℃	℃	℃	℃	℃	℃	℃	℃	℃

로 스 팅 그 래 프

240℃ 230℃ 220℃ 210℃ 200℃ 190℃ 180℃ 170℃ 160℃ 150℃ 140℃ 130℃ 120℃ 110℃ 100℃ 90℃ 80℃ 70℃ 60℃

G.P.Progress   S   0 1 2 3 4 5 6 7 8 9 10 11 12 13 14 15 16 17 18 ▲

Min. Temp :

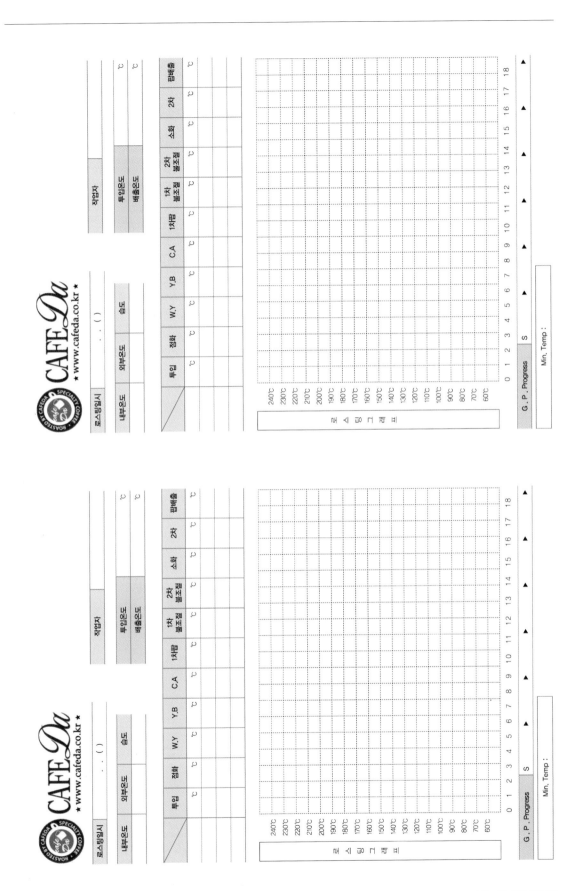

Chapter 3

———

커피 맛의 차이

Chapter 3.
커피 맛의 차이

물에 따른 맛의 차이

추출한 차와 커피의 성분 중 가장 큰 비중을 차지하는 것이 물이다. 보통 95~98%가 물이고 나머지가 차와 커피용해물, 시럽이라고 해도 될 만큼 큰 비중을 차지한다. 그럼에도 불구하고 커피에 최적인 물을 선택하기 위한 정보를 찾기란 쉽지 않다. 물을 종류별로 나열하기는 힘들지만 추출되는 장소에 따라 심층수, 암반수, 탄산수, 광천수, 빙하수, 기타 기능수(알칼리이온수, 미네랄워터) 등으로 그 종류도 예상외로 많다. 이런 여러 종류의 물이 있다는 것은 기본적으로 물 자체도 맛과 성분에 차이가 있다는 점이다. 따라서 물에 따라 커피의 맛이 차이가 남을 의미한다.

이는 같은 커피로 영업을 하더라도 지하수를 이용하는 업소와 상수도를 이용하는 업소의 에스프레소 맛이 차이가 남을 뜻한다. 또한 사용하는 연수시스템이나 정수시스템에 따라 원수의 물맛이 변해 커피 맛에도 차이가 난다. 이탈리안 스타일의 에스프레소와 같은 커피가 탄생된 배경 이면에 이탈리아 특유의 강한 경수, 즉 석회질의 토지에서 나오는 물을 연수시스템을 통해 추출한다는 사실이 있다는 것을 한번이라도 생각해본다면 물에 따라 로스팅 스타일까지도 차이가 날 수 있다는 것을 이해할 수 있다.

필자가 이탈리아에 있을 당시 마셔본 생수(천연수) 자체는 개성 있는 분명한 느낌이 있었다. 이것은 물마다 고유의 맛이 있다는 것으로 커피의 맛과 향에 영향을 끼칠 수 있다는 것이다.

수질은 육안으로 확인할 수 있는 탁도를 기준으로 평가할 수도 있으며, 수질 속 성분분석을 통해 평가하는 방법도 있는데 실제 바리스타는 커피머신의 성능과 커피 맛의 관점에서 물의 경도에 대해 이해하는 것이 중요하다.

경도(또는 전경도 : Total Hardness)라 함은 물속에 용해되어 있는 Mg^{2+}, Ca^{2+} 등의 양이온, 음이온에 의하여 발생하며 이에 대응하는 탄산칼슘($CaCO_3$(ppm))으로 환산표시한 값으로 물의 세기를 나타낸다.

경도를 유발하는 주요 양·음이온

양이온	음이온
• 마그네슘이온(Mg^{2+}) • 칼슘이온(Ca^{2+}) • 스트론튬이온(Sr^{2+}) • 망간이온(Mn^{2+}) • 철이온(Fe^{2+})	• 황산이온(SO_4^{2-}) • 이노규산이온(SiO_3^{2-}) • 탄산수소이온(HCO_3^{-}) • 질산이온(NO_3^{-}) • 염소이온(Cl^{-})

경도(mg/ℓ, ppm as CaCo₃)	분류
0~75	연수(단물, soft water)
75~150	약 경수
150~300	경수(센물, hard water)
300이상	강 경수

경도는 무색무취의 물에 맛을 유입시키는 현상이 있다.

물의 경도는 주로 토양과 암석층을 통과한 물에서 얻어지게 되는데 흙에서 이루어지는 박테리아의 작용으로 발생한 CO_2 탓으로 여기서 생성된 낮은 pH의 물은 염기성물질인 석회암 등을 용해시키고 석회암 속의 규산염, 탄산염, 황산염 등을 포함하게 된다.

따라서 센물은 주로 토양이나 암석으로 스며들어 고인 물인데, 표토층이 두텁고 석회암층이 존재하는 곳에서 발생하기 쉽다. 반대로 단물은 표토층이 얇고 석회암층이 없거나 드문 지역에서 발생한다. 그렇기 때문에 보통의 경우 지표수보다 지하수의 경도가 높다. 경도가 높을 경우 센물이라 부르는데 센물은 세척제의 소비량을 증대시킬 뿐 아니라 세척제의 성능을 저하시킬 수도 있다.

또한 커피머신과 같은 높은 온도에서는 음이온들과 결합하여 스케일(Scale), 물때, 딱지를 형성하므로 물과 접촉하는 주요 부품이나 물이 지나가는 부위 부품들의 열전도를 방해하거나 막힘 현상 등과 같은 장애를 준다.

때문에 센물을 이용 시에는 물과 닿는 주요핵심 부품을 철저히 관리하여야 할 필요가 있다. 위생적인 면에서 경도가 지나치게 높은 물을 마실 때는 설사, 복통을 유발하게 된다.

물에 따른 커피 맛의 차이를 실험해 본 HIROSE Yukio의 MOTTO SHIRITAI COFFEE-GAKU에 나온 아래 실험데이터를 보면 재미있는 사실을 발견하게 된다.

구 분	물의 종류	pH	경 도	경 도
A	정제수	7~8	44~53	단 물
B	알칼리이온수	8.2	44~53	단 물
C	미네랄워터	7.2	291	센물(경수)

※ 경도 = Ca농도×2.5 + Mg농도×4

A, B, C의 물이 원두의 배전도에 따라 추출 후 pH의 결과를 나타낸 자료이다.

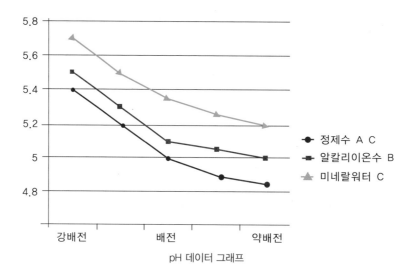

pH 데이터 그래프

이 그래프의 pH값을 보면 커피 자체는 전부 산성의 액체이며, 강한 로스팅 원두일수록 pH가 높아지고, 지하수에 풍부한 미네랄워터(경수)로 커피를 추출할 경우가 비교적 pH가 높은 것을 알 수 있다.

● 참고 : pH는 1909년 덴마크의 쇠렌센(P. L. Sorensen)이 수소이온 농도를 보다 다루기 쉬운 숫자의 범위로 표시하기 위해 pH를 제안하였고, 여기서 p는 지수의 power를 뜻하고 H는 수소이온을 나타낸다. 즉 pH란 수소이온지수를 뜻한다. 순수한 물에서의 pH는 7이며 이때를 중성이라고 하고, pH가 7보다 작으면 산성, 7보다 크면 알칼리성이 된다. pH의 범위는 보통 0~14까지로 나타낸다. 일반적으로 우리에게 알려진 생활 속 pH는 황산(약 pH 0) − 위액(약 pH 0.8) − 염산(약 pH 1) − 레몬, 오렌지주스(약 pH 2) − 식초(약 pH 2.5) − 콜라(약 pH 2.8), 포도(약 pH 3), 와인(약 pH 3.6) − 맛있는 김치(약 pH 4.2), 커피(약 pH 5) − 깨끗한 비(약 pH 5.6) − 신선한 우유(약 pH 6.6), 증류수(약 pH 7), 혈액(약 pH 7.5) − 바닷물(약 pH 7.8), 제산제(약 pH 10) − 비누(약 pH 10.5) − 암모니아수(약 pH 11) 표백제(약 pH 12.3), 양잿물(약 pH 14)이다.

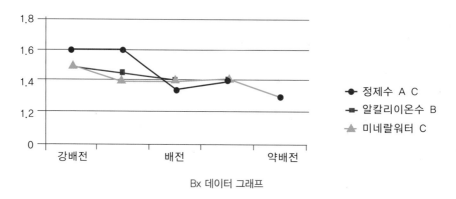

Bx 데이터 그래프

● 참고 : °Bx(브릭스도)는 독일의 과학자 Adolf F. Brix에서 이름을 따온 단위이다. 브릭스는 수용액 100그램(g) 속에 녹아있는 고형물이 몇 그램(g)인가를 나타내며 기호로는 ° Bx로 표시한다. 즉 순수한물이라면 0°Bx가 될 것이고, 순수한 설탕 덩어리라면 100°Bx가 될 것이다. 브릭스도 역시 엄밀하게는 왹스레도와 마찬가지로 당분 외의 모든 수용성 성분을 포함한 지표이지만, 당도의 지표로서 흔히 사용된다. 일반적으로 우리에게 알려진 생활 속 °Bx는 배는 약 10~14°Bx, 참외 약 11°Bx, 사과 약 12~14°Bx이다. 이 그래프는 일반적으로 배전에 따른 당도를 참고할 수 있는 데이터이다. 특징적으로 어떤 물에서도 당도가 급격하게 변화하는 포인트가 있다는 것과 어느 물이라도 배전이 강할수록 일반적으로 당도가 높아진다는 점이다.

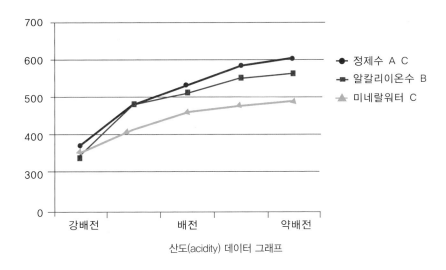

산도(acidity) 데이터 그래프

당도그래프와 정반대의 결과를 보이는 것이 산미(신맛)이다. 어느 물이라도 약배전 로스팅일 때 원두의 신맛이 강해진다. 이 데이터의 결과는 대부분의 사람들이 맛으로도 느낄 수 있는 결과다. 눈여겨볼 부분은 이탈리아에서와 같은 미네랄워터(경수)의 경우에는 산도가 많이 증가하지 않는다는 것이다.

이런 데이터를 통해 생각해보면 어떤 종류의 물을 사용하느냐에 따라 커피 맛이 차이가 난다는 것을 정확하게 알 수 있다. 한국의 경우는 지하수를 이용하여 영업하는 매장은 보기 힘들다. 만일 그렇다면 탄화칼슘과 탄화마그네슘 함량이 높은 경수를 커피에 적절한 연수로 바꿔주는 시스템을 적용하여 이런 미네랄 성분들이 커피의 풍미 추출에 방해를 주지 않게 하고 에스프레소 기계나 제빙기의 관을 막을 수 있는 석회질의 발생을 최소화하려는 노력이 필요하다. 일반적으로 상수도를 이용하여 영업을 하는 대다수의 매장의 경우에는 상수도의 소독과 상수도관의 부식을 막기 위해 쓰이는 염소 화합물과 약알칼리성으로 인해 커피 향과 맛에 영향을 끼칠 수 있으며, 이런 상수도의 외부요인을 최대한 제거하는 능력을 가진 정수기의 선택이 중요 기준이 되기도 한다.

이런 기능을 가진 정수기로 정수한 물로 추출한 커피의 경우에는 비교적 커피 자체의 향과 신선한 커피의 맛을 풍부하게 느낄 수 있다. 또한 정수한 물이 고여서 보관되는지의 유무확인도 위생상 고려해 볼 필요가 있을 것이다. 커피기계적인 측면에서 물의 선택 포인트를 고려해 볼 때 경수의 경우 석회질로 인해 보일러나 노즐에 스케일이 발생하고 물이 지나가는 관들이나 부품이 막혀 파손되거나 문제가 발생하는 경우도 많다.

이런 부분까지 감안하여 커피기계의 스케일을 최소화하는 기능을 가진 정수기도 커피 전문매장을 운영하는 곳에서 고려하는 부분이다. 물(얼음)을 이용하는 기계들이 물을 빨아들이는 데 사용하는 모터에 무리를 주지 않을 정도의 시간(분당)에 의한 정수능력도 고려해봐야 할 부분일 것이다.

커피를 판매한다 하면 물장사한다고도 부른다. 결국 물맛이 좋아야 커피 맛도 좋다는 것은 자명한 사실이다. 필자가 아는 분 중에 거제도의 유명한 커피숍 사장님은 옹이(항아리)에 약수터 물을 받아 그 물을 원수로 하여 영업을 하신다. 매장에 들어서면 엄청나게 큰 옹이가 멋진 인테리어 소품으로도 손색없을 정도이다. 이렇듯 커피의 선택만큼이나 까다롭게 다루어야 하는 것이 물이고 물(얼음) 맛에 따라 개성 있는 커피가 추출될 수 있다는 것을 잊지 마시기 바란다.

🏺 우유에 따른 맛의 차이

우리 모두가 생의 첫 시작과 함께 먹는 음식, 감자와 함께 대표적인 완전식품으로 불리는 우유는 몸에 좋은 영양소를 많이 가지고 있다. 성장기 자녀들의 급식에 빠지지 않는 우유는 대표적 영양소인 칼슘은 물론이고, 단백질의 필수아미노산 8종이 모두 들어있으며, 비타민 A · B계열, 지방 등의 영양소도 풍부하게 들어있다. 우유를 많이 섭취하면 위 기능을 증진시키는 효과가 있다. 우유를 발효시켜 만드는 요구르트는 장염, 변비 등에 좋은 효과를 나타낸다. 또한 '칼슘의 보물창고'로 알려진 만큼, 치아와 등뼈의 형성을 도와주는 역할을 한다. 체내에서 빠져나가는 칼슘을 보충해 주어야 골다공증 등의 질환을 예방할 수 있는데, 우유에 들어있는 풍부한 칼슘이 이 역할에는 제격인 셈이다. 우유와 발효유의 유산균은 사람의 면역력을 키우는 데 도움이 된다.

커피의 경우 다량의 카페인으로 인해 잘 알려진 것처럼 빈속에 마실 경우 위산 과다분비로 속쓰림 증세를 유발할 수 있고 이뇨작용을 촉진시켜 소변으로 칼슘 등 무기질 성분을 배출하여 골다공증을 유발할 수도 있다. '칼슘이 부족하면 신경이 예민해지고 화를 잘 낸다.'라는 말을 한번쯤 들어봤을 것이다. 칼슘이 배출되는 양이 흡수되는 양보다 많으면 혈액 내 칼슘 함량이 떨어지고 이렇게 될 경우 부갑상선 호르몬 분비가 늘어나는데 이 호르몬은 혈액 내 칼슘 농도를 일정하게 유지하기 위해 뼈 속의 칼슘을 사용하게 된다. 이 때문에 커피와 함께 칼슘이 풍부한 우유를 함께 마실 경우 영양학적으로도 환상의 궁합을 자랑한다. 실제로 커피와 우유의 조화로 부드러운 맛을 내는 카페오레(카페라떼의 프랑스식 표현)는 1685년 프랑스 그르노블의 명의 시에르 모닌(Sieur Monin)이 의료용으로 개발했다. 칼슘 분해를 방해하는 커피의 단점을 우유가 보완한 것이다.

필자에게 커피교육을 받은 후 영국의 스타벅스 매장에 취업을 한 학생이 알려준 정보에 의하면, 영국 스타벅스에서는 커피에 들어가는 우유의 종류에 따라 커피가격이 산정된다고 한다. 그만큼 우유의 종류와 특징이 구분된다는 얘기일 것이다. 일반적으로 신맛 강한 커피가 우유와 반응했을 때 개성이 강한 고소한 커피 맛을 내며, 쓴맛이 강한 커피가 우유와 반응했을 때 중후한 맛이 난다. 저온살균 · 멸균 우유, 저지방 우유, 칼슘우유, 일반 우유 등 우유에 따라 카페 카푸치노의 맛의 차이가 나며 커피 응용 메뉴 또한 맛이 차이가 난다.

오늘날 우리가 흔히 볼 수 있는 하얀 바탕에 검은 점이 있는 홀스타인 젖소에서 나오는 우유는 1년 365일 좁은 우사에 갇혀 사료를 먹고 자란 소에서 나온 우유이다. 이들 우유와 유기낙농업으로 방목해서 자란 소의 우유는 맛의 차이가 극명하다. 원유 속의 병원균을 제거하기 위해 실시하는 살균방법에 따라서도 우유의 풍미가 차이가 난다. 당연하지만 커피의 콩처럼 우유도 생산되는 계절과 기후에 따라 우유에 포함된 지방성분외 성분의 변화가 있기에 라떼나 카푸치노, 핫초콜릿의 맛이 계절에 따라 조금씩 바디감의 차이가 난다.

1860년대 프랑스 화학자 루이 파스퇴르는 맥주나 포도주 속 미생물이 부패의 원인이며 동물이나 사람에게 병을 일으킨다는 것을 밝히면서 맛의 변화를 최소화하면서 부패를 방지하는 처리 방법을 개발했다. 이 기술이 유가공에 이용되었고 오늘날 유가공 기업규모에서는 필수 살균처리로 자리 잡았다.

파스퇴르처리 기법은 우유 속 병원균과 부패의 원인균들을 제거하고, 우유 속 지방을 분해시키는 효소들의 활성을 제거함으로써 유통기한을 연장할 수 있게 한다.

파스퇴르 처리는 크게 3가지가 있는데 이들 처리를 한 우유는 4℃ 이하 냉장보관하면 보통 10~18일 동안 마실 수 있는 상태로 유지할 수 있다.

🫘 첫째, 저온장시간살균법(LTLT살균법 : 63℃로 30~35분)
- 62~65℃에서 30~35분 천천히 가열 후 1일간 상온에서 방치했다가 다시 살균작업 반복
- 우유의 맛과 풍미가 비교적 신선하면서도 부드러운 바디감이 있다.

🫘 둘째, 고온단시간살균법(HTST살균법 : 72.5℃로 15초)
- 72~75℃에서 15초간 가열 후 급냉
- 독특한 고소한 맛과 깔끔한 느낌이 있다.

🫘 셋째, 초고온멸균법(UHT멸균법 : 130~150℃로 1~3초)
- 130~150℃에서 2초간 가열 후 급냉
- 살균 후 상온에서도 장기간 보존할 수 있다.
- 더 강한 고소함과 함께 특유의 향이 있으며, 연갈색조의 색상이 특징이다.

이밖에도 대표적인 살균방법으로 균질 처리가 있다. 지방을 완전히 제거하지 않은 원래의 우유, 즉 전유(whole milk)를 가만히 두면 2개 층으로 분리되는 현상을 볼 수 있는데 위로는 물보다 가벼운 지방들이 뭉쳐있는 크림층(크림화, creaming)과 아래로는 지방이 줄어든 층이 생긴다. 전유에서 이렇게 분리되는 현상을 방지하기 위해 '균질 처리'가 개발되었다. 균질 처리된 우유는 맛과 외향에 영향을 미치는데 맛은 좀 싱겁다고 느껴지며 우유의 크림맛은 한층 강화되고 뽀얗게 보인다.

살균처리 외 영양 개조된 우유도 있다. 대표적인 것이 소화를 돕는 우유에는 락타아제(락토스 소화효소)를 첨가시켜 젖당을 흡수가 용이한 단당으로 분해시키는 작용을 시킨 우유이다. 또한 우유 속의 지방을 감소시킨 저지방 우유도 있다. 지방의 비율은 전유가 약 3.5%, 저지방 우유는 보통 1~2%, 스킴 우유 0.1~0.5%이다. 저지방 우유는 묽고 말갛게 보이기 때문에 이를 보완하기 위해 유단백질을 포함시키는데 이 때문에 우유에서 약간 퀴퀴한 저지방 우유 특유의 맛이 나는 것이다.

🫘 일반적으로 국내에 유통되는 우유의 종류별 특징
- 저지방우유 : 지방함유량을 2% 이내로 줄인 우유
- 멸균우유 : 장기 상온 보관가능하게 균의 포자를 완전멸균 후 특수 포장한 우유
- 살균우유 : 영양소의 파괴를 최소한으로 하는 범위 내에서 균류와 지방분해 효소를 멸균한 우유
- 무균질처리우유 : 지방을 분해하지 않고 있는 그대로의 우유
- 균질처리우유 : 무균질 우유와 반대로 인위적으로 지방을 균질하게 구성한 우유
- 탈지우유 : 지방함유량을 0.1%로 줄인 우유

이처럼 커피와 우유의 종류에 따라 커피의 맛에도 차이가 나기 때문에 바리스타는 자신이 사용하는 원두와 궁합이 잘 맞는 우유의 선택이 중요하며 남들과 다른 개성 있는 맛을 내기 위해 꾸준하게 연구해야 하는 부분이기도 하다.

균질처리 우유 속 지방(약 3.5%)   비균질처리 우유 지방(약 20%)   진한 크림 지방(약 40%)

※ 지방 방울이 적을수록 지방 방울 주변의 액체 흐름이 강해 묽어진다.

🪟 그라인딩에 따른 맛의 차이

바리스타가 한 잔의 커피를 만들어 내는 과정에서 그라인딩은 중요한 단계에 해당한다.

커피열매(과육)째로 물에 넣고 끓여먹던 당시의 사람들이 커피열매(과육)에서 씨앗만을 골라 볶아 먹는 법을 찾았고, 이후 볶아진 원두커피를 분쇄해서 끓이면 맛과 향이 더 진하고 풍부해진다는 것을 알게 되었다. 이때부터 원두커피의 분쇄가 커피를 차로 마실 경우 중요하다고 인식되기 시작했다. 오늘날 용도에 알맞은 커피 분쇄를 만들 수 있는 바리스타의 지식은 생두 블랜딩, 커피로스팅, 커피추출과 함께 좋은 커피를 선택하고 내리기 위한 중요 지식 중 하나이다.

초기에는 커피를 절구와 비슷하게 생긴 돌에 올려놓고 볶거나 빻았는데 커피의 산지에서는 오늘날에도 이런 기구를 이용하여 커피를 볶거나 빻는 경우가 많다. 이후 우리 시골에서 볼 수 있는 맷돌과 비슷한 형식의 도구를 이용한 커피분쇄기가 사용되었고 점차 커피분쇄기는 핸드밀, 커피밀이라 불리는 오늘날 기계로 발전하여 분쇄의 입자를 사용자의 취향과 추출 기구에 어울리는 용도로 조절할 수 있게 발전하였다.

용도에 알맞은 커피 분쇄란 첫째 추출 용도에 어울리는 그라인더를 선택하는 것이고, 둘째는 일정한 분쇄 입자를 유지하는 것, 셋째는 분쇄과정에서 열 발생을 최소화 하여 원두의 성질이 변하는 것을 억제하는 것이다. 만일 분쇄과정에서 지나친 열이 발생되면 분쇄 중 원두에 로스팅이 진행되는 것과 같은 작용이 일어나 원두의 로스팅 포인트가 변화되어 로스터의 의도와 다르게 탄 맛이 날 수 있다.

에티오피아 공항에서

추출 시 물에 대한 커피의 용해도는 분쇄의 상태에 따라 다르다. 이는 농도의 차이가 발생함을 의미하며, 이 원리에 따라 잔 안으로 커피가 떨어질 때 그 맛을 조절

페르시아의 초창기 커피추출모습. 왼쪽부터 생두를 담는 가죽 가방, 커피 잔, 커피 그라인더, 손잡이 달린 로스팅 접시, 커피가 끓고 있는 냄비

가능하게 해준다.

동일한 조건에서 커피를 추출한다고 가정할 때 커피의 입자가 굵어질수록 커피 맛이 점점 연하게 되고 반대로 입자가 가늘어 질수록 커피 맛이 진하게 된다. 따라서 에스프레소와 같이 추출 시간이 중요한 커피의 경우 만일 15g의 커피를 기준으로 추출시간이 35초가 나왔다면 15g은 동일한 상황에서 좀 전보다 분쇄 입자를 굵게 하면 추출 시간이 35초 보다 짧아지게 된다.

커피의 원산지 국가에서는 앞서 얘기한 것처럼 별도의 기구 없이 볶은 원두를 빻은 후 별도의 여과장치 없이 우리의 차 주전자 용도의 도구를 이용하여 커피 가루째로 끓여 먹기도 한다. 현지에서 이렇게 추출한 커피 한 잔의 맛은 고가의 장비를 통해 추출한 커피 못지않은 또 다른 매력이 있다.

1) 에스프레소 그라인딩

오늘날 커피를 좀 더 편하게 먹기 위해 가정이나 회사에서 소비되고 있는 대부분의 커피는 인스턴트커피지만, 전문 커피숍이나 레스토랑의 경우에는 에스프레소만의 독특한 특징 즉 산지별 생두를 블랜딩 후 로스팅하여 만든 원두커피를 취향에 따라 분쇄하여 애음한다. 이 경우 커피의 향과 맛이 풍부해 질 수 있는 것이다. 여기서 우리가 눈여겨봐야 할 부분이 추출 시간이다. 이 추출 시간은 원두커피, 온도와 압력, 분쇄도 등 추출환경에 따라 매우 민감하게 반응한다. 이중 분쇄도 추출시간에 바로 영향을 준다는 것을 이해해야 양질의 에스프레소를 만들 수 있다. 단순하게 그라인더의 기능은 원두커피를 가루로 변화시키는 차원을 넘어 적정한 에스프레소 기준 시간에 추출되는 입자로 만드는 과정이다. 새로 개봉한 원두를 갈 때는 기존의 그라인더 호퍼 통에 담겨있는 원두와 성질이 똑같을 수 없기 때문에 에스프레소 추출에 변화가 생길수도 있다는 것을 미리 염두에 두고 만일 추출시간에 변화가 있다면 즉시 대응할 수 있어야 하며, 일교차가 심한 계절에는 환경적인 영향으로 오전과 오후 그리고 저녁에 알맞은 추출시간을 만들기 위한 입자조절에 상시 대응해야 하는 경우도 생길 수 있다.

양질의 에스프레소를 위해서는 갈린 입자의 크기 정도는 1mm부터에서 더욱 미세한 0.25mm의 분말에 이르기까지 상황에 따라 다양해야 한다. 일반적으로 업계에서 에스프레소용 원두의 입자를 표현하기를 추출 상황에 따라 "설탕보다는 가늘거나 밀가루보다는 굵게" 그라인딩해야 한다고 한다. 이처럼 미세한 입자의 특성으로 인해 분쇄된 커피가 그라인더 기계의 미세한 틈에 끼어 장시간 있을 경우 추출된 에스프레소의 맛을 버릴 수 있다. 이 때문에 그라인더의 청소상태는 에스프레소의 맛에 직접적

인 영향을 미친다. 만일 한 달 이상 그라인더 청소를 하지 않은 경우 분쇄된 커피에서 마치 불쾌한 담배 냄새 비슷한 냄새와 함께 산패된 음식물 냄새가 날 수 있다.

원두커피는 분쇄 순간부터 원두의 허니컴 구조 속에 있는 향(가스)이 발산하는 휘발성 강한 특성이 있다는

것을 고려하여 바리스타는 자신이 사용하는 커피 그라인더의 분해 청소에도 능수능란해야 할 것이다.

이러한 주요 현상에도 불구하고 종종 커피전문 카페나 레스토랑의 바리스타들은 분쇄입자나 분쇄 후 기계에 미치는 영향에 관해 소홀히 하는 경우가 있다. 따라서 에스프레소 전문 그라인더의 선택과 함께 분쇄에 따른 반응을 확실하게 이해해야만 하고, 즉시 실전으로 옮겨 대응할 수 있는 그라인딩의 기술적 능력이 있어야 한다. 그리고 기계적으로 그라인더는 용량 이상으로 작동될 경우 그라인더의 소모품인 그라인더 칼날의 마모와 함께 모터과열의 결과를 수발할 수 있다. 나아가 그라인더 칼날이 수명을 다해 닳았는데도 이를 모르고 사용함으로 결국 에스프레소의 질적 저하에 이르기도 한다. 보통 그라인더 날의 평균 수명은 원두커피를 600kg 정도를 분쇄했을 때 입자의 고른 분포유지나 미세한 입자를 만드는 제기능을 상실한다.

2) 드립, 워터드립, 모카포트, 사이폰 그라인딩

에스프레소와 달리 기호에 따라 그 농도를 보다 자유롭게 할 수 있는 것이 드립 커피류이다.

일반적으로 드립류의 커피에는 대표적으로 핸드드립과 워터드립이 있으며 증기압으로 커피를 추출하는 버큠브로어(Vacum Brewer) 일명 사이폰커피와 모카포트가 있다.

사이폰커피는 추출 기구가 마치 과학실험실에 사용하는 기구처럼 보인다. 알코올램프나 가스버너를 이용하여 구(球) 모양에 채운 물을 가열하면 끓으면서 생긴 수증기압이 커피를 통과하면서 추출하는 방식이다.

또한 수백만 원이 호가하는 업소용 에스프레소 머신의 맛을 가정에서도 나름 흉내 낼 수 있는 모카포트 추출법도 있다. 이 추출법은 업소용 에스프레소 입자보다는 굵지만 가정에서도 간편하게 에스프레소, 아메리카노, 라떼, 카라멜 마끼아또 등을 만들어 먹기 위해 사용된다. 이처럼 가정에서 추출할 수 있는 커피에 사용되는 분쇄도는 보통 굵게, 중간, 가늘게(마이크로분쇄)라고 표현하는데 업계에서 표현하기를 굵게는 굵은 소금보다 굵게(약 1mm 이상), 중간은 설탕 정도(약 0.7mm 정도), 가늘게는 설탕보다 가늘게(약 0.6mm 정도)라고 한다.

앞서 얘기했지만 가정에서 추출하는 커피 또한 분쇄에 따른 맛의 변화가 그대로 적용된다. 따라서 보다 진하게 커피를 먹기 원할수록 입자의 굵기를 가늘게 하여 추출할 경우 커피의 맛이 진해지고 아이스커피의 경우일수록 진하게 하는데 이렇게 추출하면 시간이 지나 얼음이 녹았을 때도 커피의 맛을 유지할 수 있기 때문이다.

하지만 커피 입자가 너무 가늘 경우 추출에 걸리는 시간이 길어지거나 가정용 기구의 특성상 추출이 힘들 수 있다. 커피와 뜨거운 물이 만나는 시간이 길어질 경우 커피에 있는 카페인 성분이 많이 추출되는데 카페인 성분은 일반적으로 쓴맛 또는 떫은맛으로 표현된다.

따라서 흔히 말하는 쓰고 묵직한 바디감 있는 커피를 만들기 위해서 반드시 에스프레소용 원두로 추출해야 한다는 생각보다 바디감 있는 목적으로 블랜딩된 커피보다는 덜하지만 내가 가지고 있는 원두의 입자를 통해서도 나름의 농도조절이 가능하다는 것을 이해하는 것이 중요하다.

커피메이커용	핸드드립용	워터드립용(더치커피)	모카포트용	사이폰용
굵게 약 1mm 이상 5~6분	중간 약 0.7mm 2~3분	가늘게 약 0.6mm		
		3시간 이상	4~5분	2~3분

☕ 핸드드립 추출량에 따른 맛의 차이

흔히 '핸드드립(Hand Drip)'이라 불리는 커피 추출법은, 간단하면서도 가장 널리 알려진 커피 추출법이다. 페이퍼 필터는 한 번 쓰고 버리므로 위생적이고 처리가 간단하며, 기호에 따른 물의 양 조절도 간단하다. 최근에는 커피를 볶는 로스터리숍이 늘어나면서 세계 각지의 커피들을 이 방법으로 추출하여 소비자들에게 선사하는 비중이 늘어나고 있다.

핸드드립 커피 추출에는 '뜸들이기'라는 사전 작업을 거친다. 이는 분쇄된 커피에 뜨거운 물을 소량 부어 허니컴 구조에 충분하게 물을 침투시키는 작업으로 최소한의 물량으로 분쇄한 커피의 허니컴 속에 온수를 침투시킨 후 30초 정도 그 상태로 두는 행위를 말한다.

이때 분쇄한 커피가 물과 닿아 낙하되면서 허니컴 구조 속에 담겨있는 성분(각종 섬유질, 가스[향])들이 물에 충분히 녹아나오는데 이 성분들의 감칠맛을 특별히 좋아하는 마니아층들이 꾸준하게 증가하다보니 핸드드립 메뉴를 판매하는 매장들도 함께 증가하는 추세이다.

브랜드명	핸드드립용	추출방법	추출량 Hot / Ice	맛의 포인트
ESO	24g	나선형 드립	100㎖+물희석 / 얼음+냉수+180㎖	부드러운 맛과 아로마 바디가 강한 깔끔한 맛이 특징
ESO	24g	나선형 드립	170㎖ / 얼음+250㎖	개성 있는 무거운 쓴맛이 특징

※ Hot 분쇄도 R-300 그라인더 기준 5~6 / Ice 분쇄도 R-300 그라인더 기준 2~3
※ Ice 추출 시 서버에 얼음을 가득 채우고 추출함(서버에 남아있는 얼음은 잡미가 있을 가능성이 있으므로 넣지 않는다)

🫘 추출 포인트

• 뜸들이기는 점드립으로 촘촘히 원을 그려서 외각으로 빠져서 가는 물줄기로 빠르게 가운데로 돌아와 서버에 몇 방울만 떨어지게 한다.
• 1차 추출 시 가운데서 1초간 머물다가 가는 물줄기로 천천히 외각으로 빠져주고, 신속하게 중심으로 돌아온다. 2차 ~ 3차로 진행되면서 속도는 빨라지고 물줄기는 굵어진다.

핸드드립 시 커피 맛 표현에 사용되는 용어

용어	영어표현	내용
감칠맛	BODY	입에 머금었을 때 농도, 질량감을 느끼는 맛
단 맛	SWEET	커피의 당분과 신맛에서 단맛을 느낄 수 있다. 혀의 끝에서 느낀다.
신 맛	ACIDITY	혀에서는 느끼지만 입안에는 남지 않는 부드러운 신맛
쓴 맛	BITTER	카페인 등에서 느껴지는 맛
떫은맛	ASTRINGENT	혀를 강하게 자극하고, 혀의 표면이 마비된 것 같은 감각
탄 맛	SMOKY	연기나 타르 등, 탄 냄새를 같이 느끼는 맛
오래된 맛	STALE	시간이 경과해서 생기는 성분, 지방의 변화와 발효된 맛 등 복잡한 맛
발효된 맛	FERMENTED	굉장히 불쾌한 맛. 찌르는 듯 한 자극

| 곰팡이 맛 | MUSTY | 건조가 잘되지 않은 생두가 섞이거나, 습도가 많은 곳, 물에 접촉했을 때 발생 |
| 흙 맛 | EARTHY | 건조식 생두에서 나는 맛. 토양의 먼지 등에 더렵혀진 맛 |

이런 핸드드립 커피를 추출하기 위해서는 가장 대표적인 원추형과 마름모형 드립퍼에 대한 이해가 필요한데 잘못 이해하면 각 종류별 드립퍼마다 고유의 추출방식이 있다고 오해할 수 있다.

원추형 드립퍼와 마름모형 드립퍼의 외형적인 차이점은 정확하게 구분 가능하지만, 원추형 드립퍼에서 추출하는 방식, 마름모형 드립퍼에서 추출하는 방식으로 정의 내려서선 안 된다.

차이 비교	마름모형	원추형
모양 비교		
추출구	작은 구멍 2개 이상	큰 구멍 1개
리브(Rib)의 형태	길이가 길고 수가 많다.	길이가 짧고 수가 적다.
추출시간(동일조건에서)	원추형에 비해 짧다.	마름모형에 비해 길다.
맛의 특징	부드럽고 깔끔한 느낌	진하고 중후한 느낌

※ 리브(Rib) : 드립퍼 내에 빗살무늬 형식의 홈들로서 드립퍼와 필터 사이에 공간을 만들어 드립 시 원두 내의 가스와 공기가 빠져 나갈 수 있는 통로의 구실을 한다. 또한 필터의 제거를 용이하게 한다. 리브는 추출시간과 직접적인 연관이 있다.

흔히 원추형 드립퍼를 가지고는 점드립으로 시작해 가는 물줄기에서 점점 굵어지는 물줄기를 가지고 드립을 하고 있지만 이러한 추출 방식이 원추형 드립퍼에서만 가능한 드립방식이라고는 단정지어 말할 수 없다. 원추형 드립퍼가 가지고 있는 특장점과 마름모형 드립퍼가 가지고 있는 특장점을 알고 있다면 물의 온도와 커피입자 추출시간 등에 주안점을 두고 얼마든지 바리스타의 개성에 따라 드립퍼와 상관없이 추출이 가능하다.

마름모형 페이퍼 접기		원추형 페이퍼 접기	
	측면 재봉선 테두리를 안쪽으로 압착해서 접는다.		측면 재봉선 테두리를 안쪽으로 압착해서 접는다.
	아래쪽 테두리를 측면의 테두리 반대쪽으로 압착해서 접는다.		접은 재봉선과 맞은편 페이퍼 끝선을 서로 일치 시킨다.
	측면 압착부분을 손가락으로 누르면서 평평하게 한다.		접고 남은 재봉선을 안쪽으로 접는다.
	반대쪽 측면부분도 똑같이 손가락으로 눌러 평평하게 한다.		그림과 같이 완성
	다른 손은 엄지와 검지로 0.5cm 정도를 안쪽으로 접는다.		꼭짓점을 뾰족하게 완성 시킨다.
	페이퍼 안쪽에 손을 세워 누르고 다른 손은 펴서 받쳐 밑 부분을 정리한다.		드립퍼 하단으로 꼭짓점이 잘 나오게 밀착시킨다.

※ 용량은 1~2인용에서 2~4인용, 최대 10인용까지 다양하게 추출가능하며, 용량에 따라 페이퍼 사이즈도 달라진다.

Chapter 4

___

카페 에스프레소 추출

Chapter 4.

카페 에스프레소 추출

커피추출이란 간단하게 정의한다면 물로 커피의 맛과 향을 내는 성분을 뽑아내는 과정을 말한다. 하지만 조금만 더 깊게 생각을 해보면 커피의 생두가 커피로스터에 의해 블랜딩되어 커피로스팅이란 열처리 과정을 거치면서 부피가 변하는 물리적 변화와 없던 향(가스)이 생기는 화학적 변화를 일으켜 생긴 허니컴 구조(Honeycomb)의 섬유조직에서 600종류가 넘는 많은 성분을 뽑아내는 과정이다.

카페다 유기농 에스프레소 200배 확대
(센터컷을 기준으로 좌우에 보이는 기공)

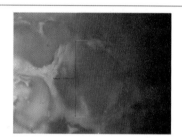

카페다 유기농 에스프레소 1000배 확대
(완벽한 6각형모양의 허니컴 구조)

그중 가장 대표적으로 추출되는 성분이 클로로제닉산과 카페인, 당질, 단백질, 불포화지방산 등과 같은 섬유질이다. 이렇게 추출되는 성분에 따라 원두커피 특유의 향기와 외관상 보여지는 크레마의 색이나 질감 그리고 맛이 결정되는 것이다.

🏭 에스프레소의 탄생 배경

19세기 초중반 이탈리아에서는 가열한 물에서 발생하는 증기압을 이용하면 빠르게 커피를 내려 먹을 수 있다는 것을 발견하여 증기압을 이용한 커피 추출기계를 발명했다. 1946년에 오늘날과 같은 반자동식 커피머신이 이탈리아인 '가찌아'에 의해 최초로 발명된 후 1947년 이탈리아 일렉트라사의 '페드리코'도 에스프레소 머신 개발에 동참하여 이탈리아에서 에스프레소 머신의 부흥을 알리는 신호탄이 쏘아졌다. 이는 이탈리아를 중심으로 세계적으로 이탈리아 스타일의 에스프레소 커피가 퍼지는 데 큰 영향을 미쳤다.

🏭 에스프레소의 정의

보통 7.5g±1.5의 분쇄커피를 이용하여 8~10기압(일반적으로 9)의 압력 하에서 20~30초(일반적으로 25초) 동안 약 25~30ml의 양으로 88~95℃의 온도로 추출되는 커피, 이것을 우리는 '에스프레소' 라 부른다.

🍶 에스프레소의 4대 법칙

1) Blend(혼합)

신맛과 단맛 그리고 쓴맛, 풍부한 커피 향, 풍부한 감칠맛. 이것이 조화를 이루면 훌륭한 에스프레소라 불린다. 이 세 가지의 조화는 각기 다른 특성이 있는 원산지와 다른 가공법을 통해 서로 다른 특성의 커피를 이용하여 풍부한 향과 지방층 즉 크레마의 조화로운 비율을 찾을 때 얻을 수 있다. 그래서 혼합은 에스프레소 커피 맛의 창조 작업이라 할 수 있다. 혼합 시에는 커피의 가공법이나 품종의 성질도 고려해야 한다. 극단적인 표현이지만, 만일 조밀도가 매우 단단하고 콩의 크기가 큰 품종과 반대로 매우 부드럽고 작은 품종을 50:50으로 혼합한다면 로스팅 중에 매우 많이 타버리는 커피와 미처 로스팅이 다 되지 못한 커피가 동시에 생성될 수 있다.

에스프레소를 추출하는 데 정해진 환경적인 요구조건은 앞서 정의했는데 이런 정의에서 모든 로스팅된 원두커피들이 똑같은 반응을 일으키지는 않는다. 따라서 블랜딩은 지속성을 유지하기 위해 커피 생산국은 물론이고 로스팅을 하는 곳에서도 과학적인 장비가 동원되기도 하고 커피의 맛을 평가하는 직업을 가진 전문가(컵퍼)의 평가가 매겨지기도 한다. 필자의 경우에는 로스팅한 원두커피를 장비를 이용하여 데이터를 확인하고 커피의 맛을 공정하게 평가하기 위해 술은 가급적 멀리하고 담배는 일체 하지 않는다. 그리고 "환경오염으로 인해 우리 몸의 건강을 위협하는 위험수위가 나날이 높아지고 있는 상황에서 우리 몸의 피를 건강하게 유지하여 피의 역할 중 우리 몸 안의 세포에 산소와 영양소를 공급하고 신진대사에서 발생하는 노폐물을 제거함으로써 건강한 몸을 유지한다."를 실천함으로 더 나은 커피 맛을 분명하게 구별하려는 노력을 하고 있다. 이처럼 우리가 한 잔의 커피를 마시기 위해 보이지 않는 이면에서 최고의 커피를 만들려는 전문가들의 노력이 담겨있다.

2) Grinder(분쇄)

로스팅된 커피를 분쇄하지 않고 에스프레소 머신으로 커피를 추출할 경우 커피의 농도는 매우 연하다. 이는 앞에서 공부했듯이 물과 닿는 접촉 면적이 작기 때문이다. 블랜딩이 로스터의 최고 기술이라 한다면 에스프레소를 맛있게 뽑기 위한 분쇄는 바리스타의 최고 기술이다. 로스팅된 원두커피를 유심히 보면 일반적으로 내추럴 커피일수록 센터컷 부위가 원두보다 밝은 흰색 계통의 실버스킨을 발견할 수 있다. 이 실버스킨의 경우 로스팅 과정에서 대부분 제거되지만 센터컷 부위의 실버스킨은 쉽게 제거되지 못하고 남아있다. 이렇게 남은 실버스킨은 일반적으로 떫은맛을 내는 것으로 알려져 있는데 분쇄과정에서 실버스킨은 원두에 비해 쉽게 분쇄되지 못하고 일반 입자보다 굵게 분쇄되어 원두와 함께 포터필터에 담긴다. 이런 것이 매우 미세하게 갈린 가루, 일명 미분(입경 0.12mm 이하)과 함께 커피 추출을 방해하면서 잡맛을 발생하게 하는 원인이 된다.

분쇄의 차이가 클 경우 분쇄된 입자 중에 가장 작은 커피 입자에서는 상대적으로 굵은 입자보다 빨리 커피의 에센스가 추출된 후 뜨거운 물과 장시간 접촉되므로 다른 성분이 추가로 더 추출될 수 있다. 이러한 현상은 결국 커피의 맛이 일정치 못하게 하여 커피의 맛을 떨어뜨릴 것이다. 즉 에스프레소의 분쇄의 핵심은 추출을 방해하는 요인을 최소화하기 위한 고른 입자의 분쇄 유지이다. 그러나 아주 완벽한 입자 유지란 아무리 좋은 그라인더라 할지라도 불가능한 것이기 때문에 현실적으로 지금 가지고 있는 그라인더에서 잡맛은 최소화하고 맛있는 성분을 원두의 허니컴 구조 속에서 최대한 많이 추출하도록 훈련하는 것이 바리스타의 최고기술이다. 이런 실력을 갖도록 수많은 바리스타가 지금도 연구를 하고 있다.

3) Espresso Machine(기계)

에스프레소의 역사를 창출해낸 이탈리아인들에게 있어 특히 에스프레소 커피는 많은 사람들의 창의성과 천재적 공학의 표현이라 할 수 있다. 이런 기계가 탄생되기 전에는 드립방식의 커피를 즐겼는데 이 방식의 경우 한 잔의 커피를 추출하는데 너무 많은 시간과 손이 가는 단점이 있었다. 이런 불편함이 오늘날 우리에게 빠르게 한 잔의 커피를 제공해 주는 영어의 빠르다, 신속하다(Express)의 의미인 이태리어 에스프레소(espresso) 머신을 발명시킨 것이다.

커피 전문점에서 에스프레소 머신은 반드시 물의 온도가 섭씨 88℃~95℃(화씨 190.4℉~203℉)가 되어야 하며 추출압력을 일정하게 8~10bar(8~10기압)으로 유지시켜줄 수 있어야 한다. 이 조건은 연속해서 에스프레소를 뽑았을 때도 변화가 없어야 한다. 이런 기능 때문에 커피 전문업소용 머신과 가정용 머신과의 기능적 차이점이 구별되는 것이다. 커피기계를 크게 구별하면 자동과 수동으로 나뉘진다. 자동머신은 전자동과 반자동으로 다시 구별된다. 반자동 커피머신은 포터필터를 장착할 수 있는 개수에 따라 1그룹 반자동 머신, 2그룹 반자동 머신, 3그룹 반자동 머신 등으로 불린다.

에스프레소 머신 종류		그라인더 일체유무	특 징
수 동		무	피스톤을 이용하여 사람의 힘으로 압력을 발생시켜 추출
반자동 (2그룹)		무	바리스타가 분쇄한 에스프레소 가루를 포터필터에 담은 후 약 9기압으로 추출
전자동		유	분쇄기부터 추출까지 일체형
E.S.E 머신 (캡슐머신)		무	캡슐형태로 포장된 커피를 캡슐포장상태에서 추출

☕ 커피머신의 구분

• 수동 에스프레소 머신(Manual espresso Machine) : 에스프레소 분쇄량과 추출 시간(물량)을 매번 바리스타가 제어한다.

• 반자동 에스프레소 머신(Semi-Automatic Machine) : 추출 시간(물량)은 바리스타가 직접조절하며 이후 저장된 물량으로 추출. 단 그라인딩은 별도로 해야 한다.

• 전자동 에스프레소 머신(Super Automatic espresso Machine) : 기계에 프로그램된 데이터에 의해 커피 분쇄부터 추출까지 버튼을 단 한번 누르면 된다.

• E.S.E. 커피머신(Easy Serving Espresso pods Coffee Machine) : 일명 캡슐머신이라고 불리는 기계로 Pod(포드)라 불리는 캡슐로 패킹이 되어있는 에스프레소를 사용한다. 그라인딩의 지식 없이도 간편하게 에스프레소를 추출할 수 있다.

4) 바리스타의 노하우(Mano)

이탈리아어 "Mano"는 손을 뜻한다. 이것은 에스프레소 조리사 즉 바리스타의 전문능력을 함축시킨 의미이다. 진정한 에스프레소 커피의 명인이라 불리기 위해서는 여러 환경적 요인에 따라 커피의 추출이나 맛이 어떻게 변하는지 관찰할 줄 알아야 하며 이런 관찰은 경험과 어우러져 최고의 에스프레소를 만들어 주는 결정적인 역할을 한다.

이 마노에 해당하는 대표적인 스킬은 이론적인 서적에서 가르쳐 주기에는 한계가 있다.

예를 들어 경험해보지 않고는 습득하기 힘든 탬핑(Tamping)에 따른 맛의 변화가 그렇다. 한 잔의 에스프레소를 추출하기 위해서 지식적인 이론을 바탕으로 본인이 사용하는 원두커피에 따라 여러 방면으로 연구하여야만 남과 다른 개성 있는 커피가 추출되기 때문이다. 지금 당장 "How To Use A Coffee Tamper"로 외국 검색엔진을 이용하여 검색해보면 이 탬핑 기술 한 가지만 가지고도 열정적으로 토론을 하는 바리스타들을 찾아볼 수 있을 것이다. 적절한 탬핑 압력을 어떤 책에서는 대략적으로 13~18Kg의 숫자로 표시하기도 하며 해외의 사이트에서는 탬핑 압력에 대해 '자신은 약 13.5kg(약 30파운드)' 정도로 하고 있다, 또 다른 바리스타는 '본인이 사용하는 원두는 약 20kg으로 탬핑했을 때 바디감이 좋았다' 등 바리스타의 경험을 바탕으로 주관적인 얘기나 저울을 이용하여 본인의 탬핑 정도를 공개하기도 한다. 하지만 이는 사용하는 커피머신이나 분쇄도, 원두커피에 따라 다르며 바리스타의 맛의 창조적 행위에 따라 얼마든지 변화가 가능하다. 탬핑은 압력의 중요성보다 원두커피의 추출 시 포터필터 안에서 물이 한쪽으로 지나치게 쏠리는 것을 막아 고르게 커피를 추출해 낼 수 있도록 최대한 평평하게 다지는 행위이며 이런 고른 힘을 발생시켜 포터필터 내부의 커피를 고르게 유지하는 특허 받은 탬퍼들이 존재한다는 것을 시간과 경험에서 알아가는 것이다. 이렇듯 필자가 생각하는 바리스타의 대표적인 노하우(마노)를 정리해보겠다.

🫘 첫 번째 : 사용하는 원두의 여러 상태에 따라 탬핑 힘의 변화에 따른 맛의 차이를 안다.

🫘 두 번째 : 어떤 커피를 선택할 것인가 결정하고 보관방법을 안다.

🫘 세 번째 : 에스프레소 추출에 어울리는 기계적 성능을 어떻게 유지시킬 것인지를 안다.

🫘 네 번째 : 에스프레소를 추출하기 위한 그라인딩의 방법을 숙지하고 실전에 활용할 줄 안다.

에스프레소 추출 기준 World Barista Championship

요 소	이태리 기준	WBC 기준	참 고
커피 입자	고르고 미세한 입자(0.3mm 정도)	–	블랜딩과 로스팅에 따라 차이발생
커피 투입량	6~7g(1잔)	–	
추출 시간(초)	25±5	25±5	약 25초
물의 온도(℃)	약 95℃	90.5~96℃	약 95℃
추출량(ml)	25±5	30±5	크레마포함
추출압력(bar)	8~10bar	9±0.5bar	약 9bar

Check Point
 – 추출 시간이 30초 이상일 때 분쇄가 매우 곱거나 탬핑이 강할 경우
 – 추출 시간이 20초 이하일 때 분쇄가 매우 굵거나 탬핑이 약할 경우

Chapter 5

카페 에스프레소
메뉴

Chapter 5.
카페 에스프레소 메뉴

핫 & 아이스 메뉴 만들기

1) 에스프레소(Espresso)

7~10g의 커피로 25~30초 동안에 고온(90~97℃)과 고압(8~10Bar)으로 추출한 커피이다.
잔의 크기는 보통 60~70ml 정도의 잔을 사용한다.

2) HOT VARIATION

(1) 에스프레소(Espresso = Express = 고속, 짜내다)

25~30초 안에 25~30ml를 에스프레소 잔에 제공한다.
※ 기호에 맞게 우유나 설탕, 초콜릿과 함께 먹으면 더욱 맛있게 즐길 수 있다.

(2) 도피오(Doppio = Double = 두 배)

2잔의 에스프레소(50~60ml)를 에스프레소 잔에 제공한다.
더블 에스프레소라고도 불린다.

(3) 리스트레토(Ristretto = Restricted = 제한된) 또는 에스프레소 꼬르또(Corto = Short = 짧은)

권장시간은 25~30초 안에 추출양 10~20ml를 에스프레소 잔에 제공한다.

(4) 룽고(Lungo = Long = 긴)

권장시간은 25~30초 안에 35~45ml를 에스프레소 잔에 제공한다.

(5) 카페 마끼아또(Caffe Macchiato)

에스프레소 위에 우유거품(거품과 우유가 완전 혼합된 상태)을 조금 큰 스푼 3~4스푼(30~40ml)을 올려 에스프레소 잔에 제공한다. 우유거품은 에스프레소잔 가운데에 올리면 된다.

(6) 아메리카노(Americano)

에스프레소에 뜨거운 물을 희석한 커피이다. 잔의 크기는 390ml 사용한다.

※ 아메리카노는 손님의 취향을 여쭤보고 나가는 것이 바람직하다.

• 진한 아메리카노 : 도피오(에스프레소 두 잔)에 뜨거운 물 희석
• 보통 아메리카노 : 에스프레소 1.5잔에 뜨거운 물 희석
• 연한 아메리카노 : 에스프레소 한잔에 뜨거운 물 희석

(7) 카페라떼(Caffe Latte)

에스프레소에 데운 우유를 첨가한 커피로, 180~200ml 정도의 뜨거운 잔을 사용하며 우유의 권장량은 에스프레소 30ml 기준 우유 120ml 정도이다. 우유를 데울 때 온도는 70℃ 이하이다. 거품은 1cm 이하를 권장한다.

(8) 라떼 마끼아또(Latte Macchiato)

250ml 정도의 유리잔에 시럽유무를 확인 후, 넣는다고 할 시 설탕 시럽(설탕 2 : 물 1) 15ml 정도를 넣고 70℃ 정도로 거품 낸 우유를 9.5부 까지 붓는다. 그다음 에스프레소 한 잔을 추출하여 그 위에 에스프레소를 살짝 붓는다. 그러면 우유와 우유거품 사이에 에스프레소가 들어가서 띠를 형성하게 된다. 먹을 때는 젓지 않고 그냥 마시는 방법과 빨대로 거품 → 커피 → 우유 → 시럽 순으로 마시는 방법이 있다. 설탕 시럽을 안 넣을 경우, 에스프레소를 천천히 넣어야 층이 깨지지 않고 분리된다.

(9) 카푸치노(Cappuccino)

에스프레소와 우유, 우유거품이 잘 조화된 커피이다. 에스프레소 30ml 기준 우유 60ml, 우유거품 90ml를 권장한다. 180ml의 뜨거운 잔에 에스프레소와 우유와 우유거품이 올라가는 메뉴이다. 우유는 4℃ 정도로 시작해서 공기 주입이 끝나는 단계에서는 35℃, 혼합단계에서는 우유가 70℃가 넘어서는 안 된다. 이렇게 만들어진 카푸치노 위에는 보통 시나몬 가루를 뿌려 즐기기도 한다. 거품은 1.5cm 이상을 권장한다.

(10) 콘파냐(Conpanna With Cream = 크림 포함)

에스프레소잔에 에스프레소 싱글을 담아 생크림을 올려 제공한다.

(11) 카페 비엔나(Caffe Vienna)

카페 아메리카노 390ml 잔에 먼저 설탕 시럽(설탕 2 : 물 1) 10ml 정도를 넣고 에스프레소와 뜨거운 물을 희석한 후 그 위에 생크림을 올리고 원두 1알, 초코 가루로 장식하면 된다.

(12) 카페 모카(Caffe Mocha)

180ml 정도의 뜨거운 잔에 먼저 우유 100ml와 에스프레소 한 잔, 초코소스 12~13ml와 바닐라 빈시럽 3ml 정도를 섞어 데운 후 잔에 붓고 그 위에 휘핑크림을 올리고 다시 초코소스와 초코가루로 장식하면 된다.

(13) 카라멜 마끼아또(Caramel Macchiato)

180ml 정도의 뜨거운 잔에 에스프레소 한 잔, 캐러멜소스 12~13ml와 바닐라 빈시럽 3ml 정도를 섞고 데운 우유와 우유거품을 가득 채우고 캐러멜 소스로 장식을 하면 된다.

2) ICE VARIATION

(1) 아이스 아메리카노(Iced Americano)

14oz잔에 얼음(180~210g)을 채우고 냉수를 약 8부 정도까지 채우고 에스프레소를 부어준다.

- 진한 아메리카노 : 도피오(에스프레소 2잔)를 부어준다.
- 보통 아메리카노 : 에스프레소 1.5잔을 부어준다.
- 연한 아메리카노 : 에스프레소 1잔을 부어준다.

※ 레시피는 기호와 컵 크기에 따라 차이가 날 수 있다.(1oz = 약 30ml)
※ 셰이커에 얼음(50~70g)과 에스프레소를 넣어 흔들어서 나가면 좀 더 부드럽고 풍부한 거품맛을 느낄 수 있다.

(2) 아이스 카페 라떼(Iced Caffe Latte)

우유의 고소하고 담백한 맛이 에스프레소와 만나 한층 더 부드러움을 느낄 수 있는 커피이며 보통 식사대용으로도 많이 찾는다.

14oz잔에 얼음(180~210g)을 채우고 에스프레소 두 잔을 붓고 찬 우유 180~200ml 정도를 채우면 된다.

(3) 아이스 카푸치노(Iced Cappuccino)

진한 에스프레소와 부드러운 우유거품이 잘 조화된 커피. 14oz잔에 얼음(180~210g)을 넣고 에스프레소 두 잔을 넣은 다음 찬 우유를 140~150ml 정도 붓고 아이스 우유 거품기를 이용하여 거품을 가득 채우면 된다. 기호에 맞게 거품 위에 시나몬 가루를 뿌려도 된다.

(4) 아이스 카페 비엔나(Iced Caffe Vienna)

14oz 아이스잔에 얼음(180~210g)을 넣은 아이스 아메리카노를 만들고 설탕 시럽(설탕 2 : 물 1) 15~20ml 정도를 넣고 그 위에 생크림을 올린 다음 레인보우나 원두 1알, 초코가루 등으로 장식을 해서 나가면 된다.

(5) 아이스 카페 모카(Iced Caffe Mocca)

14oz 아이스잔에 초코소스로 띠를 만든 다음 얼음(180~210g)을 넣고 초코소스 25ml와 바닐라 빈시럽 5ml와 에스프레소 2잔을 스텐잔에서 믹싱을 한 후 부어주고 다음 찬 우유 140~150ml를 부어준 다음 휘핑크림을 올리고 초코소스와 초코가루로 장식하면 된다. 기호에 맞게 휘핑크림은 손님에게 확인 후 올리면 좋다.

(6) 아이스 카라멜 마끼아또(Iced Caramel Macchiato)

14oz잔에 아이스 글라스에 얼음(180~210g)을 채우고 캐러멜 소스 25ml와 바닐라 빈시럽 5ml와 에스프레소 두 잔을 스텐잔에서 믹싱을 한 후 부어주고 다음 찬 우유120~130ml를 부어준 다음 아이스 우유 거품기를 이용하여 거품을 가득 채우면 된다. 마지막으로 거품 위에 캐러멜 소스로 장식을 하면 된다.

우유거품과 라떼아트

액체 상태의 우유 속에 공기를 주입하여 고우면서 촉촉하고 부드러운 덩어리로 만든 것이 우유거품이다. 우유거품은 머랭(달걀 흰자거품)보다 약하며 수명이 짧다. 거품을 형성하는 단백질의 비중이 우유는 약 3%, 달걀흰자는 약 10%로 차이가 나는데 단백질은 머신 스팀노즐로 발생시키는 기포 둘레에 모여 얇고 고운 막을 형성하며 물(수증기)의 장력에 의해 기포가 터지는 것을 막고 우유 속의 지방에 의해 거품을 안정시킨다. 우유거품이 필요한 음료와 그렇지 않은 음료를 주문 받았을 경우 거품이 필요한 음료를 더 나중에 만드는 것이 거품의 유지 차원에서 더 현명하다.

🫘 우유거품 만들기 팁
- 냉장 보관한 우유를 사용한다.
- 사용하는 스팀피처의 절반 이상으로 우유를 담지 않는다.
- 스팀노즐을 우유 표면과 일치시켜 가면서 원하는 양의 거품을 지속적으로 발생시킨다.
- 거품이 발생한 양만큼 스팀피처를 아래로 서서히 내린다.

🫘 스팀피처의 선택
스팀피처는 주방의 일꾼으로 각종 응용메뉴를 만드는 데 사용된다. 우유의 거품을 만들거나 데우는 용으로도 주요하게 사용되는 도구이다. 스팀피처는 매장의 규모에 따라 다르지만 주로 600ml, 1,000ml, 1,500ml가 사용된다. 스팀피처의 크기는 바리스타가 만들고자 하는 우유의 양에 따라 선택적으로 사용하면 된다.

1) 우유거품 내는 순서

(1) 스팀피처에 우유 담기
우유가 스팀피처에 얼마나 담기는지는 매장에서 사용하는 커피 잔의 크기와 만들려는 잔의 수에 따라 차이가 난다. 이는 라떼와 카푸치노 전용 잔을 이용할 때와 테이크아웃과 같은 1회용 잔에 만들 경우도 차이가 남을 의미한다. 하지만 일반적으로 스팀피처의 튀어나온 부위 하단까지 따르면 되는데 이는 매장의 기본 레시피를 잡는데 핵심적인 사항이기 때문에 정해진 양보다는 바리스타의 경험이 중요하다.

(2) 스팀노즐의 수분 제거

스팀노즐에는 습기에 의해 응결된 약간의 물이 들어 있는데 우유 스티밍을 하기 전 이를 빼주지 않으면 우유의 농도가 변해 맛의 변화를 유발할 수 있다. 따라서 스팀노즐을 사용하기 전에 약 3~4초간 응결된 물을 빼주는 것이 좋다.

(3) 공기주입

스티밍 시 스팀피처에 담긴 우유가 튀지 않을 정도의 충분한 깊이에 노즐을 담근 후 스팀레버를 작동시키고, 스팀피처를 서서히 내려 우유표면에 노즐에서 나오는 스팀이 접촉하는 시점에서 거품의 발생량을 보면서 동시에 피처를 서서히 내려 우유 속으로 거품이 충분하게 섞이도록 한다. 이때 공기 중의 담배 냄새나 기타 음식물 냄새가 함께 들어가지 않도록 주의한다. 이때 거품을 신속하게 내고 충분한 시간 동안 혼합을 시도해야 벨벳 느낌의 부드럽고 고운 거품을 얻을 수 있다.

(4) 혼 합

우유 위에 발생한 거품을 고운 벨벳 느낌의 거품으로 만드는 동시에 먹기 적당한 온도로 만드는 작업이 혼합과정이다. 이때는 공기주입 시 발생하는 특유의 소리가 들리면 안 되고 스팀피처를 약간 기울여 각을 만들어 주어야 전체적으로 혼합이 용이하다. 혼합이 완료되면 혼합된 우유의 온도는 약 60~70도 사이가 되는데 보통 남자의 경우 스팀피처에 손을 대고 있지 못할 정도의 상황에서 약 3~5초 정도 지난 후이다. 이렇게 완성된 우유는 육안으로 보았을 때 잔거품이 없어야 되는데, 숙련되지 못한 바리스타의 경우 잔거품이 발생 할 수 있다. 이때는 스팀피처 밖으로 우유가 튀어나오지 못하게 한손으로 가볍게 막은 후 바닥을 2~3회 테이블에 두드린 후 바닥에 대고 빠르게 회전시키면 고른 거품을 만들 수 있다.

※ 우유를 데울 때 하얀 막이 생기는 경우가 종종 있는데 이것은 우유가 40~50도 정도일 때 생기는 현상으로 단백질과 지방, 소량의 유당과 미네랄이 응고되는 현상이다.

우유거품 내기 요약정리

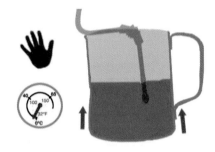

① 찬 기운이 드는 우유에 스팀노즐을 넣는다

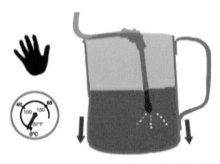

② 스팀노즐을 작동 후 스팀피처를 서서히 내리면서 노즐을 우유 상단 표면으로 이동한다

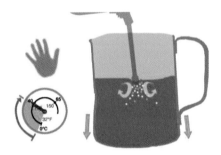

③ 원하는 거품 양이 발생할 때 까지 공기주입을 시도하며 이후 피처를 서서히 내리면서 우유거품 끝에 걸치도록 한다.

④ 피처를 기울여 혼합을 용이하게 한다. 뜨거운 피처에서 손을 떼고 약 3~5초 후 완성

(5) 스팀노즐 청소

스팀노즐 청소는 노즐에 묻은 우유가 마르면서 노즐 구멍과 노즐 부위에 눌어붙는 것을 막고 변질되기 쉬운 유지방을 깨끗하게 청소하여 위생적으로 관리하기 위해서다. 하루 일과를 마무리하면서 피처에 뜨거운 물을 받아 노즐을 담가두었다가 다음날 행주로 닦아주면 좋다.

(6) 우유 거품 따르기

잘 만들어진 우유 거품을 준비된 에스프레소 위에 따르는 방법이다. 한 잔을 만들 경우는 우유거품을 만든 스팀피처를 그대로 사용하면 되고 만약 두 잔을 동시에 만들 경우는 보조 스팀피처를 사용하는 것이 좋다.

2) 연습을 위한 라떼아트

라떼아트 나뭇잎 문양을 완벽하게 소화하기 위해서는 바리스타들 사이에서 '젖소 한 마리를 잡아야 된다'는 말이 있다. 그만큼 우유 소비를 많이 해봐야 좋은 문양을 만들 수 있다는 얘기다. 그래서 필자는 먼저 물로 연습하는 방법을 알려주겠다. 그러기 위해서는 다음 문구를 완벽하게 암기하고 연습하는 것이 필요하다.

> 잔 기울이고 가까이서 퐁당 빠르게 올라와서 크레마 안정 안정, 가는 물줄기로 흔들면서 내려와서 양 많이 양 많이 양 많이, 뒤로 흔들면서 빠르게 빠지고 그대로 수직으로 올라와서 마무리

위 문구를 완벽하게 외운 다음 라떼컵 또는 카푸치노컵을 준비하고 600ml 스팀피처에 물을 절반 정도 채운 다음 연습을 시작하면 된다.

먼저 잔을 기울일 때는 완벽하게 45도 각도로 기울어야 한다. 이 때 잔에는 25cc 정도의 물을 채운다. 이 물을 에스프레소라고 생각하면 된다. 물을 가까이서 퐁당할 때 피처에 담긴 거품과 우유가 완전히 혼합이 되어 있는 상태에서 시작하는 것이 좋기 때문에 물을 떨어뜨리기 직전까지 피처를 흔들어 주면 더 완벽한 문양이 될 것이다. 물(우유)을 잔에 퐁당 떨어뜨리고 엄청 빠르게 올라와야 되는 것도 중요하다. 우유거품이 가볍기 때문에 조금이라도 천천히 올라오면 에스프레소 위에 우유 거품이 많이 생겨 문양을 시도해 보지도 못하고 망쳐버릴 수 있다. 그래서 퐁당과 동시에 잔에서 10cm 정도 빨리 올라와서 살짝 생긴 거품을 없애는 부분을 크레마 안정이라 한다. 그리고 한 쪽에만 부으면 크레마가 깨지기 쉬우므로 여러 방향으로 돌리면서 확실하게 크레마 안정을 시킨다.

가는 물줄기로 흔들면서 내려오는 지점은 컵에 담긴 액체의 가운데 부분이다. 이 때 중요 포인트 두 가지는 45도 기울기와 액체의 중심부분에 물(우유)을 떨어뜨려야 되는 것이다. 그러나 초보자들은 기울기 각도를 45도로 유지를 잘 못하고 낮추는 경우가 허다하며 액체의 중심부분에 잘못 떨어뜨리는 경우가 다반사다. 그리고 '양 많이' 첫 부분이 끝나면 컵의 기울기를 한 단계 낮추며 동시에 피처를 잡은 손이 약간 앞으로 전진하며 움직여야 중심부분에 떨어뜨리는 것을 유지할 수 있다. 액체의 중심부분은 컵의 기울기가 낮춰지면서 뒤로 물러나기 때문에 가운데를 유지하기 위해 피처를 잡은 손은 그만큼 앞으로 전진해야 중심부분에 큰 하트 문양처럼 생긴 큰 나뭇잎 띠 문양이 나올 수 있다.

'양 많이 세 번째 양 많이' 부분에서 컵의 기울기는 서서히 더 낮춰야 한다. 그래야 물(우유, 커피)이 쏟아지지 않을 것이다. 액체의 중심이 뒤로 물러난 만큼 피처를 잡은 손은 앞으로 전진하며 뒤로 흔들면서 빠르게 빠지는 부분에서 컵의 기울기는 평형을 유지한다.

이 때 주의할 점은 피처는 잔에 닿은 상태를 유지하면서 흔들면서 뒤로 빠지는 것이다. 그래야 나뭇잎 줄기가 잘 만들어진다. 이 때 조금이라도 피처를 잔에서 떨어뜨리면 나뭇잎 줄기 문양이 사라질 가능성이 높다. 그리고 수직으로 올라와서 가는 물줄기로 컵에 물(우유)을 거의 다 채워주고 가는 물줄기를 유지한 채 중심으로 전진하면 마무리가 되는 것이다.

이렇게 연습을 반복해서 완벽하다고 판단되면 우유와 에스프레소로 연습을 한다. 그러면 아주 빠른 시간에 좋은 나뭇잎 문양이 나올 것이다.

3) 실전을 위한 라떼아트

(1) 나뭇잎 그리기

라떼아트에서 가장 어려운 문양이며 기본이 되는 디자인이다. 나뭇잎 문양의 라떼아트를 잘한다면 다른 모양들도 쉽게 만들 수가 있다. 나뭇잎 모양은 물로 연습을 충분히 했다면 많은 시간을 들이지 않고 쉽게 그릴 수 있을 것이다.

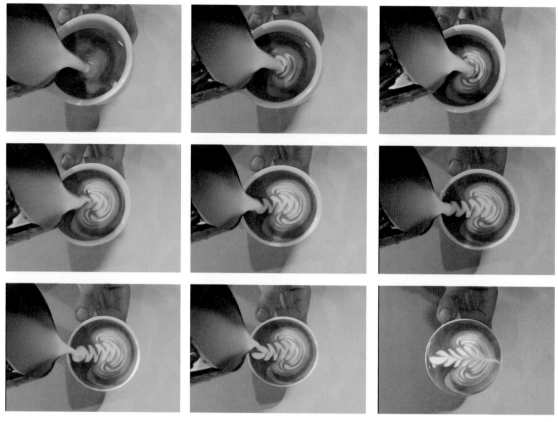

① 잔 기울이고 가까이서 퐁당

우유가 들어있는 피처를 잔에서 가까이 떨어뜨리는 것은 크레마를 깨뜨리지 않기 위함이며 퐁당의 의미는 기울기를 확실하게 기울여서 우유와 거품을 함께 떨어뜨리기 위함이다. 그래야 혼합된 상태를 마지막까지 유지할 수가 있다. 조심스럽게 우유거품을 부으면 밀도가 무거운 우유만 떨어져 마지막에 거품만 떨어지는 경우가 많기 때문이다.

② 빠르게 올라와서 크레마 안정 안정

크레마를 잘 안정시켜야 그림이 선명하고 깨끗하게 만들어 진다.
에스프레소 액체 중심에 우유거품을 떨어뜨리고 빠르게 5~10cm 정도를 올라와서 거품을 없애주고 크레마 위에 우유거품이 안 보이도록 안정을 시킨다. 늦게 올라올 경우 왼쪽 그림처럼 우유거품이 크레마 위에 떠버린다. 한 곳에 계속 떨어뜨리면 크레마가 깨져서 좋은 모양이 만들어지기 어렵다. 이 동작은 잔에 절반이 약간 넘을 때까지 이루어 져야 한다.

이 과정에서 잔과 스팀피처의 간격을 그대로 유지해야 하며 스팀피처가 잔 쪽으로 내려와서는 안 된다. 그림을 그리기 전 크레마를 안정시키는 과정에서 스팀피처가 내려오면 크레마가 깨지면서 하얗게 변하므로 원하는 그림을 그리기 어렵고 그림이 그려진다 해도 좋은 모양의 그림은 그려지지 않는다.

③ 가는 물줄기로 흔들면서 내려와서 양 많이, 양 많이, 양 많이(띠 만들기)

크레마를 안정시킨 가는 물줄기로 흔들면서 내려와서 잔에 밀착함과 동시에 좌우로 흔들어 준다. 이때 떨어뜨리는 포인트는 잔에 담긴 액체(에스프레소)의 중심이며 흔드는 간격은 1cm 정도로 좌우로 흔들어 준다. 이렇게 흔들면서 양을 서서히 늘려준다.

첫 번째 하트문양을 닮은 큰 띠가 만들어질 때까지 시간을 두고 계속 부어준다. 크레마와 우유거품의 간격이 0.5cm~1cm가 되어야 큰 띠가 만들어지므로 잔의 기울기와 피처의 기울기가 매우 중요하다. 또한 양이 너무 적어도 띠가 안 만들어지므로 첫 번째 띠를 그리는 포인트가 중요하다.

④ 뒤로 흔들면서 빠르게 빠지고

큰 띠가 만들어지면 피처를 잔에 닿은 상태에서 뒤로 빠지면 된다.

피처를 뒤로 뺄 때는 잔에 닿은 상태에서 흔드는 크기나 양의 변화를 주지 말고 빠르게 빠져야 한다.

큰 띠가 생기면 그 각도 그 양 그 속도 그대로 해서 뒤로 빠져야 한다.

피처가 잔에서 떨어지면 중력에 의해 가속도가 붙어 오히려 그림이 사라지고 만다. 초보자들이 가장 실수를 많이 하는 부분이다. 뒤로 빠지는 속도에 따라 잎의 숫자가 만들어 지는데 빨리 빠지면 잎 숫자가 적고 천천히 빠지면 잎 숫자가 많아진다. 처음 그릴 때는 뒤로 빠지기가 쉽지 않기 때문에 양을 많이 부으면서 천천히 빠지게 되는데 이럴 경우는 잎이 서로 겹쳐질 수 있으므로 주의해야 한다.

⇦ 빨리 빠진 경우

⇦ 천천히 빠진 경우

⑤ 그대로 수직으로 올라와서 마무리

뒤로 빠르게 빠지고 나서도 방심하면 안 된다. 잎들의 문양이 마무리에 따라서 모양이 변할 수 있기 때문이다.

양을 적게 부으면서 마무리를 하는 경우 좌우대칭이 안 될 수 있으며 피처를 낮게 해서 양을 많이 부으면 잎들이 전부 깨질 수 있기 때문이다.

⇐ 양을 적게 마무리

⇐ 양을 많이 마무리

좋은 디자인을 만들기 위한 마무리는 띠를 완전히 만든 후 끝에서 약간 위로 올린 다음 잔에 양을 확인 후 약간 위로 올리면서 앞으로 가면서 마무리를 하면 된다. 뒤로 빠르게 빠지고 피처를 올리지 않고 오래 머물면 끝 부분이 커지므로 그대로 수직으로 올라오는 부분을 잊어서는 안 된다.

(2) 하트 그리기

하트 문양은 많은 사람들이 좋아하는 문양이다.

하트 문양도 나뭇잎과 마찬가지로 ① 잔기울이고 가까이서 퐁당, ② 빠르게 올라와서 크레마 안정 안정, ③ 가는 물줄기로 흔들면서 내려와서 양 많이, 양 많이, 양 많이 까지는 거의 흡사하다.

① 잔 기울이고 가까이서 퐁당

② 빠르게 올라와서 크레마 안정 안정

크레마를 잘 안정시켜야 그림이 선명하고 깨끗하게 만들어진다. 잔이 기울어진 상태에서 에스프레소 액체 중심에 우유거품을 떨어뜨리고 빠르게 5~10cm 정도를 올라와서 거품을 없애주고 크레마 위에 우유거품이 안 보이도록 안정을 시킨다. 한 곳에 계속 떨어뜨리면 크레마가 깨져서 좋은 모양이 만들어지기 어렵다. 이 동작은 잔에 절반이 약간 넘을 때까지 이루어져야 한다. 이 과정에서 잔과 스팀피처의 간격을 그대로 유지해야 하며 스팀피처가 잔 쪽으로 내려와서는 안 된다. 그림을 그리기 전 크레마를 안정시키는 과정에서 스팀피처가 내려오면 크레마가 깨지면서 하얗게 변하므로 원하는 그림을 그리기 어렵고 그림이 그려진다 해도 좋은 모양의 그림은 그려지지 않는다.

③ 가는 물줄기로 흔들면서 내려와서 양 많이, 양 많이, 양 많이

크레마를 안정시키고 하트를 그리기 위한 첫 번째 떨어뜨리는 위치는 다음 그림과 같다.

크레마 위에 하얗게 만들어지면 스팀피처와 잔의 높이는 그대로 유지하면서 뒤로 빠지지 말고 약간 앞으로 밀면서 계속 흔들어 주면 하얀 원이 만들어진다.

만일 작은 원이 만들어 질 때 뒤로 빠지게 되면 2중적으로 원이 형성되어 제대로 된 하트를 만들기가 어렵다. 너무 많은 양으로 하트를 그릴 경우는 전체가 하얗게 만들어지므로 선명하게 만들기가 어렵다. 양은 그림이 그려질 때 까지 점차적으로 늘려야 이런 현상을 막을 수가 있다.

④ 서서히 위로 올리면서 마무리

마무리는 나뭇잎과는 조금 다르게 서서히 전진하며 위로 올리면서 마무리를 하면 된다. 이때도 3~5cm 정도 높이에서 양을 줄이지 말고 많이 부으면서 마무리를 해야 하트 끝이 깔끔하게 만들어진다. 하트도 마무리에 따라 모양이 바뀐다. 스팀피처를 낮게 해서 마무리를 할 경우는 하트 끝부분이 크게 만들어진다. 적은 양으로 스팀피처를 위로 올리면서 마무리를 할 경우는 하트의 끝이 작아진다. 하트는 마무리를 할 때는 위로 올리면서 마무리를 해야 좋은 그림이 만들어진다.

하트는 잔에 우유거품을 얼마나 채우고 시작하는지에 따라서 크게 그릴 수도 있고 작게 그릴 수도 있다. 잔의 절반이 되기 전에 그림을 그리면 아주 크게 만들어지고 75% 정도 채운 다음 시작하면 작은 하트를 그릴 수 있다.

 ## 카페다 예시 레시피

(1) 카라멜 마끼아또
퓨어메이드 카라멜소스 40g, 에스프레소 30g, 스팀밀크 210g을 혼합 희석한다. 휘핑크림 30g을 올리고 카라멜소스를 드리즐한다.

(2) 헤이즐넛 카페 라떼
퓨어메이드 헤이즐넛 시럽 30g, 에스프레소 30g, 스팀밀크 200g을 혼합 희석한다.

(3) 카페 카라멜 프라페
우유 60g, 에스프레소 30g, 퓨어메이드 카라멜소스 60g, 얼음 190g을 블렌딩한다. 휘핑크림 30g을 올리고 카라멜소스를 드리즐한다.

Chapter 6

───

로스터리 카페
오픈 시 필요한
일반적인
절차와 서류

Chapter 6.

로스터리 카페 오픈 시 필요한 일반적인 절차와 서류

주변에서 커피숍을 오픈하려면 어떻게 준비해야 하고 창업 시 예상 비용이 어느 정도 되는지 질문을 많이 받는다. 사실 이 질문은 매우 난해한 질문이다. 자동차 판매 대리점에 가서 어떤 차가 탈만하냐고 묻는 질문과 비슷하다. 지금 안내하는 방법이 반드시 이렇게 해야만 하는 절차는 아님을 미리 밝혀둔다. 지난 몇 년간 약 1,000군데 이상의 커피숍을 오픈해 본 경험을 바탕으로 카페 오픈 시 일반적인 절차와 평균적으로 매장 운영에 필요한 기계나 기구들의 종류를 소개하여 조금이나마 궁금한 점이 해소되었으면 한다.

〈카페 오픈을 위한 일반적인 절차〉

1. 커피 관련 기술 & 지식 습득 및 정보 수집
2. 카페 오픈 시 필요한 기구, 설비 및 부자재의 초기 예상비용 산정
3. 상권 분석 및 매출 목표
4. 부동산(상가) 매매(임대차) 계약서 작성
5. 로스터리숍 설비 및 인테리어
6. 사업자등록증 발급 및 영업 개시

커피 관련 기술 & 지식 습득 및 정보 수집

생애 첫 오픈이든 업종을 변경하든 자영업에 도전한다는 것은 큰 결심이 있지 않다면 쉽지 않은 도전이다. 이런 큰일은 대개는 주변에서 많은 조언을 듣고 금전적으로도 도움을 받으면서 시작한다. 혼자만의 결심으로 시작하는 경우는 드물다. 도전해보고 안되면 그만이지라는 생각으로 하는 것이 아니라 최선을 다해 도전을 하는 것이다. 그렇기 때문에 창업하려는 분야의 전문지식과 기술 그리고 관련 업종 종사자들과의 인연을 통해 많은 정보를 습득해야만 성공할 확률이 높다. 이런 기술과 정보를 습득하는 데 들어가는 비용은 일반적으로 초기 창업 예상 비용 중에 가장 적은 비중을 차지한다. 이런 최소한의 투자비용을 얼마나 알차게 이용하느냐가 카페 창업에 있어 매우 중요하다. 급하게 마음먹지 말고 시간을 가지고 관련 기술과 지식을 습득해야 한다.

🏮 카페 오픈 시 필요한 기구, 설비 및 부자재의 초기 예상비용 산정

커피숍 오픈을 예상하고 있는 분들이라면 정확하게 어떤 유형의 매장을 오픈할지 정해야 한다. 일반적으로 그 성격에 따른 매장의 종류는 크게 커피를 매장에서 직접 볶는 로스터리 커피숍, 홀 안에서 음료를 마실 수 있는 커피 전문숍, 유동인구가 많은 상권에서 영업하기 좋은 테이크아웃 전문숍, 꽃집이나 음식점 기타 매장에서 커피 메뉴를 접목시키려는 숍&숍이 대표적일 것이다. 이런 매장의 성격에 따른 필요설비를 정리하면 다음과 같다.

Plan 01
매장의 종류와 성격

로스터리 커피숍

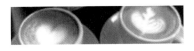

필요설비
- 제빙기
- 테이블 냉동/냉장고
- 에스프레소 커피머신+커피 그라인더
- 커피숍 전용 정수기
- 핸드드립 전용 그라인더
- 로스터기
- 기타 주방기구 및 식 · 자재(원료)
- 사이드 메뉴기구(선택사항)

일반 커피 전문숍

필요설비
- 제빙기
- 테이블 냉동/냉장고
- 에스프레소 커피머신+커피 그라인더
- 커피숍 전용 정수기
- 기타 주방기구 및 식 · 자재(원료)
- 사이드 메뉴기구(선택사항)

테이크 아웃 전문숍(숍&숍)

필요설비
- 제빙기
- 테이블 냉동/냉장고
- 에스프레소 커피머신+커피 그라인더
- 커피숍 전용 정수기
- 기타 주방기구 및 식 · 자재(원료)
- 사이드 메뉴기구(선택사항)

Plan 02
일반적인 인테리어 비용

기타 부대시설 및 집기
- 매장 평수별 냉난방기, 전기 승압공사, 가스공사, 냉온수기
- 각종 사이드 메뉴기구
  (쇼케이스 냉장고/믹서기/빙수빙삭기/오븐/와플/빠니니/아이스크림 냉장고 등)
- 각종 주방 용품(컵, 봉투, 접시, 케리어, 홀더, 빨대, 온도계, 타이머 등),
  각종 식 · 원부자재(원료) 시럽과 소스, 각종 차/우유, 생두/원두커피,
  핸드드립 전용 그라인더, 홍보용 플랜카드 등등

필요 설비는 매장을 운영하시려는 분들에 의해 얼마든지 바뀔 수 있다. 여기서는 일반적인 필요 품목만을 나열해 본 것으로 이 품목을 기본으로 해서 지금 바로 시장 조사를 해보기 바란다. 대략적으로나마 오픈 시 필요한 설비 및 예상 비용을 산출할 수 있을 것이다.

상권 분석 및 매출 목표

상권을 분석하는 것은 이 일만 하는 전문가가 있을 정도로 전문분야임에 틀림없지만, 영업을 생각하는 분들도 이론적으로 그 개념을 정립해 보고 그 개념의 틀 안에서 상권을 찾는다면 도움이 될 것이다.

1) 성공창업의 요소

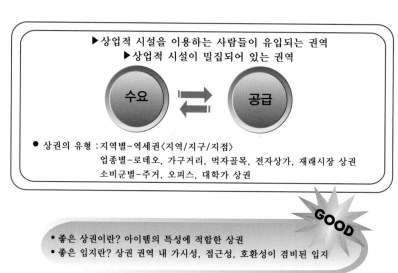

성공창업의 4요소

2) 상권분석 절차

상권을 분석하기 위해서는 온라인으로 정보를 수집하는 것과 함께 현장을 발로 뛰며 메모하는 것이 매우 중요하다. 직접 현장을 찾아서 확인하는 것이 힘은 들겠지만 좋은 상권을 찾기 위해 반드시 필요한 절차임을 명심해야 한다. 상권 분석에 필요한 다음의 6가지 항목을 하나하나 작성하고 이를 데이터화하여 최고의 상권을 선정하는 기초 자료로 활용한다면 좋을 것이다.

3) 상권분석 리포트 작성 절차

1. 상권의 조사개요, 목적 및 방법 작성
2. 상권개요
3. 입지선정
4. 입지현황
5. 상권 및 입지분석
6. 결론

4) 상권 분석 리포트 작성 예

1. 상권의 조사개요, 목적 및 방법 작성
본 조사의 목적은 "CAFE OOOO" 사업장 확보 및 사업타당성 여부를 판단하기 위함

• 조사 개요
조사지역 : 경기도 **시 **구 ***역 상권
조사기간 : ○○○○년 ○월 ○일부터 ○월 ○일까지
조사물건 : 경기도 **시 **구 ***역 2번 출구 20미터 (○○○굽는 집 – 현 영업중)
물건내역 : 보증금 1억 2천 // 권리금 *억*천 // 월세 480만원 // 실 25평 // 1층

• 조사 목적
"CAFE OOOO" 오픈시 사업의 기반이 되는 사업장의 상권 및 입지선정
선정된 상권 및 입지의 철저한 분석을 통해 최종 출점 가능 여부의 결정
분석을 통해 얻어진 결과를 기반으로 사업타당성 여부 및 수익성 분석

• 조사 방법
이러한 목적을 달성하기 위해 본 조사는 현장을 버스와 지하철로 방문하면서 기초 자료수집 → 3일간 현장실사 → 부동산 정보, 유동 인구 분석, 보고서 작성 순으로 진행

2. 상권개요
• 광역 및 상권 위치도
**역 상권 – 일산과 서울을 연결하는 경기북부의 중심상권으로 **역 주변으로 대단위 아파트 단지와 공공기관, 상업시설이 밀집되어 있는 복합 상권
• 상권의 범위
**역 상권은 크게 2개의 상권으로 구분되며, **역 1~2번 출구 대형마트 주변 A상권과 **역 3~4번 출구 영화관 주변 및 먹자골목의 B상권으로 나눌 수 있음

• 각 상권별 진단
A상권
  – 대형 마트 및 편의점, 패스트푸드점 등이 주를 이루고 있음
  – 자가용 진입을 위해 일방통행로를 찾아야 하며 주차장의 부족으로 도로가 혼란함

- 거주민들이 대형마트 이용을 위한 유입으로 10대 연령층과 주부층이 두터운 편
- 기존빌딩 및 상가들의 리모델링이 확산되고 있음
- 영업하는 점포의 성격이 다양하며 연계성이나 궁합성이 떨어짐

> note : 10대 연령층과 주부층이 눈에 많이 띈다. 따라서 이들을 위한 아이템이 적격일 것 같음

B상권
- 대형 영화관과 오피스 밀집 지역
- 생활밀착형 아이템 및 거주자중심 출퇴근 동선
- 상권 내 공실률 및 미분양 점포들이 다수 있음
- 야간 업소들이 많고 오전과 오후에는 다소 유동 인구가 적어 보임
- 20대~50대까지 다양한 연령층이 존재하며 주로 남성 고객이 많음
- 역, 마을버스, 택시 등 정류장이 밀집되어 있고 주변에 아파트가 많음

> note : 거주민과 직장인을 타겟으로 한 아이템이 적격일 것 같음

3. 입지선정

이번 조사에서는 앞의 상권현황을 토대로 **역 A상권 및 B상권 입지가 거론되었지만 거주자 및 직장인 유동인구가 많고 향후 성장성이 있는 B상권 일대가 본인의 사업성격에 어울린다고 판단해 선정함. 생활밀착형 카페 아이템 특성을 고려한 판단이며 대형마트 주변의 점포매물이 현재 없는 것 또한 하나의 요인이 되었음

4. 입지현황

- 입지 주변현황

  영화관 길 주변 입지 환경을 파악 → 상권의 중심인 역광장 앞부터 영화관 앞까지 주변 일대의 지역, 교통, 교육, 편의 등 파악

- 유동인구 유입 흐름

  대단위 아파트 주민, 주상복합거주민, 기타 오피스텔 및 원룸 주민들이 대거 유입되고 있음

- 입지 세분화

  CAFE ○○○○의 입지를 결정하기 위해 3, 4번 출구 입지를 세분화하여 파악 → 1상권, 2상권으로 세분화

- 경쟁점 현황

경쟁점 구분	점포수	상세내역
유 사 업 종	5개	***베이커리 : 1층 /15평 ....
동 일 업 종	5개	CAFE*** : 1층 / 20평 ***COFFEE : 1층 / 30평 ****COFFEE : 1, 2층 / 50평 CAFE**** : 2층 / 30평 ......

• 최종 사업 예정지

　본 조사에서 "CAFE ○○○○" 사업직영점 출점을 위해 가장 적합한 사업 예정지

　– 경기도 **시 **구 **역 4번 출구 광장 앞

• 점포기본현황

점 포 조 건	임 대 조 건
물 건 명 : CAFE ○○○○ 주소 : 경기도 **시 **구 **역 앞 층수 : 6층 중 1층 면적 : 실 28평 특징 : 역광장 앞 전면 넓음, 코너 위치 출입구 위치 : 중앙 현재업종 : 제과제빵 운영여부 : 운영 점포 내 기둥 : 무	보 증 금 : 1억 2천만 원 권 리 금 : 1억 5천만 원 월　　세 : 480만원

5. 상권 및 입지분석 예시

〈현장조사 – 상권 내 업종 분포 현황〉

구 분		반경 50m 이내	반경 100m 이내	반경 150m 이내	반경 200m 이내	반경 300m 이내
업종별 점포수	일반음식점	3	6	12	20	30
	호프/소주방	4	5	10	15	20
	패스트푸드점/ 빵집	1	2			
	커피전문점	2	4	6	9	12
	학 원	6				
	의 류 점	5				
	판매시설	5				
	편의점	2				
	은 행					1
	기 타					
층별 점포수	지 층					
	1층	24	43	56	100	165
	2층	5				
	3층	4				
	4층	3				
	5층 이상					

- 현장조사

  **역 상권을 권역별로 구분하면 앞에서 설명한 바와 같이 2개 상세 권역으로 구분된다.

  A지역은 **역 1, 2번 출구의 마트점 주변지역이며, B지역은 3, 4번 출구의 영화관을 중심으로 한 신흥 상권이 조성되고 있다.

- 유동인구 분석

  유동인구 조사는 **역 마트점 주변 A지역과 영화관 방면 B지역으로 2개의 조사지점을 정하여 진행하였음
  - 동일시간대 조사지역을 지인과 분담 조사, 평일 · 휴일 조사와 1일 시간대별 조사, 토요일 메인 시간인 12시~8시까지 주말시간에 가장 큰 영향을 줄 수 있는 시간대인 약속 모임 시간과 할인점 이용 시간대를 철저히 조사

- 유동인구 분석 결과
  - 3번 출구 상권 2곳의 지점을 중심으로 유동인구를 조사한 결과 유입인구는 남성보다는 여성의 비율이 약간 높게 나타났음 [남성 : 여성 = 4 : 6 정도의 비율]
  - 로데오길 유동인구가 가장 많았으며 시간대 평균 유동량은 약 1,500명 정도
  - 연령대 비율은 10대~60대까지 고르게 분포되어 있고 그 중 20~30대 비율이 높게 나타남
  - 직업별 유동인구는 30~40대 주부와 직장인이 가장 많았고 오후 5시에는 직장인층 유동인구가 가장 많은 것으로 나타남
    ⇒ 출점 예정지인 CAFE ○○○○ 앞 유동인구는 소비력이 높은 20~40대 직장인 유동량이 많은 경향을 보이며 유동인구대부분이 여성층임

- 입지 분석

  출점 예정지인 3번 출구 앞 입지상의 CAFE ○○○○ 점포는 성장기 상권 내 입지로 발전 가능성과 매출상승의 기대효과가 인정되는 자리이다.

- 매출 목표 산정

  투자대비 수익성을 산정하기 위한 리포트를 작성해 본다.

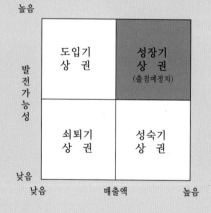

출점예정지의 경쟁력

■ 발전가능성
- 주변상가일대의 입점지속
  **역을 중심으로 대단위
  배후세대 거주정착
  **역 상권에서도
  A지역의 성숙기 상권보다
  향후 성장될 가능성 용이
■ 매출액
- 성장기 상권임으로 지속적으로
  매출 상승을 기대할 수 있음

〈리포트 예〉

메 뉴	가 격	예상판매
아메리카노		
라 떼		
와 플		
......		

• 수익성 분석 결과

출점예정지 CAFE ○○○○에 입점을 가정하여 수익성을 분석한 결과 투자비용에 대한 손익분기시점이 3~7개월 정도 걸리는 것으로 나타남

6. 결 론

① CAFE ○○○○ 점포의 임대조건을 살펴보면 앞의 A지역과는 상대적으로 권리금 및 월세에서 다소 저렴한 편이다. 점포면적과 위치를 감안한다면 그다지 나쁜 조건은 아니다. 커피전문점 투자대비 수익성 관점에서 본다면 다소 가격이 비쌀 수도 있지만 창업자 본인 명의 1호점이며, 인테리어가 카페에 어울리는 관점에서 매장 승계로 얻어지는 시설 투자비 절감효과로 인해 수익성 리스크는 투자대비 많이 존재하지 않지만 주변에 비해 지나친 감이 있는 권리금은 조정할 필요성이 있다.

② 수익성분석 측면에서 보면 점포임차비용을 제외한 총 투자비용 대비 손익분기 달성기간은 약 3~7개월이 소요된다. 점포 임차비용에 대한 이자를 감안하면 손익분기 달성기간은 약 6개월 이상이 걸릴 수도 있다. 이는 입지환경, 경쟁점 상황, 구매율 등을 종합 분석하여 얻어진 결과로 실제와는 다소 차이가 날 수 있다. 그러나 상권의 발전 가능성과 점포의 입지적 우월성에서 바라보면 분석한 수익보다는 더 높게 나올 수 있다고 판단된다. 경쟁점인 커피숍들과 차별화된 매장에서 원두커피를 직접 볶는 로스터리 커피숍을 오픈하여 상품전략 및 고객확보 전략을 구사하고 점포가 가지는 우월적인 요소를 100% 활용한다면 수익은 기대 이상이 될 수도 있을 것이다.

③ 상권 내 입지의 우수성과 투자금액 대비 수익성 분석을 통해 사업타당성에 대한 출점도출을 결정하게 되었다.

〈상권 입지분석 온라인 사전조사 사이트〉

☕ 상권 전체 정보파악

국토교통부 http://www.molit.go.kr/

한국토지주택공사 http://www.lh.or.kr/

국가교통DB http://www.ktdb.go.kr/

국토연구원 http://www.krihs.re.kr/

국토지리정보원 http://www.ngii.go.kr/

국가대중교통정보센터 http://www.tago.go.kr/

국가공간정보포털 http://www.nsdi.go.kr/

시청, 도청, 동주민센터(동사무소) 인터넷 사이트

☕ 입지 정보파악

각 지역 도청, 동주민센터(동사무소) 인터넷 사이트

스마트서울맵 https://map.seoul.go.kr/smgis2/

서울 도시계획 포털 http://urban.seoul.go.kr/

씨:리얼(한국토지주택공사에서 운영하는 부동산정보 포털서비스) https://seereal.lh.or.kr/main.do

통계청 http://kostat.go.kr/

한국소비자원 http://www.kca.go.kr/

토지이용규제정보서비스 http://www.eum.go.kr/

☕ 입지 상세정보 파악

상권정보시스템 http://sg.sbiz.or.kr/

동주민센터(동사무소) 직접 방문

📷 부동산(상가) 매매(임대차) 계약서 작성 ━━━━━━━━━

1) 임대차계약서의 정의

- 임대계약은 임대인과 임차인 사이에 임대차에 관한 의사의 합치에 의하여 체결한다. 임차목적물(부동산 등)을 타인이 사용하게 하고 그 사용료로 차임을 지급받을 것을 내용으로 하는 임대인의 의사와 차임을 지급하고 타인의 물건을 사용·수익하려는 임차인의 의사가 합치하여 그 제반 조건이 맞을 경우 임대차계약을 체결하게 된다.

- 임대차계약서는 부동산 등의 물건을 빌리는 사람(임차인/賃借人)이 그 물건을 사용하고, 그 사용으로 인한 수익을 가진다는 조건으로 빌려주는 사람(임대인/賃貸人)에게 대가를 지불했다는 계약 문서를 말한다.

- 임대차의 목적물은 유체물(有體物, 액체·고체·기체 등의 형태를 가졌거나 전기·에너지 등 사람이 관리하고 지배할 수 있는 것)에 한정되는데 부동산인 경우 부동산임차인은 당사자 간에 반대약정이 없으면 임대인에 대하여 임대차등기절차에 협력할 것을 청구할 수 있다. 또 건물 임대차 시 임차인은 건물의 권리관계를 먼저 확인해야 한다.

2) 임대차계약서 작성 시 유의점

부동산 매매 계약서 또는 임대차계약서 작성 시에는 해당 영업장이 음식업 영업이 가능한 근린생활시설 (1종, 2종) 공간인지 확인해야 하며, 불법 건축물 유무를 확인해야 한다. 따라서 건축물 대장 확인은 필수다. 무엇보다 커피를 볶는 로스터리 숍의 경우 음료를 전문으로 판매하는 기존의 커피숍과의 가장 큰 차이점이 바로 원두를 시장에 판매할 수 있다는 점이다. 물론 직접 매장에 찾아오는 손님들에게 볶은 원두를 판매할 때에는 즉석판매제조 가공업만 신청하면 큰 문제가 없지만 추후 내가 볶은 원두를 도매상이 구입하여 시장에 유통을 하게 하겠다는 사업구상을 가지고 있거나 주변에 있는 커피매장에 원두를 납품하거나 온라인상으로 원두를 판매하겠다는 사업구상을 가지고 있을 경우 사업자등록증상에 제조업을 추가하는 것이 유리한데 이 경우 임대차 계약서 작성 전에 이에 해당하는 근린생활 시설물인지 따져보아야 한다. 즉석판매제조가공업은 식품위생법령에 따라 식품을 제조·가공하여 업소에서 직접 최종소비자에게 판매하는 영업이므로 매장에서 볶은 원두를 구입한 사람이 다시 제3자인 소비자에게 판매를 할 수 없다.

3) 임대차계약서 작성 시 주의사항

- 임대차에 관한 계약은 그 목적물(부동산이나 기계·기구 등)에 따라 여러가지가 있을 수 있으나 계약서의 작성방법은 거의 유사하다. 즉, 그 목적물과 목적물의 사용에 따른 차임에 관한 사항 및 그 기간은 어느 임대차계약이나 공통된 사항이고, 기타 이에 부수한 제반 사항을 약정하여 기재하는 형식을 취하고 있다.
- 그러므로 임대차계약서의 작성은 이러한 기본패턴을 유지한 후 이에 부수한 사항이나 당사자의 특약사항 등을 기재해 작성하면 될 것이나, 특히 주의하여야 할 점은 임차목적물과 실권리자의 확인 및 계약체결에 따른 계약능력과 제반요건을 확인한 후 계약서를 작성하는 것이다.
- 먼저 등기부등본에 가등기나 저당권의 설정, 압류, 가처분 등이 있는가를 확인하고 임대인의 신용상태와 이전 임차인들과의 분쟁 등에 관하여도 확인해 볼 필요가 있다. 보증금의 반환을 확보하는 방법으로 임차권의 등기나 전세권 등기, 보증인의 입보 등의 방법을 생각할 수 있다. 대법원 인터넷 등기소 (http://www.iros.go.kr)나 법원 등기소에서 임대차 계약 대상 주소지의 토지, 건물 등 등기부등본을 열람, 발급하여 권리관계를 확인할 수 있다.
- 보증금이 있는 임대차의 경우에는 건물의 권리관계를 명확히 확인한 후 계약을 하여야 하며 보증금을 회수할 수 있는 방법을 강구하여야 한다.
- 주택임대차의 경우에는 주택임대차보호법의 적용을 받아 보증금의 회수가 일반 임대차의 경우보다 수월하지만 역시 등기부를 확인해 보아야 하며, 다가구주택의 경우에는 임차보증금이 주택의 시가를 초과하는 경우가 있으므로 다른 임차인들의 보증금액 및 그들과의 권리관계(순위)를 확인해 보아야 한다.

- 주택임대차보호법의 적용을 받기 위해서는 주택의 인도 및 주민등록의 이전과 계약서상에 확정일자를 받아 두어야 한다.
- 부동산 계약을 할 때는 계약 매장(부동산)이 1종 근린생활시설까지만 영업이 가능한지 아니면 2종 근린생활시설까지도 영업이 가능한지를 반드시 알아봐야 한다. 특히 커피를 볶는 로스터리 커피숍의 창업을 통해 제조업 신고 후 갓 볶은 원두를 시장에 유통판매 하려는 생각을 가지고 있다면 꼼꼼하게 확인해봐야 한다. 이는 부동산을 매매할 때도 그대로 적용되는 중요한 잣대가 된다.

☕ 제1종 근린생활시설과 제2종 근린생활시설

① 근린생활시설의 정의

'근린생활시설'이란 사람들의 일상생활과 밀접한 관련이 있는 시설을 말한다. '근린생활시설 = 인접한 생활시설'로 이해하면 된다. 근린생활시설은 '1종 근린생활시설'과 '2종 근린생활시설'로 나뉜다. 1종 근린생활시설은 '우리 생활과 아주 밀접한 관련을 지닌 시설'이다. 거기에 비해 2종 근린생활시설은 1종보다는 밀접성이나 필요성이 덜한 시설이다. 2종 근린생활시설은 '우리 주변에 있으면 우리 생활이 보다 편리하고, 즐거워지고, 윤택해지는 시설'로 이해하면 된다.

② 제1종 근린생활시설과 제2종 근린생활시설의 차이점

제1종 근린생활시설

가. 식품 · 잡화 · 의류 · 완구 · 서적 · 건축자재 · 의약품 · 의료기기 등 일용품을 판매하는 소매점으로서 같은 건축물(하나의 대지에 두 동 이상의 건축물이 있는 경우에는 이를 같은 건축물로 본다. 이하 같다)에 해당 용도로 쓰는 바닥면적의 합계가 1천 제곱미터 미만인 것

나. 휴게음식점, 제과점 등 음료 · 차(茶) · 음식 · 빵 · 떡 · 과자 등을 조리하거나 제조하여 판매하는 시설(제4호 너목 또는 제17호에 해당하는 것은 제외한다)로서 같은 건축물에 해당 용도로 쓰는 바닥면적의 합계가 300제곱미터 미만인 것

다. 이용원, 미용원, 목욕장, 세탁소 등 사람의 위생관리나 의류 등을 세탁 · 수선하는 시설(세탁소의 경우 공장에 부설되는 것과 「대기환경보전법」, 「수질 및 수생태계 보전에 관한 법률」 또는 「소음 · 진동관리법」에 따른 배출시설의 설치 허가 또는 신고의 대상인 것은 제외한다)

라. 의원, 치과의원, 한의원, 침술원, 접골원(接骨院), 조산원, 안마원, 산후조리원 등 주민의 진료 · 치료 등을 위한 시설

마. 탁구장, 체육도장으로서 같은 건축물에 해당 용도로 쓰는 바닥면적의 합계가 500제곱미터 미만인 것

바. 지역자치센터, 파출소, 지구대, 소방서, 우체국, 방송국, 보건소, 공공도서관, 건강보험공단 사무소 등 공공업무 시설로서 같은 건축물에 해당 용도로 쓰는 바닥면적의 합계가 1천 제곱미터 미만인 것

사. 마을회관, 마을공동작업소, 마을공동구판장, 공중화장실, 대피소, 지역아동센터(단독주택과 공동주택에 해당하는 것은 제외한다) 등 주민이 공동으로 이용하는 시설

아. 변전소, 도시가스배관시설, 통신용 시설(해당 용도로 쓰는 바닥면적의 합계가 1천제곱미터 미만인 것에 한정한다), 정수장, 양수장 등 주민의 생활에 필요한 에너지공급 · 통신서비스제공이나 급수 · 배수와 관련된 시설

제2종 근린생활시설

가. 공연장(극장, 영화관, 연예장, 음악당, 서커스장, 비디오물감상실, 비디오물소극장, 그 밖에 이와 비슷한 것을 말한다. 이하 같다)으로서 같은 건축물에 해당 용도로 쓰는 바닥면적의 합계가 500제곱미터 미만인 것

나. 종교집회장[교회, 성당, 사찰, 기도원, 수도원, 수녀원, 제실(祭室), 사당, 그 밖에 이와 비슷한 것을 말한다. 이하 같다]으로서 같은 건축물에 해당 용도로 쓰는 바닥면적의 합계가 500제곱미터 미만인 것

다. 자동차영업소로서 같은 건축물에 해당 용도로 쓰는 바닥면적의 합계가 1천제곱미터 미만인 것

라. 서점(제1종 근린생활시설에 해당하지 않는 것)

마. 총포판매소

바. 사진관, 표구점

사. 청소년게임제공업소, 복합유통게임제공업소, 인터넷컴퓨터게임시설제공업소, 그 밖에 이와 비슷한 게임 관련 시설로서 같은 건축물에 해당 용도로 쓰는 바닥면적의 합계가 500제곱미터 미만인 것

아. 휴게음식점, 제과점 등 음료·차(茶)·음식·빵·떡·과자 등을 조리하거나 제조하여 판매하는 시설(너목 또는 제17호에 해당하는 것은 제외한다)로서 같은 건축물에 해당 용도로 쓰는 바닥면적의 합계가 300제곱미터 이상인 것

자. 일반음식점

차. 장의사, 동물병원, 동물미용실, 그 밖에 이와 유사한 것

카. 학원(자동차학원·무도학원 및 정보통신기술을 활용하여 원격으로 교습하는 것은 제외한다), 교습소(자동차교습·무도교습 및 정보통신기술을 활용하여 원격으로 교습하는 것은 제외한다), 직업훈련소(운전·정비 관련 직업훈련소는 제외한다)로서 같은 건축물에 해당 용도로 쓰는 바닥면적의 합계가 500제곱미터 미만인 것

타. 독서실, 기원

- 1종 근린생활시설은 모든 용도지역에서 영업(건축)이 가능하다. 즉, 어떤 토지에든 1종 근린생활 시설은 영업(건축)이 가능하다. 그런데 2종 근린생활시설은 그렇지 않다. 때로는 2종 근린생활시설의 영업(건축)이 허용되지 않는 매장(토지)도 있다. 위에 열거한 시설이 대표적인 2종 근린생활시설이다.

- 근린생활 시설과 관련해 '휴게음식점'과 '일반음식점'의 차이에 대해서도 알아둬야 한다. 휴게음식점은 음식물 판매만 가능하고 주류 판매는 허용되지 않는다. 이에 비하여 일반음식점은 음식물 판매와 주류 판매가 모두 다 가능하다.

🔩 로스터리숍 설비 및 인테리어

많은 분들이 인테리어 견적 산정 시에 평당 기준으로 가격을 산정하는 경우가 많은데 이는 좋은 방식이 아니다. 가장 중요한 것은 본인이 인테리어 공사에 지출 가능한 비용을 얘기하고 그 비용 안에서 나올 수 있는 디자인을 역으로 제안 받아서 공사를 하는 것이 여러모로 현명한 방법이다. 이 장에서는 실내 디자인적인 측면이 아닌 인테리어 공사 시 커피 기계관련 설비공사에 관해 다루려 한다. 공사 전 이 부분에 관해 꼼꼼하게 확인할수록 영업을 하는 동안 많은 도움이 될 것이다.

1) 인테리어 공사 시, 기계설치를 위한 이해사항

(1) 전 기

전기는 전력(kw)과 전류(I)와 전압(V)으로 이루어진다. 먼저 커피머신에서 주로 사용되는 전압(V)에 대해 알아보자. 일반적으로 커피머신의 전압은 220V 단상과 380V 3상이 주로 사용되고 있다. 일반적으로 단상은 가정용, 3상은 산업용으로 용량이 큰 경우에 사용한다.

220V 단상 전용기계는 〈그림 1〉처럼 전기선이 3가닥으로 이루어진다. 3가닥으로 이루어지는 기계는 220V 단상 전용 기계이므로 〈그림 2〉처럼 접지가 연결 가능한 종류의 플러그가 사용된다. 따라서 머신을 설치할 위치가 정해지면 머신 주변에 〈그림 3〉처럼 접지가 연결되는 콘센트가 필요하다.

〈그림 1〉

〈그림 2〉

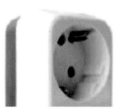

〈그림 3〉 접지 콘센트(좌)와 비접지 콘센트(우)

다음은 380V 3상이다. 380V 3상은 용량이 높은 기계에 많이 사용하며 전기선은 5가닥을 사용한다. 대부분의 2그룹 이상의 커피기계는 380V와 220V 겸용인 〈그림 4〉와 같이 5선을 많이 사용한다.

〈그림 4〉

〈그림 5〉

국내에서는 〈그림 5〉와 같이 청색선과 접지를 위한 녹색과 노랑이 섞여 있는 선을 제외한 나머지 세 선을 묶어 청색선과 함께 220V 단상으로 사용할 수도 있다. 이 경우에도 〈그림 3〉과 같은 콘센트가 필요하니 커피머신 구입 시 이 점을 사전에 확인하고 인테리어 공사 전에 미리 이 부분을 숙지하는 것이 좋다. 일반적으로 커피머신은 전기소모가 많은 편이기 때문에 인테리어 공사 초기부터 〈그림 6〉과 같은 차단기를 준비해서 커피머신을 연결하는 것이 콘센트를 사용하는 것보다 전기 사고의 위험으로부터 좀 더 안전하다.

〈그림 6〉

〈그림 6〉에 적혀 있는 20, 30, 15 라는 숫자는 전류를 나타낸다. P = VI라는 공식에서 P는 전력(Kw), V는 전압, I는 전류이다. 그러므로 전류 I는 I = P/V 가 된다. 즉 전력을 전압으로 나눠 주면 된다. 만일 커피기계가 3.7kw이고 전압이 220V이면 전류는 3.7kw를 220V로 나누면 대략 17A가 된다. 그러므로 차단기는 20A를 사용해야 한다. 만약 15A의 차단기를 사용하면 기계보다 낮기 때문에 차단기가 내려가게 된다.

(2) 수 도

인테리어 공사를 하면서 체크해야 하는 부분 중에 수도공사도 빼놓을 수 없다. 커피머신에 공급되는 물은 적어도 정수기 또는 연수기를 거쳐서 나온 깨끗한 물이어야 한다. 이 때문에 공사를 하는 기간에 정수전용 급수 라인을 미리 준비해야 커피머신을 설치할 때 두 번 공사를 하는 일을 피할 수 있다. 반드시 수도 공사 시에 On/Off 가능한 밸브가 있는 급수배관을 설치해 정수기 장착이 용이하게 준비해 둔다. 그리고 수도 배관공사 시 On/Off 가능한 밸브 배관을 미리 곳곳에 준비해 두면 차후에 각종 수도 필요기구를 확장할 때 용이하게 사용가능하다.

(3) 제빙기 냉각방식의 이해

① 공냉식 제빙기

제빙기를 작동하는 데 사용되는 부품에서 발생하는 열을 주변의 공기를 흡입하여 냉각시키는 방법을 사용하는 제빙기로 환기가 충분하게 될 수 있는 공간에 설치해야 효과적이다. 뜨거운 열이 제빙기 주변에서 발생하므로 주방에 설치 시 열 발생으로 인해 불편함을 겪을 수 있다. 관리상 부주의로 컴프레샤(응축기)에 먼지가 쌓일 경우 제빙기의 수명을 단축시킬 가능성이 있다.

② 수냉식 제빙기

제빙기를 작동하는 데 사용되는 부품에서 발생하는 열을 물을 공급하여 냉각시키는 방법을 사용하는 제빙기로 비교적 좁은 공간에 설치할 수 있는 장점이 있지만, 공냉식과 달리 급수를 통해 열을 식힘으로 수도세가 추가 발생하며, 단수나 급수시설에 문제가 발생시 제빙기의 수명을 단축시킬 가능성이 있다.

③ 제빙방식 이해

• 스프레이 방식

얼음을 얼리는 판 밑에 장착된 노즐에서 물을 분사시켜 얼리는 방식으로 천정에 붙은 물이 얼음으로 되는 시스템이다. 이는 버티컬에 비해 시간이 오래 걸리기 때문에 중소규모의 매장에서 주로 사용되며 불순물이 아래로 떨어지면서 순도가 높은 얼음이 만들어진다.

- 버티컬 방식

얼음을 얼리는 판 위에서 아래로 물을 흘려보내면서 마치 냉동고의 얼음판에 물을 가득 넣어 얼렸을 때의 모습처럼 얼음판 모양으로 얼음을 얼리는 방식이다. 스프레이 방식에 비해 단시간에 많은 양의 얼음이 생산 가능하여 대형 매장에서 주로 사용되지만, 얼음의 순도는 약하다.

④ 관리방법

- 스쿱

제빙기의 얼음을 뜨는 전용 스쿱은 상시 일하는 사람의 손을 거쳐 만져지기 때문에 위생상 철저한 관리가 요구된다. 반드시 스쿱을 만지기 전에 손을 씻는 것이 좋다. 불가피할 경우 위생장갑을 착용하여 스쿱의 오염을 최소화하고, 스쿱을 잡은 손잡이가 얼음에 닿지 않도록 전용 용기에 보관 후 꺼내서 사용하는 것이 좋다. 또한 일부 매장에서는 냉장고 대용으로 제빙기 안에 식자재를 보관하는 경우도 종종 있는데 절대로 이런 행위를 해서는 안 된다.

- 제빙기 속

시간이 지날 경우 제빙기 속에는 물때가 끼게 마련인데, 제빙기 메뉴얼을 참조하여 제빙기 속의 부품들을 하나하나 꺼내어 청소를 해줘야 한다. 주기는 주 1회가 적당하다. 이때는 전원을 끄고 얼음을 완벽하게 제거한 후 락스와 물을 1:10 비율로 희석한 용액을 분무기를 이용하여 철저하게 뿌려서 소독하고 닦아줘야 한다.

- 배수관

인테리어 공사 시 배수관공사는 매장의 책임자가 철저히 확인해야 하는 부분이다. 특히 확인해야 할 부분이 제빙기의 배수로다. 오폐수가 역류하지 못하도록 충분한 배수량이 되는지 확인해야 한다. 가급적 제빙기 전용 배수관을 만들어 싱크대와 에스프레소머신 등 기타 주방설비들의 배수와 겹치지 않도록 설계하는 것이 좋다. 어쩔 수 없이 겹쳐야 한다면 싱크대에서 먼 거리에 하는 것이 역류로 인한 오염을 최소화할 수 있다. 또한 배수관을 통한 악취(가스)가 역류하여 제빙기 속에서 악취로 인한 얼음의 오염이 발생할 수 있으므로 인테리어 시공 시 충분히 제빙기의 배수관에 신경을 써야 한다.

2) 인테리어 공사 시, 기계설치를 위한 확인사항

커피숍을 운영하면서 가장 많이 발생하는 보수공사 중 하나가 바로 에스프레소 커피머신으로 인한 공사이다. 처음부터 아래 열거한 부분들을 주의하여 공사를 진행한다면 많은 도움이 될 것이다.

> - 커피머신을 위치시킬 장소 사전선정
> - 커피머신 전용 전기스위치(전기용량에 맞는 단독차단기) 공사 확인(4.5Kw 권장)
> - 커피머신의 커피찌꺼기 배출을 위한 최단 직선거리 배수구 선정(1.7m 이하 권장)
> - 커피머신에 급수를 하기 위한 급수배관 위치 선정
> - 커피머신, 제빙기, 식수를 위한 전용 정수기 위치선정 및 연결
> - 제빙기 배수를 위한 배수구 선정
> - 로스터기 배관 구멍 확보(배관길이 3m 이하 권장) 및 가스 종류(LNG, LPG) 확인

3) 인테리어 소장님에게 말한다. 이것만은 필히...

① 에스프레소 머신 설치 시 요구사항

  - 에스프레소 머신(커피기계)을 설치할 바로 하단에 배수구를 만들어둔다.
  - 전기코드는 전용 단독 차단기를 에스프레소 기계 근방(1m 이내)에 만들어둔다.
  - 머신의 일반 전기용량은 보통 4kw이고 기본수압은 4바 정도를 권장한다.

② 제빙기 설치 시 요구사항

  - 제빙기를 설치할 장소의 바로 뒤, 하단에 배수구를 만들어 둔다.
  - 반드시 제빙기의 배수구 보다 낮아야 한다(제빙기는 지상에서 10cm가 배수구임).
  - 배수관이 지상에서 10cm 이상일 경우 제빙기 다이를 만들면 된다.

③ 로스터기 설치 시 요구사항

  - 100파이 닥트관이 지나가야 할 때 구멍을 조금 더 크게 뚫어둔다.
  - 후지로얄의 경우 110V용 도란스를 준비해둔다(2~3kw용).
  - 가스압은 가정용 저압(LNG2.0kpa±, LPG2.5kpa~2.8kpa±)

④ 정수기 설치 시 요구사항

  - 정수기를 설치하기 위한 전용 급수(냉수)관을 메꾸라로 막아 준비해 둔다.

📮 사업자등록증 발급 및 영업개시

영업을 할 장소가 선택되면, 점포 인테리어 및 오픈 준비하기 전, 영업을 위한 행정상 서류준비 절차가 반드시 필요하다. 특히 지하 및 2층 이상의 영업장이면서 대형 평수라면 소방관계에 대해서는 필수다. 즉, 구청에서 영업신고증 및 세무서의 사업자등록증을 발급받기 위해서 한국휴게음식업중앙회에서 위생교육을 필한 후 창업자 본인이나 해당 종사자가 보건소에 가서 보건증도 발급받아야 한다. 단, 지방자치단체별로 가스설치 완료증 및 소방관계 확인증이 있어야 사업자등록이 나오는 경우도 있으니 관할 구청에 확인하기 바란다.

1) 절 차

- 위생교육 수료증 + 보건증 등 구비
  ⇒ 구청에서 영업신고증(허가증) 발급 신청
- 영업신고증 + 임대차계약서 등 구비
  ⇒ 세무서에서 사업자등록증발급 신청
  ⇒ 영업개시

2) 사업자 등록증 발급하기 위한 행정상 준비서류

(1) 위생교육
① 준비서류 : 주민등록증, 증명사진 1장(교육비 27,000원)
② 각 지역협회에 전화상담 의뢰, 위생교육 상담문의
※ 한국휴게음식업중앙회 가입시 서비스 행정을 받을 수 있음
  - 강제가 아닌 자유가입 원칙, 월회비 10,000~15,000원 내외(지역마다 차이 있음)
  - 부가세 신고 / 위생점검 단속 / 각종 서비스 행정

(2) 보건증 발급
① 준비서류 : 신분증, 수수료(1,500원, 보건소마다 수수료는 조금 다를 수 있음)
② 관할 보건소 민원실 신청서류에 접수 후 7일 이내 수령

(3) 영업신고증(허가증) 발급
① 준비서류
   위생교육 수료증, 보건증, 임대차계약서, 신분증, 도장 + 소방관계확인필증, 가스설치확인필증
② 반드시 위생교육을 받은 본인이 가야하며 관할구청 위생과에 가서 서류양식에 의해 접수한다.

(4) 사업자등록증 발급

① 준비서류 : 임대차계약서 사본 1부, 영업신고증(허가증) 사본, 신분증, 도장

② 관할 세무서에서 사업자등록증 신청서 양식에 기재 후 준비서류와 같이 제출

③ 8일 이내 사업자등록증 수령

🖊 세무서 사업자등록 신청 서류

- 세무서에 비치된 사업자등록신청서를 작성하여 첨부함. 본인이 신청하는 경우에는 신분증(주민증, 여권, 의료카드)만 가지고 가면 되나, 타인을 통해서 사업자등록을 할 경우는 위임장을 꼭 작성하여 세무서 민원봉사실에 가면 된다.
- 임대차계약서 원본을 지참하여야 하고 사본을 첨부하여야 한다. 상가건물임대차보호법에 의거 확정일자를 받아야 임차보증금에 대한 보호를 받게 되므로 원본을 지참하여 확정일자를 받아야 한다.
- 동업자가 있는 경우 동업계약서를 첨부함. 즉, 동업자가 있는 경우에는 공동 사업자 명세란을 작성하고, 동업계약서를 첨부하면 된다.
- 영업신고증 또는 영업허가증 복사본을 첨부

사업자등록 신청서 양식 및 작성요령

창업 시 사업자등록 신청서 작성 요령

이 신청서는 다음의 작성요령에 의하여 한글과 아라비아 숫자로 정확하고 선명하게 기재하여야 함

– 인적사항
• 접수번호 : 전산에 의하여 자동 부여됨으로 기재하지 않는다.
• 성명 : 영업신고증의 사업주와 임대차 계약서상의 계약자성명이 일치해야 한다.
• 사업장소재지 : 법이 정한 동을 기입하며, 아파트 · 공동건물일 경우는 반드시 동 · 호수까지 기재
• 전화번호 : 지역번호를 함께 기재한다. 향후 인터넷용 E-Mail 주소도 기재

– 사업장현황
• 사업의 종류 : 영위할 사업의 업종을 주업태 · 주종목 란에 기재하며 겸업(도소매, 제조, 서비스 등)일 경우는 겸하는 업종을 부업태 · 부종목란에 기재하되 주(부)업종코드란은 기재 안함
• 개업일 : 제조업은 제조장별로 재화 제조를 개시하는 날, 광업은 사업장별로 광물채취 · 채광 개시하는 날, 기타의 사업에 있어서는 재화 또는 용역의 거래를 개시하는 날을 기재한다.
• 종업원 수 : 고용계약에 의하여 근로를 제공하고 보수를 받는 자로서 상시 근무하는 인원을 기재한다. 여기에 기재하는 종업원 수에 대해서는 4대보험에 반드시 가입과 신고를 해야 하므로 매출예상이 크면 기재한다(아르바이트, 일용잡급의 인원은 기재 안함).
• 사업장구분 및 사업장을 빌려준 사람 : 해당란에 "○"표시하고 임대인의 성명을 기재하되 임대인이 법인인 경우는 법인명 · 법인사업자등록번호를 반드시 기재하며 자가인 경우는 기재하지 않음
• 사업장사용료 : 전세금 · 임대보증금과 월세를 구분하여 기재한다. 이 칸에 기재된 정보는 건물주의 부동산임대소득을 계산하는 참고자료로 사용됨
• 사업자금 명세 : 전세금 또는 임대보증금을 포함하여 사업과 관련한 자금을 기재하되 은행 대출금 · 사채 등은 타인자금란에 기재한다.
• 사업장면적 : 계약서상의 계약면적을 말함
• 개별소비세 : 해당란에 "○"표시한다.

– 공동사업자명세
• 출자금은 사업을 하기 위한 투자금액총액을, 성립일은 사업개시일을 기재한다. 개시일 이전에 등록하는 경우라면 등록신청일을 적는다.
• 지분율은 백분율(%)로 기재한다.
  관계란은 주된 사업자(대표자)와의 관계를 각각 기재한다.

– 과세자란 반드시 체크
• 제일 하단의 과세자란([ ]일반과세자 [ ]간이과세자 [ ]면세사업자 [ ]그 밖의 단체)에 필히 체크요망
• 체크를 안할 경우 간이과세자 · 면세사업자의 경우 무조건 일반과세자로 되어서 변경신청을 해야 하거나 아니면 다시 폐업하여 재신청해야 한다.

🖊 사업자등록 신청서 양식

■ 부가가치세법 시행규칙 [별지 제4호서식] 〈개정 2021.3.16.〉

사업자등록 신청서(개인사업자용)
(법인이 아닌 단체의 고유번호 신청서)

※ 사업자등록의 신청 내용은 영구히 관리되며, 납세 성실도를 검증하는 기초자료로 활용됩니다.
　아래 해당 사항을 사실대로 작성하시기 바라며, 신청서에 본인이 자필로 서명해 주시기 바랍니다.

※ [　]에는 해당되는 곳에 ✓표를 합니다.

접수번호		처리기간 2일(보정기간은 불산입)

1. 인적사항

상호(단체명)		연락처	(사업장 전화번호)
			(주소지 전화번호)
성명(대표자)			(휴대전화번호)
주민등록번호			(FAX 번호)

사업장(단체) 소재지			층　　호
사업장이 주소지인 경우 주소지 이전 시 사업장 소재지 자동 정정 신청			([　]여, [　]부)

2. 사업장 현황

업종	주업태		주종목		주생산요소		주업종코드	개업일	종업원 수
	부업태		부종목		부생산요소		부업종코드		

사이버몰 명칭		사이버몰 도메인				

사업장 구분	자가면적	타가면적	사업장을 빌려준 사람 (임 대 인)			임대차 명세		
			성명(법인명)	사업자등록번호	주민(법인)등록번호	임대차계약기간	(전세)보증금	월세(차임)
	㎡	㎡				． ． ． ~ ． ． ．	원	원

허가 등 사업 여부	[　]신고　　[　]등록 [　]허가　　[　]해당 없음		주류면허	면허번호	면허신청
					[　]여 [　]부

개별소비세 해당 여부	[　]제조　[　]판매　[　]입장　[　]유흥	사업자 단위 과세 적용 신고 여부	[　]여　　[　]부

사업자금 명세 (전세보증금 포함)	자기자금	원	타인자금	원

간이과세 적용 신고 여부	[　]여　　[　]부	간이과세 포기 신고 여부	[　]여　　[　]부

전자우편주소		국세청이 제공하는 국세정보 수신동의	[　]문자(SMS) 수신에 동의함(선택) [　]전자우편 수신에 동의함(선택)

그 밖의 신청사항	확정일자 신청 여부	공동사업자 신청 여부	사업장소 외 송달장소 신청 여부	양도자의 사업자등록번호 (사업양수의 경우에만 해당함)
	[　]여 [　]부	[　]여 [　]부	[　]여 [　]부	

3. 사업자등록 신청 및 사업 시 유의사항 (아래 사항을 반드시 읽고 확인하시기 바랍니다)

가. 다른 사람에게 사업자명의를 빌려주는 경우 사업과 관련된 각종 세금이 명의를 빌려준 사람에게 나오게 되어 다음과 같은 불이익이 있을 수 있습니다.

   1) 조세의 회피 및 강제집행의 면탈을 목적으로 자신의 성명을 사용하여 타인에게 사업자등록을 할 것을 허락하거나 자신 명의의 사업자등록을 타인이 이용하여 사업을 영위하도록 한 자는 「조세범 처벌법」 제11조제2항에 따라 1년 이하의 징역 또는 1천만원 이하의 벌금에 처해집니다.

   2) 소득이 늘어나 국민연금과 건강보험료를 더 낼 수 있습니다.

   3) 명의를 빌려간 사람이 세금을 못 내게 되면 체납자가 되어 소유재산의 압류·공매처분, 체납명세의 금융회사 등 통보, 출국규제 등의 불이익을 받을 수 있습니다.

나. 다른 사람의 명의로 사업자등록을 하고 실제 사업을 하는 것으로 확인되는 경우 다음과 같은 불이익이 있을 수 있습니다.

   1) 조세의 회피 또는 강제집행의 면탈을 목적으로 타인의 성명을 사용하여 사업자등록을 하거나 타인 명의의 사업자등록을 이용하여 사업을 영위한 자는 「조세범 처벌법」 제11조제1항에 따라 2년 이하의 징역 또는 2천만원 이하의 벌금에 처해집니다.

   2) 「부가가치세법」 제60조제1항제2호에 따라 사업 개시일부터 실제 사업을 하는 것으로 확인되는 날의 직전일까지의 공급가액 합계액의 1%에 해당하는 금액을 납부세액에 더하여 납부해야 합니다.

   3) 「주민등록법」 제37조제10호에 따라 다른 사람의 주민등록번호를 부정하게 사용한 자는 3년 이하의 징역 또는 3천만원 이하의 벌금에 처해집니다.

다. 귀하가 재화 또는 용역을 공급하지 않거나 공급받지 않고 세금계산서 또는 계산서를 발급하거나 발급받은 경우 또는 이와 같은 행위를 알선·중개한 경우에는 「조세범 처벌법」 제10조제3항 또는 제4항에 따라 3년 이하의 징역 또는 공급가액에 부가가치세의 세율을 적용하여 계산한 세액의 3배 이하에 상당하는 벌금에 처해집니다.

라. 신용카드 가맹 및 이용은 반드시 사업자 본인 명의로 해야 하며 사업상 결제목적 외의 용도로 신용카드를 이용할 경우 「여신전문금융업법」 제70조제3항제2호부터 제6호까지의 규정에 따라 3년 이하의 징역 또는 2천만원 이하의 벌금에 처해집니다.

대리인이 사업자등록신청을 하는 경우에는 아래의 위임장을 작성하시기 바랍니다.

위 임 장	본인은 사업자등록 신청과 관련한 모든 사항을 아래의 대리인에게 위임합니다. 본 인 : (서명 또는 인)		
대리인 인적사항	성명	주민등록번호	전화번호	신청인과의 관계

위에서 작성한 내용과 실제 사업자 및 사업내용 등이 일치함을 확인하며, 「부가가치세법」 제8조제1항, 제61조제3항, 같은 법 시행령 제11조제1항·제2항, 제109조제4항, 같은 법 시행규칙 제9조제1항·제2항 및 「상가건물 임대차보호법」 제5조제2항에 따라 사업자등록 ([ ]일반과세자[ ]간이과세자[ ]면세사업자[ ]그 밖의 단체) 및 확정일자를 신청합니다.

년   월   일

신청인: (서명 또는 인)
위 대리인: (서명 또는 인)

세 무 서 장 귀하

신고인 제출서류	1. 사업허가증 사본, 사업등록증 사본 또는 신고확인증 사본 중 1부(법령에 따라 허가를 받거나 등록 또는 신고를 해야 하는 사업의 경우에만 제출합니다) 2. 임대차계약서 사본(사업장을 임차한 경우에만 제출합니다) 1부 3. 「상가건물 임대차보호법」이 적용되는 상가건물의 일부분을 임차한 경우에는 해당 부분의 도면 1부 4. 자금출처명세서(금지금 도·소매업, 액체연료 및 관련제품 도매업, 기체연료 및 관련제품 도매업, 차량용 주유소 운영업, 차량용 가스 충전업, 가정용 액체연료 소매업, 가정용 가스연료 소매업, 재생용 재료 수집 및 판매업 및 과세유흥장소에서 영업을 하려는 경우에만 제출합니다) 1부	수수료 없음

유의사항

사업자등록을 신청할 때 다음과 같은 사유에 해당하는 경우 붙임의 서식 부표에 추가로 적습니다.
1. 공동사업자가 있는 경우
2. 사업장 외의 장소에서 서류를 송달받으려는 경우
3. 사업자 단위 과세 적용을 신청하려는 경우(2010년 이후부터 적용)

일반음식점(다중이용업소)의 소방 및 방화 시설 기준 확인

다중이용업의 범위는

① 휴게음식점영업 · 제과점영업 또는 일반음식점영업으로서 영업장으로 바닥면적의 합계가 100m²(약 30평) 이상, 지하층은 66m²(20평) 이상

② 단란주점업, 유흥주점업

③ 영화상영관 · 비디오물감상실업 · 비디오물소극장업 및 복합영상물제공업

④ 학원(수용인원이 300명 이상인 것)

⑤ 목욕장업(땀을 배출하게 하는 시설을 갖춘 수용인원이 100인 이상인 시설)

⑥ 게임제공업 · 인터넷컴퓨터게임시설제공업 및 복합유통게임제공업(영업장이 지상 1층 또는 지상과 직접 접하는 층에 설치되었거나 주된 출입구가 건축물 외부의 지면과 직접 연결된 구조에 해당하는 게임제공업 · 인터넷컴퓨터게임시설제공업은 제외)

⑦ 노래연습장업

⑧ 산후조리업, 고시원업, 권총사격장, 골프 연습장, 안마시술소

3) 일반과세자와 간이과세자의 차이점

창업을 준비하면서 누구나 걱정되는 부분이 많겠지만 그중에서 세금과 관련된 부분은 간과해서 안 될 중요사항이다. 사업의 형태를 개인사업장으로 오픈을 해야 하는지 법인사업장으로 오픈해야 하는지 또 일반 과세자로 해야 하는지 간이 과세자로 해야 하는지 등 이런 부분을 효과적으로 대응하기 위해 창업 시작 시 간단한 세무회계관련 정보는 숙지하면 좋다.

필자 또한 초기 사업을 시작할 시 이런 정보를 습득하기 위해 관련 책을 참고하고 전문가를 만나 많은 상담을 했었다. 지금도 꾸준히 전문가와 상담을 하고 있다. 자세한 정보는 세무회계 전문 책자나 관련 전문가를 만나보길 권장한다. 여기서는 간단하게 일반과세자와 간이과제자의 차이점을 기준으로 개인사업장을 오픈하는 분들에게 조금이나마 도움이 되기를 바라는 마음에서 정리해 본다.

일반과세자와 간이과세자는 세금의 계산방법 및 세금계산서 발행 등에 차이를 두고 있다. 본인의 사업에는 어느 유형이 적합한지를 잘 판단한 후 하나를 선택해 사업자등록을 하면 된다. 어떤 경우에 일반과세자로, 간이과세자로 등록해야 하는지 알아보면, 일반과세자는 10%의 세율이 적용되는 반면 물건 등을 구입하면서 받은 매입세금계산서상의 부가가치세액을 전액 공제받을 수 있으며, 세금계산서를 발행할 수 있다. 연간매출액이 4,800만원을 초과할 것으로 예상하거나, 간이과세가 배제되는 업종 또는 지역에서 사업을 하고자 하는 기업이라면 일반과세자로 등록해야 한다.

그에 반해 간이과세자는 1.5~4%의 낮은 세율이 적용되지만, 매입세액의 15~40%만 공제 받을 수 있으며, 세금계산서를 발행할 수 없다. 주로 소비자를 상대로 하는 업종으로 연간매출액이 4,800만원에 미달할 것으로 예상되는 소규모사업자의 경우에는 간이과세자로 등록하는 것이 유리하다. 단 처음 사업 등록 시에 등록한 과세유형은 계속 유지해야 하는 것이 아니다. 다시 말하면 처음 사업자등록시에 일반과세자 또는 간이과세자로 등록했다고 하여 그 유형이 변하지 않고 계속 적용되는 것은 아니다. 사업자등록을 한 해의 부가가치세 신고실적을 1년으로 환산한 금액을 기준으로 과세유형을 다시 판정하여 과세 유형을 전환할 수 있다.

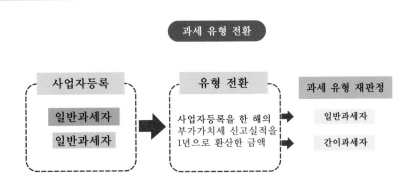

① 간이과세를 포기하는 경우

당초에 기업이 간이과세자로 등록하였으나 주요 거래 상대방이 세금계산서를 요구하거나 기타 사정에 의하여 일반과세자로 변경하는 것이 사업에 유리하다고 판단될 시 변경하고자 하는 달의 전달 말일까지 "간이과세포기신고서"를 제출하면 된다. 단, 한번 간이과세자를 포기하면 3년간은 다시 간이과세자를 적용받을 수 없으므로 충분히 검토해 본 후 결정해야 한다.

② 일반과세자와 간이과세자의 세금계산 구조

일반과세자의 세금계산 구조를 보면 매출세액에서 매입세액, 경감·공제세액을 뺀 후 가산세를 더하면 일반과세자가 납부할 세액이 된다. 좀 더 자세히 알아보면 이 구조에서 매출세액은 공급가액에 10%를 곱한 금액이다. 그리고 매입세액은 세금계산서 수취분 매입세액으로 기타공제 매입세액은 더하고 공제받지 못할 매입세액은 빼면 된다. 기타공제 매입세액에는 신용카드 매출전표 수취명세서 제출분, 의제매입세액, 재활용폐자원 등 매입세액, 재고매입세액, 변제대손세액이 있으며, 공제받지 못할 매입세액에는 불공제매입세액, 공통매입세액 면세사업분, 대손처분받은 세액이 있다. 경감·공제세액에는 전자세금계산서 발급세액공제, 의제매입세액공제 등이 있다. 다음으로 간이과세자의 세금계산 구조를 살펴보면, 매출세액에서 공제세액을 빼고 가산세를 더한 금액이 납부가액이다. 간이과세자의 매출세액은 '공급대가×업종별 부가가치율×부가세율(10%)'이다. 공제세액으로는 매입세금계산서 등 수취공제, 신용카드 매출전표등발행공제 등이 있다.

③ 세법에 유리한 사업자등록 신청시기

새로 사업을 시작하려는 분들은 사업을 개시한 날로부터 20일 이내에 사업자 등록을 하여야 하며, 그렇지 않은 경우에는 가산세 부담의 불이익을 받게 된다. 사업자가 사업을 개시한 날로부터 20일 이내에 사업자등록을 신청하지 않은 경우 사업개시일부터 등록을 신청한 날의 직전일까지의 공급가액에 1%를 곱한 금액을 가산세로 부담해야 한다. 그리고 사업을 개시하기 전이라도 실내 인테리어를 하거나 비품 등을 구입 시, 내부공사가 완료되거나 비품 등을 구입한 날로부터 20일을 지나서 사업자등록을 신청하는 경우에는 그 매입세액을 공제받지 못한다. 따라서 아무리 늦어도 최초 비품 등을 구입한 날로부터 20일 이내에는 사업자등록 신청을 해야 불이익을 받지 않는다.

4) 상가건물임대차의 보증금 우선변제권

상가임차인의 보증금우선변제권이란 대항력을 갖춘 임차인이 확정일자를 받으면 그 날짜를 기준으로 상가건물의 경매 · 공매 시 그 환가대금에서 후순위권리자 그 밖의 채권자보다 우선하여 임차보증금을 변제받을 수 있는 권리를 말한다.

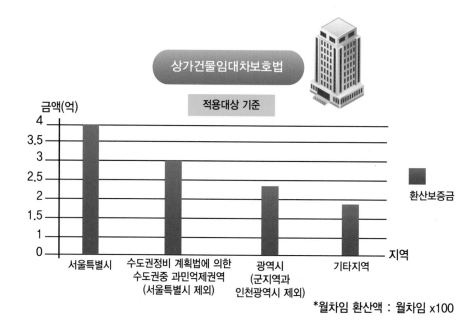

대항력에 관하여 상가건물임대차보호법 제3조 제1항에 의하면 "① 임대차는 그 등기가 없는 경우에도 임차인이 건물의 인도와 부가가치세법 제5조, 소득세법 제168조 또는 법인세법 제111조의 규정에 의한 사업자등록을 신청한 때에는 그 다음 날부터 제3자에 대하여 효력이 생긴다." 라고 규정하고 있고, 같은 법 제5조 제2항에 의하면 "제3조 제1항의 대항요건을 갖추고 관할 세무서장으로부터 임대차계약서상의 확정일자를 받은 임차인은 민사집행법에 의한 경매 또는 국세징수법에 의한 공매 시 임차건물(임대인 소유의 대지를 포함한다)의 환가대금에서 후순위권리자 그 밖의 채권자보다 우선하여 보증금을 변제받을 권리가 있다."라고 규정하고 있다.

그러므로 건물에 입점하고 사업자등록을 신청하면 그 다음 날부터 대항력이 생기고, 임대차계약서상에 확정일자까지 받아 둔다면 임차건물의 경매시 후순위권리자 그밖의 채권자보다 우선하여 보증금을 변제받을 권리가 있게 된다.
즉, 상가임차인이 상가건물임대차보호법에 의한 대항력, 우선변제권 등 각종의 권리를 보호받으려면 상가임차인의 대항요건인 건물의 인도와 부가가치세법 제8조, 소득세법 제168조 또는 법인세법 제111조의 규정에 의한 사업자등록을 신청하고 임대차계약서 원본에 확정일자인을 받아 두어야 한다. 확정일자인(確定日字印)은 상가건물의 소재지 관할세무서에서 받을 수 있다.

확정일자를 받기 위한 절차로서는 기존사업자인 경우 사업자등록증 원본, 임대차계약서 원본, 건물의 일부를 임차한 경우는 해당부문 도면, 본인 신분증을 구비하여 관할세무서에서 사업자등록정정신고서를 작성·제출하면 되고, 신규사업자는 사업허가증·등록증·신고필증 사본, 임대차계약서 원본, 건물의 일부를 임차한 경우는 해당부문 도면, 본인 신분증을 구비하여 관할세무서에서 사업자등록신청서를 작성·제출하면 된다. 하지만 모든 상가건물의 임차인이 상가건물임대차의 적용을 받는 것이 아니라 그 환산보증금이 지역별로 일정금액이하인 임차인에 한하여 상가건물 임대차의 적용을 받게 되게 된다. 그 이유는 입법취지가 경제적 약자인 영세상인 보호를 위한 것이기 때문이다.

① 지역별 환산 보증금 기준 상가건물임대차보호법 적용대상 내용
   1. 서울특별시 : 4억원
   2. 수도권정비계획법에 따른 과밀억제권역(서울특별시는 제외) : 3억원
   3. 광역시(수도권정비계획법에 따른 과밀억제권역에 포함된 지역과 군지역은 제외), 안산시, 용인시, 김포시 및 광주시 : 2억4천만원
   4. 그 밖의 지역 : 1억8천만원

② 환산보증금 계산법
   환산보증금은 보증금과 그 월세환산액(월세를 보증금으로 환산한 금액, 즉 부가세가 포함된 월세×100)을 합한 금액을 말한다.

> 환산보증금 = 보증금 + 월세환산액(월세 × 100)

따라서 보증금 2,000만원에 부가세를 포함한 월세 100만원에 상가를 임차한 경우 환산보증금은 2,000만원(보증금)+100만원(월세)×100=1억 2,000만원이다.

커피를 직접 볶는 로스터리 커피숍의 경우 사업자 신고 시 업태 항목에 제조를 추가하는 경우도 많다. 이 경우 원재료인 생두는 농산물로서 면세의 대상인데 이때 원재료인 농산물 매입분에 대해서도 세액을 공제 받을 수 있다. 이것은 의제매입세액 공제제도가 반영된 것이다. 원래 부가가치세 납부세액은 매출세액에서 사업자가 물품 등을 구입할 때 부담한 부가가치세, 즉 매입세액을 공제하여 계산하는 것이 원칙이다. 그러나 예외적으로 부가가치세가 면제되는 농산물, 수산물, 축산물, 임산물 등의 원재료를 구입, 이를 제조-가공하여 부가가치세가 과세되는 재화 또는 용역을 공급하는 사업자에 대하여는, 원재료를 구입할 때 직접 부담한 부가가치세는 없지만, 그 구입가액의 일정률에 해당하는 금액을 매입세액으로 의제하여 매출세액에서 공제받을 수 있도록 하는 제도를 의제매입세액공제제도라고 한다. 의제매입세액 공제제도의 공제액은 면세로 구입한 농산물 등의 원가액에 2/102, 음식업의 경우 8/108을 곱한 금액이다. 이때 농산물을 매입한 사실을 증명해야 가능하다. 즉 면세사업자로부터 원료를 구입한 후 계산서나 신용카드영수증 또는 직불카드영수증을 받아야 한다. 의제매입세액공제제도를 적극 활용하는 것도 절세의 한 방법이다.

5) 로스터기 설치를 위한 사전 가스공사 준비사항

"토지사용승낙서"와 "인감증명서"준비

1. 해당지역의 가스 배관 공사 시행사를 선정
2. 해당가스공급업체(LPG, LNG)에서 공사 안전상태 심의

토 지 사 용 승 낙 서

○ 위 치 : 서울특별시 강남구 삼성동 000-00번지
○ 면 적 : 2,000㎡(605 평)

서울특별시 강남구 삼성동 000-00번지 일대 공동주택개발사업과 관련하여 사업계획승인신청 및 지구단위계획수립 등 인허가추진을 위해 상기 토지의 사용을 승낙합니다.

2011년 4월 12일

소유자 성명 : 홍 길 동 (인)
주   소 : 경기도 수원시 팔달구 우만2동 00-00번지
주민등록번호 : 000000 - 0000000
연 락 처 : 000-0000-0000

첨부 인감증명서 1부.

(주)도시가스 시공 잘해 귀중

---

6) 제조업자 허가를 발급하기 위한 행정상 서류준비 사항

1. 식품(첨가물)품목제조보고서 작성(본 양식은 식품의약품안전처에서 다운받을 수 있다.)
2. 제조방법 설명서 작성
3. 유통기한 설정 사유서 작성(본 양식은 식품의약품안전처에서 다운받을 수 있다.)
4. 식품영업신고서 작성
5. 영업장 도면(커피 로스터기 위치는 구획이 분리되어 있어야 한다.)

🫘 식품(첨가물)품목제조보고서 양식

■ 식품위생법 시행규칙 [별지 제43호서식] 〈개정 2021.6.30.〉

식품 · 식품첨가물 품목제조보고서

※ 뒤쪽의 유의사항을 읽고 작성하여 주시기 바라며, [ ]에는 해당되는 곳에 ✓ 표를 합니다. (앞쪽)

보고인	성명		생년월일(법인등록번호)	
	주소		전화번호	
			휴대전화	
영업소	명칭(상호)		영업등록번호	
	소재지			
제품정보	식품의 유형		요청하는 품목제조보고번호	
	제품명			
	유통기한 제조일부터 품질유지기한 제조일부터		일(월, 년) 일(월, 년)	
	원재료명 또는 성분명 및 배합비율 <center>뒤쪽에 기재</center>			
	용도 용법			
	보관방법 및 포장재질			
	포장방법 및 포장단위			
	성상			
	품목의 특성 • 고열량 · 저영양 식품의 해당 여부 • 영유아용으로 표시해 판매하는 식품의 해당 여부 • 고령친화식품으로 표시해 판매하는 식품의 해당 여부 • 살균 · 멸균 제품의 해당 여부		[ ]예 [ ]아니오 [ ]예 [ ]아니오 [ ]예 [ ]아니오 [ ]비살균 [ ]살균 [ ]멸균	
기타				

「식품위생법」 제37조제5항 및 같은 법 시행규칙 제45조제1항에 따라 식품(식품첨가물) 품목제조 사항을 보고합니다.

년   월   일

보고인   (서명 또는 인)

지방식품의약품안전청장
특별자치시장 · 특별자치도지사 · 시장 · 군수 · 구청장   귀하

제출서류	1. 제조방법설명서 1부 2.「식품 · 의약품분야 시험 · 검사 등에 관한 법률」 제6조제3항제1호에 따라 식품의약품안전처장이 지정한 식품전문 시험 · 검사기관 또는 같은 조 제4항 단서에 따라 총리령으로 정하는 시험 · 검사기관이 발급한 식품등의 한시적 기준 및 규격 검토서 1부 3. 식품의약품안전처장이 정하여 고시한 방법에 따라 설정한 유통기한의 설정사유서 1부

(원재료명 또는 성분명 및 배합비율)

No.	원재료명 또는 성분명	배합비율 (%)	No.	원재료명 또는 성분명	배합비율 (%)
1			16		
2			17		
3			18		
4			19		
5			20		
6			21		
7			22		
8			23		
9			24		
10			25		
11			26		
12			27		
13			28		
14			29		
15			30		

유 의 사 항

1. 품목제조보고서는 제품생산의 개시 전이나 개시 후 7일 이내에 제출하여야 합니다.
2. 배합비율 표시는 식품공전 및 식품첨가물공전에 사용기준이 정하여져 있는 원재료 또는 성분의 경우만 해당합니다.
3. 영업자는 요청하는 품목제조보고번호가 이미 부여된 품목제조보고번호와 중복되는지를 관할 특별자치시장·특별자치도지사·
   시장·군수·구청장에게 확인하여야 합니다.

🫘 유통기한 설정 사유서 양식

[별지 제3호 서식]

유통기한 설정 사유서	
제 품 명	
식품 · 축산물의 유형 (식품첨가물 품목명)	
보존 및 유통 방법	실온( ) / 상온( ) / 냉장( ) / 냉동( ) /기타( )
유 통 기 한	
실험수행기관종류	자사( ) / 의뢰( ) / 생략( )
실험수행기관명	
유통기한 설정근거	
상기와 같이 유통기한 설정 사유서를 제출합니다. 첨부 : 별지 제2호 서식의 유통기한설정실험 결과보고서 년　월　일 제출인 :　　　　(인)	

식품 영업 신고서 양식

■ 식품위생법 시행규칙 [별지 제37호서식] 〈개정 2020.12.31.〉

식품 영업 신고서

※ 뒤쪽의 구비서류와 신고안내, 유의사항을 읽고 작성하시기 바라며, [ ]에는 해당되는 곳에 ✓ 표를 합니다.   (앞쪽)

접수번호	접수일	발급일	처리기간	즉시

신고인	성명(법인은 법인 명칭 및 대표자의 성명)		주민(법인)등록번호	
	주소(법인은 주된 사무소의 소재지)		전화번호	

신고사항	명칭(상호)		전화번호	
	영업의 종류	[ ]즉석판매제조 · 가공업 [ ]집단급식소 식품판매업 [ ]일반음식점영업 [ ]식품운반업 [ ]기타식품판매업 [ ]위탁급식영업 [ ]식품소분업 [ ]식품냉동 · 냉장업 [ ]제과점영업 [ ]식용얼음판매업 [ ]용기 · 포장지제조업 [ ]식품자동판매기영업 [ ]옹기류제조업 [ ]유통전문판매업 [ ]휴게음식점영업		
	영업장의 면적: 건물 내부 장소 [㎡] 건물 외부 장소 [㎡] 영업장의 소재지: ※ 건물 외부 장소의 면적은 「식품위생법 시행령」 제21조제8호가목의 휴게음식점영업, 같은 호 나목의 일반음식점영업 또는 같은 호 바목의 제과점영업을 하려는 자가 해당 외부 장소에서 음식류 등을 제공하는 경우만 적습니다. ※ 음식판매자동차를 사용하여 휴게음식점영업 또는 제과점영업을 하려는 경우에는 그 영업장 면적을 해당 음식판매자동차의 자동차등록번호와 함께 건물 내부 장소에 적고, 해당 영업소의 소재지를 적습니다.			

	식품용수의 종류 [ ] 수돗물 [ ] 먹는샘물 [ ] 먹는염지하수
	           [ ] 지하수(먹는샘물 및 먹는염지하수는 제외합니다)
	           [ ] 먹는해양심층수 [ ] 그 밖의 먹는물
	      * 식품용수를 2개 이상 사용하는 경우에는 중복 표기가 가능합니다.			

「식품위생법」 제37조제4항 및 같은 법 시행규칙 제42조제1항에 따라 위와 같이 영업을 신고합니다.

년   월   일

신고인   (서명 또는 인)

특별자치시장 · 특별자치도지사 · 시장 · 군수 · 구청장 귀하

행정정보 공동이용 동의서

본인은 이 건 업무처리와 관련하여 담당 공무원이 「전자정부법」 제36조제1항에 따른 행정정보의 공동이용을 통하여 담당 공무원 확인사항을 확인하는 것에 동의합니다. * 동의하지 아니하는 경우에는 신청인이 직접 관련 서류를 제출하여야 합니다.

신고인(대표자)   (서명 또는 인)

신 고 안 내

〈특별자치도지사 · 시장 · 군수 · 구청장에게 신고를 하여야 하는 업종〉
 1. 즉석판매제조 · 가공업 2. 식품운반업 3. 식품소분업 4. 식용얼음판매업 5. 식품자동판매기영업 6. 유통전문판매업
 7. 집단급식소 식품판매업 8. 기타식품판매업 9. 식품냉동 · 냉장업 10. 용기 · 포장류제조업(자신의 제품을 포장하기 위하여 용기 · 포장류를 제조하는 경우는 제외) 11. 옹기류제조업 12. 휴게음식점영업 13. 일반음식점영업 14. 위탁급식영업 15. 제과점영업

1. 신고한 영업을 폐업하는 때에도 신고를 하여야 합니다.
2. 신고를 하여야 하는 업종을 신고를 하지 아니하고 영업을 하는 경우에는 「식품위생법」 제97조제1호에 따라 3년 이하의 징역 또는 3천만원 이하의 벌금을 부과하게 됩니다.
3. 영업신고를 하려는 자는 「식품위생법 시행규칙」 제40조에서 정한 사항 외에 해당 영업신고와 관련된 다음 법령 위반되거나 저촉되는지 여부를 검토하여야 합니다.
 – 「국토의 계획 및 이용에 관한 법률」, 「하수도법」, 「농지법」, 「학교보건법」, 「옥외광고물등 관리법」, 「하천법」, 「한강수계 상수원수질개선 및 주민지원 등에 관한 법률」, 「수질 및 수생태계 보전에 관한 법률」, 「소음·진동규제법」, 「관광진흥법」, 「학원의 설립·운영 및 과외교습에 관한 법률」, 「청소년보호법」, 「근로기준법」, 「산업집적활성화 및 공장설립에 관한 법률」, 「주차장법」, 「지방세법」 등 그 밖의 관련 법령

| 제출서류 | 1. 교육이수증 1부(「식품위생법」 제41조제2항에 따라 미리 교육을 받은 경우만 해당합니다)
 2. 제조·가공하려는 식품 및 식품첨가물의 종류 및 제조방법 설명서 1부(「식품위생법 시행령」 제21조제1호부터 제3호까지의 영업만 해당합니다)
 3. 시설사용계약서 1부(식품운반업을 하려는 경우로서 차고 또는 세차장을 임대할 경우만 해당합니다)
 4. 「먹는물관리법」에 따른 먹는물 수질검사기관이 발행한 수질검사(시험)성적서1부(수돗물이아닌 지하수 등을 먹는 물 또는 식품등의 제조과정이나 식품의 조리·세척 등에 사용하는경우만 해당합니다)
 5. 유선 또는 도선사업 면허증 또는 신고필증 1부(수상구조물로 된 유선장 또는 도선장에「식품위생법 시행령」 제21조제8호가목의 휴게음식점영업, 같은 호 나목의 일반음식점영업 및 같은 호 바목의 제과점영업을 하려는 경우만 해당합니다)
 6. 「다중이용업소의 안전관리에 관한 특별법」 제9조제5항에 따라 소방본부장 또는 소방서장이 발행하는 안전시설등 완비증명서 1부(같은 법에 따라 안전시설등 완비증명서의 발급대상영업의 경우만 해당합니다)
 7. 식품자동판매기의 종류 및 설치장소가 적힌 서류 1부(2대 이상의 식품자동판매기를 설치하고일련관리번호를 부여하여 일괄 신고를 하는 경우만 해당합니다)
 8. 수상레저사업 등록증 1부(수상구조물로 된 수상레저사업장에서 「식품위생법 시행령」 제21조제8호가목의 휴게음식점영업 및 같은 호 바목의 제과점영업을 하려는 경우만 해당합니다)
 9. 「국유재산법 시행규칙」 제16조제3항에 따른 국유재산 사용·수익허가서 1부 (국유철도의 정거장시설에서 「식품위생법 시행령」 제21조제5호의 식품소분·판매업의 영업, 같은 조 제8호가목의 휴게음식점영업, 같은 호 나목의 일반음식점영업 또는 같은 호 바목의 제과점영업을 하려는 경우 및 군사시설에서 「식품위생법 시행령」 제21조 제8호나목의 일반음식점영업을 하려는 경우만 해당합니다)
 10. 해당 도시철도사업자와 체결한 도시철도시설 사용계약에 관한 서류 1부 (도시철도의 정거장시설에서「식품위생법 시행령」 제21조제5호의 식품소분·판매업의 영업, 같은 조 제8호가목의 휴게음식점 영업, 같은 호 나목의 일반음식점영업 또는 같은 호 바목의 제과점영업을 하려는 경우만 해당합니다)
 11. 예비군식당 운영계약에 관한 서류 1부(군사시설에서 「식품위생법 시행령」 제21조제8호나목의일반음식점영업을 하려는 경우만 해당합니다)
 12. 건강진단결과서 1부(「식품위생법 시행규칙」 제49조에 따른 건강진단 대상자만 해당합니다)
 13. 해당 영업장에서 영업을 할 수 있음을 증명하는 「식품위생법 시행규칙」 별표 15의2에 따른서류 1부[음식판매자동차(「자동차관리법 시행규칙」 별표 1 제1호·제2호 및 비고 제1호가목에따른 이동용 음식판매 용도인 소형·경형화물자동차 또는 같은 표 제2호에 따른 이동용 음식판매 용도인 특수작업형 특수자동차)를 사용하여 「식품위생법 시행령」 제21조제8호가목의 휴게음식점영업 또는 같은 호 바목의 제과점영업을 하려는 경우만 해당합니다]
 14. 「어린이놀이시설 안전관리법」 제12조제1항 및 같은 법 시행령 제7조제4항에 따른 어린이놀이시설설치검사합격증 또는 「어린이놀이시설 안전관리법」 제12조제2항 및 같은 법 시행령 제8조제5항에따른 어린이놀이시설 정기시설검사합격증(「식품위생법 시행령」 제21조제8호가목, 나목, 마목
 또는 바목의 영업을 하려는 경우로서 해당 영업장에 어린이놀이시설을 설치하는 경우만 해당합니다) | 수수료

 28,000원
 (수입인지 또는 수입증지) |

담당 공무원 확인사항	1. 건축물대장 2. 토지이용계획확인서 3. 액화석유가스 사용시설완성검사증명서 (「식품위생법 시행령」 제21조제8호가목의 휴게음식점영업, 같은 호 나목의 일반음식점영업 및 같은 호 바목의 제과점영업을 하려는 사람 중 「액화석유가스의 안전관리 및 사업법」 제27조제2항에 따라 액화석유가스 사용시설의 완성검사를 받아야 하는 사람의 경우만 해당합니다) 4. 자동차등록증(음식판매자동차를 사용하여 「식품위생법 시행령」 제21조제8호가목의 휴게음식점영업 또는 같은 호 바목의 제과점영업을 하려는 경우만 해당합니다) 5. 사업자등록증(음식판매자동차를 사용하여 「고등교육법」 제2조에 따른 학교에서 해당 학교의 경영자가 「식품위생법 시행령」 제21조제8호가목의 휴게음식점영업 또는 같은 호 바목의 제과점영업을 하려는 경우만 해당합니다)

처 리 절 차

신고서 작성 ⇨ 접 수 ⇨ 검 토 ⇨ 결 재 ⇨ 신고증 발급 ⇨ 필요시 시설조사 (15일 이내)

신고인   처리기관 : 특별자치도 · 시 · 군 · 구(식품영업신고 담당부서)

🫘 식품제조 · 가공업소에서는 주기적으로 제조되는 원두커피의 품질검사를 자체적으로 실시하여야 하며 이 경우에는 식품의약품안전처 처장이 인증한 식품위생검사기관에 의뢰하여 검사할 수 있다. 식품의약품안전처홈페이지(www.kfds.go.kr＞정책정보＞시험검사기관＞시험검사기관 지정현황)에서 업데이트 되는 검사기관을 확인할 수 있다.

🫘 자가품질검사 성적서 예

식품시험(검사)성적서

검사책임자	정	이종헌 (인)	부	우현아 (인)

접수번호	A1-101014-138-01	접수일자	2010 년 10 월 14 일
검사용도	자가품질위탁검사용	검사항목	납 외 1종
제품명	카페다 유기농 에스프레소	식품유형	볶은커피
제조일자	2010 년 10 월 07 일	유통기한	
업체명	카페다	대표자	김병훈
업체주소	서울 용산구 한강로2가 46-2		

검 사 결 과

검사항목	기준(규격)	결과	판정
납 (mg/kg)	2.0 이하	불검출	적합
타르색소	검출되어서는 아니된다	불검출	적합
	- 이하여백 -		
판 정	적 합		

비고: 1. 상기 판정은 의뢰된 검사항목에 한함.
2. 이 검사성적서는 의뢰자가 제시한 제품 및 제품명으로 검사한 결과로서 전체제품에 대한 품질을 보증하지 않습니다.
3. 이 검사성적서는 당 센터의 사전 서면 동의 없이 홍보, 선전, 광고 및 소송용으로 사용될 수 없으며, 용도 이외의 사용을 금합니다.
  식품위생법 제24조 및 제31조, 동법 시행규칙 제19조 규정에 의하여 위와 같이 검사성적서를 발급합니다.

2010 년 10 월 27 일 (발급번호 : A1-101027-014)

식품분석연구센터
Food Analysis Research Center
[국가공인 식품위생검사기관, 축산물위생검사기관]

Chapter 7

블랙컨슈머
(악의적인 목적의 고객)
대응

Chapter 7.
블랙컨슈머(악의적인 목적의 고객) 대응

오늘 하루도 의식을 하든 못하든 경제활동을 하는 사람들은 고객을 만족시키기 위한 활동을 하고 때론 고객의 위치에서 상대방의 서비스를 받으며 생활하고 있다. 이 책을 읽는 독자들에게 고객이란 어떤 의미일까? 커피 자체가 좋아 한 잔의 완벽한 커피를 만들기 위한 기술에는 큰 관심을 가지지만 정작 자기가 만든 커피를 마셔줄 대상을 생각하지 않는다면 혼자 맛있게 커피를 만들어 마시는 것으로 만족해야 할 것이다. 바리스타의 입장에서 보면 소비자로서의 고객은 업소를 찾아주시는 손님일 뿐만 아니라 자신의 커피를 음미해 줄 모든 사람들을 의미한다. 자기 가족들과 바리스타 자신도 여기에 포함될 수 있다. 이러한 의미에서 고객이란 바리스타가 빚어낸 결과물을 다양하게 평가하게 될 사람들을 말한다. 하지만 이들 중에는 매우 까다로운 사람들도 있다. 요즘 TV를 보면 냉정한 기준을 세워서 심사를 하고 탈락과 합격을 발표하는 프로그램들이 인기를 얻고 있다.

이와 같이 바리스타에게 고객은 냉정한 심사위원이 될 수도 있고 정이 많은 심사위원이 될 수도 있다. 그래서 고객에게 한 잔의 완벽한 커피를 선사한다는 것은 커피 그 자체 이상의 기대감을 채워주어야 하는 부담이 늘 따른다. 종종 일방적으로 인격적인 모욕이나 험담을 하고 영업에 방해를 주는 사람들도 있다. 가령 "쥐 식빵 사건"에서처럼 개인의 이권을 위해 수단·방법을 가리지 않는 이른바 블랙컨슈머들도 있다. 이 서적을 접하는 대부분의 사람들은 커피 자체의 맛과 향에 반해 순수하게 이 분야에 깊은 관심을 가졌을 거라 예상된다. 하지만 실전에서는 그 순수함이 상처를 받게 되는 심각한 경우도 발생할 수 있다. 블랙컨슈머 대처요령을 터득하여 이 일을 하면서 마음에 상처를 받지 않고 의연하게 대처할 수 있기를 바란다.

1) 블랙컨슈머

자기 자신의 욕심을 채우기 위해 사회적 통념을 벗어나 무조건적인 보상을 요구하는 고객이 늘어나고 있는데 이런 고객들을 일명 블랙컨슈머라고 부른다.

🖲 쥐 식빵 사건

- 사전적 의미
  악성 및 부정을 뜻하는 Black과 소비자를 뜻하는 Consumer를 합성한 용어로 고의적으로 악성 불만을 제기하는 소비자
- 경영적 의미
  - 사업장 운영에 있어서 불가피하고 불가항력적 실수를 악용하여 영업의 지속성을 방해
  - 신용훼손을 빌미로 해당 사업자를 위협하고 업무진행 및 이미지를 실추시키고 금품을 요구
  - 사회적 인정기준을 넘어서는 행동 및 행위를 하는 악성 고객

2) 블랙컨슈머의 행동적 특징과 대응

매장을 운영하다보면 원치 않은 실수로 인해 고객에게 폐를 끼치는 경우가 있다. 이런 실수에 바리스타는 원칙적으로 고객이 용납해주기를 바라기 전에 불편을 끼친 데 대한 사과가 최우선이다. 하지만 이런 사과에도 불구하고 고객 중 일부는 무리한 보상을 요구하는 경우가 있다. 매장을 운영하면서 있었던 사례를 중심으로 그런 고객들의 유형을 정리해보면 다음과 같다.

(1) 블랙컨슈머의 행동적 특성

첫째 책임있는 사람과 면담요청
"사장님(매니저) 나오라고 해!!" 등

둘째 본인 자신의 신분과 상황을 부풀려 이야기하는 경향
"내가 누군지 알고? 이따위로 먹는 거 가지고 장난쳐?" 등

셋째 힘 있는 기관의 마치 영향력 있는 사람인 듯 행동
"경찰청에 있는 ***이나, 식약처에 있는 ***, 구청, 기자들 등"이 친인척인 척

넷째 모든 사람들의 알권리를 충족시켜야 한다고 과장된 상황조성
초면인 손님이면서도 "한두 번도 아니고 이거 인터넷, 소셜 네트워크 등에 올려 알려야 해!!"라고 주장

다섯째 보상에 대해 관심과 기대가 큼
정신적 피해 본 것을 어떻게 책임질 것인지 요구

여섯째 일이 발생된 당시 바로 처리가 안 되면 재접촉의 여운 남김
 – 연락처나 이메일 등을 통해 대표자가 직접 연락하라고 요구, 만일 연락이 안오면 바로 신고하겠다고 엄포
 – 본인은 엄청 바쁜 사람이니 본인이 있는 곳으로 찾아와서 얘기하자고 요구하는 등의 행동

이런 보상 지향적 목적이나 영업장의 불이익을 통해 사업자를 곤란하게 만드는 블랙컨슈머는 원칙에 따라 대응하는 것이 가장 중요하다. 블랙컨슈머를 대응하는 몇 가지 방법을 살펴본다.

(2) 블랙컨슈머 대응요령

① 고객의 요구사항이나 불만사항을 경청하고 메모하여 블랙컨슈머인지 구별한다.
② 고객 안전을 확인하고 재발 방지의 약속과 함께 진심으로 사과한다.
③ 소비자의 피해에 대해서 보상을 받을 수 있음을 설명한다.
④ 식음료업장 및 업계에 대한 피해보상 규정을 설명한다.

> 블랙컨슈머 대응선결 과제
> – 제조물 책임 관련 상해보험 가입
> – 블랙컨슈머 행동 관련 기록 인프라 구축 : CCTV, 녹취(당사자 간 직접대화는 사전 허락없이 녹취가 가능하다)

(3) 블랙컨슈머 대응 시 주의사항

① 일을 급하게 처리하려고 하지 마라.

② 행정처분이 두려워 수습하려 하지 말라.

- 지방자치단체의 행정처분이 두려워 문제를 덮어주는 차원으로 끝내려 할 경우 그것이 빌미가 돼서 더 많은 추가적 요구사항을 들어줘야 한다.

- 로스터리 숍의 경우 원재료인 생두에 돌, 곡물 등 원치 않은 이물질이 들어있는 경우가 있다. 치명이물 자진신고 시행에 따라 블랙컨슈머에 대한 행정관청의 이해가 높아지고 있는 추세로 블랙컨슈머에게 피해를 보고 있다고 지방자치단체 및 관련 관청에 설명을 하면 업장주가 도움을 받을 수 있다.

③ 스스로 해결하려 하지 마라.

- 제3기관(식약처, 지방자치단체, 소비자단체)의 객관적 판단을 활용하여 명확한 귀책을 판단받을 수 있다.

- 영업장 내의 소란과 기물파손 등의 재물손괴에 대해서는 경찰관서의 조치를 받을 수 있다.

④ 정확한 손해산정 없이 피해보상하려 하지 마라

- 제조물 책임에 대한 상해보험을 통해 고객의 피해에 대해 정당하게 보상해 업장의 금전적 피해를 줄일 수 있다.

(4) 블랙컨슈머에 대한 법적 대응방법

① 블랙컨슈머의 요구사항 – 구체적으로 피해범위나 요구하는 금액에 대해 문서로 기술을 받아둔다.

② 블랙컨슈머의 사후행동 – 요구사항이 관철되지 않을 시 사후행동에 대해 온·오프라인으로 확인(언론보도, 인터넷, 행정관청신고를 통한 영업정지 유도 등)

③ 블랙컨슈머에게 원칙 설명

- 정신적 피해보상은 금액으로 산정이 어려우며, 대신 운영업장의 판매 물품이나 쿠폰 등으로 대처 유도

- 상해 시에는 보험을 통해 처리한다는 입장 전달

- 금품 요구에 대한 철회의견 재요청

④ 블랙컨슈머에게 고소장 작성

- 원칙적인 처리 설명을 사실을 근거로 6하 원칙에 의거해 기술하되 블랙컨슈머의 금품요구는 공갈에 해당하며, 금품을 제공하지 않았을 경우 공갈 미수로 고소장을 작성할 수 있다.

- 기물파손 등에 대해서는 사진촬영 및 CCTV 자료 확보, 증빙할 자료가 없으면 불리하다.

⑤ 블랙컨슈머의 철회의사가 없을 시 형사고소

- 업장의 실수를 약점으로 삼아 금품을 요구하는 사항에 대해서는 타협할 수 없다는 업장의 원칙적인 입장을 설명하고 손님에게 해가 된 부분에 대한 행정처분을 받기로 결정했음을 전달한 후 관할 경찰서에 형사고소함을 통보한다. 추가적인 의견은 수사당국의 조사를 통해 이야기하라며 접촉을 끝낸다.

⑥ 고소 전 최종 의견 재확인
  – 금품요구에 대한 철회를 지금이라도 진행 시 고소철회에 대한 의견전달
  – 공갈 및 공갈미수는 "반의사불벌죄(고소인이 고소를 취하하면 공소권이 없어지는 죄(**예** 폭력 등))"가 아님을 설명하고 검찰의 수사가 진행되어 형사처벌될 수도 있다고 분명하게 전달

이때 블랙컨슈머가 철회의사를 밝히면 친필 각서를 받은 후 고소를 중단하면 된다.

각서 작성 시 포함사항
  ① 각서 작성자 이름   ② 주소   ③ 전화번호
  ④ 클레임 내용 및 금품요구 철회의사   ⑤ 작성자 친필 사인 및 인장

참고

블랙컨슈머와의 대화 녹취에 대한 법적 해석
블랙컨슈머와의 대화를 상대방의 허락없이 녹취를 하였을 시 분쟁 또는 법적인 문제로 항의를 하는 경우가 있는데 이는 정보 통신비밀보호법 제3조 제1항에 의거 불법이 아니다. 다시 말해 자기 자신의 대화에 대해서는 상대방의 허락이 없이 녹취를 해도 법적으로 문제가 없다. 단, 타인간의 대화를 녹음하였을 경우 다시 말해 자기 자신의 녹취가 아닌 제3자의 대화내용을 녹취를 했을 경우 법적 문제를 안을 수 있다.

Chapter 8

고객만족과
경영

Chapter 8.
고객만족과 경영

고객이란?

돌아볼 고(顧), 손님 객(客) → 우리가 돌아보고 돌봐야 될 손님이다.

Q 고객은 한마디로 무엇일까?

세계적인 기업이나 저명인사들이 생각하는 고객이란 무엇일까? 우리에게 익히 잘 알려진 표현으로 유명한 일본 소니사의 경우는 "고객은 왕이다"라고 대답을 했고, 이보다 한발 더 나아가 IBM을 오늘날의 명성을 가진 회사로 만든 John F. Akers 회장은 "고객은 황제다"라고 대답을 했다. 이보다도 더 큰 의미로 경영학의 아버지라 불리우는 Peter Ferdinand Drucker는 "고객은 신이다"라고 대답을 했다고 한다.

이는 글로벌한 사회에서 통하는 개념으로 대한민국에만 해당하는 내용이 아니다. 다시 말해 고객 스스로도 '왕같은 대접을 받으려는 본능이 있다'는 것이다. 그렇다면 모든 기업이 고객을 무조건 왕으로 모셔야 할 존재로 인식하는 것일까? 이 물음에 대한 대답은 "그렇지만은 않다"이다.

고객에 대한 기업의 두 가지 상반된 마인드의 예를 보자.

첫 번째, '고객을 옹호하면 고객도 기업을 옹호할 것이다'는 창업주의 고객에 대한 이념이 숨어 있는 예이다. 미국 Stew Lonard Farm Market사는 1969년 설립한 미국의 대표적 1차 농산물 유통판매 업체이다. 창업주 Stew Lonard의 이름을 딴 이 회사는 1992년 단위 면적당 최고의 매출로 기네스북에 등재되어 현재 매년 3억불 이상의 판매를 한다는 뉴스를 본 적이 있다.

이 회사의 기업정신(Our Policy)은 Rule 1. The customer is always right(고객은 언제나 옳다), Rule 2. If the customer is ever wrong, reread rule (만약 고객이 틀렸다면 첫 번째 규칙을 다시 읽어라)이다.

두 번째는 가치 있는 고객만이 항상 옳고 그들이 기업에 영향을 준다는 입장이다. 사우스웨스트항공 CEO Herb Kelleher는 "요즘 모든 기업들이 종교적 믿음처럼 신봉하고 있는 '고객은 언제나 항상 옳다'라는 말은 완전히 틀린 말이다. 이것은 충성된 기업의 종업원을 배신하는 것이다. 고객 중에는 기내에서

폭음을 하고, 이유 없이 직원들을 괴롭히는 등 해를 끼치는 이들이 있다. 따라서 가치 있는 고객들만 항상 옳고 그런 고객만이 대접을 받을 가치가 있다"고 말했다. Herb Kelleher는 일하기 좋은 기업의 대표적 사례를 남긴 경영인으로 즉 서비스와 상관없이 불평불만만 있는 고객들로부터 기업의 직원을 보호해야 한다는 마인드를 지녔다.

이와 유사한 국내 사례로 전 벽산그룹 김재우 CEO가 잘 알려져 있다. "불량 고객을 해고하라." 이렇게 말하는 것은 신성모독에 가까울 지도 모른다. 그러나 뛰어난 기업들은 직원을 해고하기 전에 고객을 해고 하는 것을 고려해봐야 한다는 사실을 알고 있다. 이것은 순간적인 충동에 의한 것이 아니다.

"항상 뭔가를 요구하고 그들을 위해 어떤 노력을 해줘도 거기에 상관없이 불평을 하는 고객, 또는 직원들과 합의점을 찾아보려고 노력하지 않는 고객들은 직원들을 끊임없이 고갈시킬 뿐이다."

그래도 본질적으로 고객은 소중한 존재인 것만은 분명하다. 커피를 아무리 맛있게 만들 수 있다 해도 그 커피를 마시는 사람이 본인 자신이 아닌 이상 내가 만든 커피를 마셔줄 누군가가 필요하다. 만일 한 잔의 커피를 직접 판매하여 이윤창출을 꿈꾸는 로스터 또는 바리스타라면 단지 커피뿐 아니라 그 커피를 마셔줄 대상을 무엇으로 어떻게 만족시키고 나도 만족할 것인가를 생각해야 한다. 더 나아가 '왜 고객이 중요한가? 얼마나 서비스를 해야 하나? 참 고객만족을 위해서는? 충성 고객을 위해서는?' 등 고객서비스의 무한경쟁시대에 살고 있는 고객의 욕구와 가치에 대해 생각해야 한다. 불평하는 고객에게도 감사하며, 손님은 왕이라는 생각으로 고객서비스를 생각해야 한다. 이는 내 원두를 사가는 고객, 내 커피를 마셔주는 고객을 만족시키고 더불어 커피를 만드는 자신도 만족감을 얻을 수 있는 참 서비스라 할 수 있다.

우리는 여기서 분명하게 정립해야 할 것이 있다. 그것은 바로 "우리의 경영목적은 무엇일까?"이다. 맛있는 커피? 마진율? 돈? 아니면 보람? 경영의 최종목표는 역시 이윤일 것이다. 다만 그 이윤을 조성하는 조건과 전략은 고객만족에 있다. 즉 내 커피를 마셔줄 고객을 만족시키겠다는 것이 경영의 최종목표는 아니지만 이윤을 만들기 위한 필수의 과정이라는 것이다. 꿈을 이루기 위해서는 꼭 지켜야 할 과정, 즉 성공전략이다. 커피만 좋은 것이 아니라 일을 하면서 이윤도 얻고 그 가운데 보람도 찾으려면 꼭 고객만족을 실천해야 한다. '나중에 하지…. 이 정도면 대단하지…' 이런 식으로는 고객을 만족시키기 어렵다. 제품의 만족, 영업의 만족, 서비스의 만족 이 세 가지가 열쇠이다.

필자가 지난 몇 년간 약 200개 이상의 커피숍을 컨설팅하면서 창업을 도와준 업체의 사장님들께서 고객만족을 몰라서 경영에 도입하지 못하는 분은 한분도 없었다. 다만 그것을 서비스와 연관시키지 못하는 것이 문제였다. 커피 자체보다 실제 영업에서 더 큰 비중은 고객이 만족하여 다시 찾아오느냐 마느냐에 있다. 비록 커피의 맛이 조금 덜 하더라도 바리스타의 고객응대에 따라서는 이른바 대박집이 될 수도 있다. 그 응대실력에 따라 고객은 '이 집은 서비스가 좋다. 주인이 친절하다' 등으로 평가한다.

고객은 기대감이 있다. 만약 고객이 기대감이 없다면 친절할 필요가 없다. 그 기대감은 일반적으로 제품의 가격에 따라 큰 차이가 있다. 매장에서 영업을 하다보면 단체 손님이 찾아와 전부 다른 메뉴를 주문하는 경우가 있다. 만일 가장 바쁜 타임에 단체 손님이 전부 다른 메뉴를 시킬 경우 바리스타의 표정은 매우 중요하다. 오히려 바리스타가 손님에게 '이렇게 시키면 늦게 나옵니다!'라고 인상을 쓰며 응대하는 경우도 있다. 이 바리스타의 응대가 잘못되었다고 한마디로 단정 짓기는 어렵다. 어떤 커피숍의 경우 커피의 가격이 매우 저렴하여 손님들이 어떤 서비스를 받기보다는 커피를 한 잔 마시기만 하면 된다고 생각하기도 한다. 고객이 서비스에 대한 기대감을 미리 포기한 상태에서는 이런 응대가 나쁘다고만 하기 힘들다.

만일 이런 식의 응대를 특급호텔 웨이터가 했다면 상황은 180도 바뀔 수 있다. 기대와 욕구에 대한 만족도에 따라 고객은 평가를 하게 되고 그 내용을 주변에 전파한다. 이러한 평가는 급속도로 전파된다. 필자가 창업한 커피숍 중에 특별히 손님이 많은 곳들의 공통적인 특징은 밝은 미소로 인사를 친절하고 상냥하게 잘한다는 점이다.

'손님께서 돈을 가지고 우리샵에 들어와 써주시니 머리 숙여 감사하게 잘 받겠습니다.'라는 인사인 것이다. 그렇다. 너무 직설적인 표현일지 모르지만 돈을 쓰러 온 고객을 반길 줄 모르면 경영자의 마인드라 할 수 없다. 당장 거울 앞에 달려가 인사하는 본인의 인상을 평가해 보길 바란다. 고객을 웃으며 맞이할 줄 모르는 바리스타의 커피는 아무리 맛있어도 그 맛이 100% 고객에게 전달되기 어렵다. 커피 한 잔을 마시고 떠나는 고객에게 진심으로 감사함이 담긴 인사와 함께 다시 찾아와 달라는 인사로 응대를 한다면 바리스타로서의 훌륭한 자질이 있는 것이다.

이런 자세는 진심으로 맛있는 커피 한 잔과 커피를 통한 여유를 만들어 주겠다는 욕구가 있다면 가능하다. 손님이 찾아와 내가 만든 완벽한 커피 한 잔을 찾는 것이 너무나도 즐겁고 반가워 죽겠다는 어느 연세 많은 바리스타의 얘기를 독자 분들도 의미있게 생각해보기를 바란다. 필자가 생각하는 고객만족은 결국 개인적인 감정을 뒤로하고 무조건 고객을 만족시키는 것에 초점을 두라는 것은 아니다.

고객만족의 논리는 고객의 만족이라는 수단을 통해 결국 경영자의 이익 즉 돈을 번다는 것이다. 고객만족의 연구자인 올리버(R. Oliver)는 고객만족은 고객이 실제로 구매한 후의 소비 경험과 고객의 사전 기대가 어느 정도 일치하느냐에 따라 결정되는 것이라 했다. 고객의 욕구와 기대에 부응해야만 그 결과로서 상품과 서비스의 재구입이 이루어지고 고객의 신뢰감도 연속된다는 것을 잊어서는 안 된다. 고객은 내가 만드는 커피의 가치를 가장 정확하게 알아주는 가장 중요한 자산임을 정확하게 인식해야만 한다. 커피를 마시고 싶다는 고객의 욕구 내면에는 서비스 좋은 곳에서 분위기 있게, 향기있는 커피를 마시고 싶은 기대감이 있다는 것을 명심하자.

🔘 매장에서 손님에게 음료를 응대하는 기본적인 예

손님과 눈을 마주치고 인사를 한다.

매장 : "안녕하십니까. 카페다입니다. 주문을 도와드리겠습니다."
손님 : "에스프레소 한 잔하고 아메리카노 한 잔 주세요."
　　　(주문을 받고 결제를 한다)
매장 : "8000원입니다. 결제해 드리겠습니다. 감사합니다. 잠시만 기다려 주십시오"

1. 쟁반에 접시 2개와 스푼 2개를 먼저 준비한다(컵의 손잡이와 스푼은 11자형으로 놓는다).
2. 예열된 데미타세 빈 잔과 아메리카노 빈 잔을 준비한다.
3. 머신에서 물을 한 번 빼준다(추출 압력을 확인해 기계 이상 유무를 판단).
4. 머신에 결속되어 있는 포터필터를 뺀다(이때 한 손은 머신 왼쪽을 잡고 한 손은 포터필터를 잡으면 수월하다).
5. 행주로 포터필터에 있는 물을 닦아 준다(마른행주 사용).
6. 분쇄한 커피가루를 담는다.
7. 포터필터에 담은 커피가루를 템퍼로 눌러준다(엄지손가락과 검지손가락으로 수평 확인).
8. 템퍼로 누른 후 남아있는 커피 가루가 있다면 너클박스에 버린다.
9. 포터필터를 장착 후 바로 추출버튼을 눌러 샷잔과 데미타세 잔으로 에스프레소를 받는다.
　 – 커피가 추출되는 것을 보면서 커피 상태를 알아보는 것도 중요하다.
10. 압력은 9기압 정도, 온도는 92~95℃ 전후에서 25초(±5) 안에 25㎖의 커피를 추출한다.
11. 추출한 데미타세잔은 바로 접시 위에 올려놓고, 샷글라스 잔에 있는 것은 아메리카노 잔에 빠르게 넣어준다.
12. 쟁반을 들기 위해서 무거운 잔을 쟁반 센터에 놓는다.
13. 무릎을 살짝 구부려 쟁반의 중심을 왼손 손바닥으로 받친다.
14. 손님 테이블 바로 앞으로 가지 않고 테이블에서 한 발자국 떨어진 위치에 서서 커피를 드린다.
　 "실례하겠습니다."
　 – 처음에 눈과 눈으로 인사를 한다.
　 – 커피를 즐겁고 기쁘게 드실 수 있는 마음을 전달하는 것도 중요하다.
15. 손님 테이블에 전달할 때에는 스푼이 뒤로 오게 놓아 드린다.
16. 손님의 눈을 보고 "맛있게 드세요"하고 돌아온다.
17. 돌아와서 머신에 포터필터에 있는 커피가루를 제거한 후 포터필터를 닦아 깨끗한 상태로 장착한다.

※ 손님이 주문한 것들을 2분 안에 전달을 해야 고객이 기다리는 지루함을 느끼지 않는다.

Chapter 9

에스프레소머신·
로스터기 엔지니어
이론과 실무

Chapter 9.

에스프레소 머신 · 로스터기 엔지니어 이론과 실무

🫘 파트별 주요 부품 원리와 유지관리법
🫘 씨메05 · STC · 일렉트라 · 씨메03네오 · 에스프레소 머신 엔지니어 교육 과정
🫘 에스프레소 머신 그라인더 & 로스터기 청소 및 유지관리방법

커피머신 정비

바리스타의 기술 중에는 커피를 맛있게 만드는 기술만큼이나 중요한 것이 자신이 사용하는 커피머신의 관리이다. 관리라고 해서 바리스타 모두가 커피머신 A/S엔지니어가 되어야 한다는 것은 아니다. 적어도 자신이 사용하는 기계에 애착을 가지려면 액세서리(accessory) 부품 정도는 바리스타가 손수 구입해 주기적으로 교환할 수 있어야 한다. 액세서리(accessory)부위도 그라인더와 마찬가지로 거의 모든 머신의 메커니즘이 유사하기 때문에 자신이 사용하는 머신에 적용하면 된다. 더 나아가 맛있는 커피를 내릴 수 있도록 머신 컨디션을 항상 최상으로 유지시켜주기 위해서는 그만큼 메커니즘의 이해와 정확한 유지관리법에 대해 알아둘 필요가 있다. 문제발생 시 신속하게 조치할 수 있는 바리스타가 된다면, 자신의 가치가 상승함은 물론이고 가장 중요한 고객 만족에 분명히 도움이 될 것이다.

🖊️ 파트별 주요 부품의 원리와 유지관리법

🔵 커피머신의 구조도

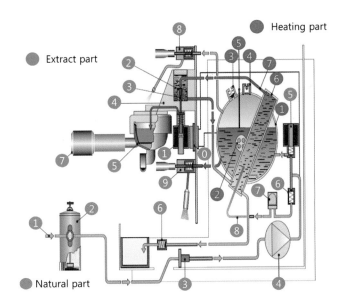

- Natural part : 1. 급수 2. 정수시스템 3. 물 주입 연결부 4. 모터 펌프 5. 입구 솔밸브 6. 일방향 밸브 7. 플로우 메타
  8. 냉수

- Heating part : 1. 보일러 2. 히터 3. 안전밸브 4. 진공 제동 밸브 5. 수위 제어 센서 6. 열교환기 7. 온수

- Extract part : 1. 3way 솔밸브 2 필터 3. 인젝터 4. 그룹 헤드 5. 필터 바스켓 6. 확장 밸브 7. 포터필터 8. 스팀 9. 온수
  0. 압력 게이지

1) Natural part

에스프레소 머신에 최초로 물이 유입되는 단계이다. 주요 부품으로는 2way 입구 솔레노이드 밸브와 플로우 메타가 있으며 이 부품들은 수질에 따라 막힘과 보일러 만수 등의 문제가 발생하는 만큼 정수시스템의 관리가 가장 중요한 파트이다.

(1) 정수시스템

상수도와 지하수는 물의 성분이 다르기 때문에 각각에 맞는 정수시스템 구축이 중요하다. 상수도의 경우 경수 성분과 염소의 함유로 인해 음료의 맛에 방해 되는 특유의 향과 잡미가 날 수 있으며, 지하수의 경우는 감칠맛이 나지만 광물질의 함유량이 많아 머신 내부가 스케일에 노출될 위험성이 커 추가적인 연수시스템을 고려해야 한다.

KC인증을 받지 않은 필터

KC인증을 받은 필터

저가형 필터의 경우 개인이 유지관리하기 힘든 부분이 많으며 필터의 교체시기를 인지하기가 쉽지 않다. 정수필터는 성능과 유지관리가 중요하기 때문에 필터를 교체하기 쉽게 설계되어있고, 육안으로 오염도를 확인할 수 있어 교체시기를 쉽게 파악할 수 있는 필터를 사용하는 것이 좋다.

커피머신 전용필터의 핵심은 물맛과 스케일억제 기능이다. 상수도의 경우 염소소독약 냄새와 특유의 맛으로 인해 음료로 사용하기 부적합하다. 모든 정수기에는 염소제거성능이 필수로 들어가지만, KC인증을 받은 정수필터의 경우 염소제거율이 90~100%이다. 커피머신 고장의 주원인 중 하나가 스케일로 인한 문제이다. 스케일은 시간이 흐를수록 점점 그 양이 늘어나 커피보일러와 히터의 열효율을 떨어트리고, 각 부품이 막히거나 파손됨은 물론 물과 스팀의 맛과 향에도 나쁜 결과를 초래한다. 따라서 인산염이 들어가 스케일이 억제되는 정수기 또는 연수기를 업장환경에 맞게 선택하고 교체일자를 기록하여 업장의 수질에 맞는 교체주기를 파악하고 주기적으로 즉각 교체한다. 이때 여분의 필터를 미리 구비하면 물맛의 변화나 정수필터의 교체 증상이 보일 때 신속하게 대처할 수 있다.

(2) 모터와 펌프(Motor, Pump)

그림 1 콘덴서, 모터, 프로콘 펌프

펌프는 모터의 회전력이 프로콘 펌프의 회전날개(Rotor)에 전달되어 자연수압(1~5bar)을 에스프레소 정격 압력인 9bar까지 상승시켜주는 역할을 하는 부품이다. 모터의 내부는 코일과 구동축으로 이루어져 있으며 전자석의 원리에 의해 가동된다. 모터에서 일어나는 고장은 극히 드물지만 물이 들어가 녹이 생기거나 무리한 사용, 특히 단수를 인지하지 못하고 사용할 때에 고장이 날 수 있다.

프로콘 펌프의 수압 조절 나사(Balanced Bypass Screw, 그림 2)를 통해서 추출 압력을 조절할 수 있다. 나사를 우측으로 돌리면 압력이 상승하고 좌측으로 돌리면 압력이 낮아진다. 지나치게 조절할 경우 펌프에 무리가 가거나 조절나사가 본체에서 빠져 버릴 수 있으므로 주의한다.

그림 2 프로콘 펌프 압력 조절나사

추출 버튼을 눌러도 압력이 상승하지 않을 때 스타트 모터의 작용을 해주는 콘덴서의 수명이 다했을 경우와 프로콘 펌프가 고장 났을 두 가지를 생각해볼 수 있다(그림 4). 이때는 프로콘 펌프와 모터를 분리해서 개별 상태를 진단하여 수리하거나 교체하는 것이 현명하다. 분리했을 때 모터가 작동이 안 된다면 모터나 콘덴서가 문제가 있는 것이고 모터는 작동하는데 프로콘 펌프의 회전축(Coupling)을 손으로 돌렸을 때 잘 돌아가지 않는다면 프로콘 펌프의 회전날개(Rotor)가 고장난 것이다.

그림 3 프로콘 펌프 커플링

그림 4 고장난 프로콘 펌프

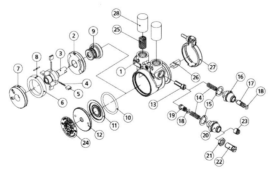

1 Housing	11 Shaped Disk	20 Balanced Bypass Nut
2 Rear Flange	12 Threaded Cap	21 Lock Nut
3 Rotor	13 Open Vlave	22 Balanced Bypass Screw
4 Pin	Solid Valve	23 Balanced Bypass Screw
5 Vane	14 Spring	24 Label
6 Liner	15 Washer	25 Spring
7 Front Flange	16 Bypass Nut	26 Coupling
8 Alignment Pin	17 Bypass Screw	27 Assembled Clamp
9 Mechanical Seal	18 O-Ring	28 Cap
10 O-Ring	19 Bypass Plunger	

(3) 2way 입구 솔레노이드 밸브(2way Solenoid Valves)

그림 1 2way 입구 솔레노이드밸브

그림 2 솔레노이드 밸브 분해 사진

솔레노이드라 함은 자기장을 형성하는 전자 자석이다. 솔레노이드 밸브 안에는 스프링으로 둘러 쌓여 있는 플런저(쇠뭉치)가 있는데 비유하자면 수문의 역할을 한다. 추출 버튼을 눌러 전기적 신호가 전달되면 전자 자석인 코일이 추출구를 막고 있는 플런저(쇠뭉치)를 끌어당겨 물이 공급되게 하고, 전기적 신호가 끊기면 플런저를 감싸고 있는 스프링의 장력으로 인해 단단하게 닫히게 된다. 2way 솔레노이드 밸브는 보일러 급수 및 온수 유출을 위해 사용된다. 아래 그림에서처럼 물의 유입과 차단, 해제의 양방향만 관리하고 있다.

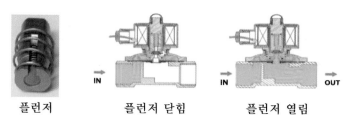

플런저   플런저 닫힘   플런저 열림

그림 2의 분해된 사진을 보면 숫자 1에서 2로 향하는 가운데 물이 배출되는 출구 구멍이 상당히 작은 것을 알 수 있다. 이는 이물질이나 스케일로 인해 물이 공급이 안 되는 문제가 생길 수 있으며 출구에 스케일이 쌓이거나 플런저의 패킹이 마모되어 완벽하게 물이 차단되지 않아 보일러가 만수되는 문제가 생길 수 있다.

그림 3 안전봉과 수위감지봉

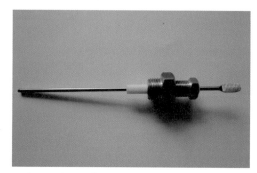

그림 4 수위감지봉(Water Level Probe)

안전봉(그림 3 ①)은 보일러가 전기용량대비 수량이 적기 때문에 가열에 의해 단시간 증기가 발생하고, 그로 인해 물량 부족을 원인으로 한 화재를 예방하기 위해 보일러 내 저수위를 확인하기 위한 안전장치이다. 수위감지봉(그림 3 ②)은 물을 수위를 감지하는 센서로서 보일러 물이 증발 또는 사용되면 설정된 수위만큼 물을 채워주는 역할을 한다. 이때 보내지는 신호를 감지하여 2way 솔레노이드 밸브가 물의 유입과 차단을 하여 적정수위를 유지한다. 쇠봉의 깊이로 수위를 조절할 수 있으며 쇠봉이 스케일로 덮이게 되면 수위를 감지 못할 수 있다. 이때는 쇠봉을 꺼내어 스케일을 제거해주면 쉽게 문제가 해결된다.

(4) 플로우 메타(Flow Meter)

그림 1 플로우 메타

그림 2 플로우 메타 부품

커피의 추출량을 자동적으로 제어할 수 있도록 만들어주는 핵심 부품이다. 그림 2의 분해된 플로우 메타를 보면 풍차같은 날개가 있는데 그 안에는 물량감지 유동 자석이 들어 있다. 물이 유입되고 배출되는 수압에 의해 회전하게 되면 한 개 또는 두 개의 점으로 보이는 자석이 회전량만큼 자력을 형성하게 되고 자력의 상단부의 픽업 코일이 자력을 감지하여 그 강도만큼 물의 유입량을 측정하게 된다.

플로우 메타 상단부에는 전기 신호를 감지하고 기억하는 메모리 칩이 있으며 고장이 났을 경우 물량 세팅이 불가능하게 된다. 추출량이 저장이 되지 않거나 자동추출 버튼을 눌렀을 때 셋팅값만큼 멈추지 않는다면 플로우 메타와 케이블의 고장을 의심해야 한다.

그림 3 플로우 메타 유입 · 배출구

스케일이나 이물질로 인해 플로우 메타의 물 유입구와 배출구가 막혔을 경우 커피가 추출되지 않을 수 있다. 이물질을 제거하면 문제를 해결할 수 있으나 경험이 없다면 전문가에게 의뢰하는 것을 추천한다. 플로우 메타에는 항상 뜨거운 물과 압력이 차 있으므로 작업 시 안전사고에 주의한다. 만일 작업을 하게 될 경우, 급수를 차단하고 머신의 전원을 off하여 보일러를 충분히 식혀준 다음 분해하도록 한다. 열교환기의 물이 유출되기 때문에 바닥에 수건을 깔아 놓고 작업하는 편이 좋다.

2) Heating part

Natural part에서 공급받은 급수를 커피가 추출되기 위한 온도로 가열시켜주는 파트이다. 보일러는 히터에 의해 가열된 물과 증기를 보관하는 역할을 하며 여기서 가열된 물과 스팀은 열 교환기의 물을 중탕의 방식으로 가열하고 온수로 사용되며 증기는 우유 스티밍을 할 때 사용된다. 전기 히터의 특성상 장시간 사용 시 스케일의 문제를 피해가기 힘들며 인산염이 들어간 정수시스템의 유지관리를 통해 현상을 억제할 수는 있으나 가장 이상적인 관리법은 스케일큐어를 하여 정기적으로 스케일을 제거하는 것이 좋다.

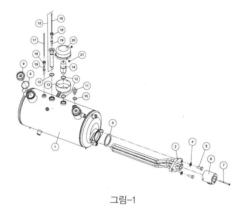

그림-1

(1) 보일러(Boiler)

Heating pats의 핵심 몸체 보일러의 종류에는 ① 단일형 보일러, ② 개별형 보일러, ③ 분리형 보일러, ④ 혼합분리형 보일러, ⑤ 혼합개별형 보일러 등이 있다. 그림-1 단일형 2그룹 보일러의 용량은 열교환기의 100~600ml용량을 제외한 9L~15L이며 전기 히터가 물에 잠겨있지 않을 경우 과열로 인한 파손이 될 수 있기에 50%~70% 정도 물량이 수위감지 봉센서(보일러의 수위를 감지하는 장치)에 의해 평균적으로 유지되고 있으며 나머지 공간은 스팀이 차지한다. 1개의 히터에 의해 물과 스팀 열교환기가 가열이 되며 사용되는 전력량은 3~5kw이다. 히터의 전력량이 높기 때문에 전기공사 시 커피 머신 전용으로 단독 차단기가 필요하다. 보일러에는 히터를 포함해서 안전밸브[1], 진공 제동 밸브[2], 온도 제어 센서 등 여러 부품들이 상호작용하고 있다. 물에 직접적으로 노출되어 가열하는 히터에서 스케일이 형성되며 이로 인해 여러 부품들이 제 기능을 못하게 될 수 있다. 보일러 관련 문제가 발생했을 때 스케일 문제를 의심해볼 필요가 있으며 수위감지봉이나 온도센서 등은 스케일큐어로 쉽게 고쳐지기도 한다.

1) 안전밸브(Safety Valve) : 과압에 의한 사고를 막아주는 안전밸브이다. 보일러 내부의 압력과 안전밸브 내의 스프링의 힘의 균형을 감지하여 설정된 보일러 스팀압력 이상을 초과할 시 오버된 스팀을 배출시킴으로써 보일러가 터지는 사고를 사전에 막아준다. 고장으로 인해 누수되는 물이 머신 외부로 배출될 수 있도록 배수 시스템이 되어 있다.

2) 진공 제동 밸브(Vacuum Break Valve) : 진공상태로 인한 오작동을 막아주는 밸브이다.

보일러 내부의 물이 가열되어 증기가 발생되기 전 보일러가 진공상태일 경우 오작동이 날 수 있는데, 이를 사전에 진공밸브를 통해 공기를 주입하므로 진공상태를 막는 역할을 한다.

(2) 히터(Heating Element)

히터의 위치와 과열방지 스위치

2열 히터와 3열 히터

히터는 보일러의 물을 가열하여 온수 스팀을 만들어 주며 그 열로 열교환기를 가열시켜주는 부품이다. 커피머신에 쓰이는 히터는 수식 히터로서 물속에서 발열하며 동이나 스테인리스 스틸의 재질로 만들어진다. 물속에서 가열되는 특성상 곰팡이나 이물질로 인한 문제는 없으나 스케일이 생성되기 좋은 조건을 갖추고 있다. 스케일은 보일러를 포함해 머신의 물이 흐르는 관과 이를 제어해주는 부품들을 손상시킬 수 있으므로 정기적으로 보일러 청소 시에 스케일큐어 작업을 해주는 게 좋으며 스케일 억제 기능이 탁월한 정수, 연수기를 사용하고 주기적으로 관리해주는 것이 좋다. 3~5kw의 고전력을 사용하며 가열 온도가 최대 350℃로 높기 때문에 누전 차단기처럼 과부하를 막아주는 역할을 하는 과열 방지기 등의 안전장치가 장착되어 있다. 히터에 문제가 생겼을 경우 전기사고의 위험이 있으니 기술자에게 의뢰하거나 작업 시에는 꼭 차단기가 내려갔는지 확인하고 작업하는 것이 중요하다.

(3) 열 교환기(Heat Exchanger)

일체형 보일러시스템의 경우 커피를 추출하는 물은 보일러에 저장된 것이 아니라 보일러를 관통하는 열교환기라는 저장공간을 통해 공급된다. 열 교환기는 보일러 내부에 커피를 추출하기 위한 300~600ml 용량의 물을 저장할 수 있는 관을 삽입하여 히터에 의해 가열된 보일러 물과 스팀의 열에 의해 열교환기 내부에 공급된 물이 간접적으로 가열되는 방식을 취한다. 열교환기 내부에는 신선한 물이 순환되며 중탕의 방식으로 가열되기 때문에 스케일 침전으로 인한 물맛의 변화가 적은 장점이 있다. 다만 중탕의 특성상 가열되는 속도가 느리고 더욱이 냉수가 유입되기 때문에 연속추출을 하여 열교환기 내부에 냉수가 유입되거나 보일러의 온수를 사용하여 보일러 내부에 냉수가 유입될 시 추출 온도가 저하될 수 있다. 에스프레소 머신의 열교환기(Heat exchanger) 종류는 관통식과 내장식의 2가지가 있다.

3) Extract part

고온고압으로 추출되어야 하는 커피의 메커니즘이 natural part, heating part를 거쳐 포터필터에 담긴 커피로 추출되어지는 마지막 단계이다. 추출버튼과 스팀, 온수 작동 레버 등이 위치해 있어 바리스타가 제일 많이 접하게 되는 부분이며 청소와 소모품 교체 등 유지관리가 활발한 곳이기도 하다.

(1) 그룹 헤드

그룹 헤드 몸체(Delivery unit)

필터, 인젝터

3way 솔레노이드 밸브

bell홀더 뭉치

그룹 헤드는 커피를 담은 포터필터를 결합할 수 있게 해주고 추출을 위한 부품들을 담을 수 있는 몸체이다. 그룹 헤드의 상단부에는 1차적으로 이물질을 여과시켜주는 필터가 있고 여과된 물이 고압으로 전달될 수 있도록 작은 추출구를 가진 인젝터 나사가 있다. 스케일이나 이물질로 인해 망이 손상되거나 인젝터 나사의 추출구가 막힐 경우 커피가 추출되지 않는다. 이때는 얇은 철사로 이물질을 제거해주면 된다. 그룹 헤드는 열 교환기의 물을 헤드 내부로 순환하게 하여 에스프레소 추출에 적합한 온도로 가열된 물이 추출되는 순간까지 온도를 잃지 않도록 보온해주는 역할도 한다. 때문에 커피를 추출하지 않을 때에도 포터필터를 결합하여 그룹 헤드와 포터필터가 예열이 된 상태를 유지하는 것이 좋다.

(2) 3way 솔레노이드 밸브

솔레노이드 밸브

관리 부족, 노후된 솔레노이드 밸브

2way 솔레노이드 밸브와 작동하는 원리는 같으나 커피 추출을 위해 설계되어있다. 물의 유입과 차단을 하는 기능 외에 추출되고 남은 그룹 헤드의 잔여물을 배출시켜주는 기능이 추가되어 있는데, 이는 커피가 추출되고 남은 물이 그룹 헤드로 역류해 오염시킬 수 있는 원인이기 때문이다. 청소를 주기적으로 안 할 경우 솔레노이드 밸브 내부의 플런저 스프링 사이에 이물질이 쌓여 솔레노이드 밸브가 작동하지 않을 수 있다. 약품을 사용하여 매일 역류청소를 해 관리하는 것이 좋다

(3) 스팀, 온수 Assembly

보일러의 스팀과 온수를 막고 있는 개스킷 시트(그림 2의 3, 4번 부품)를 레버를 통해 개방하고 폐쇄하여 스팀과 온수를 사용할 수 있게 해주는 장치이다. 레버식과 다이얼식이 있으며 온수의 경우 자동버튼 방식도 있다. 작동원리를 수동형 솔레노이드 밸브라고 생각하면 이해가 쉽다. 스팀 사용 시 유의사항은 사용 후 즉시 청소하는 습관을 들여야 한다는 것이다. 특히 외관을 닦는 작업보다 스팀을 빼주는 작업이 선행되고 중요시 되어야하는데 이는 노즐의 구멍을 막을 수 있는

그림 1 스팀, 온수

이물질이 생기는 것과 이전에 가열한 음료의 잔여물이 상해서 비위생적인 박테리아 생성을 예방하기 위함이다.

청소가 잘 이루어지지 않았을 경우 스팀완드나 노즐팁에 이물질이 쌓여 압력이 약해질 수 있다. 이 때 노즐팁을 분해하여 라떼아트 펜이나 송곳으로 배출구의 이물질을 제거하고 스팀완드 내부를 청소솔로 청소해준다. 스팀이 새거나 거친 거품이 생성되는 문제가 발생한다면 소모품인 개스킷과 노즐 오링의 마모로 인한 문제이니 소모품 교환을 통해 관리하여야 한다.

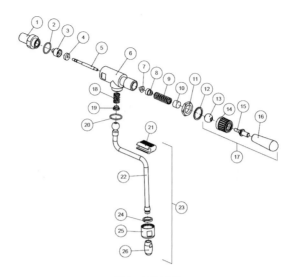

그림 2 스팀 분해도

씨메05 · STC · 일렉트라 · 씨메03네오 에스프레소 머신 엔지니어 교육 과정

1) ENGINEER TECHNIQUE

(1) 엔지니어 기본 장비

엔지니어에게 장비는 수술 도구와 같다. 활용도 높은 장비가 많을수록 작업은 편리해지며 완성도 또한
높아진다. 장비에 관심을 갖고 투자를 아끼지 말아야 한다.

정밀 드라이버, 스크류 드라이버, 송곳, 폭스드라이버, 큰
스크류 드라이버

바이스 그릴 플라이어, 롱노즈 플라이어, 스트리퍼컷터,
사이드컷터플라이어

각종 스패너, 끌, 커터칼, 톱, 함석 가위

육각 렌치, 12mm 육각 렌치(그룹 헤드, 열교환기), 라쳇
핸들

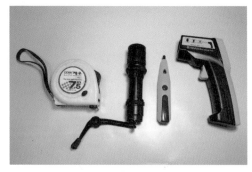

줄자, 플래시, 전기 테스터기, 온도계

구리스, 순간접착제, 절연테이프, 테프론, WD-40, BW-
100(제습기)

청소용 철솔, 철 수세미, 청소용 붓

(2) 정수, 급수를 위한 각종 피팅과 사용법

정수, 급수를 설치하기 위한 기본 피팅은 어느 하나라도 없을 경우 설치가 불가능할 정도로 각각의 역
할이 중요하다. 따라서 항시 재고파악을 하여 모든 피팅을 여유있게 준비하는 습관을 들이도록 한다.

① 커팅기

고압 튜브를 정밀하게 절단하는 용도로 사용한다. 피팅
작업 시 물이 묻을 수 있다. 이때 물기를 제거하지 않고
보관하게 되면 쉽게 녹이 슬 수 있다. 녹이 슨 커팅기는
새 것이어도 절단이 잘 되지 않을 수 있으므로 보관에
주의한다.

② 일방향 밸브

급수의 흐름을 한 방향으로 흐르게 하는 피팅이다. 역
류로 인한 문제를 방지하며 에스프레소 머신의 수압을
일정하게 유지시켜주는데 도움이 된다.

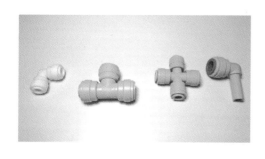

③ 1/4 엘보우 피팅, 이퀄 T자 피팅, 4방향 이퀄 피팅, 3/8 엘보우 피팅

좁은 설치 환경을 극복하는데 유용한 피팅들이다.

④ 잠금밸브, 3/8 플러그, 1/2 플러그(직수)

물의 유입과 차단 용도로 사용하는 피팅이다. 특히 잠금밸브는 정수기 교체 시 급수를 제어해주는 필수 피팅이다.

⑤ 1/2 직수용 피팅, 3/8 ↔ 3/4 제빙기 피팅

가장 보편적으로 사용되는 사이즈의 급수연결 피팅과 제빙기 급수연결 피팅이다.

⑥ 3/8 ↔ 1/4 변환 피팅, 이퀄 피팅

3/8에서 1/4 고압 튜브로 전환해주는 피팅으로 정수기와 식수용 파우셋에 유용하게 사용된다.

⑦ 2way 피팅, 3way 피팅

물 공급의 방향을 나누어주는 분배 피팅이다

⑧ 3/8피팅, 1/2피팅

에스프레소 머신 급수 후렉시블과 직수에 고압 튜브를
연결 시켜주는 피팅이다.

⑨ 3/8 고압 튜브, 1/4 고압 튜브

안전성과 위생을 고려하여 NSF(National Sanitation
Foundation)와 같은 기관에서 인증한 튜브를 사용하는
것이 좋다.

🫘 피팅 사용법

올바른 피팅 사용법을 익혀야 누수를 방지할 수 있으며 창의적인 피팅 사용으로 정수기, 제빙기, 온수
기, 식수용 파우셋 등 작업에서 외관상으로도 프로다운 마감 처리를 할 수 있다.

피팅 전용 커팅기를 사용하여 최대한 수평으로 자른다. 수평이 안 맞을 경우 누수의 위험이 있다.

수평으로 힘을 주어 끝이 닿는 느낌이 올 때까지 결합한 후 피팅을 잡고 호스를 당겨서 단단히 결속된 것을 확인한다. 결합
이 느슨할 경우 누수의 위험이 있다. 피팅을 제거할 때는 연결부위를 수평으로 양쪽 균등하게 누른 후 제거한다.

누수의 방지를 위해서 급수용 피팅이나 머신의 누수 방지가 필요한 나사 등에 테프론 작업을 한다. 여유분의 테프론을 엄지로 고정하고 나사가 조여지는 반대 방향으로 감는다. 금속과의 결합과 다르게 같은 아세탈 재질과의 결속을 할 경우에 너무 과한 테프론 작업은 오히려 틈을 벌려주어 누수의 위험이 있다.

(3) 에스프레소 머신 설치

일렉트라 에스프레소 머신을 표본으로 반자동 에스프레소 머신 설치 · 분해 조립 과정을 배워보도록 한다.

☕ 에스프레소 머신 설치 권장사항 및 안전 규제

기본적인 안전에 관한 사항이며, 이는 기계의 설치, 작동 및 유지보수 작업 시 꼭 알아야 한다.

☕ 기계의 사용에는 다음과 같은 기본적인 규칙에 대한 준수

- 기계는 반드시 기온이 5℃ 아래로 떨어지지 않고 40℃ 위로 올라가지 않는 환경에서만 사용해야 한다.
- 흡입 및 배기 그릴을 막지 말아야 한다. 특히, 천이나 그 유사한 것으로 상부 컵 트레이를 씌우면 안 된다.
- 기계에는 물이 들어있는 물 서킷이 있으며, 이는 얼지 않도록 해야 한다. 그렇지 않을 경우 기계가 손상 될 수 있다.
- 기계 청소에는 물 분사기를 사용하면 안 된다. 또는 청소에 물 분사기가 사용될 수 있는 장소에 설치하는 것은 좋지 않다.
- 기계는 수평으로 설치해야 하며, 경사지게 설치해서는 안 된다. 기계설치는 컵 가열 트레이가 바닥에서 1m 이상이 되는 높이에 위치할 수 있도록 그 높이를 정해야 한다.
- 손이나 발에 물기 또는 습기가 있을 경우, 기계를 만지면 위험하다.
- 맨발로 기계를 작동하면 위험하다.
- 기계를 비, 태양 등에 노출시키는 것은 좋지 않다. 옥외 사용에는 적합하지 않다.
- 마찬가지로, 기계사용에 경험이 없거나 지식이 없는 사람들이 그들의 안전과 감독에 책임이 있으며 그들에게 기계사용에 대한 교육과 훈련을 시키는 다른 사람의 도움 없이 기계를 사용하지 못하도록 해야 한다.
- 어린이들이 기계를 가지고 놀지 못하도록 성인이 항상 감독해야 한다.

설치 시작

TIP 에스프레소 머신을 머신박스 위에 뒤로 눕힌 채로 배수호스 및 급수 호스 설치작업을 시작한다. 이때 박스 위에 동봉된 비닐이나 스티로폼을 깔 아주면 머신에 상처가 나는 것을 예방할 수 있다.

Step 1. 배수호스 설치

일렉트라 머신에는 20mm 메인, 18mm 서브의 두 가지 호스가 제공된다.

메인 배수호스 작업 시 설치하는 호스는 굵은 호스를 사용한다. 이때 호스밴드를 약간 키워 호스에 장착한 후 머신배수 구에 호스를 결합하고 호스밴드를 단단히 조여 준다. 호스의 끝부분은 대각선으로 잘라주면 배수가 원활할 수 있도록 도 와준다. 배수 호스의 끝부분이 평평한 경우에는 배수가 원활히 이루어지지 않는 경우가 생길 수 있기 때문에 미연에 방 지하는 것이 좋다.

서브 배수호스 작업은 하는 것이 좋다. 보일러에 수위센서의 문제나 급수밸브에 문제가 생겨 보일러가 만수되었을 경우 서브 배관에서 물이 흘러나올 수 있기 때문에 서브호스를 장착하여 혹시 모를 위험에 대비하는 것이 좋다. 설치 시 호스 밴드를 키울 필요가 없다(배관의 지름이 작다).

배수 호스의 종류는 철심이 모양을 잡아 주는 형태의 배관이 있으며 아무것도 없는 호스 배관이 있다. 철심으로 모양을 잡아주는 배관은 형태의 유지에 좋으며 배수에 용이하나 철심이 없는 배관은 오래 사용했을 경우 형태가 바뀌어 원활한 배수가 되지 않는 경우가 있다.

Step 2. 급수호스 설치

급수호스 설치 시 방수테이프 작업을 꼭 해야 하며 방수테이프를 감을 때에는 정면(왼쪽)으로 감는다. 주름이 보이도록 방수테이프를 꼭 펴서 감아줄 수 있도록 한다. 머신이 누운 상태에서 작업을 하는 것이 가장 좋으며 볼트를 잠글 때에는 머신이 움직일 때까지 조여 준다.

※ 주의 : 상기 선들은 반드시 단독 차단기가 설치된 배전반의 단자에 연결되어야 한다.

녹색/황색 = 접지, 파란색 = 중립, 갈색 = Phase1, 흑색 = Phase2, 회색 = Phase3

일렉트라 머신에는 길이 2미터의 다음과 같은 색깔로 구성된 5개의 선이 있으며, 배선도는 파워케이블 끝에 접착된 태그에 표시되어 있다. 사용전력에 대한 설명은 기계에 표시되어있으니 참고한다.

- 단상 220VAC 연결

  접지 및 중립전선을 배전반 각각의 단자에 연결한다. Phase1, 2, 3의 세 개의 전선을 함께 묶은 다음 배전반 단자에 연결한다.

- 삼상 400VAC 연결

  접지 및 중립전선을 배전반 각각의 단자에 연결한다. Phase1, 2 및 3의 세 개의 전선을 각각 단자에 연결한다.

(4) 정수시스템 설치

정수시스템 설치에 앞서 업장에 맞는 정수필터의 선정이 중요하다. 정수 필터는 스케일억제기능이 있는 것과 연수기능이 강화된 것이 있다. 물속에 있는 고형물질의 총량이 얼마나 되느냐에 따라서 적합한 필터를 선택해야 하는데, 상수도일지라도 수도관이 노후 된 지역, 바닷가 등 특수한 환경의 경우 녹물과 중금속등이 축적돼 오히려 지하수보다 더 경수일 수 있다. 전처리 필터를 사용하여 육안으로 확인하거나 TDS(Total dissoved solids) 측정기로 측정하여 수질을 확인하고 필터를 선정하는 것이 현명하다. 정수필터는 분당 정수할 수 있는 유량이 표기되어있다. 정수 물을 사용하는 머신의 개수를 확인하고 사용량에 맞게 필터의 용량을 맞춰야 완전하게 정수된 물을 사용할 수 있다.

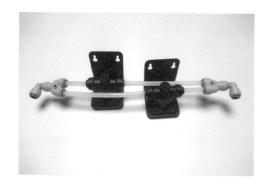

병렬필터연결방식은 정수필터의 분당 정수능력을 향상시켜주며, 수압이 강한 환경에서는 수압을 조금 더 안정적으로 공급할 수 있게 도와준다. 또한 필터의 교체, 유지관리에 용이하다.

TIP 정수필터를 병렬연결할 때 3/8인치 호스 커팅 길이를 15cm 사이즈로 2개, 25cm 사이즈로 2개를 잘라 병렬로 연결한다.

피팅 작업을 할 때 물이 유입되는 곳에 on/off 스위치를 설치하고 필터로 유입되기 전 단계에서 물이 한 방향으로만 흐를 수 있게 해주는 역류방지밸브를 장착해주는 것이 좋다. 하나의 수도로 업장 전체의 물을 사용하는 경우 정수필터의 성분들이 역류하여 피해를 볼 수 도 있기 때문이다. 피팅과 피팅 사이의 고압튜브는 뒤틀림이 없을 만큼의 길이로 절단하여 사용해야 누수가 없다. 수나사 형 피팅의 경우 테프론을 7~8회 정도 감아주어 결합하면 완벽하다.

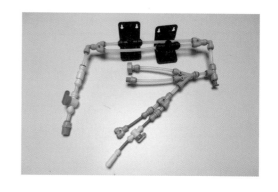

TIP 수도(2/1 인치 피팅 / 테프론 처리) – ON/OFF 밸브 – 체크밸브 – ㄱ 피팅 – 2way – 정수필터(병렬) – 2way – ㄱ 피팅

온수기의 경우 ON/OFF 밸브를 설치하면 온수기 A/S가 필요한 경우에 ON/OFF 밸브를 닫고 온수기의 물을 제거한 후 택배로 받아서 신속하게 조치할 수 있다.

(5) 에스프레소 머신 분해 조립 / 부품설명(씨메05 머신, STC 머신, 일렉트라 머신, 씨메03네오 머신)

※ 주의 머신 각 부분의 부속과 나사의 분실에 유의하며 보관용기에 순서별로 정리하는 습관을 들인다.

① 에스프레소 머신 외관분해

☕ 씨메05 머신

씨메05 머신의 상판을 개방한다. 3mm 육각 렌치를 사용해서 옆면 판넬을 고정하고 있는 상부 나사를 제거한다.

물받이를 걷어내고 옆면 판넬을 고정하고 있는 7mm 육각 볼트를 제거한 후 옆면 판넬을 탈거한다.

뒷면 판넬을 고정하고 있는 상부 8mm 볼트를 제거하고, 하부에 3mm 육각 렌치 볼트를 제거하여 뒷면 판넬을 탈거한다.

⚉ STC 머신

STC 머신의 후면 케이스의 탈거를 위해 3mm 육각렌치를 사용하여 하단부의 육각나사를 제거한다. 케이스가 갑자기 떨어지지 않도록 몸을 밀착하여 고정하고 상단부에 2개의 나사를 일자드라이버로 풀면 후면 케이스를 제거할 수 있다.

상단 케이스를 고정하고 있는 5개의 나사를 일자드라이버로 풀고 탈거한다.

측면 케이스를 고정하는 2개의 나사를 일자드라이버로 풀면 쉽게 탈거할 수 있다.

🫘 일렉트라 머신

일렉트라 머신의 상판을 가장 먼저 분리한다. 십자드라이버로 2개의 나사와 워셔를 제거하고 압력 게이지 위에 올린 다음 상판을 비스듬히 들어 놓치지 않도록 들어낸다.

일자드라이버로 앞쪽 정판의 나사 4개를 분해하고 분해 시 별모양으로 지그재그로 작업하며 한 번에 하나씩 제거하지 않는다. 보일러가 완전히 보일 수 있게 솔레노이드 밸브 덮개를 분해한다. 솔레노이드 밸브 덮개 분해 시 사용공구는 7mm 렌치 스패너 또는 7mm 기어렌치를 사용하며 나사를 완전히 제거 하는 것이 아니라 덮개가 분리될 정도로만 풀어준다. 마지막 볼트 제거 시에 손으로 덮개를 잡아 떨어 지지 않도록 주의한다.

그다음 정면 하부 덮개를 제거하며, 나사를 풀 때에는 한쪽나사를 완전히 풀지 않고 2/3가량만 풀어 다른 나사를 풀 때 떨어지지 않도록 주의한다. 10mm 기어렌치를 사용하여 옆 쪽 볼트를 풀어주고, 워셔도 들어낸다. 그런 다음 뒤쪽으로 가서 몸체 전체 커버를 들어낸다. 들어낼 때 주의할 점은 상처가 나지 않도록 조심해야 하며 먼저 몸체커버에 고정나사를 측면대에 올린 후 상처가 나지 않게 벌려서 뒤쪽으로 들어낸다. 몸체커버 조립 시에는 본체에 커버고정판 부분이 잘 끼워지도록 조립하여야 한다.

☕ 씨메03네오 머신

씨메03네오 머신의 상판을 고정하는 나사를 풀어 상판을 제거한다.

물받이는 몸 안쪽 방향으로 잡아당기면 쉽게 제거된다.

옆면과 뒷면 패널은 3mm 육각렌치로 고정나사를 풀어주면 쉽게 제거된다.

② 주요 부품(씨메05 머신, STC 머신, 일렉트라 머신, 씨메03네오 머신)

• 마그넷 스위치

STC 머신 SSR무접점릴레이   일렉트라 머신 마그네틱스위치

SSR(Solid State Relay)무접점릴레이는 기계접점 대신 반도체의 성질을 이용하여 회로를 개폐하도록
한 정지형 계전기이다. 접점 마모가 없어 수명이 길고 진동과 소음이 없다. 마그네틱 스위치는 전자석
의 동작에 의해 개폐되는 스위치로 교류전동기의 주 회로에 사용되는 일이 많다. 물탱크의 수위조절이
나 온도조절 등에 이용된다.

정밀 드라이버를 이용하여 전선을 분해하며, 전선조립 시에는 동색과 은색사이에 전선을 삽입할 수 있
도록 한다. 전열선 안전장치에서 나오는 전선과 마그네틱스위치에 있는 선의 색을 분별하여 잘 조립하
여야 하며, 제조사가 배치한 순서를 사진을 찍어 저장 후 작업하는 것이 좋다.

• 압력 스위치

압력 스위치는 보일러 내부의 압력을 감지하여 보일러 히터의 가동을 자동으로 조절해주는 장치이다.
압력 스위치 상부의 조절나사를 통해서 원하는 압력을 조절할 수 있으며, 설정된 압력이 보일러 안에 차
면 팽창력이 스위치의 접점을 떨어뜨려 히터의 작동을 멈추는 원리이다. 반대로 스팀을 사용하거나, 장
시간 머신을 미사용할 경우 보일러 압력이 떨어지면 접점이 붙어서 히터가 작동하게 된다. 압력스위치
의 접점에 이물질이 쌓일 경우 히터에 전기가 공급되지 않는다. 압력스위치 또는 압력스위치와 연결된
동관이 스케일로 인해 막혔을 경우 압력을 감지하지 못해 커피머신에 위협이 될 때까지 가열을 하게 되
고 2bar 이상으로 압력이 넘어갈 경우 안전밸브(safety valve)가 작동하여 과도한 압력을 분출한다. 이
러한 증상을 보이면 전원을 끄고 분전반에서 차단기를 내린 다음 부품을 교체하거나 전문가를 부른다.

• 전열선 안전장치

보일러 내부에 물이 충분히 공급되지 않은 상태에서 히터가 작동할 경우 과열로 인해 히터가 파손되는 사고를 방지하기 위한 안전장치가 필요하다. 단수 또는 정수필터가 막혀서 보일러 내부로 물이 원활하게 공급되지 않아 히터가 지나치게 과열될 경우 안전장치가 작동 하여 히터가 과열되는 것을 방지한다. 물 공급 문제가 해결되면 전열선 안전장치의 가운데 붉은색 단추를 손끝에 느낌이 올만큼 충분한 힘으로 눌러 머신이 정상 가동되게 한다. 전열선 안전장치 교체 시 열선을 충분히 깊게 넣어준다.

• 압력게이지

주로 발생하는 고장현상으로 겨울철 실내온도가 5℃ 이하로 내려갔을 경우 압력게이지가 얼면서 내부가 파손이 되고 높은 압력으로 인해 게이지 바늘이 한 바퀴 이상 돌아가거나 복귀되지 않는 것이 있으며, 내부가 부식이 되어 물이 차는 경우가 있다. 머신의 전원을 끄고 물 공급을 차단한 후 스팀을 개방하여 빠르게 머신의 온도를 식힌 다음 새 제품으로 교체한다.

• 수위게이지

STC 머신 수위게이지

보일러 수위와 수질을 육안으로 확인할 수 있는 부품이다. 겨울철 동파로 인한 파손, 상·하부의 나사가 모터와 펌프의 진동으로 인해 느슨해져서 발생하는 누수, 상·하부 오링이 수명이 다 되서 발생하는 누수 등의 문제가 생길 수 있다. 동파의 경우 유리관 또는 고압튜브관을 교체한다. 유리관의 경우 조립 시 파손의 위험이 높다. 숙달되지 않은 엔지니어라면 Assembly 전체 교체를 권한다. 파손이 아닌 누수는 오링 교체 또는 나사를 조이면 해결할 수 있다.

• 온도계

일렉트라 머신 온도센서

STC 머신 온도센서

온도센서는 보일러 내부의 온도를 감지하여 설정된 온도를 유지할 수 있게 해주는 부품이다. 스케일이 온도센서의 표면을 덮을 경우 온도를 감지하지 못하게 되어 기계가 스스로 멈추는 이상증상을 보이거나, 계속 물을 가열하여 안전밸브(Safety valve)가 작동하여 내부 압력을 분출하게 된다. 이 경우 스케일큐어를 하여 증상의 근원을 해결하거나 부품 자체의 결함일 경우에는 교체해준다.

• 플로우 메타

자동추출버튼을 세팅해도 물량이 일정하지 않거나 세팅 값이 저장되지 않을 경우 플로미터 본체, 케이블 그리고 메인보드를 증상이 해결될 때까지 하나씩 교체해볼 필요가 있다. 플로미터 내부에 스케일이 많이 생성되었을 때 픽업 코일의 감지 능력이 저하되어 일정한 양으로 커피가 추출되지 않거나 커피가 추출이 되지 않을 수 있다. 이때 스케일큐어로 증상을 해결할 수 있다.

• 펌프 / 콘덴서

추출 시 압력게이지를 통해 변화가 없음을 감지하거나 펌프가 작동되는 소리가 나지 않을 경우 펌프와 콘덴서의 고장을 의심할 수 있다. 펌프의 경우 임펠러의 마모와 압력조절나사의 불량으로 문제가 발생한다. 에너지를 저장했다가 방출하는 형광등의 스타터(쵸크다마)와 같은 역할을 하는 콘덴서의 수명이 다 되었을 때 모터가 작동하지 않는다. 콘덴서 교체 후 증상이 동일할 경우 펌프를 스케일큐어 하거나 교체하도록 한다. 펌프가 위치한 곳 바닥에 누수가 있을 경우 급수와 출수 쪽의 나사가 헐거워졌거나, 압력 조절나사의 스케일로 인한 문제 또는 오링의 수명이 다했을 경우를 생각해볼 수 있다. 누수의 근원을 찾고 나사를 조이거나, 스케일큐어 또는 부품을 교체한다.

• 그룹 헤드

그룹헤드 상부에 오리피스나사(인젝터)의 출수구는 플로미터 입수구의 직경과 비례한다. 펌프에서 형성된 압력이 두 부품에 동일하게 형성되어야 정확한 유량을 감지할 수 있기 때문이다. 오리피스나사가 스케일이나 작은 이물질로 막힐 경우 캡을 열어 이물질을 제거하거나 스케일큐어를 하면 증상을 해결할 수 있다. 커피를 추출하거나 마감청소 중 그룹헤드에 누수가 발생했다면 첫 번째 조치로 그룹헤드 개스킷의 컨디션을 살펴본 후 이상이 없을시 벨을 분해하여 벨 개스킷을 교체하도록 한다.

• 추출버튼

추출버튼의 고장 또는 오작동이 발생했다면 버튼과 케이블을 교체해볼 필요가 있다. 버튼에 직접적으로 물이 들어가는 경우와 추운 지방의 경우 새벽에 영하로 기온이 떨어졌다가 오픈 때 실내가 따듯해지는 기온차로 인해 케이블과 버튼내부에 습기가 생겨 오작동이 발생할 수 있다. 이때는 케이블과 버튼을 분해하여 헤어드라이기를 이용해서 습기를 제거해 문제를 해결할 수 있다. 단, 지나치게 가열하면 부품이 손상될 수 있으니 주의한다. 버튼을 과도한 힘을 사용해서 누르는 경우 패널이 밀리거나, 버튼 내부가 손상되면서 작동이 안 될 수 있다. 케이블을 먼저 교체해보는 것이 현명하다.

• 솔레노이드 밸브, 그룹 헤드 상부

버튼을 눌러도 커피가 추출되지 않을 경우 솔레노이드 밸브의 오염 또는 불량과 그룹 헤드 상부의 인젝터(오리피스)가 오염돼서 막혔을 경우를 생각해 볼 수 있다. 추출버튼을 눌렀을 때 "탕"하면서 솔레노이드 밸브의 플런저가 개방되는 소리가 들리는지 먼저 확인해본다. 맑은 소리가 난다면 그룹 헤드를 의심해볼 수 있고, 간섭 소음이 심하거나, 소리가 나지 않는다면 솔레노이드 밸브를 우선 조치한 후 그룹 헤드를 점검한다.

• 솔레노이드 밸브, 그룹 헤드 상부

솔레노이드 밸브 출수 동관이 막히는 경우 커피를 추출하고 남은 압력이 배출되지 못하게 되어 포터 필터를 분리했을 때 젖은 커피 가루가 외부로 분출되어 불편함을 겪을 수 있다. 주로 샤워스크린과 샤워홀더를 느슨하게 결속하고 커피를 추출했거나, 백플러싱 약품 청소를 할 때 샤워스크린을 장착하는 것을 잊어버리고 진행했을 경우 커피 가루가 유입되어 막히게 된다. 분해해서 철사, 정밀 드라이버로 이물질을 제거한다.

• 메인기판

일렉트라 머신 메인 기판   STC 머신 메인 기판

메인 기판은 10가지를 분해한다. 기판 케이스를 소형 십자드라이버를 이용하여 분해하고 각 회로를 살펴보며 조립 시에는 위치를 바꾸어 조립하지 않도록 주의한다.

1. 추출버튼 왼쪽   2. 추출버튼 오른쪽   3. 왼쪽 그룹 헤드 솔레노이드   4. 오른쪽 그룹 헤드 솔레노이드
5. 전원 키   6~8. 히터(갈색, 접지, 검정)   9. 온도계   10. 모터 펌프 / 축전지(별도)

③ 보일러 분해 조립(씨메05 머신, STC 머신, 일렉트라 머신, 씨메03네오 머신)

☕ 씨메05 머신

전원을 끄고(OFF) 스팀을 개방해서 보일러 내부의 압력을 제거한다. 머신이 차가워질 때까지 충분한 시간이 지난 후 작업하는 것을 권장한다. 머신이 식으면 배수 바스켓 위 보일러 출수 레버를 개방해서 보일러의 물을 모두 제거한다. 수위 감지 센서 케이블을 제거한다.

정밀 드라이버를 사용해서 3Way 솔레노이드 밸브 컨넥터를 분해한다. 14mm 스패너로 솔레노이드 밸브 출수 동관과 검은색 마그네틱 코일을 제거한다.

 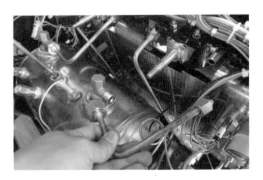

17mm, 26mm 스패너를 사용하여 보일러의 열교환기와 그룹 헤드에 연결되어있는 동관을 해체한다.

정밀 드라이버와 14mm 스패너를 사용해서 온수를 관장하는 2Way 솔레노이드 밸브를 분해하고, 21mm, 17mm 스패너를 사용해서 온수 동관을 제거한다.

17mm, 21mm 스패너를 사용해서 스팀 동관을 분해한다.

12mm, 13mm 스패너를 사용해서 압력게이지에 연결되어있는 동관을 제거한다. 이때 게이지가 움직이기 때문에 게이지를 힘 있게 잡고 작업한다.

플로미터에 연결된 전선을 분리하고 철판 하부에 몸체를 고정하는 7mm 육각 볼트를 제거한다. 13mm, 17mm 스패너를 사용하여 열교환기와 연결된 동관 너트를 풀어주면 플로메터 전체 분해가 가능하다.

17mm, 21mm 스패너를 사용해서 급수 동관을 제거한다.

먼저 온도 센서의 전선을 제거한 후 19mm 스패너를 사용해서 분해한다. 보일러 히터에 연결되어있는 전선은 작업 후 결속 과정에서 헷갈리지 않도록 분해 전 사진을 꼭 찍어두고 차례대로 분해한다.

보일러 지지대에 연결되어있는 접지선과 볼트를 제거하여 분해 작업을 완성한다.

17mm 스패너로 독립 보일러의 온도센서를 분해한다. 온도센서와 전열선 안전장치센서를 제거하고 온도센서 구멍으로 튜브를 삽입하여 독립 보일러 내부의 물을 제거한다.

20mm, 21mm 스패너로 독립 보일러에서 그룹 헤드 상부와 하부로 연결되어 있는 동관을 제거한다.

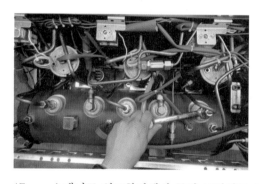

17mm 스패너로 열교환기에서 독립 보일러로 연결된 동관을 제거한다. 독립 보일러를 잡고 3mm 육각 렌치로 하단부의 6각 나사 2개를 풀어주고 탈거한다.

히터에 연결되어 있는 전선을 분리하기 전 사진을 찍어두는 것이 좋다. 너트와 와셔의 순서를 잘 기억하고 전선을 분리한다.

급수 밸브에서 플로미터로 연결되는 동관과 플로미터 출수 쪽 동관을 17mm 렌치를 이용해서 제거한다.

플로미터 케이블을 분리하기 전 순서를 표시해두면 좋다. 3mm 육각 렌치로 하단부의 나사를 제거하고 탈거하면 된다.

 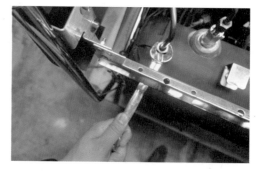

17mm 스패너로 스팀 레버에 결속된 동관을 풀어준 후 19mm 스패너로 스팀/온수 보일러의 스팀동관을 풀어 탈거한다.

수위감지봉의 케이블을 분리한다. 17mm 스패너로 압력게이지와 압력스위치로 향하는 동관 나사를 풀어준다.

14mm 스패너로 압력게이지의 동관을 제거한다. 17mm 스패너로 압력스위치에 연결된 동관을 탈거한다.

17mm 스패너로 온도센서를 분해한다. 히터 쪽 보일러 하단부의 수동급수 동관을 20mm 스패너로 제거한다.

 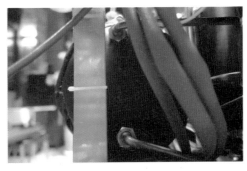

보일러 히터에 연결되어 있는 전선을 너트와 와셔 순서를 잘 기억해서 제거한다. 사진을 찍어놓고 작업하길 권한다. 20mm 스패너로 스팀/온수 보일러에 연결된 수위게이지 동관의 상하 나사를 탈거한다.

20mm 스패너로 스팀/온수 보일러 수동 출수 동관을 제거한다.

26mm 스패너로 온수 열교환기 상부 나사를 풀어준다. 2개의 온수 열교환기를 연결해주는 동관은 보일러 탈거에 간섭을 주지 않으니 필요에 따라 제거한다.

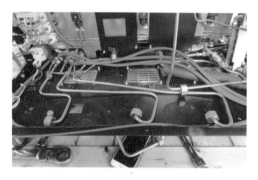

26mm 스패너로 열교환기 하부 동관 중 플로미터와 연결된 3개의 나사를 풀어준다. 보일러 탈거를 하는데 간섭을 주는 케이블타이들을 절단한다.

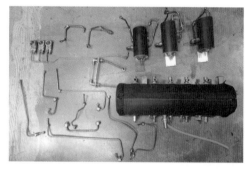

5mm 육각렌치를 이용해서 스팀/온수 보일러를 지탱해주는 나사 2개를 제거하면 보일러 탈거가 가능하다.

🔵 일렉트라 머신 보일러 분해

21mm 스패너로 작업한다. 각 동관들 중 가장 중심이 되는 라인은 스팀라인이다. 나중에 보일러를 분해하고 조립할 시에도 스팀라인으로 중심을 잡아주고 보일러 다리부분을 볼트로 고정해 주는 것이 중요하다. 보일러에서 나오는 각 동관들을 차례로 분해하며 분해 시에는 스패너에 뒤쪽을 잡고 몸에 힘을 실어 돌리는 것이 중요하다. 이때 작업 방향을 잘 인지하여야 하며 풀고 조이는 방향을 틀리지 않도록 하는 것이 매우 중요하다. 각 동관들을 분해할 시에는 21m 스패너 공구를 긴 것으로 사용하는 것이 힘이 덜 들어가기 때문에 좋으나 보일러에 연결된 동관들이 스패너의 작업을 방해하는 요인이 되기 때문에 짧은 프리 스패너도 가지고 있는 것이 좋다. 또한 다른 방향의 스패너를 양쪽으로 잡고 풀거나 조여야 하는 경우가 있기 때문에 앞부분의 두께가 얇은 프리 스패너 등 공구를 다양하게 구비하고 있어야 하는 것이 매우 중요하다. 분해 시에는 각 동관이 헷갈리지 않게 오른쪽과 왼쪽으로 나누어 놓고 조립할 시에도 동관을 잘못 조립하지 않도록 주의하며, 그룹 쪽 동관의 경우에는 먼저 밑 부분을 조립해 놓고 윗부분을 조립하여만 작업이 가능하며 윗부분의 동관을 먼저 조립하게 되면 밑 부분 동관을 스패너로 조일 수 있는 공간이 확보되지 못한다.

호스를 분해할 시에는 좌우로 5번~10번 정도 돌려준다. 만약 돌려서 유격을 주지 않고 힘으로 당겨 버리면 끊어져 버리는 경우가 발생하기 때문에 주의한다. 유격을 준 후에는 밑으로 서서히 당겨 제거하고 구리스를 발라 유연하게 들어갈 수 있도록 조치한다. 파란선 부분의 와셔는 1개이고, 나머지 회색 갈색 검정선의 와셔는 2개씩이며 6mm 복스 드라이버를 이용하여 분해한다. 볼트는 전선이 빠질 정도만 풀어서 작업의 편의와 분실을 방지하는 편이 좋다. 전기 용량이 큰 부분인 만큼 장착 시에는 각 선이 금속에 닿지 않도록 주의한다.

보일러 다리분해 시에는 10mm 렌치 스패너와 10mm 복스 드라이버를 이용하여 분해하며 머신의 정면부 왼쪽 부분은 양쪽에 모두 와셔가 있고 오른쪽 부분은 한쪽에만 와셔가 있다.

보일러를 분해하고 들어줄 때에는 오른쪽 부분으로 비스듬히 들어 물이 새어 나오는 것을 방지하여 들어주고 다시 물을 내보낼 수 있도록 한다.

보일러 조립 시 다리조립을 하기에 앞서 중요한 것은 열교환기 막대인데 먼저 열교환기 막대를 넣어주고 교환기 볼트 부분을 조인다. 그다음 스팀 동관을 먼저 조이고 나서 다리조립 작업을 할 수 있도록 유의한다. 보일러 다리조립 시에는 보일러를 고정다리에 올린 다음 손으로 모양을 맞추어 정확히 11자 모양이 되도록 올려주며 볼트와 와셔를 고정시켜 줄 때에는 보일러를 약간 들어 넣어준다. 보일러를 든 상태에서 손으로 먼저 볼트를 고정시키고 복스 드라이버와 렌치를 이용하여 작업할 수 있도록 하며 공간이 좁기 때문에 작업 위치를 잘 선정할 수 있도록 한다. 기초 작업 완료 후 렌치로 마무리 할 때는 힘을 받을 수 있도록 돌려주어 정확히 고정할 수 있도록 한다.

🜂 씨메03네오 머신 보일러 분해

보일러 분해는 가볍게 수위감지봉의 전선을 분해하는 것부터 시작한다. 프리 스패너의 사용으로 각각 치수가 다른 동관을 쉽게 분해할 수 있으나. 볼트의 외관이 손상되면 작업이 불가능하게 될 수 있으므로 정확한 치수의 스패너를 사용하는 것을 추천한다.

17mm, 21mm 스패너를 사용하여 좌우측 스팀동관과 보일러 동관을 분해한다.

스팀압력 측정 동관은 보일러, 압력게이지, 압력스위치 등 총 3갈래로 나뉘어 있으며 14mm, 17mm 스패너를 사용하여 분해한다. 이때 하단 수압게이지의 나사도 함께 분해해주면 좋다.

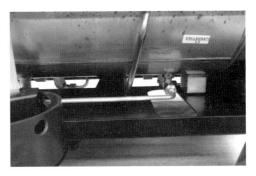

보일러 자동 급수관은 2way 솔레노이드 밸브와 보일러 하부에 연결되어있는데, 한쪽은 14mm 스패너로 고정한 뒤 16mm 스패너로 분해하고, 보일러 하부는 17mm 스패너를 사용한다.

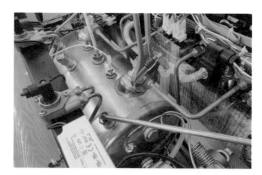

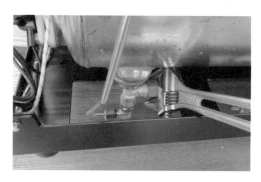

수위감지봉의 보일러 연결 나사는 17mm 스패너를 사용하고, 수위감지봉의 나사는 23mm 스패너를 사용한다. 그룹 헤드를 중심으로 우측이 열교환기 출구 동관이고 좌측은 열교환기 순환 동관이다. 출구 동관은 보일러 상부에서 그룹 헤드로 연결되어있으며, 순환 동관은 보일러 하단에서 상부의 그룹헤드로 연결되어있다. 이때 열교환기 하단의 급수 동관을 같이 제거해주면 좋다.

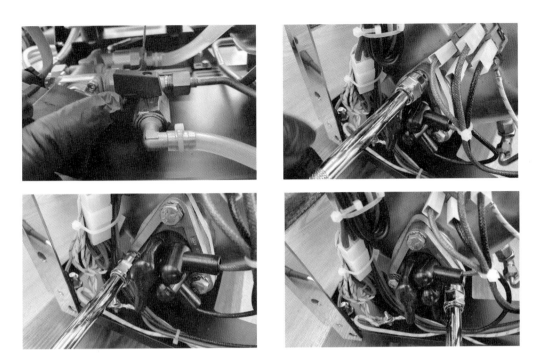

보일러 배수관의 분해는 좁은 공간을 극복하며 작업하여야 하므로 13mm 복스소켓렌치를 사용하면 좋다. 긴 동관의 고정과 마감처리를 위해 사용되었던 타이는 과감하게 제거해주고 조립 시 새것으로 고정하도록 한다. 8mm 복스 드라이버를 사용하여 히터에 연결된 전선을 제거한다. 마지막으로 보일러를 지탱하고 있는 하부 나사를 제거한다. 보일러는 에스프레소 머신의 대부분의 장기가 연결되어있는 핵심부품이다. 따라서 보일러를 완전 분해했다는 것은 곧 에스프레소 머신의 메커니즘에 대한 이해의 첫발을 내딛는 것과 같다.

🫘 에스프레소 머신 보일러 분해 응용편(시모넬리 뉴아피아)

일렉트라 머신, 씨메03네오 머신의 분해조립 교육과정에서 배우고 익힌 기술과 이해력을 바탕으로 국내에 많이 유통 되어있는 머신 중 하나인 '시모넬리 뉴아피아'를 분해 조립을 함으로써 자신감을 갖도록 한다.

 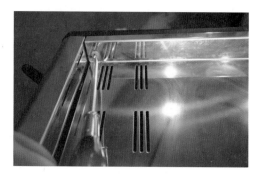

머신 상부의 나사들을 제거하여 상판을 분해한다.

옆면의 판넬을 분리하기 위해 스팀완드 하단부의 고정나사를 제거한다.

고정나사를 제거하고 후면 판넬을 분리한다.

처음 분해조립을 하거나, 새로운 머신을 접했다면 각 동관에 순번을 매기는 것을 권한다. 스팀, 온수에 연결된 동관을 제거 시 21mm, 23mm 스패너를 사용하여 몸체를 고정하고 나사를 제거한다. 몸체를 고정하지 않고 작업하면 몸체만 돌아 동관이 상할 수 있다.

17mm, 20mm, 21mm 등의 스패너로 보일러에 연결된 동관들을 제거한다.

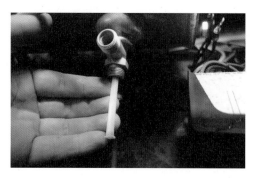

21mm 스패너로 열교환기 하단부를 제거하는데, 내부에 고압튜브가 들어있으니 분실과 파손에 유의한다.

히터의 전선을 분해하기 전 사진을 찍어놓길 권한다. 추후에 조립 시 배선의 위치가 헷갈릴 수 있기 때문이다. 13mm 스패너를 사용하여 제거한다.

(6) 에스프레소 머신 보일러 세관작업

① 에스프레소 머신의 적, 스케일

에스프레소 머신은 기본적으로 물을 다루는 기계이기 때문에 스케일로 인한 문제를 피할 수 없다. 그림 1-1) ~ 4)에서 선명하게 보이는 희거나 푸른색을 띠는 물질이 바로 스케일인데 보일러 내부, 히터, 동관 등 물이 공급되는 곳에 증식하고 있다. 특히 히터와 열전도율이 높은 동관에서 많이 발생하는 이유는 물에는 무기염류(mineral) 즉, 광물질이 함유되어 있는데 이것이 시간이 지날수록 보일러 내부에 농축되며 열이 가해질 경우 ca^{2+}, mg^{2+} 등과 같은 양이온과 음이온이 결합하여 결정체가 되기 때문이다. 이렇게 생성된 스케일은 누수와 솔레노이드 밸브, 플로우 메타 등 순환시스템의 고장을 야기하며, 온수추출 시 섞여 나오는 문제를 발생시킨다.

그림 1-1) 열교환기 스케일

그림 1-2) 동관 스케일

그림 1-3) 보일러 내부 스케일

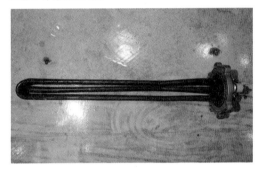

그림 1-4) 히터 스케일

② 세관작업 노하우

세관작업은 세관제(청관제)를 담은 수조에 보일러와 히터, 각종 동관을 침수시켜 진행한다. 시중에는 다양한 종류가 판매되고 있으나 E.M(Effective Micro-orfanisms) 즉 미생물을 이용한 친환경제품을 사용하길 권유한다. 이유는 스케일제거의 목적은 같으나 커피머신이 음용수를 다루기 때문에 위생상 안전이 첫 번째이고, 두 번째는 머신의 소모성 부품인 개스킷, 오링, 스프링 등의 부품의 손상이 적기 때문이다.

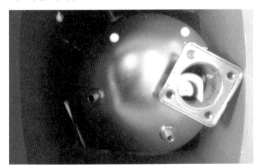

보일러 세관작업

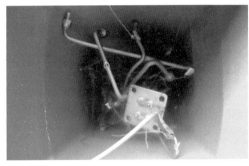

히터, 동관 세관작업

세관작업이 완료된 보일러

세관작업이 완료된 히터

> **TIP** 세관제(청관제)에 일정시간을 담가두었던 보일러와 히터, 동관을 꺼내 녹아내린 스케일을 덜어내고 맑은 물로 세척작업을 진행한다. 외관상의 변화로 핑크골드빛으로 탈색된 것을 확인할 수 있는데, 이는 간단한 청소용품으로 제거가 가능하다. 만일 세척작업을 거치지 않고 조립하여 작동시켰을 경우 오염되고 탈색된 물이 나오게 된다.

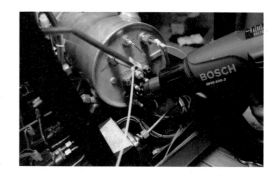

> **TIP** 세관작업이 완료된 보일러와 히터를 조립 시 주의할 점으로 첫째 분해할 때 동관의 모양을 그대로 보존하여 조립한다. 길이가 조금 안 맞는다고 해서 동관의 모양에 변화를 줄 경우 이음매인 니플(nipple)이 정확하게 연결되지 않아 누수가 되거나 니플이 상할 수 있다. 둘째 세관작업을 하였기 때문에 전선을 연결하기 전에 충분한 건조과정을 진행한다. 전자 부품에 전기적 문제가 발생할 수 있다.

③ 스케일큐어

스케일큐어는 습식 히터를 사용하여 물을 가열하는 장비나 머신에 발생하는 광물질, 특히 여러 고장과 수명 단축의 원인이 되는 스케일을 제거하여 처음의 컨디션을 찾아주는 기술·서비스의 명칭이다. 스케일은 지속적으로 발생하기 때문에 한 번의 청소로 끝나는 것이 아니라 정기적으로 해주는 것이 필요하다.

☕ 스케일큐어 작업의 이해

• 무동력 펌프, 천연 재료 약품

스케일큐어의 약품은 인체에 무해한 천연재료를 베이스로 하여 스케일억제에 특화된 미생물 E.M(Effective Microorganisms)을 배양한 약품을 사용한다. 기존 세관작업처럼 머신을 탈거하여 작업장에서 보일러와 동관을 분해해 며칠간 침수시키는 방식이 아니라, 현 업장에서 실시간으로 머신내부에 약품을 주입하는 방식으로 작업을 진행하기 때문에 보일러와 동관뿐만 아니라 머신내부에 물이 지나가는 모든 부품까지 청소된다. 약품을 주입하는 장비로 무동력 펌프를 사용하는데 이는 업장의 수압에 적응되어있는 커피머신에 최대한 무리가 가지 않도록 정수시스템 수압을 유지 또는 1Bar 이상의 압력을 상승시켜줌으로써 안정적인 약품주입작업이 가능하다. 약품주입과 출수를 2회하되 한 싸이클 당 스케일을 녹여주는 시간으로 30~40분을 소비한다.

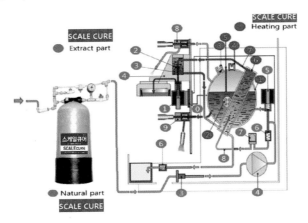

• 헹굼 작업(Rinsing)
2회 이상의 스케일제거작업을 진행한 후 맑은 정수 물을 유입하고 배출하는 헹굼 작업을 진행한다. 헹굼 작업의 횟수는 정해져 있지 않으며 TDS(Total Dissolved Solids) 전용의 물질 테스터기를 사용하여 머신에서 나온 물의 수질을 지속적으로 체크한 후 업장의 정수 물과 동일한 수치가 나올 때까지 작업을 진행한다.

🫘 스케일큐어의 목적

• 커피머신의 처음 컨디션 유지, 위생관리
필연적으로 발생하는 스케일로 인한 막힘, 부식으로 발생되는 성능저하와 고장을 예방할 수 있다. 물이 흐르는 부품과 동관보일러 내부뿐만 아니라 평소 개방하기 힘든 케이스 내부의 먼지, 부주위로 유입된 소스시럽 등의 고착으로 인한 문제, 예를 들어 바퀴벌레, 쥐 등의 유입으로 인한 비위생적인 환경을 예방한다.

• 스케일큐어의 핵심은 커피 맛

스케일큐어의 핵심은 오염된 커피머신의 상태를 처음 머신의 컨디션으로 돌려줌으로써 물맛이 좋아지고 그로인해 커피의 맛이 좋아지도록 하는 것이다. 따라서 커피 맛과 직접적으로 연관되는 정수시스템, 샤워홀더&샤워스크린, 그라인더 등을 연관 지어 관리함으로써 커피 맛과 위생이라는 본연의 목적을 달성한다.

(7) 에스프레소 머신의 이상증상별 원인과 점검사항

이상증상	원 인	점 검
전원이 OFF된 경우	플러그 및 콘센트의 이상	다른 기계를 연결해서 확인
	메인 배전반 차단기 이상	차단기 OFF 확인
	전원 S/W 이상	점검 후 수리 또는 교환
	기계 전원 PCB 이상	점검 후 수리 또는 교환
	환경적 특성	**유지관리법**
	• 업장의 전기가 충분히 증설되지 않았을 때 • 머신의 전기가 단독 차단기에 물려있는 것이 아니거나 30A 이하의 콘센트로 물려있을 때	• 업장의 설비가 차지하는 전력량을 파악하여 전기증설 공사를 한다. • 30A 이상의 단독차단기로 전기 작업을 한다.

이상증상	원 인	점 검
커피 추출이 되지 않는 경우	수도가 단수 되었을 때	단수 해제 후 커피 추출
	수도 밸브가 잠겼을 때	커피 기계로 연결된 수도밸브 확인
	연수기 정수기가 막혔을 때	연수기 청소와 정수기 필터 교환
	솔레노이드 밸브가 불량일 때	솔레노이드 밸브 점검 후 교환
	인젝터(오리피스)가 막혔을 때	인젝터(오리피스)를 스케일큐어
	환경적 특성	**유지관리법**
	• 단순 단수가 아니라면 업장의 수질이 안 좋을 경우에 정수시스템의 평균 데이터보다 빨리 문제가 생길 수 있다. • 역류청소를 소홀이 할 경우 솔밸브에 이물질이 과다하거나 스프링이 끊어질 수 있다.	• 업장의 수질특성을 이해하고 정수시스템을 구축한다. 특히 지하수일 경우 연수시스템을 도입하는 것이 좋다. • 역류청소는 매일하는 것이 좋다. 솔밸브 내부의 이물질을 제거함으로 인해 고장을 최소화 할 수 있다

이상증상	원 인	점 검
커피가 너무 빨리 추출되는 경우	펌프 압력이 너무 높을 때	펌프 압력 조절
	물 온도가 낮을 때	커피 추출물온도 확인
	입자가 클 때	입자 조절
	투입량이 적을 때	투입량 조절
	환경적 특성	**유지관리법**
	• 수압이 지나치게 약하거나 불안정한 경우 • 온도 세팅과 원두분쇄도 세팅이 잘못되었을 경우	• 업장의 수압을 올리거나 일방향 밸브를 설치하여 수압이 일정하게 해준다. • 온도와 분쇄도 세팅 등의 공부를 한다.

이상증상	원 인	점 검
커피가 천천히 추출되는 경우	펌프모터가 불량일 때	기술자에게 연락 후 청소 또는 교환
	금속필터가 막혔을 때	필터를 청소하거나 교환
	샤워필터가 많이 막혔을 때	샤워필터 청소 또는 교환
	샤워홀더가 막혔을 때	샤워홀더 청소 또는 교환
	입자가 너무 가늘 때	그라인더 입자 조절
	투입량이 너무 많을 때	그라인더 투입량 조절
	환경적 특성	**유지관리법**
	• 샤워필터와 금속필터의 분해청소를 소홀이 할 경우 커피의 이물질과 오일성분으로 인해 막힐 수 있다. • 바리스타의 커피 이해도가 부족할 경우	• 샤워필터와 금속필터 분해청소는 매일 하는 것이 좋다. • 분쇄도와 원두의 상태에 따른 추출의 변화에 대한 공부를 한다.

이상증상	원 인	점 검
펌프 압이 걸리지 않는 경우	전압이 낮을 때	215V 이상 나오는지 확인
	콘덴서가 불량일 때	콘덴서 교환
	펌프헤드가 불량일 때	청소 또는 교환
	모터가 불량일 때	모터교환
	환경적 특성	**유지관리법**
	• 업장 내의 전기 공급이 원활하지 못하거나 전력량이 낮을 경우 • 콘덴서의 수명이 다된 경우 • 정수필터 관리 부족, 업장의 수질이 좋지 않은 경우	• 업장의 전압을 안정화한다. • 스케일 억제가 되는 필터 사용, 스케일큐어를 한다.

이상증상	원 인	점 검
커피 추출 시 물양이 계속 변하는 경우	과수압방지 밸브 불량일 때	과수압방지 밸브 교환
	플로미터 불량일 때	점검 후 교환
	환경적 특성	**유지관리법**
	• 업장의 수질이 안 좋을 경우 • 정수시스템에 문제가 있을 경우	• 업장의 수질 환경을 개선하거나 정수시스템의 관리를 철저히 한다. • 스케일큐어를 한다.

이상증상	원 인	점 검
기계를 5분 이상 사용하지 않다가 커피 추출시 첫잔만 물양이 변하는 경우	• 역류 방지기의 불량 • 정수필터의 수명이 다함	점검 후 교환
	환경적 특성	**유지관리법**
	• 업장의 수질 환경이 안 좋음 • 정수시스템의 교체시기 지남	• 업장의 수질 환경을 개선하거나 정수시스템의 관리를 철저히 한다.

이상증상	원 인	점 검
기계의 ON, OFF 상관없이 보일러 수위가 계속 올라가는 경우	• 온수 보일러 급수 솔레노이드 밸브의 불량, 바이패스 밸브 불량	• 솔레노이드 밸브 청소 및 교체 • 바이패스 밸브 청소 및 교체
	환경적 특성	유지관리법
	• 업장의 수질이 안 좋을 경우 • 정수시스템에 문제가 있을 경우	• 업장의 수질 환경을 개선하거나 정수시스템의 관리를 철저히 한다. • 스케일큐어를 한다.

이상증상	원 인	점 검
커피가 추출되면서 물양이 조절 안 되는 경우	플로미터의 이상	플로미터의 커넥터 연결단자, 유동감지 자석, 플로센서를 점검 후 교환
	환경적 특성	유지관리법
	업장의 전기가 불안정할 때	업장의 전기설비점검을 받는다.

이상증상	원 인	점 검
보일러가 데워지지 않을 경우	히터가 불량일 때	히터열선 확인 후 교환
	과열 방지 바이메탈이 불량일 때	차단 시 원상태로 복귀
	압력 S/W 또는 온도센서가 불량일 때	청소 및 교환
	환경적 특성	유지관리법
	• 스케일로 인해 문제 발생 빈도가 높다 • 업장의 수질이 안 좋을 경우 • 정수시스템에 문제가 있을 경우 • 부품의 노후화	• 업장의 수질 환경을 개선하거나 정수시스템의 관리를 철저히 한다. • 스케일큐어를 한다.

이상증상	원 인	점 검
보일러 위에서 스팀이 새는 소리가 나거나 머신내부에 물기가 찰 때	과압력방지 밸브 불량일 때	점검 후 교환
	에어 밸브 불량일 때	점검 후 교환
	수위게이지 누수, 파손	점검 후 교환
	환경적 특성	유지관리법
	부품의 노화를 제외하고 같은 증상이 나온다면 낮과 밤의 기온 차에 의해 팽창과 수축으로 인해 스팀이 샐 수 있다.	업장의 환경이 기온차가 크다면 머신을 켜놓고 퇴근하는 편이 좋다.

이상증상	원 인	점 검
온수 추출 시 찌꺼기가 나오는 경우	보일러에 스케일이 많이 침전된 때	보일러 분해청소
	환경적 특성	유지관리법
	• 업장의 수질이 안 좋을 경우 • 정수시스템에 문제가 있을 경우 • 보일러의 스케일을 100%예방하기는 힘들다.	• 정수 시스템의 관리 • 보일러 스케일링 작업 • 온수 추출구의 분해청소 • 스케일큐어 실시

이상증상	원 인	점 검
압력은 정상인 상태에서 스팀 사용 시 스팀이 잘 안 나오는 경우	스팀노즐이 막혔을 때	노즐 청소
	노즐 팁이 막혔을 때	
	환경적 특성	유지관리법
	• 우유스팀 후 바로 스팀을 빼서 이물질 제거하지 않는 경우 • 스케일로 스팀 보일러, 동관이 막혔을 경우	• 스팀 완료 후 가장 먼저 잔여물을 배출하는 습관을 기른다. • 스케일큐어를 한다.

이상증상	원 인	점 검
커피 추출 시 솔레노이드 밸브에서 심한 소음이 나는 경우	전압이 낮은 때	전압 확인
	솔레노이드 밸브 유동추에 이물질이 많이 끼어 있을 때	솔레노이드 밸브 분해청소, 교체
	환경적 특성	유지관리법
	• 업장의 수질과 정수시스템이 좋지 않은 경우 • 역류청소를 자주 하지 않는 경우	• 정수시스템의 관리에 신경을 쓴다. • 역류청소는 매일 해주는 것이 좋다.

이상증상	원 인	점 검
커피 추출 시 포터필터 옆으로 물이나 커피가 새는 경우	그룹 개스킷이 불량일 때	그룹 개스킷 교환
	커피 투입량이 많아 포터필터가 그룹에 제대로 안 끼워졌을 때	커피 투입량 조절
	환경적 특성	유지관리법
	• 포터필터 결합 시 개스킷과 맞닿는 부분의 커피가루를 제거하지 않고 결합하는 경우 • 개스킷을 매일 청소하지 않는 경우 소모성 부품의 수명을 단축시킨다.	• 포터필터를 청결하게 하여 결합하는 습관을 들인다. • 커피 추출 후 물 흘리기를 하면서 포터필터와 개스킷을 수시로 간이 청소한다.

이상증상	원 인	점 검
온수 추출 시 온수에서 냄새가 날 경우	연수기나 정수기 필터 수명이 다 되었을 때	연수기 청소 및 정수기 필터 교환
	보일러 내부 스케일이 심각할 때	
	환경적 특성	유지관리법
	업장의 수질에 따라 정수기 수명이 달라진다.	• 업장에 맞는 정수필터 교환 주기를 확인 • 관리한다. • 스케일큐어를 한다.

이상증상	원 인	점 검
커피 추출 시 펌프모터에서 심한 소음이 나는 경우	물 공급이 잘 안 되는 경우	수도라인 점검
	환경적 특성	유지관리법
	• 머신의 위치 이동으로 인해 급수가 꼬인 경우 • 정수필터의 특성상 수명이 다하면 물 공급이 안 되는 필터의 경우 • 수도라인이 막힌 경우 • 모터와 펌프에 스케일 문제가 심각할 때	• 머신으로 공급되는 수도라인 전체를 원활하게 관리한다. • 업장의 필터성질을 파악하여 관심을 갖는다. • 스케일큐어를 한다.

2) ENGINEER MANAGEMENT

(1) 물품 공급 계약서 작성법

에스프레소 머신 엔지니어가 되었다면 카페창업 컨설턴트로서 에스프레소 머신, 로스터기 등 각종 설비를 납품할 수 있다. 이때부터는 소비자와 계약자의 관계가 형성되므로 계약서작성이 중요하다. 상호 간의 계약서 작성은 물품을 공급받으면서 지켜져야 할 약속을 법적으로 명백히 하여 건강한 소비자와 판매자가 되는 방법이다.

물 품 공 급 계 약 서

본 계약서 있어서 발주자를 '갑'이라 칭하고 수주자를 '을'이라 칭하여 다음과 같이 계약을 체결하고 본 계약을 증명하기 위하여 기명날인 후에 '갑', '을'은 각1통씩 보관키로 한다.

갑(발주자) 상 호 :

대 표 자(대리자) :

사업자 번호(연락처) :

주 소 :

연 락 처 :

을(수주자) 상 호 :

대 표 자 :

사업자번호 :

주 소 :

1. 계약품목 및 금액

품 명 Description	모 델 Model	수량 Q'ty	제조원	금 액 Amount	비 고 Note
			총합계금액		

2. 계약조건

제1조: '갑'과 '을'은 본 계약서에 기재된 사항과 계약조건에 기재된 각 조항을 성실하게 준수하도록 한다.

제2조. 제품 납기예정일 : 월   일 전후(설치7일 전에 통보)

제3조. 납품 장소 : 상동

제4조. 결제방법 : 본 계약의 효력은 계약금 입금일로부터이며, 현금결제조건임.

1항: 계약금(   )

제5조. 설치조건 : 물품의 기본사양 이외의 아래항목 등의 UTILITY 비용은 '갑'의 부담임.

1항. 설비의 기본사양 이외에 설치 및 가동에 필요한 전원공급(전기공사), 수도설비, 닥트설비 등의 기타 설비는 '갑'의 부담임.

제6조. 하자보증기간 : 하자보증기간은 1년으로 한다.

1항. 천재지변으로 인한 손상, 소비자의 사용부주의에 의한 손상, 전원공급부주의에 의한 손상, 소모성부품의 교체 이외의 모든 경우에 대하여 보증하며, 이에 해당하는 경우 을은 부품대금을 청구하지 않는다.

2항. 국내출장 시 하자로 인한 경우에는 을이 책임지며, '갑'의 귀책사유, 사용미숙 등 기타 사유인 경우에는 보증기간이라 하더라도 '갑'이 출장비를 부담한다.

3항. 계약물품을 '갑'이 임의로 사양을 변경할 수 없으며, 변경 후에 파생되는 모든 문제에 대해서는 '갑'이 책임진다.

제7조. 대금지불의 책임 및 소유권이전

1항. 본 계약물품은 대금이 완제될 때 비로소 '갑'의 소유로 한다.

2항. '갑'이 법인사업장인 경우 법인이 채무를 이행하지 못할 시에는 대표이사가 본 건의 채무를 이행하여야 한다.

3항. '갑'은 본 계약물의 대금 완제 시(완제시라 하면 유가증권인 경우는 거래은행에서 현금으로 결제가 완료되는 시점을 말하며)까지, '을'의 서면승인 없이는 계약물품을 타인에게 양도, 대여, 담보제공 등 임의로 처분할 수 없다.

4항. '갑'이 주소를 이전하는 등 '을'의 채권보전 및 계약이행에 영향을 미치는 사유가 발생하거나 발생할 우려가 있는 경우 '갑'은 이를 즉시 을에게 통보하여야 한다.

제8조. 기밀유지

'갑'과 '을'은 본 계약을 이행함에 있어 상대방의 기밀을 제3자에게 누설하거나 다른 목적에 사용하여서는 안 된다.

제9조. 기 타

1항: '을'이 물품 제조원(수입원)으로부터 공급을 받지 못할 경우 제품납기일은 미루어질 수 있다.
(단, 물품금액을 100% 입금했을 경우 납기일을 맞출 수 있다.)

2항: 본 계약에 명시되지 않은 사항은 일반상 관례에 따른다.

3항: 본 계약상의 해석에 이견이 발생하였을 때에는 쌍방의 합의에 따른다.

20   년   월   일

갑 :　　　대 표 :　　　인

을 :　　　대 표 :　　　인

TIP 작성 시 유의사항

계약서를 작성할 때 판매자는 계약서 내용에 대해 빠짐없이 소비자에게 설명하여 동의를 받아야 한다. 각 페이지마다 계약내용에 동의한다는 서명을 하고 최종적으로 성명란에 사인한다.

(2) 인테리어 업자와 엔지니어의 사전미팅

인테리어 가이드라인

전기, 급수, 배수, 배기 등 각각 머신의 제원에 맞는 인테리어가 이루어져야 정상가동된다. 또한 유지관리 보수 또한 원활해지기 때문에, 머신을 설치하기 전 인테리어 담당자와 엔지니어의 미팅은 필수다. 아래 사항들은 정상적인 설치를 위한 필수 요구사항을 정리해놓은 자료이다. 머신 설치 시 한 가지 사항이라도 부족할 경우 정상적인 설치가 어렵다는 점을 유의해야한다.

① 에스프레소 머신 설치 시 요구사항
 - 에스프레소 머신+그라인더+너클박스를 올려둘 공간을 준비(w1700×d700×h900) - 최소공간
 - 에스프레소 머신(커피기계)을 설치할 바로 하단에 배수구를 만들어 둔다.
 - 전기코드는 머신의 전기소비량에 따라 30~50A용 단독 차단기를 에스프레소 기계 근방(1m 이내)에 만들어 둔다.
 - 머신의 필요 전기용량은 4~7kw - 기본수압은 4바 정도를 권장한다.
 - 전용급수를 위한 수도관을 플러그로 막아 준비해둔다.

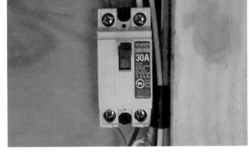

② 제빙기 설치 시 요구사항(수냉식인지 공냉식인지 확인)

    – 제빙기를 설치할 장소의 바로 하단에 배수구를 만들어 둔다.

    – 반드시 제빙기의 배수구 보다 낮아야 한다(제빙기는 지상에서 10cm가 배수구임).

    – 배수관이 지상에서 10cm 이상일 경우 제빙기 다이를 만들면 된다.

    – 수냉식의 경우 제빙기전용 수도관을 플러그로 막아 준비해둔다.

    – 전용 급수를 위한 수도관을 플러그로 막아 준비해둔다.

    – 배수작업을 할 수 있는 구멍을 만들어 놓는다.

③ 로스터기 설치 시 요구사항

    – 배관설비나 벽 등 내부설비를 뚫어야 할 경우, 지역 닥트공사업체를 통해 로스터기 설치 시 자바라(전용배관)를 꼽을 수 있도록 공사를 의뢰해 둔다.

    ※ 설치 당일에 배관공사를 할 경우 시간상 현장에서 설치기사님이 철수합니다.

    – 100파이 닥트관이 지나가야하므로 공사업체에 미리 정보를 알려준다.

④ 정수기 설치 시 요구사항(싱크대 하단에 설치함)

    – 정수기를 설치하기 위한 전용급수(냉수)관을 플러그로 막아 준비해 둔다.

TIP 만일 커피머신과 제빙기, 싱크대 정수기를 주방 앞 · 뒤로 배치 시에는 이들을 연결하는 정수호스가 너저분하게 안보이도록 인테리어 대표님께 미리 이를 알리고 바닥공사를 의뢰하면 깔끔한 선정리가 됩니다.

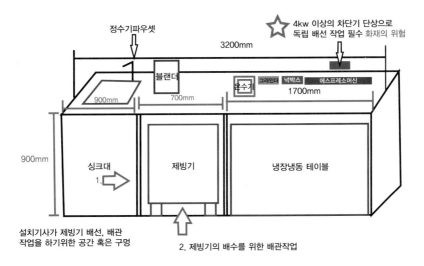

🖋 인테리어 체크 포인트(인테리어 담당자 또는 대표님께서 직접 작성하시면서 체크하세요)

커피머신 설치장소 1미터 내에 설치를 위한 전용 단독차단기를 준비해 두었나?	예, 아니오, 해당 사항 없음.	설치할 머신의 전기용량 확인
커피머신 설치 장소(테이블) 바로 하단에 배수구를 준비 해두었나?	예, 아니오, 해당 사항 없음.	그림참조
제빙기 설치를 위해 설치장소 뒷부분에 배수구를 준비 해두었나?	예, 아니오, 해당 사항 없음.	그림참조
제빙기의 깊이 사이즈는 배수관, 높이 사이즈는 다리 높이를 고려하여 인테리어 공사를 준비 해두었나?	예, 아니오, 해당 사항 없음.	제빙기 사이즈 확인 * 다리 높이를 고려하여 작업하시면 배수관 작업 시 유리합니다.
커피머신, 제빙기, 온수기, 싱크대 전용 정수기(파우셋)를 연결하기 위해 사용하는 전용호스가 외부에 돌출하지 않도록 이를 염두하고 전용호스가 지나갈 수 있도록 바닥공사를 진행했나?	예, 아니오, 해당 사항 없음.	설치당일 가장 아쉬운 마감부분이 이 부분입니다. 사전에 인테리어 담당자와 꼼꼼하게 확인하세요.
언더싱크 정수기를 연결하기 위한 전용 수도배관을 준비해두었나?	예, 아니오, 해당 사항 없음.	
로스터기 배관을 연결하기 위한 배관 공사를 닥트업체 또는 인테리어 담당자에게 알리고 공사해두었나?	예, 아니오, 해당 사항 없음.	설치기사님은 당일 공사해둔 배관에 연결하는 작업만 하십니다. 닥트공사를 설치당일에 하면 설치일자가 미루어지며 설치비가 추가됩니다.
로스터기 가스관을 연결하기 위한 가스관공사를 가스업체에 알리고 공사해두었나?	예, 아니오, 해당 사항 없음.	설치하려는 로스터기 및 애프터 버너의 가스용량 확인
로스터기를 올려두기 위한 테이블을 준비해두었나?	예, 아니오, 해당 사항 없음.	커피 로스터기 크기 확인

(3) 체계적인 AS고객 응대 방법

판매와 설치가 완료되었다면 이제부터 AS, 즉 사후관리에 신경을 써야한다. 제품을 구매한 소비자는 사후관리에 상당히 민감해지는데, 외국과 달리 우리나라는 AS에 대한 기대감이 높다. 이는 소비자가 AS의 기준을 대기업의 서비스에 두고 있기 때문이다. 따라서 프로다운 엔지니어라면 머신을 고치는 기술력만큼 사후관리시스템에 대한 연구와 타 업체와의 차별화 전략을 연구해야한다.

☕ 문서화 작업

① 서비스 신청서 작성

서비스 신청서의 작성은 엔지니어에게 발생한 문제를 차분하게 진단하는데 도움이 되며 필요한 부품과 공구를 사전에 준비하는데 유용하다. 또한 소비자에게 회사 AS제도에 대한 이해를 도와주며, 차분하게 꼼꼼히 증상을 정리할 수 있게 해준다. 이러한 문서화 작업은 서로에 대한 존중과 신뢰형성에 도움이 되며, AS기록이 데이터로 남아 차후 관리에도 좋다.

서비스 신청서

* 서비스 희망일 2017년   월   일   오전/오후   시   분

* 고 객 상 호	
* 사업자 번호 * 사업자 등록증상 개업일	－ － 년 월 일
* 서비스 받을 사업장 주소 * AS의뢰자 성함	
* 연락받을 고객 메일 　(FAX)	＠ －　　－
* 연락가능 전화번호	휴대폰 － － 사업장 － －
정비(서비스신청)의 종류 (해당란에 ☑표시)	▢ 클럽 라이언　　　　　　▢ 일렉트라 뉴 모던(2013년형 이상) ▢ 일렉트라 모던 (2012년 이전)　▢ 노바 시모넬리 ▢ 서비스 보고서(유상)　　　▢ 태환 프로스타(kg-LPG/LNG) ▢ 후지로얄 로스터기(kg-LPG/LNG) ▢ 후지로얄 디스커버리(LPG/LNG) ▢ 로스터기 노즐 변경-(LPG/LNG)에서(LPG/LNG)로 변경 ▢ 기타(　　　　　　)

이전 설치	▢ 기계종류( ) ( )지역( )층에서( )지역( )층 으로 이전 원함 ▢ 엘리베이터 – ▢ 유 ▢ 무
머신의 시리얼 번호(SERIAL)	
서비스 받으셔야 하는 증상 에 대한 상세 설명 (가급적 증상을 구분설명)	1. 2. 3. 4.
문의하신 정보를 조건으로 날짜와 견적을 산출하여 메일(FAX)로 답변 드리겠습니다. 위 내용을 빠짐없이 작성 부탁드립니다.	
<u>공임비의 50%를 선 입금 시 정상 접수되어 출발하며,</u> <u>이 비용은 반환되지 않습니다.</u> 차액은 현장에서 정비 후 청구됩니다.	
견적은 공임비를 제외하고 변경될 수 있습니다. 변경의 가장 큰 이유는 고객의 추가정비 요구 및 진단치 못한 부품의 추가 등 발생 시이며, 이때 작업 전 구두로 비용을 알리고 고객의 승낙 후 작업을 합니다. 현장에서 서비스가 불가한 경우에는 별도의 안내 후 진행합니다. * 기계는 증상에 따라 정비작업 전 충분하게 식어 있어야 합니다. 이 경우 최소한 작업 3시간 전에 머신의 전기공급이 중단되어 있어야 합니다.	
품의에 대한 서비스 요금 (긴급 출동 요구 시 별도) 오전10시전, 오후 6시 이후	공임비 금 만원정 부품비 금 만원정 긴급출동비 금 원정 총 만원정 (VAT 별도)
위 내용으로 서비스 신청합니다. 신청인 (인)	
* 서비스 신청서 작성일 년 월 일	

기본 공임비(현장 사전답사 출동비 포함)

▢출장 A/S 서울 ▢출장 A/S 경기 ▢출장 A/S 강원 ▢출장 A/S 전라 ▢출장 A/S 충청도

② 관리일지

관리일지를 작성하면 늘어나는 거래처의 과거 AS기록과 정수시스템 상태를 토대로 문제발생 시 정확한 진단을 하는데 도움이 된다. 일교차, 수질, 전기 등의 이유로 머신이 고장난 지역은 환경이 개선되지 않는 이상 재발할 가능성이 높기 때문에 이를 기록하고 관리해야할 필요성이 있다. 예를 들어 에스프레소 머신의 고장의 원인 중 큰 부분을 차지하는 것 중 하나가 수질로 인한 스케일 문제이다. 소비자에게 충분한 교육을 하였다 하더라도 교체시기를 놓치는 경우가 많다. 관리일지를 작성함으로써 수질로 인해 문제가 생기는 지역에 대한 특별 관리를 하는 것이 좋다.

업체명	대표자명	연락처	주소	상급	특별	하수도	지하수	판매날짜	에스프레소해서	AS 사례
ㅇㅇ 커피	홍길동	000-000-0000			토원		지하수	2014년 4월 17일	일백트라	소형 불량
ㅇㅇ 커피	홍길동	000-000-0000							일백트라	가스트 교체
ㅇㅇ 커피	홍길동	000-000-0000		상급		상수		2013년 4월 3일	시모넬리	스팀, 분수 버튼
ㅇㅇ 커피	홍길동	000-000-0000		상급		상수		2013년 3월 6일	일백트라	
ㅇㅇ 커피	홍길동	000-000-0000			토원	상수		2013년 4월 19일	라이언	수위계이지
ㅇㅇ 커피	홍길동	000-000-0000							애니스타	압력게이지
ㅇㅇ 커피	홍길동	000-000-0000		상급		상수		2013년 4월 4일	시모넬리	
ㅇㅇ 커피	홍길동	000-000-0000		상급		상수		2013년 4월 20일	가정집	-
ㅇㅇ 커피	홍길동	000-000-0000			토원	상수		2013년 9월 1일	일백트라	
ㅇㅇ 커피	홍길동	000-000-0000			토원	상수		2013년 7월 30일	일백트라	

③ 전화 상담 방법

AS 문의전화가 왔다는 것은 문의자가 불편을 겪고 있다는 의미이며, 이로 인해 사소한 것에도 민감하게 반응할 수 있다. 이때 소비자가 바라는 것은 신속하고 정확한 조치이다. 통성명부터 증상의 진단, 견적산출까지 전문가에게 진단을 받고 있다는 확신을 주는 상담방법을 연습하는 것이 좋다. 또한 가장 신속한 AS는 바로 온라인으로 문제를 해결하는 것이다. 온라인으로 문제 해결 방법을 설명하고 직접 조치할 수 있도록 도와주어 문제를 해결할 수 있다. 만일 현장에 도착했는데 머신이 정상가동될 경우 서로 얼굴을 붉히게 되는 상황이 발생할 수 있으니 문제에 대한 기본적인 조치법을 설명한 후 일을 진행하도록 한다.

홍길동 : ** 머신 AS 문의하려고 합니다.
엔지니어 : 문의 주시는 분 상호와 성함이 어떻게 되시나요?
홍길동 : **카페 홍길동이라고 합니다.
엔지니어 : 지역은 어떻게 되십니까?
홍길동 : 서울시 마포구입니다.

TIP 지역을 먼저 확인하는 것은 매우 중요하다. 설치된 지역의 환경을 미리 염두에 두면 원인 파악에 도움이 된다.
예 일교차가 심한지역, 지하수 사용이 많은 지역

엔지니어 : 어떤 문제가 있으신지요?

홍길동 : 첫 번째 그룹에서 물이 나오질 않습니다.

엔지니어 : 네, 추출용 3way 솔레노이드 밸브와 플로미터의 이상증상일 수 있습니다.

홍길동 : 그럼 부품을 다 교체해야 하나요? 총 견적이 어떻게 되고 언제쯤 조치가 가능합니까?

엔지니어 : 서울지역 출장점검 비용은 **이고요. 각 부품을 분해해서 청소로 문제가 해결될 경우 특수 공임비용만 **이 추가됩니다. 청소조치 후 테스트결과 부품을 교체해야 한다면 부품비가 추가적으로 발생합니다. 출장점검 비용에 대해 송금해주시면 일정에 올려드리겠습니다. 상담해드린 내용과 견적에 대한 확인과 정확한 점검을 위해 AS 신청서 양식을 보내드릴 테니 불편하시더라도 성의껏 작성해주시면 감사하겠습니다.

TIP AS 신청서 양식을 편리하게 받아볼 수 있도록 잘 설명 해준다. AS 신청서를 작성하는 것을 불편하게 생각할 수도 있지만, 문의사항에 대한 정확한 진단과 금전적 문제발생의 방지를 위해 필요함을 잘 설명할 수 있도록 한다.

3) 실전 설치와 사후관리

(1) 실전 설치와 환경 극복 방법

• 현장답사

1. 설치현장에 도착하면 우선적으로 상호간 거래명세서를 확인하면서 주문한 물건이 전부 도착했는지 확인을 한다.

2. 작업을 시작하기 전 잠시 여유를 갖고 현장의 인테리어 분위기와 카페의 콘셉트를 파악하도록 하는 것이 좋다. 현장에 맞는 머신의 배치와 어울리는 음료와 커피맛 등에 대한 컨설팅을 하는데 있어 도움이 된다.

3. 머신이 설치될 주방의 인테리어 현황을 파악하고 바로 전기와 급수시설이 인테리어 가이드라인에서 요구한 사항대로 되어있는지 확인한다.

4. 만약 에스프레소 전용으로 30A 단독 차단기가 머신 근처에 설치되어있지 않아 머신 전선을 안전하게 물릴 수 없는 상황이라면, 전기자격증을 갖고 있는 기술자를 통해 단독 차단기를 설치해 줄 것을 요구한다. 전기자격증이 없는 사람이 전기 설비를 만지면 안 되며, 화재발생 시 연결한 사람이 책임을 져야하므로 민감한 부분이다

• 머신 설치

1. 인테리어 작업이 진행중이라면 최대한 머신이 피해를 보지 않고 머신의 기초작업을 할 수 있는 여유로운 공간에서 개봉한다.

2. 머신의 기본구성품을 확인한다. 특히 사용설명서와 정품인증서 세팅 키 등 구매자가 분실하면 곤란함을 겪는 물품들을 먼저 챙겨서 따로 보관하도록 지시한다.

3. 개봉한 박스 위에 일렉트라 머신을 상처가 안 나게 조심스럽게 눕히고 머신의 급수와 배수전기의 기초작업을 시작한다. 급수와 배수작업 시 누수에 주의하며 부품이 파손되지 않는 적당한 압력으로 결속한다.

4. 머신이 설치될 자리에 배수와 급수, 전선 등을 정리할 타공을 한다. 이때 최소 75mm 이상의 홀소를 사용한다. 전동드릴을 사용할 때는 상부를 왼손으로 견고하게 받치고 지나치게 누르는 힘보다는 구멍을 내려는 원의 라인을 예리하게 절단하는 느낌으로 필요 시 드릴 몸체 전체를 원을 그리면서 타공한다. 바가 두꺼울 경우 중간에 멈춰서 홀소에 껴있는 잔여물을 제거하고 다시 타공한다. 만일 한번에 진행했을 경우 홀소의 잔여물을 제거하기가 매우 어렵다.

• 정수기 설치

1. 정수기를 설치할 위치를 선정한다. 싱크대 아래 부분에 급수가 있는 경우가 많기 때문에 싱크대 쪽에 설치를 하게 되는데, 에버퓨어 정수필터와 같은 분해결합 교환필터라면 필터를 빼낼 공간적 여유가 필요하다. 만일 여유롭지 못하다면 필터의 사이즈를 작은 것으로 하거나, 교체가 용이한 장소를 찾아 설치한다. 주의할 점은 정수기를 눕혀서 설치하면 안 된다.

2. 12mm 기리나 스텝드릴을 통해서 식수용 파우셋을 설치할 자리에 타공 후 파우셋을 설치한다. 보통 싱크대의 물이 나오는 반대편 여유공간에 많이 설치하나, 구매자가 원하는 위치에 설치도 가능하다. 설치할 위치 하단부에 냉장냉동 테이블 등 집기가 들어갈 경우 파우셋 하단부의 피팅연결 부위가 집기에 걸릴 수 있으니 주의하여 설치한다.

• 제빙기 설치

 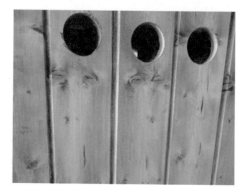

1. 제빙기가 설치될 장소의 배수급수 작업을 위해 필요시 타공 작업을 진행한다.
2. 자연배수로 원활한 배수가 되어야 얼음이 잘 어는 제빙기의 특성상 지상에서 높이 10cm 이상일 경우 절단하여 높이를 맞춘다.
3. 제빙기 바로 뒤편에 배수가 있기 때문에 빌트인 형식으로 인테리어가 되어있다면 제빙기 옆 벽 배수를 꽂을 작업 구멍이 있어야하며, 없을 시 타공을 하여야하니 이에 맞는 장비를 구비하는 것이 좋다.
4. 공냉식 제빙기의 경우 열기의 배출이 원활하지 않으면 얼음이 잘 얼지 않는다. 그러므로 공기가 잘 순환 할 수 있도록 타공을 하는 등의 조치를 하여 완화할 수 있다.

TIP 필요한 만큼 사용하고 남은 배수호스를 잘 보관해두면 에스프레소 머신 배수호스를 연장할 때 편리하게 사용된다. 수도 배관을 누수 방지 테이프로 마감 처리한다.

(2) 엔지니어의 사고법

엔지니어 교육과정 문의전화를 받다보면 자주 등장하는 질문이 있다. "일렉트라 머신 엔지니어 교육과정을 배우면 다른 머신도 고칠 수 있나요?" 물음에 대한 답은 예스다. 모든 반자동 에스프레소 머신의 원리는 같다. 다만 방식이 단일형 보일러인지, 개별형 인지, 전자동 머신인지에 따라 약간의 구성이 다를 수는 있으나 물의 유입과 가열, 압력 상승, 추출, 스티밍 등을 하기 위한 각각의 부품들의 역할은 같기 때문이다.

클럽사 라이언 3way 솔레노이드 밸브 교체

일렉트라사 모던 모델 3way 솔레노이드 밸브 교체

클럽사 라이언 스팀 누수 개스킷 교체작업

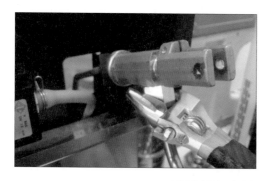

시모넬리사 뉴아피아 스팀 누수 개스킷 교체작업

사진자료를 보면 각각 약간의 구조적차이는 있지만 비슷하다는 느낌이 들 것이다. 여기서 엔지니어로서 자신감을 가질 필요가 있다. 머신이 고장이 나는 원인을 잘 생각해보면 수질과 환경적 요인 2가지이다. 이는 수질과 스케일관리 부족으로 인한 막힘과 누전과 전기 공급의 불안정, 잘못된 머신관리로 인한 내부 과열 그리고 기온차이 같은 환경적 문제이다. 이 두 가지를 생각하고 제시된 문제를 한번 생각해보자.

Question 스팀을 개방하면 스팀이 안 나오고 물만 나온다.

〈엔지니어적 사고〉

- 어느 부분이 문제인가?

  보일러의 물과 스팀의 비율은 보통 5:5~7:3 → 물만 나온다. → 보일러가 만수가 되었다. → 보일러로 물의 유입과 차단을 시켜주는 부품이 뭐가 있을까? → 수위감지봉 → 2way 솔레노이드 밸브 → 사례 분석 → 수위감지봉의 스케일로 인한 문제 → 2way 솔레노이드 밸브의 개스킷 수명이 끝남 또는 스케일로 인한 누수

- 업장의 환경은?

  스케일이 억제되는 정수기를 사용하고 있는가? → 정수기 교체는 주기적으로 이루어졌는가? → 머신의 구입년도는?

- 결론

  문제를 해결하기 위한 장비 → 드라이버, 스패너, 스케일제거 청소용품 → 필요한 부품 → 수위감지봉 → 2way 솔레노이드 밸브 → 수위감지봉을 우선적으로 확인해 본 후 문제가 없으면 → 솔레노이드 밸브 점검 교체 → 예상소요시간과 AS 기사 도착 전 업장에서 준비사항 통보

이처럼 머릿속에 에스프레소 머신의 작동 원리를 그리면서 하나씩 진단해 나간다면 어떤 문제 앞에서도 당황하지 않게 되며 차분히 문제를 해결할 수 있다.

☕ 에스프레소 머신 그라인더 & 로스터기 청소 및 유지관리 방법

1) 그라인더 정비

(1) 일반적인 그라인더의 각 부위 명칭

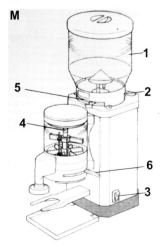

그라인더 사용설명서

1 HOPPER(원두 담는 통)
2 원두투입 레버
3 ON/OFF SWITCH
4 분쇄원두 추출량조절 레버
5 분쇄입자 조절 레버
6 DOSE 레버

그라인더는 머신과 함께 바리스타가 상시 분해청소하면서 관리해야 하는 바리스타의 친구같은 존재이다. 바리스타는 자신이 사용하는 그라인더의 분해방법과 청소방법을 숙지하기 바란다. 일반적으로 거의 모든 그라인더는 기본적인 메커니즘이 동일하기 때문에 본 이미지를 참고하여 본인의 그라인더에 대입해 보기 바란다.

ANFIM사의 그라인더 날 기준 예

왼쪽 내경 43mm – 외경 75mm 날 – 600~700kg 사용 후 교환
오른쪽 내경 36mm – 외경 64mm 날 – 400~500kg 사용 후 교환

(2) 그라인더 입자조절 방법

① 입자 조절 – 좌측으로 회전하면 입자가 가늘어지고 반대방향, 즉 숫자가 커지면 입자도 커진다.

> TIP 같은 회사의 그라인더를 두 개 이상 사용하더라도 그라인더의 숫자는 다를 수 있다. 즉 숫자를 암기하여 적용하는 것이 아니라 적정 분쇄도를 육안과 촉감으로 확인 후 에스프레소 추출해 본다. 이때 색감과 질감을 보고 올바르게 추출 된다면 수치를 확인 후 기준점으로 기억한다.

② 스위치 작동 – 입자조절 후 전원 스위치를 작동하여 분쇄한다.
스위치를 1로 하면 ON, 스위치를 0으로 하면 OFF

③ 원두분쇄 – 최소한의 양으로 소금보다 가늘고 밀가루보다 두꺼운 상태의 입자를 촉각으로 1차 확인하여 소비되는 양을 최소화한다.

④ 에스프레소에 해당하는 입자를 찾을 때까지
②~③의 과정을 반복해서 입자를 조절한다.

TIP 모든 그라인더는 그라인더 날로부터 추출구
까지의 유격이 존재하므로 입자를 변경 후 약 5초 이
상의 그라인더 작동 시간이 흘러야 원하는 입자로 분
쇄된 커피가 추출된다.

TIP 충분한 연습을 통해 분쇄 입자를 알고 있어야 빠르게 입자 조절을 할 수 있다.

⑤ 계량하기 – 입자조절 후 원하는 투입량을 전자저울로 계량하여 자신의 매장에서 사용하는 커피의
양을 확인해둔다. 일반적으로 에스프레소 더블 추출 시 12~18g을 많이 사용하지만 매장에서 사용
하는 원두의 선택이나 커피머신에 따라 차이가 날 수 있다.

TIP 투입량은 에스프레소가 추출되는 시간에 직접적으로 연관되기 때문에 숙련된 바리스타와 일반 바리스타가 매
장에서 함께 일할 경우 종종 투입량이 달라 에스프레소의 맛이 크게 차이가 나는 경우가 있다. 충분한 연습이 필요하
며, 커피 한 잔의 원가를 계산하는 데 중요한 정보이다.

⑥ 계량한 커피를 포터 필터에 담고 탬핑을 한다.

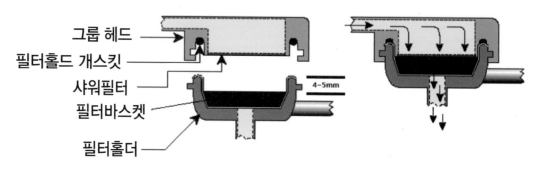

그룹 헤드
필터홀드 개스킷
샤워필터
필터바스켓
4~5mm
필터홀더

탬핑한 커피는 필터바스켓 상단으로부터 약 4~5mm의 공간이 있어야 한다(대부분의 필터바스켓은 안에 탬핑을 안내하는 가이드라인이 있다).

⑦ 추출 – 추출되는 상태를 판단해서 그라인더의 세부조절 유무를 판단한다.

| 빠르게 추출되는 상황
연한 황색이다.

• 추출시간 → 20초 미만
• 해결방법 → 입자를 줄인다. | 완벽한 추출상황

• 추출시간 → 20초~30초 | 느리게 추출되는 상황
옅은 적갈색이다.

• 추출시간 → 30초 초과
• 해결방법 → 입자를 키운다. |

⑧ 만일 위 과정에서 추출이 원활하지 않으면 그라인더 날을 조작하여 정밀작업을 해주면 된다.

(3) 그라인더 청소방법

그라인더의 청소방법에는 월 1회 이상 분해하여 청소하는 방법과 주 1회 이상 전용약품으로 청소하는 방법이 있다.

☕ 그라인더 날 분해 청소(월 1회 이상)

① 그라인더의 분해청소 시에는 반드시 전원플러그를 뽑은 후 작업한다.

② 호퍼통을 고정한 나사를 풀어 호퍼통을 분리한다.

③ 그라인더날 사이에 남은 원두를 제거한다.

④ 고정 클립을 내린 상태에서 상단 날을 분쇄입자가 커지는 방향으로 돌리면 분리된다.

⑤ 도저통을 청소한 후 전용 청소기를 이용하여 찌꺼기를 제거하면 된다.

🫘 그라인더 날 약품 청소 (주 1회 이상)

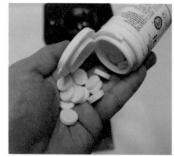

① 호퍼통 분해 후 남은 커피를 일부 제거한다.

② 전용세제(1종)를 커피 크기로 조각내어 그라인더에 넣어 작동시킨다.

③ 세제가 모두 분쇄되면 충분한 양의 원두를 분쇄하여 그라인더 내부의 세제를 제거한다.

🫘 완전 분해 청소방법 (월 1회 이상)

① 도저통 분해 청소

분배기 중심의 조절 나사를 풀어 몸체 전체를 분리하여 청소한다. 주의할 점은 바닥의 중심부에는 구리스가 발라져 있는데 이를 제거 시 소음이 발생한다. 반대로 도징 시 뻑뻑하거나 소음이 날 때 이 부분에 구리스를 발라주면 완화된다.

② 그라인더 날 분해 청소

그라인더의 날의 나사를 푸를 때 주의사항은 돌리는 힘보다 누르는 힘이 더 중요하다는 점이다. 나사의 마모로 인해 문제가 생길 수 있다. 분해 후 깨끗이 청소한다. 그라인더 날을 결합할 때는 조여지는 방향으로 끝까지 돌린 후 더 이상 돌아가지 않는 시점에서 원래 셋팅 수치에 맞게 조절한다.

🫘 호퍼통 청소(매일)

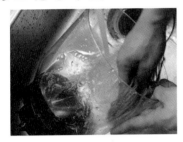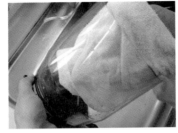

매일 마감 시 호퍼통을 세제로 청소해 주어야 산패한 냄새가 커피에 스며드는 것을 예방할 수 있다.

2) 로스터기 정비

로스터리숍을 운영하는 데 로스터기의 관리는 필수요소이다. 국내에서 제작된 태환자동화 산업의 THCR-01 모델의 구조와 청소방법과 주기에 대해 알아보자.

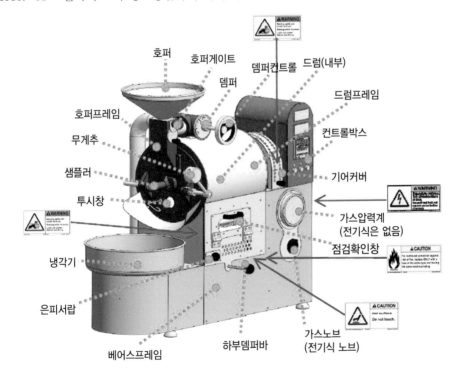

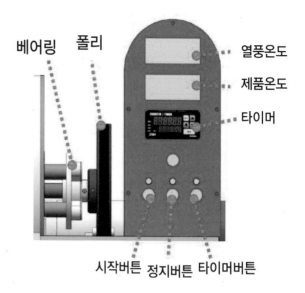

로스터기 구조

🫘 각 부위별 청소주기

청소주기 항목	즉시	주	월	6개월	1년	중요도	청소도구	비고
싸이클론	○					A	청소기	
냉각기(내부)	○					A	걸레, 청소기	
은피서랍	○					A	청소기	
본체외관		○				B	걸레, 알코올	
본체내부		○				B	걸레, 청소기	
배기 Damper내부		○				A	브러쉬, 갈고리	
배기 pipe내부		○				A	브러쉬, 긴막대	
브로워 외부			○			A	갈고리(팬 파손 주의)	
하부 Damper외부			○			A	평철, 브러쉬	
Hopper Frame			○			A	평철, 브러쉬	
브로워 내부				○		A	브러쉬, 나무막대	
하부 Damper내부				○		A	평철, 브러쉬	
Heater					○	A	청소기	

* 청소주기는 작업강도에 따라 정책적으로 적용되기 때문에 변경될 수 있다.

🫘 청소관리 방법

- 뎀퍼 배관의 분리방법

노브 나사를 푼다

배관을 좌우로 살짝 흔들면서 뺀다.

이 나사를 분리할 경우 재조립이 어렵다.

- 뎀퍼의 분리

연결 나사를 분리한다.

뎀퍼를 정면으로 당겨 분리한다.

호퍼를 청소한다.

확인도어를 청소한다.

뎀퍼연결관을 청소한다.

냉각부 내부를 청소한다.

뎀퍼 눈금을 10으로 완전 개방 후 청소

솔이 꺾여 안쪽 깊숙이 들어가도록 청소

하부 뎀퍼 청소

브로워 청소 (냉기와 매기에 영향이 큼)

싸이클론 청소

로스팅이 끝날 때마다 수시로 청소해야 할 곳을 정확하게 숙지한다.

은피서랍	냉각기내부	냉각통	싸이클론

🫘 샵 로스터 2019년형 1.5kg 신제품

모델명	사양	특징
THCR–01J	• 1,300×640×1,680mm(150kg) • 단상 220V 60Hz • 300g~1.2kg / batch(MAX 1.5kg) • 5~20mins • 3.5kWh(전기식) • 0.2kWh(가스식)/저압 LPG 0.29kg/hr, LNG 4300kcal/hr	• 연속배전 가능 모델로 생산성 향상 • 터보냉각과 교반기가 추가되어 한결 편해진 로스팅 • 테이블과 일체형으로 추가옵션이 필요 없음 • 냉각기 분리/편리한 사용/공간 활용UP

🫘 점검 및 조치사항

증 상	해결방법
점화가 되지 않을 때	• 가스밸브 개폐 여부를 확인한다. • 가스밸브를 두세 번 열었다 닫았다 반복한다. • 가스통을 교체했거나 오랫동안 사용하지 않을 시 가스통 내부에 공기가 차 있을 수 있다. • 브로워 청소가 안 되어 내부 공기순환이 안 될 경우 점화 후 얼마 안 되어 불이 꺼진다.
Roasting Temp에 영어가 뜰 경우	전문 기술자에게 문의
Air Temp가 닫혔는데도 온도차가 없거나 낮을 경우	온도센서를 살짝 풀어 온도에 반응하는 방향으로 조정 후 고정
• 연기가 새거나 역류하는 증상 • 원두커피에 은피가 많이 섞여 나오는 증상 • 원두커피에 탄내가 나는 현상	각 배관 및 브로워 날개, 뎀퍼, 싸이클론 청소상태 확인
소 음	• 청소상태와 소음은 밀접한 연관이 있다. • 기계의 수평이 맞지 않을 경우 수평을 확인 • 미세하게 떨리는 소음 발생 시 부위별 조임상태 확인 • 금속마찰 소음 시 전문 기술자에게 문의
불꽃이 일정하지 않음	버너 및 히터에 이물질 여부 확인
가스 압력계 이상	전문 기술자에게 문의

🌰 브로워 청소관리 방법

브로워는 로스터기 내부에 공기를 순환시켜주는 역할을 한다. 로스팅 횟수가 많거나 청소가 잘 이루어지지 않았을 경우, 사진처럼 브로워의 작동이 원활하지 않게 된다. 이로 인해 점화했을 경우 불이 얼마 되지 않아 꺼지는 현상이 나타나는데 이때는 브로워의 분해 청소가 필요하다.

① 브로워를 지탱해주는 사각 철판의 바깥쪽 나사부터 풀러 조심스럽게 바닥에 내려놓은 다음 브로워 몸체를 고정하는 나사를 분해해 부품의 파손을 예방한다.

② 6각 렌치를 이용하여 브로워팬의 중심부 고정나사를 풀어준다. 고정시켜주는 힘이 풀릴 정도로만 나사를 풀면 되고 완전히 제거 시 나사를 분실하지 않도록 주의한다.

③ 브로워 날개 부분을 일자 드라이버나 끌을 이용하여 청소해준다.

④ 마이너스 드라이버나 끌을 이용하여 브로워 몸체의 이물질을 제거해준다. 이물질을 제거하여 배기가 원활하게 해주는 게 목적이므로 지나치게 긁어내어 브로워에 상처가 나지 않도록 주의한다.

로스터기 청소 시 있으면 편리한 도구들

• 끌은 단단히 굳어버린 이물질을 제거할 때 좋다.
• 고무망치는 배관이나 사이클론을 두드려 1차적으로 이물질을 제거하는데 편리하다.
• 종류별 쇠솔은 세척작업에 유용하다.

⬤ DAILY Cleaning

(1) 그룹 헤드의 구조도

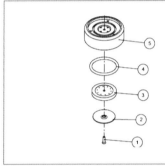

1. 샤워필터 고정나사
2. 샤워필터
3. 샤워홀더
4. 필터홀더 개스킷
5. 벨(홀더뭉치)

그룹 헤드 부품

대표적인 소모품인 그룹 헤드는 여유분을 준비해 둔다.

① 필터홀더 개스킷

필터홀더 개스킷은 포터필터 장착 후 에스프레소가 추출되기 전 기압이 새는 것을 방지해 주는 역할을 하며 기계의 종류에 따라 두께와 모양, 크기가 다르지만 교환방법은 동일하다. 개스킷은 고무재질로 되어 있어 장시간 사용 시 얇아지거나 경화되어 물이 새거나 포터필터 장착 시 결합이 어렵거나 과도하게 돌아가는 현상이 발생한다. 이 경우 즉시 교환한다. 개스킷의 수명은 보통 6개월에서 1년 정도이며, 교환하는 방법은 편의에 따라 두 가지 방법이 있다.

- 개스킷 교체 방법 1

개스킷 분해방법

개스킷 조립방법

> **TIP** 샤워홀더 분해 후 송곳으로 낡은 개스킷을 제거 청소 후 새 개스킷을 포터필터에 올려 결합한다.

- 개스킷 교체 방법 2

Bell 홀더뭉치 & 샤워스크린, 홀더 분해

개스킷 제거 후 교체, Bell 홀더 뭉치 결합

TIP 육각렌치로 Bell 홀더뭉치 분리 후 샤워 홀더를 분리한다. 낡은 개스킷을 제거하고 새 개스킷을 손가락으로 눌러 결속한 다음, 포터필터를 결합하여 bell 홀더뭉치의 정확한 결합 방향을 확인하고 결속한다. bell 홀더뭉치를 반대로 결속 시 포터필터가 엉뚱한 방향으로 결속될 수 있다. 개스킷의 경화가 심각하여 잘 제거되지 않을 경우 교체방법 2로 하게 되면 편리하다. 개스킷 교체 완료 후 포터필터를 결합하여 추출해보고 물이 새는지 확인해본다.

② 샤워필터·샤워홀더

다음은 샤워필터·샤워홀더이다. 그룹 헤드 본체에서 한 줄기로 통과한 물은 이곳 샤워홀더에서 4~8개의 줄기로 갈라지게 된다. 이는 샤워필터 전체를 충분히 적시기 위해서다. 이 샤워홀더는 매장에서 매일 마감 시 분해하여 관리해줘야 한다. 관리 포인트는 주변에 묻은 커피 찌꺼기를 제거하고 홀더의 구멍이 막히지 않도록 세척제로 깨끗이 청소를 해야 한다.

샤워홀더   샤워필터

샤워필터의 종류 또한 기계에 따라 다르나 그 역할은 같다. 그룹헤드 본체를 통과한 물줄기가 샤워홀더에서 4~6개로 나뉘고 샤워필터에서 포터필터에 전체적으로 골고루 압력을 주기 위해 미세한 수많은 줄기로 분사해 준다(그림 1).

그림 1

그림 2

〈그림 2〉처럼 떨어지는 것이 한줄기처럼 보이지만 추출과정 중에 샤워필터에 묻은 커피 기름에 의해 물의 응집작용이 일어나 한줄기로 모아지는 것이다. 이것도 수많은 구멍에서 모두 떨어진 것으로 기계에 문제가 있다고 판단해서는 안 된다. 샤워필터는 오래 사용하면 다음 〈그림 3〉과 같이 커피 찌꺼기가 끼게 된다. 커피 찌꺼기가 마치 이끼처럼 묻으면 커피 추출 시 산화된 맛이 같이 추출되게 된다. 그래서 샤워필터 또한 매일 마감 시 분리해서 항상 청결하게 유지를 해야 맛있는 에스프레소를 추출할 수 있다.

그림 3

샤워필터의 수명은 보통 1년 정도로 샤워필터의 구멍이 커지면 특정 부위에 과도하게 많은 물이 포터필터로 가해지면서 에스프레소 추출에 어려움을 줄 수 있고, 커피 찌꺼기도 많이 낄 수 있다.

③ 나사

그림 4

다음 〈그림 4〉는 샤워필터를 고정해 주는 나사이다. 이 나사 또한 기계의 종류에 따라 각기 다르다. 나사는 특별한 관리가 있는 것은 아니지만 청소 시 분실되지 않도록 주의를 해야 한다. 평소 에스프레소 추출 후 남은 찌꺼기를 버리는 것을 소홀히 하거나 분해해서 청소를 해주지 않을 경우 커피에 있는 오일성분이 나사 사이에 끼어 굳기 때문에 샤워필터가 잘 안 풀린다. 이때는 무리하게 나사를 돌리지 말고 망치로 나사를 가볍게 2~3번 정도 톡톡 친 다음 풀면 아주 잘 빠진다. 가장 빈번한 실수가 무리하게 나사를 풀려다가 나사가 뭉개지거나 드라이버가 어긋나 샤워필터를 찢는 실수를 하는 것이다.

(2) 그룹 헤드를 청소하는 방법

그룹 헤드는 바리스타가 능수능란하게 분해해서 관리하는 것이 매우 중요하다. 그룹 헤드를 청소하는 방법은 다음과 같다. ① 청소용 필터를 포터필터에 창착 후 청소하는 방법, ② 식음료 조리기구 전용 세척제(1종, 2종 세척제)를 이용해서 청소하는 방법, ③ 분리해서 식음료 조리기구 전용 세척제로 청소하는 방법이다.

> **TIP** 간혹 조리기구에 사용할 수 없는 산업용 기계 세정제(3종 세척제)를 머신전용 세척제로 사용하는 경우가 있다. 이는 국내법상 적발 시 관계기관의 처벌을 받을 수 있으니 머신 전용 세척제 구입 시 부착된 라벨을 확인하기 바란다.

첫째 청소용 필터로 청소하는 방법이다.

먼저 포터필터에 있는 필터컵(바스켓필터)을 빼고 청소용 필터를 끼운 다음 그룹헤드에 결합하지 말고 살짝 걸치기만 한 후 추출버튼을 누른 다음 물이 포터필터에서 넘치면서 찌꺼기가 흘러나오면 살짝 끼웠다 뺐다를 연속적으로 반복하면서 찌꺼기가 흘러나오지 않을 정도로 반복한 다음 완벽하게 결합해서 약 5초 정도 대기 후 추출 버튼을 멈추면 청소가 끝난다. 약 5초 정도 후에 멈추는 이유는 그룹 헤드와 포터필터에 압을 채운 후 머신작동을 멈추면 기계 내부의 솔레노이드 밸브에서부터 배출드레인 쪽으로 연결된 내부관까지 청소가 되기 때문이다.

둘째 기구전용 세척제를 이용해서 매일 청소하는 방법이다.

청소용 필터에 전용세척제 한 알 또는 한 스푼을 넣고 그룹 헤드에 결합해서 수동추출 버튼을 약 10초간 눌러 청소용 필터에 물을 채운 다음 OFF를 하고 1분 정도 기다린다. 그러면 솔레노이드 밸브부터 배수트레이 쪽으로 연결된 관을 통과한 찌든 찌꺼기가 세척제 거품과 함께 나오게 된다. 그 후에 연속적으로 수동추출 버튼을 약 5초 간격으로 ON, OFF를 반복한다. 맑은 물이 나오면 포터필터를 끼웠다 뺐다를 연속적으로 반복해 개스킷에 묻어있는 세척제를 완전히 제거해준다.

셋째 분리해서 세척제로 청소하는 방법이다.

그룹 헤드의 샤워필터와 샤워홀더를 정해진 매장 규정에 따라 분리를 한 다음 그룹 헤드 안쪽을 닦아주고 샤워필터와 샤워홀더는 부드러운 수세미에 세제를 풀어 닦아준다.

(3) 포터필터

① 구 성

포터필터는 분쇄한 에스프레소용 원두를 담아 커피머신에 장착하는 기구를 통칭하여 부르는데 도피오 (2인) 추출용과 솔로(1인) 추출용이 있다. 왼쪽은 1잔용이고 오른쪽은 2잔용 포터필터이다.

1잔용 필터바스켓에 담긴 커피케이크   2잔용 필터바스켓에 담긴 커피케이크

② 구 조

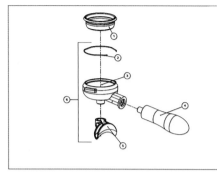

포터필터의 구조도
1. 필터컵(바스켓)
2. 필터고정클립
3. 필터홀더
4. 포터필터 핸들
5. 아웃렛(스파웃)

③ 관리 요령

필터홀더와 필터컵은 일일관리를 통해 항상 청결을 유지하여야 하며, 부드러운 수세미로 닦아주면 된다. 만일 그렇지 않을 경우 찌든 때가 껴 청소의 어려움이 생긴다. 물로 닦이지 않는 커피 기름때는 전용세척제를 이용해 청소한다. 〈그림 5〉처럼 온수에 세척제를 풀어 5시간 정도 놓아둔 다음 흐르는 물로 씻어준다. 포터필터의 내부 소모품들은 커피 잔에 추출되기 직전에 닿는 부품들이기 때문에 커피 맛에 치명적인 영향을 줄 수 있으므로 관리를 철저히 해주는 것이 좋다.

좌측 : 처음 구매 시 필터 / 우측 : 관리가 안 된 필터

그림 5

④ 필터홀더 보관방법

그림 6

위 〈그림 6〉처럼 필터홀더를 보관해서는 안 된다. 필터홀더는 항상 다음과 같이 그룹 헤드에 결합해서 보관해야 한다(그림 7).

그림 7

필터홀더의 온도에 따라 커피 맛도 변화를 줄 수 있기 때문에 바리스타는 필터홀더의 온도 유지에 신경을 써야 한다. 또한 필터홀더의 필터는 1년 정도 사용 후 교환을 해주는 것이 좋다. 필터의 구멍이 커지면 추출이 원활하지 않고 찌꺼기가 많이 떨어지게 된다. 커피를 추출 전 필터홀더의 필터는 물기와 찌꺼기가 없이 항상 청결한 상태에서 커피를 추출해야 맛있는 에스프레소를 만들 수 있다. 행주나 린넨을 이용해서 커피 추출 전에 필터컵 내부를 닦아주고 추출하는 것이 좋다.

Chapter 10

바리스타 자격증과 세계의 커피

Chapter 10.
바리스타 자격증과 세계의 커피

바리스타 자격증 시험 안내

10년 뒤 한국에서 유망한 직업으로 음식관련서비스업 종사자가 1위를 차지했다는 소식을 접했을 때, '설마, 한국에서 절대적인 유망 업종으로 여겨지는 보건, 의료, 법률 직업군들보다 인기가 있을까?' 의심했지만 주변에서 많은 음식서비스 종사자들이 사회에서 성공적으로 독립했다는 소식을 접하면서 처음 가진 의심을 깨끗이 씻어 버렸다.

10년뒤 순위	직업군	직 업	현재순위
1	음식 서비스	주방장 · 조리사 · 바텐더 등	5
2	법률 · 경찰 · 교도	판검사 · 변호사 · 변리사 등	1
3	교육 및 자연과학 · 사회과학 연구	대학교수 · 연구원 등	3
4	보건 · 의료	의사 · 한의사 · 약사 등	2
5	문화 · 예술 · 디자인	작가 · 학예사 · 가수 등	4
6	사회복지 및 종교	사회복지사, 상담전문가, 직업상담사 등	6
7	미용 · 숙박 · 여행 · 오락 · 스포츠	미용사, 메이크업아티스트, 운동선수 등	7
8	영업 및 판매	영업원, 계산원 등	8
9	운전 및 운송	선장, 조종사, 기사 등	9
10	경비 및 청소	청원경찰, 경비, 건물관리인 등	10

자료 : 한국직업능력개발원

이런 인기 덕분일까? 국내에서 커피열풍과 함께 커피에 대한 전문기술을 인정받으려는 수요도 함께 늘어나고 있고 바리스타 자격증을 부여하는 단체(협회)도 둘 이상인 점도 이를 증명하는 것 같다. 바리스타 자격을 원하는 독자 분들은 이런 단체 가운데 본인이 자격을 취득하기에 유리한 협회를 선택하여 응시하면 된다. 본 책에서는 그 중 대한민국 국민이면 남녀노소 불문하고 응시가 가능하며(외국인도 가능) 전국적으로 80개 이상의 시험장을 운영하는 사단법인 한국능력교육개발원 소속의 한국커피자격검정평가원에서 실시하는 "커피바리스타" 자격증에 대해 소개해 보겠다.

커피바리스타자격은 필기시험 통과 후 실기시험을 응시하게 되는데 실기시험에서는 크게 바리스타가 에스프레소의 추출과 우유거품을 잘 만드는 기술이 있는지 심사하는 항목과 손님을 응대하는 서비스와 완성된 커피의 질이 좋은지 심사하는 항목이 있다. 지피지기면 백전백승이라 했다. 시험에 응시하고 싶은 분들은 한능원 홈페이지를 통해 보다 자세한 내용을 확인하면 된다.

1) 커피바리스타 자격 안내와 자격 근거

• 커피바리스타

노동부와 한국산업인력관리공단이 개발하고 있는 국가직무능력표준(NCS)에 따라 산업현장이 필요로 하는 직무능력에 근거하여 객관적인 자격 기준을 권위 있는 심사위원의 평가로 인정받은 자격자를 양성/배출하는 자격 검정

• 자격의 근거

커피바리스타는 자격기본법 제17조 규정에 의거하여 (사)한국능력교육개발원이 시행하며, 공인자격심사 및 민간자격 등록, 관리기관인 (사)한국직업능력개발원에 등록된 민간자격이다.

2) 필기 · 실기 과정안내

(1) 커피바리스타 필기/실기 검정 과정

필기접수 → 필기검정 → 실기접수(필기합격자) → 실기검정 → 자격증취득

(2) 커피바리스타 응시자격 안내

• 대한민국 국민이면 누구나 응시가능 학력, 경력, 연령 제한 없음
• 외국인도 응시가능 통역은 본인 해결
• 장애인 필기시험 면제 신청 방법
  – 필기 응시가 어려운 장애우분들은 소정기간의 교육을 이수하면 필기면제 가능합니다.
  ※ 단, 장애인 할인율 적용과 필기면제는 중복 적용되지 않습니다.
  – 서류 : 장애인교육기관의 신고필증, 장애인복지카드, 관련교육의 출석부(108시간 이상의 교육이수 확인)

(3) 커피바리스타 자격검정 안내

구 분		검정방법	합격기준	응시료
필 기	– 커피학개론 – 커피기계학 – 커피추출원론 – 매장관리서비스	시간 80분 (80문항 출제) 객관식(5지선다형)	100점만점 기준, 60점이상 합격	30,000원
실 기	– 에스프레소 1잔과 첫번째 지 정메뉴 1잔 – 카푸치노 1잔과 두번째 지 정메뉴 1잔	준비 10분 / 시연 10분 / 정리 5분	– 기술평가/맛평가 – 2人 동시 심사 – 합산 평균 200점 만점 중 120점 이상 합격	50,000원

(4) 커피바리스타 검정진행안내 및 실기 심사과정 안내

🫘 필기 진행안내(전국 고사장, 매월 정기검정)

1. 커피바리스타 필기시험 시간은 80분입니다.
2. 시험시간 종료 후 절대 답안지 마킹 및 작성이 불가합니다.
3. 답안지 제출 시 OMR 답안지 감독관 확인란에 서명 날인을 받았는지 확인합니다.
4. 응시자는 검정 시 휴대폰 및 MP3, 전자사전 등을 지참할 수 없습니다(적발 시 강제 퇴실 조치).
5. 응시자는 부정행위시 당해 검정이 무효가 됨은 물론 향후 3년간 응시자격이 제한됩니다.
6. 검정실 질서유지를 위하여 검정에 방해되는 행위에 대해서는 강제퇴실이 가능하며, 해당 시험은 무효 처리됩니다.

> **응시자 유의사항**
>
> OMR 답안지 작성 안내
> 1. 수검번호, 생년월일, 답안 마킹은 반드시 컴퓨터용 사인펜을 사용합니다.
> 2. 본인의 응시종목, 문제유형을 정확히 표기합니다(오기 시 불합격 처리될 수 있습니다).
> 3. 한번 표기한 것은 수정할 수 없으며, 수정 시 답안지를 교체 하십시오(수정테이프 절대 사용 불가 합니다).
> 4. 컴퓨터용 사인펜 표기는 ● 같이 하십시오(답안 작성 오류로 인한 감점에 대한 책임은 응시자 본인에게 있음을 알려드립니다).
> 5. 답안지는 구겨지지 않도록 하며 상단 양쪽의 엔커 마크(■)를 훼손해서는 안됩니다.

🫘 실기심사 과정안내(전국 실기 지정검정장, 매월 정기검정)

> **응시자 준수사항**
>
> 1. 실기검정 당일 9시까지 도착하여 당일 지정메뉴 확인 및 부여번호를 추첨하여 배정받아야 한다.
> 2. 실기검정 당일 9시 30분 이후 도착하는 경우 실기검정에 응시할 수 없다. 단, 실기검정 시작시간(9시 30분) 이전 도착의 경우 배정된 부여번호의 마지막 이후 번호를 배정받고 응시할 수 있다.
> 3. 실기검정 응시자는 신분증과 수검표, 행주를 본인이 준비하는 것을 원칙으로 한다. 단, 수검표를 지참하지 못한 경우 검정장에서 준비된 예비 수검표를 받아서 사용할 수 있다.
> 4. 실기검정 응시자가 접수한 검정일자 또는 검정장을 변경하는 경우 한국커피자격검정평가원 홈페이지로 본인이 직접 변경 신청하여야 하며, 평가원은 환불 규정에 의거 처리한다.
> 5. 응시자가 검정장에서 소란을 피우거나 불미스러운 행동을 하는 경우 1차로 경고가 주어지며, 2차로 불합격 처리된다.
> 6. 응시자는 실기검정 진행과정에서 커피기계 또는 커피 그라인더 등을 파손시키는 경우 장비사용미숙으로 불합격 처리되며, 장비수리에 발생되는 실비를 본인이 배상하여야 한다.
> 7. 실기검정 채점표는 비공개를 원칙으로 한다.

1. 준비시간의 시작은 검정요원의 신호에 따라 응시자 본인이 "시작 하겠습니다"라는 의사표시와 함께 시작되며, 응시자 본인이 "마치겠습니다"라는 의사표시와 함께 종료된다. 단, 준비시간(10분)을 전부 사용한 경우 검정요원의 "종료"안내와 함께 작업을 중지하여야 한다.
2. 시연시간의 시작은 심사위원의 신호에 따라 응시자 본인이 "시작 하겠습니다"라는 의사표시와 함께 시작되며, 심사테이블에 조리한 커피음료 서빙이 완료되면 종료된다.
3. 에스프레소와 지정메뉴①의 서빙이 완료되면 시연시간은 일시정지되며, 심사위원이 맛 평가를 하는 동안 응시자는 작업테이블로 돌아와서 대기하여야 한다.
4. 심사위원이 맛 평가를 채점한 이후, 심사위원의 시작신호에 따라 응시자 본인이 "시작 하겠습니다"라는 의사표시와 함께 시연시간은 계속 진행된다.
5. 카푸치노와 지정메뉴②의 서빙이 완료되면 시연시간은 종료된다. 단, 시연시간(10분)을 61초 이상 초과한 경우 심사위원의 "종료"안내와 함께 작업을 중지하여야 한다.
6. 정리시간은 검정요원 또는 심사위원의 신호와 관계없이 TRAY를 작업테이블에 올려놓고 응시자 본인이 "시작 하겠습니다"라는 의사표시와 함께 시작된다. 단, 심사위원의 중지 신호가 있었다면 정리 작업을 중지하고 대기하여야 하며, 심사위원의 시작신호에 따라 응시자 본인이 "시작 하겠습니다"라는 의사표시와 함께 정리시간은 시작된다.
7. 작업시간은 다음과 같이 검정요원이 안내하여 확인할 수 있다.
   – 준비시간 : 5분 남았습니다 / 3분 남았습니다 / 1분 남았습니다 / 종료되었습니다. 멈추세요.
   – 시연시간 : 5분 남았습니다 / 3분 남았습니다 / 1분 남았습니다 / 시연시간을 모두 사용하셨습니다.
   – 정리시간 : 3분 남았습니다 / 1분 남았습니다 / 종료되었습니다. 멈추세요.

🫘 실기검정 시험시간

❙ 준비시간 10분 : 손님 맞을 준비를 하는 과정

(준비시간 중에는 진행과정을 심사하지 않으며, 준비가 완료된 시점에서 준비상태를 심사)

– 행주 정리, 커피기계 점검, 잔 예열, 시험 추출, 잔 건조, 커피기계 및 커피 그라인더 청소, 작업테이블 청소, 티스푼 점검, 물잔 점검, 잔받침 점검, 물 주전자에 물 채우기, 재료(우유, 커피)확인 등을 한다.
– TRAY에는 아무것도 없어야 한다(물품이 있다면 감점 처리한다).

〈심사의 포인트〉
* 앞치마를 착용하고, 행주가 담긴 TRAY를 작업테이블에 올려놓은 상태로 대기하며, "시작하세요"라는 검정요원의 신호에 따라 손을 들면서 "시작하겠습니다"라는 의사표시를 하고, 준비를 시작한다.

1. 행주 정리
   – Filter Holder를 닦기 위한 마른 행주 하나는 접시에 담아 커피 그라인더 옆에
   – 스팀노즐을 닦기 위한 젖은 행주 하나를 접시에 담아 스팀노즐 옆에
   – 커피기계 또는 작업테이블을 닦기 위한 젖은 행주 하나를 기계 옆에
   – 커피기계 또는 작업테이블의 물기제거를 위한 마른 행주 하나를 기계 앞에
   – 잔 또는 스팀피처의 물기제거를 위한 마른 행주 하나를 TRAY 주변에
   – 예비용 행주 하나는 깨끗한 접시 위에 준비

2. 기계 점검

- 양쪽 스팀노즐 점검을 한다.
- 온수를 확인한다.
- 양쪽 그룹을 점검한다.

3. 잔 예열

- 에스프레소 잔 1개, 카푸치노 잔 1개, 지정메뉴 잔 2개를 내려놓는다.
- 스팀피처에 온수를 받아, 잔에 7할 이상을 붓는다.
- 스팀피처는 마른 행주로 물기를 제거하여 기계 위에 올려놓는다.
- 잔의 온도는 65~70℃ 정도로 예열한다.

4. 커피 그라인더 점검 및 커피추출 확인

- 커피를 분쇄하여 시험 추출을 한다.

5. 잔 건조

- 시험추출이 끝나면 예열한 잔의 물을 비우고, 물기를 제거하여 커피기계 위에 올려놓는다.

6. 기계 청소

- 필터 홀더에 찌꺼기를 버리고 물로 씻어준다.
- 젖은 행주로 커피기계를 닦는다.
- 잔 건조용 마른 행주로 물기의 흔적을 지운다.
- 커피 그라인더 안의 커피 가루를 모두 비운다.
- 커피기계와 커피 그라인더 주위를 깨끗이 청소한다.

7. 기물 확인

- 사용할 티스푼과 커피 받침, 물잔, 스팀피처의 청결 상태를 점검하고 닦는다.
- 기물을 닦은 행주는 커피기계 앞쪽에 놓아둔다.

8. 우유와 커피가 준비되어 있는지 확인한다.

9. 물 주전자에 물을 채워 준비한다.

* 모든 작업이 완료되면 손을 들면서 "마치겠습니다"라는 의사표시를 하고, 대기한다.

Ⅱ **시연시간 10분** : 손님맞이하여 에스프레소와 카푸치노, 지정메뉴를 제공하는 과정

- 인사와 부여번호를 말한다.
- 물을 제공한다.
- 지정메뉴①의 조리방법을 설명한다.
- 에스프레소를 추출한다.
- 지정메뉴①를 조리한다.
- 지정메뉴②의 조리방법을 설명한다.
- 카푸치노를 조리한다.
- 지정메뉴②를 조리한다.

〈시연 준비 단계〉

* "시작하세요"라는 심사위원의 신호에 따라, 손을 들면서 "시작하겠습니다"라는 의사표시와 함께 시연을 시작한다.

1. 인사와 함께 부여번호를 말한다.

 – 안녕하세요. 부여번호 1번입니다. 먼저 물부터 제공해드리겠습니다.

2. 심사위원에게 물을 제공한다.

 – 2잔의 물을 심사테이블에 제공한다.

〈 에스프레소 및 지정메뉴① 조리 단계 〉

1. 추출하고자 하는 에스프레소의 양, 지정메뉴①의 조리방법을 설명한다.

 – 예를 들어, 지정메뉴①이 카페 아메리카노인 경우 "에스프레소는 크레마 포함 $25\sim30㎖$를 추출하고, 카페 아메리카노는 물을 먼저 받고 에스프레소를 추출해서(또는 에스프레소를 추출하고 물을 받아서) 만들겠습니다."

2. TRAY에 에스프레소 잔받침 1개, 지정메뉴 잔받침 1개를 준비하고, 에스프레소 티스푼 1개와 지정메뉴 티스푼 1개를 잔받침에 각각 올려놓는다.

3. Filter Holder를 분리한다(커피가루가 있을 경우 마른 행주로 닦아낸다).

4. Filter Holder를 커피 그라인더 거치대에 올려놓고, 전원스위치를 작동한다.

5. 커피가 분쇄되면 도저의 레버를 당겨서 Filter Holder에 담는다.

6. Filter Holder에 커피가 80% 정도 담기면 전원스위치를 끄고, 나머지를 계속 담는다.

7. 탬핑을 한다(탬핑 시 수평을 확인하며 진행).

8. Filter Holder를 그룹에 장착한다.

 – Filter Holder 장착 시 심한 충격이 가해지지 않도록 부드럽게 장착한다.

9. 커피기계의 연속 추출 버튼을 누르고, 에스프레소 잔 1개와 지정메뉴 잔 1개를 장착된 Filter Holder 밑에 놓는다.

 – 잔을 잡을 때는 손잡이를 잡고 옮기도록 한다.

10. 에스프레소가 추출되는 동안에 커피 그라인더와 커피기계 주위를 살펴보고, 분쇄된 커피가루 등이 떨어져 있는 경우 가볍게 청소한다.

11. 에스프레소 잔과 지정메뉴 잔에 에스프레소를 추출한다.

12. 추출된 에스프레소는 손잡이를 잡고 바닥에 깔아놓은 마른 행주에 잔 밑바닥을 확인한 후 준비된 잔받침에 옮겨놓는다.

13. 지정메뉴를 조리한 다음 손잡이를 잡고 바닥에 깔아놓은 마른 행주에 잔 밑바닥을 확인한 후 준비된 잔받침에 옮겨놓는다.

14. 한 손으로 TRAY를 들고, 심사테이블 앞에서 "실례합니다"라고 한 후에 추출한 에스프레소 1잔과 지정메뉴 1잔을 제공한다.

* 에스프레소와 지정메뉴①가 심사테이블에 제공되면 자동으로 시연시간은 일시정지되며, 심사위원이 커피음료를 심사하는 동안 작업테이블로 돌아와서 대기한다.

〈 카푸치노와 지정메뉴② 조리단계 〉

"시작하세요"라는 심사위원의 신호에 따라, 손을 들면서 "시작하겠습니다"라는 의사표시와 함께 일시정지 되었던 시연시간이 계속되며, 시연을 진행한다.

1. 카푸치노의 커피와 우유의 비율, 지정메뉴②의 조리방법을 설명한다.

　– 예를 들어, 지정메뉴 ②가 카페라떼인 경우 "부드러운 카푸치노 1잔과 거품이 없는(또는 거품이 있는) 카페라떼 1잔을 만들겠습니다.

2. TRAY에 카푸치노 잔받침 1개와 지정메뉴 잔받침 1개를 준비하고, 카푸치노 티스푼 1개와 지정메뉴 티스푼 1개를 잔받침에 각각 올려놓는다.

3. 스팀피처에 우유를 담는다.

4. 에스프레소를 추출하지 않은 Filter Holder를 분리한다(커피 가루가 있을 경우 마른 행주로 닦아낸다).

5. Filter Holder를 커피 그라인더 거치대에 올려놓고, 전원스위치를 작동한다.

6. 커피가 분쇄되면 도저의 레버를 당겨서 Filter Holder에 담는다.

7. Filter Holder에 커피가 80% 정도 담기면 전원스위치를 끄고, 나머지를 계속 담는다.

8. 탬핑을 한다(탬핑 시 수평을 확인하며 진행).

9. Filter Holder를 그룹에 장착한다.

　– Filter Holder 장착 시 심한 충격이 가해지지 않도록 부드럽게 장착한다.

10. 커피기계의 연속 추출 버튼을 누르고, 카푸치노 잔 1개와 지정메뉴 잔 1개를 장착된 Filter Holder 밑에 놓는다.

　– 잔을 잡을 때는 손잡이를 잡고 옮기도록 한다.

11. 에스프레소가 추출되는 동안에 커피 그라인더와 커피기계 주위를 살펴보고, 분쇄된 커피가루 등이 떨어져 있는 경우 가볍게 청소한다.

12. 카푸치노 잔과 지정메뉴 잔에 크레마 포함 25~30㎖를 추출한다.

13. 추출된 커피 잔을 마른 행주 위에 내려놓는다.

14. 스팀노즐을 커피기계의 드립트레이 안쪽으로 향하고, 스팀을 틀어 물기를 빼준다.

15. 우유스티밍을 만든다.

16. 우유스티밍이 완료되면 스팀피처를 작업테이블에 내려놓고, 스팀노즐을 청소한다.

17. 카푸치노 1잔을 조리한 다음 손잡이를 잡고 바닥에 깔아놓은 마른 행주에 잔 밑바닥을 확인한 후 준비된 잔받침에 올려놓는다.

18. 지정메뉴 1잔을 조리한 다음 손잡이를 잡고 바닥에 깔아놓은 마른 행주에 잔 밑바닥을 확인한 후 준비된 잔받침에 옮겨놓는다.

19. 한 손으로 TRAY를 들고 심사테이블 앞에서 "실례합니다"라고 한 후에 추출한 카푸치노 1잔과 지정메뉴 1잔을 제공한다.

*카푸치노와 지정메뉴②가 심사테이블에 제공되면 자동으로 시연시간은 종료된다.

Ⅲ 정리시간 5분 : 모든 작업을 마치고 마무리하는 과정

(정리시간 중에 진행과정을 심사하지 않으며, 정리가 완료된 시점에서 정리 상태를 심사)

- 모든 기물을 정리한다.
- 기계와 그라인더를 원래 상태로 청소한다.
- 작업대를 원래 상태로 정리한다.

〈심사의 포인트〉

서빙을 마치고, 작업테이블로 돌아와서는 손을 들면서 "시작하겠습니다"라는 의사표시와 함께 정리를 시작한다.

1. 에스프레소를 추출한 Filter Holder를 청소한다.

2. 커피기계를 청소한다.

  - 물기가 없도록 한다.

3. 커피 그라인더를 청소한다.

  - 도저(DOSE)에 커피 가루가 없도록 한다.

4. 작업테이블을 청소한다.

  - 작업테이블에 물기가 없도록 한다.

5. 커피기계, 커피 그라인더, 탬퍼 등 원래 상태로 깨끗이 청소, 정리한다.

6. 본인이 사용한 스팀피처와 접시 등 세척이 필요한 기물은 커피기계 앞에 모아서 정리한다.

7. 본인이 준비한 행주는 TRAY에 담아 퇴장한다.

* 모든 정리가 완료되면 손을 들면서 "마치겠습니다"라는 의사표시를 하고, "퇴장하세요"라는 검정요원의 신호에 따라 행주가 담긴 TRAY를 가지고 퇴장한다.

(5) 커피바리스타 심사관이 평가하는 항목

[기본사항 평가]

1. 복장 상태 [0 1]

다음 사항 중 해당 사항이 없는 경우 1점, 1개 이상 해당되는 경우 0점

- 긴머리의 경우 묶지 않은 상태(긴머리 기준 : 길이가 어깨에 닿거나 그 이하로 내려가는 경우)
- 높은 굽(5cm 초과)의 신발
- 슬리퍼나 샌달을 착용한 경우
- 너무 짧은 상의나 하의, 반바지, 찢어진 청바지인 경우
- 진한 화장이나 손톱에 매니큐어(투명 제외)를 바른 경우
- 시계, 반지, 늘어지는 귀걸이 등 악세사리를 착용한 경우
- 모자(신체상의 문제가 있어 사전 협의가 있는 경우 제외)를 착용한 경우
- 매뉴얼 내용 이외의 경우 시험에 적합한 복장인지 협의(**예** 레인부츠, 무릎 위의 반바지 등)

2. 기본 예의 [0 1]

다음 사항 중 해당 사항이 없는 경우 1점, 1개 이상 해당되는 경우 0점

– 실기검정에 응하는 태도가 좋지 못한 경우(짝다리, 뒷짐 지는 자세 등)

– 고개를 숙여서 인사하지 않는 경우(기준 : 45°허리를 숙여 인사해야 함을 원칙으로 하고 만약, 고개를 숙이기만 하는 경우 최소 2초 이상 고개가 아래를 향해 인사하는 경우를 인사로 간주한다)

– 부여번호(수험번호)를 말하지 않는 경우(준비시간은 채점대상이 아니므로 준비시작 시 부여번호를 말한 경우라도 시연시작 시 부여번호를 말해야만 한다. 만약 준비 시작 시 말하고 시연시작 시 말하지 않는 경우 감점된다)

3. 물 서빙 [0 1]

다음 사항 중 해당 사항이 없는 경우 1점, 1개 이상 해당되는 경우 0점

– 에스프레소를 제공하기 전에 물이 제공되지 않은 경우(시연과 동시에 물이 제공되지 않았다 하더라도 첫 메뉴와 함께 물을 가져와서 메뉴를 심사테이블에 내려놓기 전에 물을 먼저서빙하면 감정하지 않는다)

– 물 잔의 입이 닿는 부분을 잡은 경우(물잔을 잡는 위치는 잔의 50% 하단 부분을 잡고 서빙해야 한다)

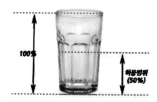

– 양손으로 트레이를 잡거나 이동시 옆에 위치하지 않는 경우(단, 한손은 트레이 아래쪽을 잡고 한손은 트레이의 끝을 잡은 경우 양손을 사용한 것으로보지 않는다)

– 물 잔을 조심히 테이블에 놓지 않는 경우(급하게 내려놓는 경우와 소리가 심하게 나지 않는 경우는 감점하지 않는다)

– 물의 양이 잔에 70% 미만인 경우(양이 50% 이상인 경우에는 반드시 두 심사위원이 협의하여 채점한다)

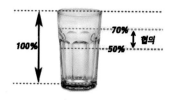

| 사전 준비사항 평가

1. 기물 준비 [0 2 4]

정리 상태와 청결 상태를 구분하여 평가

- 정리 상태와 청결 상태가 모두 좋으면 4점
- 정리 상태와 청결 상태가 1가지라도 좋지 않으면 2점
- 정리 상태와 청결 상태가 모두 좋지 않으면 0점

* 기물 준비 체크 시에 잔은 체크 항목에 포함시키지 않는다.

* 사용 중인 행주 이외의 행주 위치 : 작업 공간 뒤로 빼놓거나, 머신위에 잔을 덮는 용도까지 허용

2. 잔 준비 [0 1 2]

- 모두 예열이 잘되면 2점
- 1개가 부족하면 1점
- 2개 이상 부족하면 0점

3. 재료 준비 [0 1]

- 물, 우유, 커피 중 1개라도 미흡하면 0점

4. 장비 청결 [0 1 2]

커피기계와 커피 그라인더를 구분하여 평가

- 커피기계와 커피 그라인더의 청결 상태가 모두 좋으면 2점
- 커피기계 또는 커피 그라인더의 청결 상태가 1가지라도 좋지 않으면 1점
- 커피기계와 커피 그라인더의 청결 상태가 모두 좋지 않으면 0점

* 커피기계와 그라인더의 옆면도 확인한다.

5. 작업공간 청결 [0 1 2]

커피기계 주변, 커피 그라인더 주변, 너클박스 주변, 작업테이블, 작업테이블 아래(바닥)로 구분하여 평가

- 모두 청결하면 2점
- 한 장소라도 청결 상태가 좋지 않으면 1점
- 한 장소를 초과하여 좋지 않으면 0점

Ⅱ 시연과정 평가

🫘 ⅰ-ⓐ 에스프레소 평가

※ 에스프레소 추출 기준에 맞도록 추출을 하였는지를 기준으로 평가항목을 채점한다.

채점 기준	에스프레소 추출이 1점인 경우	→	– '크레마의 색감' 1점 – '크레마의 밀도' 1점 – '에스프레소 맛의 밸런스' 1점 – 지정메뉴①의 평가에서 '커피음료 맛의 밸런스' 1점
	에스프레소 추출이 5점인 경우	→	– '크레마의 색감' 1점 – '크레마의 밀도' 1점 – '에스프레소 맛의 밸런스' 5점을 넘을 수 없음 – 지정메뉴①의 평가에서 '커피음료 맛의 밸런스' 5점을 넘을 수 없음
	에스프레소 추출이 7점인 경우	→	– '크레마의 색감' 3점을 넘을 수 없음 – '크레마의 밀도' 3점을 넘을 수 없음 – '에스프레소 맛의 밸런스' 7점을 넘을 수 없음 – 지정메뉴①의 평가에서 '커피음료 맛의 밸런스' 7점을 넘을 수 없음
	에스프레소 추출이 10점인 경우	→	– '크레마의 색감' 5점 – '크레마의 밀도' 5점 – '에스프레소 맛의 밸런스' 10점 – 지정메뉴①의 평가에서 '커피음료 맛의 밸런스' 10점

* 위 표의 채점 기준에 따라 평가하여야 하며 "맛의 밸런스"와 "온도 체크"를 위해 반드시 잔을 들어 맛을 보아야 한다.

1. 크레마의 색감 [1 3 5]

다음 사항 중 해당 사항이 없는 경우 5점, 1개가 해당되는 경우 3점, 2개 이상 해당되는 경우 1점

– 추출시간이 기준시간(25~30초)를 초과하거나 부족한 경우

– 추출량이 기준량(크레마 포함 25~30㎖)을 초과하거나 부족한 경우

– 추출속도가 1초에 1㎖와 일치하지 않는 경우

2. 크레마의 밀도 [1 3 5]

다음 사항 중 해당 사항이 없는 경우 5점, 1개가 해당되는 경우 3점, 2개 이상 해당되는 경우 1점

– 추출시간이 기준시간(25~30초)를 초과하거나 부족한 경우

– 추출량이 기준량(크레마 포함 25~30㎖)을 초과하거나 부족한 경우

– 추출속도가 1초에 1㎖와 일치하지 않는 경우

3. 에스프레소 맛의 밸런스 [1 5 7 10]

다음 사항 중 해당 사항이 없는 경우 10점, 1개가 해당되는 경우 7점, 2개 이상 해당되는 경우 5점, 3개 이상 해당되는 경우 1점

– 추출시간이 기준시간(25~30초)을 초과하거나 부족한 경우

– 추출량이 기준량(크레마 포함 25~30㎖)을 초과하거나 부족한 경우

– 추출속도가 1초에 1㎖와 일치하지 않는 경우

* 심사 시 반드시 잔을 들어 맛을 보아야 한다.

✎ i-ⓑ 지정메뉴① 평가

1. 조리방법 설명 [0 1]
다음 사항 중 해당 사항이 없는 경우 1점, 1개 이상 해당되는 경우 0점
– 에스프레소를 추출하기 전에 설명하지 않은 경우
– 만드는 방법을 설명하지 않은 경우
  * 예를 들어, 지정메뉴가 아메리카노인 경우 물을 먼저 받고 에스프레소를 추출할 것인지, 에스프레소를 추출한 이후 물을 부을 것인지를 설명하여야 하며, 지정메뉴가 카페 라떼인 경우 거품이 있는지, 거품이 없는지를 설명하여야 한다.

2. 시각적인 모양 [1 3 5]
조리방법에 의한 모양(색감) 확인
– 온수가 들어가는 커피음료 조리에서 물을 먼저 받고 에스프레소를 추출하는 경우 크레마가 남아있는지를 평가
  * 잔에 1/2 이상 크레마가 남아있는 경우 5점, 1/3 이상 1/2 미만으로 크레마가 남아있는 경우 3점, 1/3 미만으로 크레마가 남아있는 경우 1점
– 온수가 들어가는 커피음료 조리에서 에스프레소를 추출하고 물을 붓는 경우 크레마가 희석되어 부드러운 색감(흰색에 가까운 연한 노란색)인지를 평가
  * 잔의 표면 전체에 크레마가 희석이 잘되어 있는 경우 5점, 희석되지 않고 뭉친 크레마가1/4 미만으로 남아있는 경우 3점, 희석되지 않고 뭉친 크레마가 두 군데 이상이거나 1/4 이상 남아있는 경우 1점
– 우유가 첨가되는 커피음료 조리에서 거품이 없는 커피음료의 경우 크레마가 남아있는지를 평가
  * 잔의 표면에 크레마가 3/4 이상 남아있는 경우 5점, 크레마가 3/4 미만 1/2 이상 남아있는 경우 3점, 크레마가 1/2 미만으로 남아있는 경우 1점
– 우유가 첨가되는 커피음료 조리에서 거품이 있는 커피음료의 경우 모양(비율)과 선명도를 평가
  * 모양(비율)과 선명도가 모두 좋은 경우 5점, 우유(흰색)와 크레마의 비율에서 흰색이 1:1 이상이 안되거나 선명도(크레마와 우유의 경계선)가 좋지 않은 경우 3점, 모양(비율)과 선명도가 모두 좋지 않은 경우 1점

3. 커피음료 전체 양과 온도 [0 1 2]

다음 사항 중 해당 사항이 없는 경우 2점, 1개가 해당되는 경우 1점, 2개 이상 해당되는 경우 0점
- 거품이 없는 커피음료의 전체 양이 잔의 손잡이 위 접합부분 높이까지 채워지지 않은 경우(과부족 모두 해당)

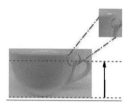

- 거품이 있는 커피음료의 전체 양이 잔에 가득 채워지지 않은 경우
- 온도가 기준 온도(65~70℃)를 초과하거나 부족한 경우

70℃ 이상의 기준	• 잔을 잡을 경우 3초 이상 잡지 못할 정도 • 입술에 닿는 느낌이 너무 뜨겁거나 입안에 3초 이상 음미하지 못할 정도 • 뜨거운 김이 심하게 올라오는 경우 • 물이 들어가는 음료 제조 시 에스프레소 추출 후 물을 받아 바로 제조하는 경우
65℃ 이하의 기준	• 잔을 잡을 경우 온기 정도만 느껴지는 경우 • 입술에 닿는 느낌이 미지근하거나 차가운 경우

4. 커피음료 맛의 밸런스 [1 5 7 10]

다음 사항 중 해당 사항이 없는 경우 10점, 1개가 해당되는 경우 7점, 2개가 해당되는 경우 5점, 3개 이상 해당되는 경우 1점
- 조리방법에 의한 맛이 아닌 경우
- 에스프레소와 첨가 재료의 조화가 좋지 않는 경우
- 거친 쓴 맛이 많은 경우

🫘 i-ⓒ 에스프레소와 지정메뉴①의 기술 평가

1. 필터홀더(Filter Holder) 관리 [0 1]

다음 사항 중 해당 사항이 없는 경우 1점, 1개 이상 해당되는 경우 0점
- Spout이 기계 또는 작업대와 접촉하는 경우
- Spout으로 물이 흐르는 경우(물이 한 두 방울 살짝 떨어지는 경우에는 감점하지 않는다)
- 바스켓 필터 안에 물기가 과도하게 많은 상태로 진행하는 경우(물이 spout으로 흐르지 않는 정도의 일부 남은 것은 허용한다)
- Filter Holder에 찌꺼기가 많은 상태로 진행하는 경우(찌꺼기가 많은 상태란 Filter Holder 내부 전체의 10% 이상 찌꺼기가 있는 경우를 말한다)
- 행주 사용 시 올바르지 못한 행주를 사용하는 경우(Filter Holder 전용 행주가 아니거나 지저분한 면으로 재사용 하는 경우를 말한다)

– 행주 사용 시 정확히 닦지 않는 경우(행주를 사용하여 Filter Holder를 닦는 경우 물기와 찌꺼기가 남아 있으면 감점한다)

2. 원두 담기 [0 1 2]
다음 사항 중 해당 사항이 없는 경우 2점, 1개가 해당되는 경우 1점, 2개 이상인 경우 0점
– 커피 그라인더의 도저레버를 무리하게 작동하거나 미숙하게 다루는 경우
  (무리한 작동이란 그라인더가 심하게 움직이거나 또는 너무 과도한 힘을 주어 작동하는 경우를 말하며, 미숙하다는 의미는 도저레버를 당긴 후 완전히 복귀하지 않은 상태에서 레버를 다시 당기는 경우를 말한다)
– Filter Holder 밖으로 분쇄된 커피가루를 흘리는 경우(그라인더 마다 특징이 있어 분쇄하여 도징하는 경우 원두가 밖으로 날릴 시에는 감점하지 않는다)
– 도저(Dose)에 3g을 초과하여 분쇄된 커피가 남아있거나 찌꺼기통에 버린 경우(3g의 기준은 1티스푼으로 하며, 오버 도징 후 커팅하여 도저 안에 원두를 다시 버리는 경우에도 감점한다)

3. 탬핑(Tamping) [0 2 4]
다음 사항 중 해당 사항이 없으면 4점, 1개가 해당되는 경우 2점, 2개 이상인 경우 0점
– Tamping의 수평이 틀리는 경우
– 레벨링, 태핑 등의 행동이 목적에 맞는 정확한 동작이 아닌 경우(태핑 시 Filter Holder 내부 윗부분에 붙어 있는 원두가 떨어지지 않는 경우는 정확한 목적으로 봐서는 안 되며, Filter Holder의 밑이나 중간 부분을 태핑하는 경우 역시 감점한다)
– Tamping과 관계없는 불필요한 동작을 하는 경우
  * 레벨링 시 탬퍼 뒷부분 사용 가능(탬핑 후는 태핑으로 간주)

4. 필터홀더(Filter Holder) 장착 [0 1]
다음 사항 중 해당 사항이 없는 경우 1점, 1개 이상 해당되는 경우 0점
– 한 번에 장착하지 못하는 경우
– 장착 전후로 추출과 관계없는 불필요한 동작으로 신속한 추출이 되지 않은 경우(기준 : 탬퍼에서 손을 떼고 추출 버튼을 누를 때 까지 5초 이내에 동작이 이루어져야 한다)
– 장착 시 포타필터에 충격을 주는 경우(포타필터를 너무 과도한 힘을 주어 장착하거나 부딪치는 소리가 심하게 나는 경우를 말한다)
  * 잔을 준비하고 추출버튼을 누르는 경우 감점하지 않는다.
  * 커피를 담고 커피기계의 물 흘리기를 하는 경우 신속한 추출이 되지 않은 것으로 간주한다.
  * 온도 저하를 위한 정확한 물 흘리기 시에는 감점하지 않는다.

5. 에스프레소 추출 [1 5 7 10]

다음 사항 중 해당 사항이 없는 경우 10점, 1개가 해당되는 경우 7점, 2개가 해당되는 경우 5점, 3개 이상 해당되는 경우 1점

– 추출시간이 기준시간(25~30초)를 초과하거나 부족한 경우

– 추출량이 기준량(크레마 포함 25~30㎖)을 초과하거나 부족한 경우(검정장이 제시한 에스프레소 잔의 양과 비교하여 두 심사위원이 반드시 합의해야 한다)

– 추출속도가 1초에 1㎖와 일치하지 않는 경우

예시	27초에 27㎖ 추출한 경우	→	추출시간 감점 없음 : 25~30초 사이에 들어 왔으므로 추출량 감점 없음 : 25~30㎖ 사이에 들어 왔으므로 추출속도 감점 없음 : 27초에 27㎖라는 것은 1초에 1㎖를 추출한 것이므로	→	10점
	25초에 28㎖ 추출한 경우	→	추출시간 감점 없음 : 25~30초 사이에 들어 왔으므로 추출량 감점 없음 : 25~30㎖ 사이에 들어 왔으므로 추출속도 감점 : 25초에 28㎖라는 것은 1초에 1㎖ 추출에 실패한 것이므로	→	7점
	24초에 30㎖ 추출한 경우	→	추출시간 감점 : 25~30초 사이에 들어오지 못했으므로 추출량 감점 없음 : 25~30㎖ 사이에 들어 왔으므로 추출속도 감점 : 27초에 30㎖라는 것은 1초에 1㎖ 추출에 실패한 것이므로	→	5점
	23초에 33㎖ 추출한 경우	→	추출시간 감점 : 25~30초 사이에 들어오지 못했으므로 추출량 감점 : 25~30㎖ 사이에 들어오지 못했으므로 추출속도 감점 : 23초에 33㎖라는 것은 1초에 1㎖ 추출에 실패한 것이므로	→	1점

※ 재추출을 하는 경우 「주요 기술의 추가 작업 평가」에서 감점 처리한다.

6. 지정메뉴①의 조리 [0 1 3 5]

– 조리순서, 안정된 작업, 신속성, 정확성을 구분하여 평가

– 모두 좋으면 5점, 1개가 부족하면 3점, 2개가 부족하면 1점, 2개를 초과 또는 조리방법과 지정메뉴가 일치하지 않는 경우 0점

- 조리순서 : 응시자가 말한 제조 순서와 일치하는가 여부를 평가한다.
- 안정된 작업 : 메뉴를 제조하는 과정에서 잔 밖으로 흘리거나 튀는 경우 또는 심하게 떠는 경우 감점한다.
- 신속성 : 에스프레소 추출 후 제조 과정에서 불필요한 행동 시 감점한다.
- 정확성 : 위 3가지에 감점이 없는 경우 감점하지 않는다.

※ 메뉴를 제조하는 과정에서 잔이 바뀌는 경우, 다른 도구를 이용하여 음료를 희석하는 경우에는 최하점(0점)으로 평가한다. 또한 지정메뉴①의 맛 평가에서 시각적인 모양(1점), 커피음료 전체 양과 온도(0점), 커피음료 맛의 밸런스(1점) 역시 최하점으로 평가하여야 한다.

7. 작업 중 장비 및 기물 관리 [0 2 4]

다음 사항 중 해당 사항이 없는 경우 4점, 1개가 해당되는 경우 2점, 2개 이상 해당되는 경우 0점

– 기물 및 행주 등을 올바르지 못한 위치에 놓는 경우(처음 준비시간 후 정리된 상태로 놓여 있지 않은 경우 감점한다)

– 미처 정리정돈이 되지 않아 사용하기 위하여 찾는 경우
– 작업 공간(커피기계, 커피 그라인더, 작업테이블, 바닥 포함)이 청결하지 못한 경우(추출 동작을 하면서 그라인더 주변을 정리정돈하지 않는 경우 감점한다. 그러나 커피기계의 하부 밑바닥의 청소 여부까지 평가하지는 않는다)

8. 작업 중 위생관리 [0 1 3 5]

다음 사항 중 해당 사항이 없는 경우 5점, 1개가 해당되는 경우 3점, 2개가 해당되는 경우 1점, 3개 이상 해당되는 경우 0점
– 원두 담기 시에 손을 사용하여 Filter Holder의 커피를 덜어내는 경우
– 장착 전 손을 사용하여 Filter Holder를 닦는 경우(이 경우 filter holder의 전체적인 윗부분을 닦을 시에는 감점하되 장착되어 걸리는 날개부분에 원두를 살짝 털기 위해 닦을 시에는 감점하지 않는다)
– 잔의 입이 닿는 부분을 잡는 등의 방법이 좋지 못한 경우
– 티스푼의 입이 닿는 부분이나 저을 때 커피에 잠기게 되는 부분을 잡는 경우(티스푼을 잡아 잔받침에 올려놓을 시 티스푼을 잡는 위치는 티스푼의 끝에서 30% 안쪽 범위만을 허용하여 평가한다)

– 탬퍼를 작업테이블 위에 놓는 등 위생적이지 못한 위치에 두는 경우(탬퍼는 탬퍼 받침이 있는 곳, 즉 처음에 위치한 곳에 놓여있어야 한다)
– 용도가 정해진 행주를 사용하지 않는 경우

☕ ⅰ-ⓓ 에스프레소 및 지정메뉴①의 서비스 평가

1. 커피음료 서빙 [0 1 2]

다음 사항 중 해당 사항이 없는 경우 2점, 1개가 해당되는 경우 1점, 2개 이상 해당되는 경우 0점
– 양손으로 트레이를 잡거나 이동시 옆에 위치하지 않는 경우(서빙 시 트레이를 심사테이블에 내려놓고 진행하는 경우 허용)
– 표정이 좋지 않은 경우(긴장하여 표정이 굳어 있긴 하지만 인상을 쓰지 않는 경우는 감점하지 않으며, 미소를 띄지 않아도 부드러운 표정이면 감점하지 않는다)
– 조심성이 부족한 경우(잔을 놓을 때 스푼 소리, 잔과 잔받침이 부딪치는 소리가 심한 경우)

2. 서비스 기술 [0 1 2]

다음 사항 중 해당 사항이 없는 경우 2점, 1개가 해당되는 경우 1점, 2개 이상 해당되는 경우 0점
– 잔 외부에 커피음료의 흔적이 남아있는 경우
– 잔받침에 커피음료의 흔적이 남아있는 경우
– 잔의 손잡이와 티스푼의 방향이 일치하지 않는 경우

- 서빙 시 커피음료를 흘리는 경우
- 티스푼 등을 심사테이블 또는 바닥으로 떨어뜨리는 경우
- 서빙 시 긴장하여 심사위원이 음료를 받아주는 경우
- 에스프레소 추출 종료 전까지 트레이 셋팅을 못한 경우

🫘 ii-ⓐ 카푸치노 평가

＊ 카푸치노 평가에서 거품의 양(2번 항목)이 0.5cm 미만인 경우 카푸치노로 인정하지 않으며, 거품의 질(3번 항목)과 카푸치노 맛의 밸런스(5번 항목) 또한 0점으로 채점한다.

1. 시각적인 모양 [0 3 5 7]

다음 사항 중 해당 사항이 없는 경우 7점, 1개가 해당되는 경우 5점, 2개가 해당되는 경우 3점, 3개 이상 해당되거나 전체가 우유 또는 크레마로 덮인 경우 0점
- 모양이 중앙에 위치하지 않는 경우

- 모양이 선명하지 않는 경우(즉, 경계선이 분명하지 않은 경우를 말한다)
  ＊ 정확한 하트는 인정하지만, 정확하지 않은 하트는 불인정
- 우유(흰색)와 크레마의 비율이 1:1 이상으로 흰색이 크지 않은 경우

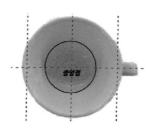

2. 거품의 양 [0 1 7 10]

- 거품의 양이 2cm 이상인 경우 10점
- 거품의 양이 1cm 이상 2cm 미만인 경우 7점
- 거품의 양이 0.5cm 이상 1cm 미만인 경우 1점
- 거품의 양이 0.5cm 미만인 경우 0점

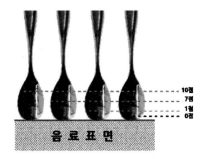

* 티스푼을 담그면 음료표면에 닿는 느낌을 느낄 수 있는데, 음료표면에 닿는 순간 멈추고 위 그림과 같은 높이로 평가하면 편리하다.
* 반드시 두 명의 심사위원이 협의 후 평가한다.

3. 거품의 질 [0 1 5 7]

다음 사항 중 해당 사항이 없는 경우 7점, 1개가 해당되는 경우 5점, 2개가 해당되는 경우 1점, 거품의 양이 0.5cm 미만인 경우 0점
– 잔 표면의 거품이 거친 경우
– 속거품이 곱지 않은 경우

4. 카푸치노 전체 양과 온도 [0 1 2]

다음 사항 중 해당 사항이 없는 경우 2점, 1개가 해당되는 경우 1점, 2개 이상 해당되는 경우 0점
– 거품이 있는 커피음료의 전체 양이 잔에 가득 채워지지 않은 경우
– 온도가 기준 온도(65~70℃)를 초과하거나 부족한 경우

70℃ 이상의 기준	– 잔을 잡을 경우 3초 이상 잡지 못할 정도 – 입술에 닿는 느낌이 너무 뜨겁거나 입안에 3초 이상 음미하지 못할 정도 – 뜨거운 김이 심하게 올라오는 경우 – 물이 들어가는 음료 제조 시 에스프레소 추출 후 물을 받아 바로 제조하는 경우
65℃ 이하의 기준	– 잔을 잡을 경우 온기 정도만 느껴지는 경우 – 입술에 닿는 느낌이 미지근하거나 차가운 경우

5. 카푸치노 맛의 밸런스 [0 1 5 7 10]

다음 사항 중 해당 사항이 없는 경우 10점, 1개가 해당되는 경우 7점, 2개가 해당되는 경우 5점, 3개 이상 해당되는 경우 1점, 거품의 양이 0.5cm 미만이거나 우유의 맛이 강한 경우 0점
– 크레마와 거품의 조화가 없는 경우
– 에스프레소와 우유의 조화가 없는 경우
– 부드러운 거품(기포가 없어야 함)의 맛이 없는 경우

채점 기준	에스프레소 추출이 1점인 경우	→	'카푸치노 맛의 밸런스' 1점
	에스프레소 추출이 5점인 경우	→	'카푸치노 맛의 밸런스' 5점을 넘을 수 없음
	에스프레소 추출이 7점인 경우	→	'카푸치노 맛의 밸런스' 7점을 넘을 수 없음
	에스프레소 추출이 10점인 경우	→	'카푸치노 맛의 밸런스' 10점

🫘 ii−ⓑ 지정메뉴② 평가

1. 조리방법 설명 −지정메뉴① 평가와 동일

2. 시각적인 모양 −지정메뉴① 평가와 동일

3. 커피음료 전체 양과 온도 −지정메뉴① 평가와 동일

4. 커피음료 맛의 밸런스 [1 5 7 10]

다음 사항 중 해당 사항이 없는 경우 10점, 1개가 해당되는 경우 7점, 2개가 해당되는 경우 5점, 3개 이상 해당되는 경우 1점

− 조리방법에 의한 맛이 아닌 경우

− 에스프레소와 첨가 재료의 조화가 좋지 않은 경우

− 거친 쓴 맛이 많은 경우

채점 기준	에스프레소 추출이 1점인 경우	→	'카푸치노 맛의 밸런스' 1점
	에스프레소 추출이 5점인 경우	→	'카푸치노 맛의 밸런스' 5점을 넘을 수 없음
	에스프레소 추출이 7점인 경우	→	'카푸치노 맛의 밸런스' 7점을 넘을 수 없음
	에스프레소 추출이 10점인 경우	→	'카푸치노 맛의 밸런스' 10점

* 반드시 잔을 들어 "맛 평가"를 해야 한다.

🫘 ii−ⓒ 카푸치노와 지정메뉴②의 기술 평가

1. 필터홀더(Filter Holder) 관리

− 에스프레소와 지정메뉴①의 기술 평가와 동일

2. 원두 담기

− 에스프레소와 지정메뉴①의 기술 평가와 동일

3. 탬핑(Tamping)

− 에스프레소와 지정메뉴①의 기술 평가와 동일

4. 필터홀더(Filter Holder) 장착

− 에스프레소와 지정메뉴①의 기술 평가와 동일

5. 에스프레소 추출 [1 5 7 10]

다음 사항 중 해당 사항이 없는 경우 10점, 1개가 해당되는 경우 7점, 2개가 해당되는 경우 5점, 3개 이상 해당되는 경우 1점

− 추출시간이 기준시간(25~30초)를 초과하거나 부족한 경우

− 추출량이 기준량(크레마 포함 25~30㎖)을 초과하거나 부족한 경우(검정장이 제시한 에스프레소 잔의 양과 비교하여 두 심사위원이 반드시 합의해야 한다)

− 추출속도가 1초에 1㎖와 일치하지 않는 경우

예시	27초에 27㎖ 추출한 경우	→	추출시간 감점 없음 : 25~30초 사이에 들어 왔으므로 추출량 감점 없음 : 25~30㎖ 사이에 들어 왔으므로 추출속도 감점 없음 : 27초에 27㎖라는 것은 1초에 1㎖를 추출한 것이므로	→	10점
	25초에 28㎖ 추출한 경우	→	추출시간 감점 없음 : 25~30초 사이에 들어 왔으므로 추출량 감점 없음 : 25~30㎖ 사이에 들어 왔으므로 추출속도 감점 : 25초에 28㎖라는 것은 1초에 1㎖ 추출에 실패한 것이므로	→	7점
	24초에 30㎖ 추출한 경우	→	추출시간 감점 : 25~30초 사이에 들어오지 못했으므로 추출량 감점 없음 : 25~30㎖ 사이에 들어 왔으므로 추출속도 감점 : 27초에 30㎖라는 것은 1초에 1㎖ 추출에 실패한 것이므로	→	5점
	23초에 33㎖ 추출한 경우	→	추출시간 감점 : 25~30초 사이에 들어오지 못했으므로 추출량 감점 : 25~30㎖ 사이에 들어오지 못했으므로 추출속도 감점 : 23초에 33㎖라는 것은 1초에 1㎖ 추출에 실패한 것이므로	→	1점

＊ 재추출을 하는 경우 「주요 기술의 추가 작업 평가」에서 감점 처리한다.

＊ 양쪽 스파웃의 추출량이 다를 때(결과물로 따로 평가)

＊ 추출 부주의 → 에스프레소에 물이 들어갈 때 → 맛의 밸런스(감점)

＊ 추출 시 잔에 정확히 못 받은 경우(추출된 결과물로 채점)

6. 우유스티밍 [0 1 5 7]

다음 사항 중 해당 사항이 없는 경우 7점, 1개가 해당되는 경우 5점, 2개가 해당되는 경우 1점, 3개 이상 해당하거나 거품이 없는 경우 0점

– 공기주입이 충분하지 않은 경우(기준 : 공기주입 시 스팀피처에 거품의 양이 70% 이상 올라와야 한다)

– 공기주입 시 소음이 심한 경우

– 우유거품이 곱지 않은 경우(기준 : 기포가 심한 정도를 평가하되 두 명의 심사위원이 협의하여야 한다)

– 우유스티밍 중에 스팀피처 밖으로 우유를 흘리는 경우

– 스티밍을 하다가 중지 후 다시 스티밍을 하는 경우

  ＊ 만약 각각의 음료 스티밍을 따로 할 경우 재스팀으로 평가하여 감점한다.

  ＊ 우유 재스팀을 하는 경우 「주요 기술의 추가 작업 평가」에서 감점 처리한다.

7. 스팀노즐 관리 [0 1]

다음 사항 중 해당 사항이 없는 경우 1점, 1개 이상 해당되는 경우 0점

– 사용 전 스팀을 충분히 배출하지 않는 경우(3초 이상 스팀을 배출하지 않는 경우 충분한 배출이 이루어지지 않은 것으로 간주한다)

– 사용 후 스팀을 충분히 배출하지 않는 경우

- 스팀노즐을 커피기계 드립트레이 밖으로 향하여 배출하는 경우
- 젖은 행주를 드립트레이 위에 올려놓고 스팀을 배출하는 경우
- 스팀노즐에 우유가 남아있는 경우(우유의 흔적이 조금이라도 남아 있으면 청소가 안된 것으로 간주한다)
- 스팀노즐 전용 행주를 사용하지 않거나 사용방법이 올바르지 못한 경우

8. 카푸치노의 조리 [0 1 3 5]

다음 사항 중 해당 사항이 없는 경우 5점, 1개가 해당되는 경우 3점, 2개가 해당되는 경우 1점, 3개 이상 해당되는 경우 0점
- 크레마가 안정이 되지 않는 경우(우유와 우유거품을 넣었을 때 크레마 위로 하얀 거품이 바로 올라올 경우, 우유와 에스프레소가 바로 희석되어져 색감이 없어지는 경우 감점한다)
- 우유나 커피를 밖으로 흘린 경우
- 스팀 우유를 다루는 기술이 부족한 경우(거품의 분배 기술이 부족한 경우 감점한다)
- 정확한 모양을 만들지 못하는 경우(모든 사람이 봐도 인정할 수 있는 원형이나 하트 모양이 아닌 경우. 특히 원형의 경우 지름이 2cm미만인 경우 감점한다)
- 신속한 작업이 진행되지 않는 경우(에스프레소에 스티밍된 우유와 우유거품을 섞는 동작이 5초 이내에 이루어지지 않는 경우 감점한다)

* 검정장 준비 기물에 포함된 스푼만 허용
* 우유 거품의 분배 시 우유와 우유거품을 혼합 후 나누는 것이 아닌, 우유와 우유거품으로 분배 후 제작하는 카푸치노 또는 카페 라떼의 채점방법
  - 카푸치노 조리, 지정메뉴 조리(최하점)
  - 시각적인 모양(감점)
  - 거품의 질(감점)
  - 거품의 양(감점)
  - 맛의 밸런스(감점)
  ⇒ 커피바리스타 시험의 카푸치노 또는 지정메뉴 제작은 웻(WET)한 거품을 이용하여 에스프레소에 푸어링(POURING)하여 제작하는 것을 원칙으로 한다.

9. 지정메뉴② 조리 [0 1 3 5]

- 조리순서, 안정된 작업, 신속성, 정확성을 구분하여 평가
- 모두 좋으면 5점, 1개가 부족하면 3점, 2개가 부족하면 1점, 2개를 초과 또는 조리방법과 지정메뉴가 일치하지 않는 경우 0점

- 조리순서 : 응시자가 말한 제조 순서와 일치하는가 여부를 평가한다.
- 안정된 작업 : 메뉴를 제조하는 과정에서 잔 밖으로 흘리거나 튀는 경우 또는 심하게 떠는 경우 감점한다.
- 신속성 : 에스프레소 추출 후 제조 과정에서 불필요한 행동 시 감점한다.
- 정확성 : 위 3가지에 감점이 없는 경우 감점하지 않는다.

---

* 메뉴를 제조하는 과정에서 잔이 바뀌는 경우, 다른 도구를 이용하여 음료를 희석하는 경우에는 최하점(0점)으로 평가한다. 또한 지정메뉴①의 맛 평가에서 시각적인 모양(1점), 커피음료 전체 양과 온도(0점), 커피음료 맛의 밸런스(1점) 역시 최하점으로 평가하여야 한다.
* 지정 메뉴 제작시 스푼 사용 : 잔에 따를 때 스푼 사용 가능, 스팀피처에서 스팀피처로 분배 시 스푼 사용 불가능

10. 우유 사용량 [0 1]
우유의 잔량(거품 포함)이 100㎖ 이하인 경우 1점, 100㎖ 초과인 경우 0점(100㎖의 기준 : 스팀피처 바닥에서 1cm 가량의 높이, 통상 스팀피처 손잡이 밑부분까지 높이를 말함)

단, 카푸치노 용도와 지정메뉴② 용도로 우유스티밍을 두 번하는 경우 남은 양은 합산하여 평가

11. 작업 중 장비 및 기물 관리 [0 2 4]
– 에스프레소와 지정메뉴①의 기술 평가와 동일

12. 작업 중 위생관리 [0 1 3 5]
– 에스프레소와 지정메뉴①의 기술 평가와 동일

🫘 ⅱ-ⓓ 카푸치노와 지정메뉴②의 서비스 평가
– 에스프레소와 지정메뉴①의 서비스 평가와 동일

Ⅲ 종료 후 뒷정리 평가

1. 기물 정리 [0 1 2]
– 정리 상태가 모두 좋으면 2점
– 기물 1개라도 정리 상태가 미흡하면 1점
– 기물 2개 이상 정리 상태가 미흡하면 0점
* 정리 시 주전자의 물을 비워야 함

2. 장비 청결 [0 2 4]
커피기계와 커피 그라인더를 구분하여 평가
– 커피기계와 커피 그라인더의 청결 상태가 모두 좋으면 4점
– 커피기계 또는 커피 그라인더의 청결 상태가 1가지라도 좋지 않으면 2점
– 커피기계와 커피 그라인더의 청결 상태가 모두 좋지 않으면 0점

3. 작업공간 청결 [0 1 2]

커피기계 주변, 커피 그라인더 주변, 작업테이블, 작업테이블 아래(바닥)로 구분하여 평가

– 모두 청결하면 2점

– 한 장소라도 청결 상태가 좋지 않으면 1점

– 한 장소를 초과하여 좋지 않으면 0점

IV 시연시간 평가

1. 시연시간(10분) 이후 1~20초 초과 [N / Y] 10점 감점

2. 시연시간(10분) 이후 21~40초 초과 [N / Y] 20점 감점

3. 시연시간(10분) 이후 41~60초 초과 [N / Y] 30점 감점

4. 시연시간(10분) 이후 61초 초과 [N / Y] 불합격

* 해당사항이 있는 항목에만 Y에 표기하며, 해당사항이 없는 항목은 N에 표기한다.

* 심사위원은 응시생이 시연시간을 기준시간 보다 61초 이상 초과하는 경우 시연을 중지시키고, "시연시간보다 61초 이상 초과하셨습니다."라고 통보하여야 한다.

주요 기술의 추가 작업 평가

1. 1차 재추출 [N / Y]

– 에스프레소 및 지정메뉴①의 조리 시 재추출을 하는 경우 10점 감점

단, 지정메뉴가 리스트레토 도피오 또는 에스프레소 도피오인 경우 지정메뉴 조리를 위한 추출은 재추출로 인정하지 않는다.

2. 2차 재추출 [N / Y]

– 카푸치노 및 지정메뉴2의 조리 시 재추출을 하는 경우 10점 감점

단, 지정메뉴가 리스트레토 도피오 또는 에스프레소 도피오인 경우 지정메뉴 조리를 위한 추출은 재추출로 인정하지 않는다.

3. 우유 재스팀(Steam) [N / Y]

– 카푸치노 및 지정메뉴2의 조리 시 재스팀을 하는 경우 10점 감점

특히 지정메뉴 조리에서 우유가 들어가는 음료인 경우에 우유스티밍을 카푸치노 용도와 지정메뉴 용도로 두 번한 것은 재스팀으로 간주한다.

* 해당사항이 있는 항목에만 Y에 표기하며, 해당사항이 없는 항목은 N에 표기한다.

---

(6) 응시원서 접수

한국능력교육개발원(한능원) 홈페이지 : www.caeaedu.or.kr

🍶 세계의 커피

🫘 프랑스-프렌치 프레스

'프렌치 프레스'는 프랑스 메리오르(Merior)사에서 1950년대에 개발된 커피추출 기구를 가리키는 말이다. 본체 상부의 손잡이 달린 철망을 압착시켜 커피 가루를 제외하고 우러난 커피를 따라 마시는 기구이다. 디자인이 복고풍을 지향하기 때문에 고전적인 형태로 만들어졌으며, 잎차를 우려내는 도구로 자주 오해를 받는다.

일본에서는 처음에 해당상품을 판매할 때 회사명을 앞세웠던 관계로 박스형 자동차를 봉고차라고 부르는 것처럼 "메리오르"라는 호칭이 정착되었다. 국내에서는 이 제품이 홍차를 우려내기 위한 도구로 알려져 있지만, 홍차를 맛있게 우려내려면 손잡이로 찻잎을 누르지 않아야 한다. 커피 가루를 최소화하기 위해 핸드드립용보다 굵은 굵기로 추출하는데 이는 원두 특성상 물에 닿는 시간이 길어져야만 진하면서도 커피 본연의 맛을 느낄 수 있다.

(1) 추출 순서

① 먼저 뜨거운 물로 용기를 예열한다.

② 커피를 추출하기에 적합한 온도 92도까지 기다린다.

③ 프레스기에 커피를 넣고 평평하게 해 준다.

④ 물을 붓는데 이때부터 약 3분 동안 커피를 우려낸다.

⑤ 3분 이상 오래 추출하게 되면 탁하고 쓴맛 등이 나오게 된다.

⑥ 기다리는 동안 나무막대와 같은 (넓직한) 도구를 이용해 잘 섞이도록 잘 저어준다.

⑦ 3분 이후, 천천히 상단의 필터를 내려준다.

⑧ 커피에 압력이 가해지도록 아래로 누르지 말고 약간의 공간을 남겨둔다.

⑨ 끝으로 미리 데워 둔 잔에 따라준다.

(2) 맛의 특징

핸드드립식 커피가 서구에서 일본에 소개되어 정착되면서 단아하고 섬세하면서 깔끔한, 그래서 좀 더 여성적인 커피로 자리 잡게 된 성향이 많다고 했을 때 프렌치프레스 커피의 맛은 그냥 처음부터 남성적이라 할 만큼 강하면서도 거칠고 그러면서도 커피 본연의 순수한 맛을 잘 전달해 준다. 왠지 실내에서 예쁜 잔에 마시기보다는 바람부는 거친 야외 들판에 가서 모닥불이라도 피워놓고 쇠로 만들어진 머그잔에 마셔야 할 것처럼 여흥을 남기는 부분이 있는 묘한 매력을 지닌 커피다.

(3) 사용상 주의점

다른 류의 커피기구들에 비해 다루기도 편하고 추출방법도 쉬운 편이다. 방식도 단순할 뿐더러 시간도 그리 오래 걸리지 않는다. 다만 아래 거름망만 깨끗하게 청소하고 관리하면 된다.

🫘 터키-이브리크

터키 커피는 2인 기준으로 약 80㎖의 물과 10g의 커피가 들어간다. 각설탕을 하나 넣거나 스푼으로 일정량 설탕을 넣어도 된다. 컵에 따를 때에는 천천히 조금씩 각도를 조절하면서 옮겨 담아 미분이 최대한 걸러질 수 있도록 하는 것이 중요하다. 80㎖의 물과 10g의 커피로 데미타세 잔에 2잔이 나온다.

(1) 추출순서

① 아주 곱게 분쇄한 10g의 커피를 넣는다.
② 보통 에스프레소 머신용보다 더 곱게 갈아야 한다는 점을 주의하여 설탕과 함께 2~3번 저어준다.
③ 그리고 불을 켠다.
　※ 이브리크는 구리로 되어 있어 열전도율이 굉장히 빠른 편이다. 때문에 아주 빨리 끓기 시작하므로 주의해야 한다.
④ 30초 가량 되면 부글부글 끓어오르는데 넘치기 직전에 불에서 이탈시킨다.
⑤ 거품이 가라앉으면 불에 가져가고, 끓어오르면 떼어내기를 2번 또는 3번 정도 반복한다.
⑥ 추출된 이브리크 커피를 미분이 가라앉기를 기다린 후에 컵에 따라낸다.

(2) 특 징

이브리크는 추출과정부터 아주 부드럽고 마일드한 다크초콜릿향을 풍기며 커피 가루를 풀어 마시는 커피라 에스프레소보다 탁하고 진할 것 같지만 예상보다 훨씬 마일드한 맛을 낸다. 물론 미분때문에 다소 걸쭉한 커피이지만 고급 초콜릿을 녹여먹는 듯한 느낌의 맛이라 할 수 있다.
터키 커피의 묘미는 커피를 다 마신 뒤에 '커피 점'을 볼 수 있다는 재미가 있다. 목이 텁텁해질 때 즈음 커피 마시기를 멈추고 커피 잔을 그대로 받침에 엎는다. 그리고는 엎어놓은 상태에서 식게 놔두는데 운명이 가는 대로 남은 미분이 커피 잔을 타고 잔 받침에 흘러내린다고 한다. 잔과 잔 받침에 생긴 문양을 가지고 터키사람들은 하루의 운세를 점치곤 한다.

🫘 비엔나 –카페 비엔나

카페 비엔나(Cafe Vienna)는 과거 오스트리아에서 마차를 모는 마부들이 간편하게 설탕을 젓지 않고 마실 수 있도록 고안해 내었다는 설이 있다. 그러나 정작 오스트리아에서 카페 비엔나라는 메뉴는 대중적인 인기메뉴가 아니고, 이와 유사한 형태의 커피 메뉴로 아인슈페너(Einspanner) 커피가 있는데, 뜻은 '한 마리 말이 끄는 마차'로 마부가 주인을 기다리는 동안 즐겼던 휘핑크림을 얹은 커피에서 유래했다고 한다. 따라서 이것이 오스트리아의 대표적인 커피 메뉴로 카페 비엔나로 불리게 되었다고 짐작해 볼 수 있는데 기호에 따라 물 대신 데운 우유를 넣기도 하지만 일반적으로 아메리카노 스타일의 커피에 설탕을 넣은 후 휘핑크림을 얹는 것이 바로 카페 비엔나이다.

우리나라는 70~80년대 일부 유명커피숍에서 카페 비엔나를 선보인 바 있고, 때문에 중년층에서 '카페 비엔나'를 추억의 커피로 지금까지 찾고 있다. 카페 비엔나에는 생크림 외에 레인보우, 아몬드가루, 땅콩가루, 원두 2~3알, 초코시럽 등이 기호나 상황에 따라 올라가게 된다.

🫘 그 외 각국의 커피문화 살피기

① 이탈리아

과거와 현재가 동시에 존재하는 이탈리아를 여행하다보면 수많은 노천카페를 볼 수 있는데 이탈리아 스타일 커피는 강하게 볶은 원두를 곱게 분쇄하여 데미타세 잔에 담아 그대로 마시거나 설탕을 넣어 마시는 에스프레소 커피가 유명하다.

② 브라질

세계 커피 생산량의 약 30%를 차지하고 질 좋은 커피를 생산하는 것으로 유명한 브라질. 세계 최대의 생산국답게 하루 평균 커피를 10잔 정도 마신다. 강하게 배전하여 진하게 추출한 커피가 가장 대중적이며 설탕만 넣어 데미타세잔에 따라 마신다. 브라질 커피는 브라질 대표항구인 산토스항을 통해 전 세계로 수출되다 보니 '산토스 커피'라고도 불리어진다.

③ 독 일

커피를 재배할 수 있는 식민지가 없는 독일은 타 유럽국가들보다 비싼 가격에 커피를 수입해야 했기 때문에 당시 프리드리히 대왕이 커피 애음을 금지했다고 한다. 이런 정치적인 상황 때문에 초기에는 일부 고위층 관계자들만이 커피를 마실 수 있었다고 한다.

④ 콜롬비아

콜롬비아 현지인들은 뜨거운 물속에 흑설탕을 끓여 녹인 후 그 안에 커피가루를 넣고 저은 뒤 가루를 제외한 맑은 커피만을 따라 마시는데 이 커피를 현지인들은 '틴토'라고 부른다. 가루가 들어간다는 부분은 터키의 이브리크와 비슷하다.

⑤ 러시아

러시아는 아무래도 추운 지방이라는 환경적 요인 때문에 커피에 코코아 가루와 설탕을 넣어서 먹는 러시아 특유의 커피인 '러시안 커피'로 유명하다. 또 각 지방의 특색에 따라 우유, 크림을 넣거나 설탕 대신 잼을 넣기도 하는데 역시나 추운 지방이라는 특성을 제대로 보여주는 것 같다. 최근에는 레몬이나 사과 등의 과일로 장식한 커피가 유행하고 있다. 러시아 사람들은 단맛을 즐기기 때문에 커피와 베이커리 종류를 함께 먹는 것으로도 유명하다.

⑥ 미 국

1767년 차에 세금을 부과한 타운젠트법안이 통과되면서 커피를 마시기 시작했다. 일명 '보스턴 차사건 (1773년)'으로도 유명한 일화가 관련되어 있다. 영국의 식민지로 처음엔 '홍차'를 주로 즐겨 마시던 미국에서 이 사건을 계기로 오늘날 '아메리칸 커피'의 대명사가 탄생했다. 평균적으로 엷고 담백한 커피가 주류를 이루고, 설탕이나 크림을 넣지 않고 큰 잔에 담아서 마시는 게 특징이다. 최근에는 배전의 강도가 높은 원두에 많은 양의 물로 연하게 추출하기도 한다. 다민족 국가답게 다양한 스타일의 커피와 문화가 존재한다.

🔵 사이폰 커피 추출

사이폰 추출만을 전문으로 하는 커피숍이 있을 만큼 매니아적 성향이 남다른 추출도구라 할 수 있다. 1840년 스코틀랜드의 해군기사 로버트 네이피어가 진공 원리를 응용한 유리기구로서 사이폰의 원리를 개발하여 드립커피보다 확실하게 커피를 우려내는 방법을 발명했다는 이야기와 1827년 독일 사람인 노젠베르크에 의해 고안된 후에 앞서 설명한 로버트 네이피어가 진공식 침전용구 바큐엄(Vacuum)을 개발하면서 사이폰의 형태로 자리를 잡았다는 두 가지 설이 팽팽하다. 현재로서는 지금 형태의 사이폰 모습이 완전히 갖추어진 것은 1842년 프랑스의 '바슈'라는 사람에 의해서라고 한다. 사이폰만의 깔끔한 맛에 매료되어 계속해서 사이폰 커피만을 찾는 사람들이 의외로 많으며 심지어 눈으로 마시는 커피라는 말까지 있다.

왼쪽, 고노 마사노부

1925년 창업주 고노 아키라와 그와 가까운 의사와 사업가 등 인텔리계층이 사이폰 개발 직후 커피를 즐기고 있는 사진

다양한 종류의 커피 사이폰이 있지만 우리에게 핸드드립으로 익숙한 일본 kono사의 사이폰을 살펴보도록 하겠다. 일본의 kono사는 정식 법인명이 'kono 커피 사이폰 주식회사'이다. 1924년 창업주 고노 아키라씨가 1대 회장인데 의사출신이었던 이 사람은 1925년 지금의 '사이폰' 커피 추출 기구를 처음 출시하여 백화점 등에서 공전의 히트를 기록하게 된다. 2대 회장인 고노 토시오를 통해 kono식(원추식) 핸드드립이 알려지게 되었고 핸드드립 도구가 개발된 것이다. 지금은 3대 회장으로 고노 마사노부가 이 회사를 이끌어가고 있다.

☞ 여기서 잠깐

일본인들은 근대로 오면서 쇄국적이었던 우리나라와 달리 근대 서구 선진문물을 받아들이게 되면서부터 급속도로 근대화하고 선진문물을 빠르게 수용하기 시작했다. 이른바 메이지유신 시대로부터 이런 개방화 바람이 가속되었는데, 특히나 커피와 관련한 부분들을 살펴보면 우선 그 시발점은 대부분 서양의 것들이었다. 칼리타나 고노 드립퍼, 반열풍식 로스터기 역시 모두가 원조는 독일 등 서양에서 시작되었지만, 이들은 거기에 그치지 않고 이를 끊임없이 연구하고 개발하여 그들의 정서와 입맛에 맞게 완전히 정착시켰고 이제는 서양에도 이를 역수출하고 명품화하는데 성공했다. 사이폰 역시 마찬가지다. 우리가 커피에 관심을 가지고 배우면서도 주목해야 할 부분이 아닌가 생각된다.

1) 추출방법

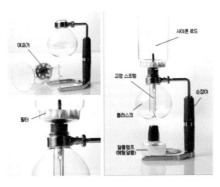

① 핸드드립보다 고운 입자로 분쇄한다.

② 처음부터 찬물을 데우자면 시간이 너무 오래 걸리므로 뜨거운 물을 준비한다.

③ 뜨거운 물을 유리 플라스크 눈금 자 높이까지 붓는다.

④ 사이폰 로드에 여과기와 필터를 결합한다.

⑤ 여과기를 결합한 로드를 플라스크에 거치시킨다.

⑥ 알코올램프에 불을 붙인다. 알코올은 반드시 메틸알코올을 써야 그을음이 발생하지 않는다.

⑦ 메틸알코올은 휘발성이 매우 강하므로 용기를 반드시 꼭 닫아 보관한다.

⑧ 거치시킨 로드의 고정 스프링아래 구슬에 기포가 맺히고 올라오는 것을 확인한다.

⑨ 기포가 올라오기 시작하면 플라스크에 완전히 고정시킨다.

⑩ 플라스크에서 물이 로드를 타고 올라가는 것을 확인한다.

⑪ 로드의 1/3 높이까지 물이 올라오는 것을 확인하면 대나무 스틱으로 상단의 커피를 위에서 아래로 담근다는 느낌으로 가장자리부터 눌러 담가주기 시작한다.

⑫ 모든 커피가 물에 침전되면서부터 거품이 발생한다.

⑬ 이때 대나무 스틱으로 골고루 충분히 저어준다.

⑭ 로드 안에 거품층과 커피층 그리고 커피물이 3단계로 확연히 분리된 것을 확인한다.

⑮ 최소 30초에서 최대 60초까지 적정한 시간을 기다려 커피가 충분히 추출되기를 기다린다.

⑯ 알코올램프의 뚜껑을 닫아 불을 끈다.

⑰ 온도가 급격히 내려가면서 로드 내부의 커피물이 플라스크로 내려오기 시작하는 것을 확인한다.

⑱ 추출된 커피가 거의 다 내려오면 황금색 거품이 풍성하게 내려오는 것을 볼 수 있다. 황금색 거품이 내려와야 제대로 된 커피의 맛을 느낄 수 있다.

⑲ 로드를 플라스크에서 분리하여 거치시킨다. 이제 로드에는 커피 찌꺼기만이 남게 된다.

⑳ 추출된 커피는 플라스크를 둥글게 돌려 흔들어 골고루 섞이게 해 준다.

㉑ 커피 잔에 따라낸다.

사이폰 추출장면

TIP 사이폰의 원리는 대기압을 이용한다. 즉 높이가 다른 두통에 담긴 액체가 대기압의 차이에 의해 흘러내리게 하는 원리이다. 세계의 다양한 커피문화를 살피면서 사이폰 커피 추출을 시연함은 한국인의 보편적인 입맛에 가장 적합한 맛을 선사할 것으로 확신했기 때문이다. 부드러우면서도 깔끔한 뒷맛으로 이어지면서도 고유의 커피 향과 맛을 정확히 잡아주는 사이폰으로 이제껏 경험하지 못한 환상적인 커피 맛을 즐겨보기 바란다.

🛈 인도네시아의 특별한 커피 Civet coffee(Kopi Luwak)

세계적으로 브랜드 있는 커피 중에 고가에 판매되는 커피가 3종류가 있는데 코나, 블루마운틴, 루왁이 대표적이다. 이중에서도 가장 비싸게 판매되는 커피는 인도네시아에서 생산되는 루왁커피이다. 루왁커피는 다른 커피들과 생산 방법이 확연한 차이가 나는데 바로 커피 열매를 사람이 따는 것이 아니라 동물이 따기 때문이다.

사향고양이

'동물이 커피를 딴다??'

정확하게 말해서 Civet이라는 사향고양이과 동물이 잘 익은 커피 열매를 먹고 소화하는 과정에서 열매는 소화시키고 파치먼트 상태에서 배설한 배설물 속에서 커피를 취해 건조 후 수세 처리한 나음 로스팅을 한다. 사향고양이는 몸길이 50~70cm 정도이며 무게는 3~5Kg 정도이다. 고양이류와 비슷하지만 얼핏 보면 너구리처럼 생겼고 주둥이가 가늘고 뾰족하며 몸통도 가늘고 길기 때문에 어두운 곳에서 보면 마치 여우새끼처럼 보이기도 한다.

동물의 배설물에서 커피씨앗을 취해 가공하기 때문에 커피본연의 맛이 소화기관을 거치면서 화학반응을 일으켜 향과 맛이 독특한 커피로 재탄생된다. 그렇기 때문에 미식가들 사이에서는 아주 귀한 대접을 받는 커피이며 생산량 또한 적기 때문에 값이 비싼 커피이다. 하지만 루왁커피를 반대하는 일각에서는 사향고양이를 포획하여 우리에서 마치 커피를 동물사료처럼 먹이는 것은 비윤리적인 행위라고 비판하기도 한다. 사육된 사향고양이의 배설물에는 거의 커피씨앗과 배설물로만 구성되고 변이 길다. 반면에 자연 상태에서의 사향고양이 배설물에는 각종 열매의 씨앗과 커피씨앗이 뭉쳐있으며 변이 짧고 짙은 흙색이다.

건조중인 사육된 사향고양이 배설물과 사향고양이

건조중인 사육된 사향고양이 배설물

자연산 사향고양이 배설물 ①

자연산 사향고양이 배설물 ②

건조중인 자연산 사향고양이 배설물

포획되어 커피 열매를 먹고 있는 사향고양이

에티오피아 전통 커피인 '분나'를 경험하는 가격은 5비르, 200원 남짓이다. 잘 익은 커피 체리를 한 알 한 알 열심히 수확하여 얻는 하루 노동의 대가는 평균 3달러에 불과하다. 건장한 청년이 100kg의 열매를 수확하면 10달러를 받는데, 100kg을 따려면 당나귀나 말이 있어야 가능하다고 하니 형편상 불가능에 가깝다. 이렇듯 우리가 마시는 커피 한 잔에는 산지 농부들의 고단한 삶이 담겨있다. 그들은 카페에서 커피 한 잔 마실 여유는 없었지만, 행복해 보였다. 묘한 매력을 가진 에티오피아. 우리의 소비가 그들에게 도움이 되고, 유기농을 소비하는 것이 실질적 환경운동이라고 말했던 카페다 김병훈 대표님께 고마움을 전한다. 아직도 에티오피아 여행을 기억하면 심장이 두근거린다. 농부들이 흘리는 땀방울이 수고로만 끝나지 않고 생의 분명한 목적으로 이어지길 간절히 바라는 바이다.

최근 생두를 갈아 마시면 다이어트에 탁월하다는 내용이 여러 매체를 통해 보도되었다. 이런 내용을 접하면 유기농 생두를 취급하는 필자는 더욱 큰 사명감을 느낀다. 유기농 생두는 화학비료와 농약이 사용되지 않아 씻어서 바로 갈아먹어도 안전하다. 볶은 원두커피에 함유된 카페인과 폴리페놀의 일종인 클로로겐산 성분은 유해산소를 억제하고 치매를 예방한다는 연구 결과도 있다. 기호 음료를 넘어 건강음료로서 다가오는 커피가 고마울 뿐이다. 지금 필자에게 가장 큰 힘이 되는 것은 커피가 아니라 사랑하는 아내와 자녀들이다. 이 시대에 잘 맞아떨어진 '커피'라는 기회를 가정의 행복과 삶의 목적으로 연결하고 싶다. 행복을 가져다주는 음료는 많지만 커피인으로서 커피음료를 통해 많은 사람에게 행복을 전하고 싶다.

끝으로 이 책이 나오기까지 도움을 주신 태환자동화산업 김용환 사장님, 일본커피 사이폰 주식회사 고노 마사노부 회장님, 일본 후지로얄 후쿠시마 사장님, 이탈리아 일렉트라 에스프레소머신 페드리코 회장님, 카페다 한국 본사 김병훈 사장님, 김경화 전무님, 중국 허청룡 사장님, Next 커피 안명건 사장님, 리 에스프레소 이승훈 사장님, 전자현미경 촬영을 도와준 이대종님, 홍승오, 임준섭, 김경미, 박형준, 김경렬, 박종관, 케빈, 도영락, 차상학, 윤현상, 서동휘, 박장환, 양광태, 윤홍모, 윤현정, 강영춘, 김동언, 신상현, 강신석, 김승훈, 오남규, 유진모, 홍석필, 유태성 커피 컨설턴트에게 감사함을 전한다.

참 고 문 헌

〈한국식품산업협회〉 http://www.kfia.or.kr/

〈식품의약품안전처〉 http://www.mfds.go.kr/

〈한국커피바리스타협회〉 http://www.caea.or.kr/

New England Coffee Company—Our Coffee

A Brief History of Coffee (World class Readings 2)

Knox, K. and J.S. Hiffaker. Coffee Bariscs. New York: Wiley, 1997.

Kummer, C. The Joy of Coffee. Shelburne, VT: Chapters, 1995.

Clarke, R..J., and O.G. Vizthum. Coffee: Recent Developments. Oxford: Blackwell, 2011.

Clarke, R..J., and R. Macrae. Coffee. 6 vols. Vol. 2: Technology. London: Elsevier, 1985.

Dalla Rosa, M. 外, Changes in coffee brews in relation to storage temperature. J Sci Food Agric. 50 (1990).

del Castillo, M.D. 외, Effect of roasting on the antioxidant activity of coffee brews. J Agric Food Chem. 50 2002.

Illy, A., and Viani , Espresso Coffee: The Chemistry of Qualitty. San Diego, CA: Academic, 1995

Sivetz, M., and N.W. Desrosier. Coffee Technology. Westport, CT: AVI, 1997.

wheelock, V. Raw Milk and Cheess Production: A Crotocal Evaluation of Scientific Research. skipton, UK: V. Wheelock Associates, 1997.

Blackburn, D.G. 외, The origins of lactation and the evoution of milk. 1989.

Arabica Coffee in YUNNAN.

커피 기본 이론부터 에스프레소머신 관리까지

바리스타 & 카페 창업 안내서

개정 4판 2쇄 발행일	2023년 02월 10일
초 판 발 행 일	2016년 01월 21일
발 행 인	박영일
책 임 편 집	이해욱
저 자	김병희 · 김병호 · 고도현 · 박종관
편 집 진 행	박소정
표 지 디 자 인	김도연
편 집 디 자 인	신해니
발 행 처	시대인
공 급 처	(주)시대고시기획
출 판 등 록	제 10-1521호
주 소	서울시 마포구 큰우물로 75 [도화동 538 성지 B/D] 6F
전 화	1600-3600
팩 스	02-701-8823
홈 페 이 지	www.sdedu.co.kr
I S B N	979-11-383-1215-8(13320)
정 가	23,000원

유기농 커피 대표브랜드 **카페다**

구매문의 031-275-2508 | www.cafeda.co.kr

S L A Y E R   S T E A M ᴱᴾ

유기농 커피 대표브랜드 **카페다**

구매문의 031-275-2508 | www.cafeda.co.kr

유기농을 소비하는 것은 범지구적 차원에서
인류의 건강과 희망적인 미래를 지지하는
환경운동에 동참함을 의미합니다.

UCEI 바리스타 자격취득안내서
카페/기업 관리자 체크리스트

통합커피교육기관
United Coffee Education Institute

UCEI 바리스타 자격취득안내서
카페/기업 관리자 체크리스트

목 차

UCEI 바리스타 자격증 안내

1. 자격의 개요

- 자격종목 : 바리스타(Barista)
- 자격등급 : 1급(Barista Manager) / 2급(Barista)
- 등록번호 : 제2017-005685호
- 시행기관 : UCEI통합커피교육기관, 사단법인한국커피연합회

2. 자격의 내용

종목 · 등급	내 용
바리스타 1급 (Barista Manager)	커피프랜차이즈 또는 커피관련 매장의 책임자로서 매장업무 총괄 및 전문 바리스타를 담당할 수 있는 능력을 갖춘 전문가 수준의 자격
바리스타 2급 (Barista)	커피프랜차이즈 또는 커피관련 매장의 실무자로서 커피기계 · 추출기구의 운용 및 관리, 커피음료 제조 및 고객서비스 등의 업무를 담당할 수 있는 능력을 갖춘 준전문가 수준의 자격

3. 자격의 취득방법

본원의 자격을 취득하는 방법은 일반적으로 많이 시행하고 있는 시험형 자격검정에 합격하거나 과정평가형(과제이수형) 자격검정에 합격기준을 통과하여야 한다.

1) 과정평가형(과제이수형) : 국가직무능력표준(NCS)에 기반하여 일정 요건을 충족하는 교육훈련과정을 이수하고, 내부 · 외부 평가를 거쳐 일정한 합격기준을 충족하는 경우 자격증을 부여한다.

과정평가형 → 교육훈련과정 → 교육이수 → 내부/외부평가 → 합격 → 자격증 취득

2) 시험형 : 정기 또는 수시로 시행하는 필기시험 및 실기시험에서 모두 합격하는 경우 자격증을 부여한다.

시험형 → 필기시험 → 합격 → 실기시험 → 최종합격 → 자격증 취득

4. 응시자격

종목 · 등급	응시자격
바리스타 1급 (Barista Manager)	다음 항목 중 하나에 해당하는 경우 – 본원의 바리스타 2급 자격증 소지자 – 타 기관의 민간자격 중 본원의 바리스타 2급에 준하는 자격증 소지자 – 본원이 지정한 교육기관(전문대학 등)에서 바리스타 관련 교육과정(NCS기준)을 이수한 자
바리스타 2급 (Barista)	제한 없음

5. 검정수수료

종목 · 등급	과정평가형	시험형(필기/실기)
바리스타 1급 (Barista Manager)	90,000원	120,000원(40,000원/80,000원)
바리스타 2급 (Barista)	70,000원	90,000원(30,000원/60,000원)

6. 자격의 면제사항

종목 · 등급	면제기준	비고
바리스타 1급 (Barista Manager)	– 전문대학 이상 커피관련학과 졸업 또는 졸업예정이거나 동등학력 이상인 자는 필기 면제 – 본원이 승인한 교육평가기관 또는 교육평가위원에게 바리스타(심화)교육과정을 이수한 자는 필기면제 / 바리스타(심화)교육과정의 평가 합격자는 실기면제 – 본원이 인정하는 커피관련 국내외대회 입상자는 필기/실기 면제 (대회 규모, 입상 성적 등을 심사) – 기타 본원에서 1급 자격이 인정되는 자는 심사를 거쳐 필기 / 실기 면제	면제기준 대상자는 자격검정 위원회에서 심사하여 결정한다.
바리스타 2급 (Barista)	– 본원이 승인한 교육평가기관 또는 교육평가위원에게 바리스타(기본)교육과정을 이수한 자는 필기면제 / 바리스타(기본)교육과정의 평가 합격자는 실기면제 – 교육기관(학원 등)의 교 · 강사로서 바리스타관련 교과목 강의 경력자는 필기/실기 면제 (강의과목, 강의경력 등을 심사) – 기타 본원에서 2급 자격이 인정되는 자는 심사를 거쳐 필기 / 실기 면제	

UCEI 바리스타 과정평가형 자격안내

1. 교육평가기관의 기준

다음 항목 중 하나에 해당하는 경우
- 초 · 중등교육법에 의한 고등학교, 고등기술학교, 대안학교
- 고등교육법에 의한 대학 등 각종학교
- 근로자직업능력개발법에 의한 직업능력개발훈련시설
- 학원법에 의한 학원
- 평생교육법에 의한 평생교육기관
- 장애인 등에 대한 특수교육법에 의한 특수교육기관

2. 시설 및 강사의 기준

- 커피머신 2대 이상
- 강의 경력 3년 이상의 UCEI가 인정하는 강사 1인 이상(강의 경력이 부족한 경우 예외 조항에 대하여 UCEI와 협의하여 결정)

3. 교육훈련과정의 기준

국가직무능력표준(NCS) 바리스타 분야의 편성기준을 반영한 커리큘럼으로 구성

1) 바리스타 2급(Barista)
- 교육과정명 : 바리스타 2급(또는 기본) 교육과정
- 교육시간 : 4인 이하의 경우 15시간 이상 / 5인 이상의 경우 30시간 이상
- 교육내용 : 총 10개 과제(필수 8개 과제 / 선택 2개 과제)

☑ 커피이론	☑ 에스프레소 추출	☑ 우유스티밍	☑ 에스프레소 메뉴
☑ 핫 메뉴	☑ 아이스 메뉴	☑ 커피기계	☑ 그라인더
☐ 매장관리	☐ 고객서비스		

2) 바리스타 1급(Barista Manager)
- 교육과정명 : 바리스타 1급(또는 심화) 교육과정
- 교육시간 : 30시간 이상
- 교육내용 : 총 6개 과제 (필수 3개 과제 / 선택 3개 과제)

☑ 라떼아트	☑ 다양한 커피추출	☑ 추출조건과 맛의 변화
☐ 매장관리	☐ 고객서비스	☐ 원두선택

3) 바리스타 1급 / 2급 통합

- 교육과정명 : 바리스타 1급/2급(또는 통합) 교육과정
- 교육시간 : 4인 이하의 경우 45시간 이상 / 5인 이상의 경우 60시간 이상
- 교육내용 : **총 14개 과제 (필수 11개 과제 / 선택 3개 과제)**

☑ 커피이론	☑ 에스프레소 추출	☑ 우유스티밍	☑ 에스프레소 메뉴
☑ 핫 메뉴	☑ 아이스 메뉴	☑ 커피기계	☑ 그라인더
☑ 라떼아트	☑ 다양한 커피추출	☑ 추출조건과 맛의 변화	
☐ 매장관리	☐ 고객서비스	☐ 원두선택	

4. 교육과정 이수 및 평가의 합격기준

1) 이수기준 : 등급별 교육과정의 총 교육시간 중 80% 이상 출석

※ 등급별 교육과정의 이수의 경우 해당 등급의 필기시험 면제

2) 평가기준 : 등급별 교육과정을 이수하고, 다음 항목 중 하나에 해당하는 경우
- 본원의 실기시험에 준하는 실기평가에서 합격 (1급 70점 이상 / 2급 60점 이상)
- 본원의 교육과정 평가시험에서 합격 (1급 70점 이상 / 2급 60점 이상)

5. 교육과정 평가방법

교육과정 평가는 교육과정 평가리스트(필수)와 실기평가 or 평가시험 중 하나를 선택하여 2가지 이상을 진행하여야 한다.

1) 교육과정 평가리스트(필수) : 교육과정을 이수한 교육생이 직접 자신을 평가 or 교육평가위원이 교육생을 평가
- 평가항목 : 1급의 경우 40개 / 2급의 경우 20개
- 평가배점 : 평가항목의 지식 · 기술 · 능력을 상중하로 체크

※ 1급은 '하'가 30%, 2급은 '하'가 40%를 초과하는 경우 재평가 or 추가교육

2) 실기평가(선택) : 1인 이상의 교육평가위원이 교육생을 평가
- 평가항목 및 평가배점 : 1급 / 2급 실기시험 참조

3) 평가시험(선택) : 교육평가위원의 감독 하에 교육생이 답안을 작성
- 평가항목 : 1급의 경우 10문제 서술형 / 2급의 경우 20문제 객관식
- 평가배점 : 교육평가기관(위원)이 채점, UCEI 본원이 검토

6. 교육과정의 유효기간

해당 교육과정 수료 후 1년 이상 경과자는 재교육 또는 추가교육을 이수하여야 한다.

UCEI 바리스타 시험형 자격안내

바리스타 2급(Barista)

1. 필기시험

 1) **시험과목(4개 영역)** : 커피의 이해, 기계/추출기구 이해, 커피음료 제조, 매장관리
 2) **시험방법** : 객관식(4지 선다형), 총 50문항, 총 50분
 3) **합격기준** : 100점 만점 기준 60점 이상

2. 실기시험

 1) **시험과목** : 커피음료 제작
 2) **시험방법**
  - 총 23분[준비시간 : 5분, 과제시간 : 과제별 5분(3가지 과제), 정리시간 : 3분]
  - 총 14가지 커피음료 중 3가지 과제를 각 2잔(총 6잔) 제작
  ※ 각 과제별로 커피음료는 1가지이며, 2잔씩 제작하여야 함.
 3) **평가항목** : 준비 · 마무리 · 자세/서비스 10%, 위생 15%, 숙련도 30%, 관능평가 45%
 4) **합격기준** : 100점 만점 기준 60점 이상

바리스타 1급(Barista Manager)

1. 필기시험

 1) **시험과목(5개 영역)** : 커피 개론, 기계/추출기구 관리, 커피음료 제조/응용, 매장 경영, 관련 법규
 2) **시험방법** : 객관식(4지 선다형), 총 50문항, 총 50분
 3) **합격기준** : 100점 만점 기준 70점 이상

2. 실기시험

 1) **시험과목** : 카페음료 제작
 2) **시험방법**
  - 총 17분[준비시간 : 3분, 과제시간 : 과제별 3분(4가지 과제), 정리시간 : 2분]
  - 총 23가지 카페음료 중 4가지 과제를 각 2잔(총 8잔) 제작
  ※ 각 과제별로 카페음료는 2가지이며, 1잔씩 제작하여야 함.
 3) **평가항목** : 준비 · 마무리 · 자세/서비스 10%, 위생 20%, 숙련도 10%, 관능평가 60%
 4) **합격기준** : 100점 만점 기준 70점 이상

바리스타 2급(Barista) 실기시험 레시피

1. 카페 아메리카노(에스프레소 추출 이후 물을 혼합하는 방법)

〈준비물〉
270㎖ 잔, 600㎖ 스팀피처

〈조리 포인트〉
1. 에스프레소 추출 후에 물을 담아 혼합하여야 한다.
2. 커피음료 전체의 양은 잔의 상단에서 1.5cm 정도의 여유 공간을 남겨 두어야 한다.
3. 에스프레소에 물을 혼합하여도 엷은 색의 크레마는 남아 있어야 한다.

〈조리 레시피〉
① 준비된 잔에 에스프레소를 추출한다.
② 스팀피처에 온수를 담는다.
③ 에스프레소가 추출된 잔에 10cm 정도의 높이에서 온수를 빠르게 붓는다.

2. 카페 아메리카노(물을 먼저 담고 에스프레소를 추출하는 방법)

〈준비물〉
270㎖ 잔, 600㎖ 스팀피처

〈조리 포인트〉
1. 물을 먼저 담은 후에 에스프레소를 추출하여야 한다.
2. 커피음료 전체의 양은 잔의 상단에서 1.5cm 정도의 여유 공간을 남겨 두어야 한다.
3. 에스프레소가 추출되면서 크레마는 남아 있어야 한다.

〈조리 레시피〉
① 스팀피처에 온수를 담는다.
② 준비된 잔에 온수를 붓는다. 단, 잔의 상단에서 2cm 정도의 여유 공간을 남겨 둔다.
③ 온수가 담긴 잔에 직접 에스프레소를 추출한다.

3. 카페 라떼(거품이 있게 만드는 방법)

〈준비물〉
270㎖ 잔, 600㎖ 스팀피처, 우유

〈조리 포인트〉
1. 커피음료 전체의 양은 잔에 가득 채워야 한다.
2. 거품의 두께는 1.5cm 정도 있어야 한다.
3. 시각적인 모양은 원형이어야 하며, 거품의 크기는 500원짜리 동전보다 커야 한다.

〈조리 레시피〉
① 준비된 잔에 에스프레소를 추출한다.
② 차가운 우유를 스팀피처에 담는다.
③ 스팀피처에 담긴 우유는 70℃정도로 우유거품을 만든다.
④ 우유거품이 담긴 스팀피처를 잔에서 10cm 정도의 높이에서 우유를 부어주며, 잔의 절반 정도가 채워지면 스팀피처를 잔에 붙이고 우유거품을 들이붓는다.

4. 카페 라떼(거품이 없게 만드는 방법)

〈준비물〉
270㎖ 잔, 600㎖ 스팀피처, 우유

〈조리 포인트〉
1. 커피음료 전체의 양은 잔의 상단에서 1.5cm 정도의 여유 공간을 남겨 두어야 한다.
2. 거품은 없어야 한다.
3. 시각적인 모양은 크레마가 남아 있어야 한다.

〈조리 레시피〉
① 준비된 잔에 에스프레소를 추출한다.
② 차가운 우유를 스팀피처에 담는다.
③ 스팀피처에 담긴 우유는 70℃ 정도로 데운다.
④ 데운 우유가 담긴 스팀피처를 잔에 붙이고, 잔의 안쪽 벽면으로 우유를 들이붓는다.

5. 카페 마끼아또

〈준비물〉
에스프레소 잔, 600㎖ 스팀피처, 우유, 티스푼

〈조리 포인트〉
1. 에스프레소 위로 거품의 두께는 1cm 이상 있어야 한다.
2. 우유거품은 기포가 없는 거품이어야 한다.
3. 시각적인 모양은 흰색의 원이 중앙에 위치하여야 하며, 원이 깨지거나 잔의 안쪽 벽면과 닿지 않아야 한다.

〈조리 레시피〉
① 준비된 잔에 에스프레소를 추출한다.
② 차가운 우유를 스팀피처에 담는다.
③ 스팀피처에 담긴 우유는 70℃ 정도로 우유거품을 만든다.
④ 에스프레소가 담긴 잔에 티스푼을 이용하여 우유거품을 올린다.

6. 라떼 마끼아또

〈준비물〉
225㎖ 손잡이가 있는 유리잔, 600㎖ 스팀피처, 우유, 설탕 시럽, 벨크리머, 바스푼

〈조리 포인트〉
1. 커피음료 전체의 양은 잔에 가득 채워야 한다.
2. 우유거품은 기포가 없는 거품이어야 한다.
3. 시각적인 모양은 우유, 에스프레소, 거품이 1 : 1 : 1의 비율이 되어야 한다.
4. 커피음료 표면의 커피 자국은 지름이 1cm 이하로 제작되어야 한다.

〈조리 레시피〉
① 준비된 잔에 설탕 시럽(15㎖)을 담는다.
② 차가운 우유를 스팀피처에 담는다.
③ 스팀피처에 담긴 우유는 70℃ 정도로 우유거품을 만든다.
④ 설탕 시럽이 담긴 잔에 우유와 우유거품을 잔의 상단에서 0.5cm 정도의 여유 공간을 남겨두고 붓는다.
⑤ 설탕 시럽, 우유, 우유거품이 잘 혼합되도록 바스푼으로 젓는다.
⑥ 벨크리머에 에스프레소를 추출한다.
⑦ 준비된 잔에 에스프레소를 5cm 정도의 높이에서 들이붓는다.

7. 캐러멜 라떼 마끼아또

<준비물>
225㎖ 손잡이가 있는 유리 잔, 600㎖ 스팀피처, 우유, 캐러멜 시럽, 벨크리머, 바스푼

<조리 포인트>
1. 커피음료 전체의 양은 잔에 가득 채워야 한다.
2. 우유거품은 기포가 없는 거품이어야 한다.
3. 시각적인 모양은 우유, 에스프레소, 거품이 1 : 1 : 1의 비율이 되어야 한다.
4. 커피음료 표면의 커피 자국은 지름이 1cm 이하로 제작되어야 한다.

<조리 레시피>
① 준비된 잔에 캐러멜 시럽(15㎖)을 담는다.
② 차가운 우유를 스팀피처에 담는다.
③ 스팀피처에 담긴 우유는 70℃정도로 우유거품을 만든다.
④ 캐러멜 시럽이 담긴 잔에 우유와 우유거품을 잔의 상단에서 0.5cm 정도의 여유 공간을 남겨두고 붓는다.
⑤ 캐러멜 시럽, 우유, 우유거품이 잘 혼합되도록 바스푼으로 젓는다.
⑥ 벨크리머에 에스프레소를 추출한다.
⑦ 준비된 잔에 에스프레소를 5cm정도의 높이에서 들이붓는다.

8. 리스트레또

<준비물>
에스프레소 잔

<조리 포인트>
1. 에스프레소음료의 양이 15∼25㎖(크레마 포함)이어야 한다.

<조리 레시피>
① 준비된 잔에 에스프레소음료의 양이 맞도록 리스트레또를 추출한다.

9. 에스프레소

〈준비물〉
에스프레소 잔

〈조리 포인트〉
1. 에스프레소음료의 양이 25~35㎖(크레마 포함)이어야 한다.

〈조리 레시피〉
① 준비된 잔에 에스프레소음료의 양이 맞도록 에스프레소를 추출한다.

10. 룽 고

〈준비물〉
에스프레소 잔

〈조리 포인트〉
1. 에스프레소음료의 양이 35~45㎖(크레마 포함)이어야 한다.

〈조리 레시피〉
① 준비된 잔에 에스프레소음료의 양이 맞도록 룽고를 추출한다.

11. 리스트레또 도피오

〈준비물〉
에스프레소 잔, 벨크리머

〈조리 포인트〉
1. 에스프레소음료의 양이 30~50㎖(크레마 포함)이어야 한다.

〈조리 레시피〉
① 준비된 잔과 벨크리머에 에스프레소음료의 양이 맞도록 리스트레또를 추출한다.
② 준비된 잔에 리스트레또를 붓는다.

12. 에스프레소 도피오

〈준비물〉
에스프레소 잔, 벨크리머

〈조리 포인트〉
1. 에스프레소음료의 양이 50∼70㎖(크레마 포함)이어야 한다.

〈조리 레시피〉
① 준비된 잔과 벨크리머에 에스프레소음료의 양이 맞도록 에스프레소를 추출한다.
② 준비된 잔에 에스프레소를 붓는다.

13. 룽고 도피오

〈준비물〉
180㎖ 잔, 벨크리머

〈조리 포인트〉
1. 에스프레소음료의 양이 70∼90㎖(크레마 포함)이어야 한다.

〈조리 레시피〉
① 준비된 잔과 벨크리머에 에스프레소음료의 양이 맞도록 룽고를 추출한다.
② 준비된 잔에 룽고를 붓는다.

14. 카푸치노

〈준비물〉
180㎖ 잔, 600㎖ 스팀피처, 우유

〈조리 포인트〉
1. 커피음료 전체의 양은 잔에 가득 채워야 한다.
2. 거품의 두께는 1.5cm 정도 있어야 한다.
3. 시각적인 모양은 원형이어야 하며, 거품의 크기는 500원짜리 동전보다 커야 한다.

〈조리 레시피〉
① 준비된 잔에 에스프레소를 추출한다.
② 스팀피처에 우유를 담는다.
③ 스팀피처에 담긴 우유는 70℃ 정도로 우유거품을 만든다.
④ 에스프레소가 담긴 잔에 우유와 우유거품을 붓는다.

바리스타 1급(Barista Manager) 실기시험 레시피

1. 카페 아메리카노(에스프레소 추출 이후 물을 혼합하는 방법)

※ 추가사항(에스프레소음료) : 리스트레또, 에스프레소, 룽고, 도피오

〈준비물〉
270㎖ 잔, 600㎖ 스팀피처

〈조리 포인트〉
1. 에스프레소음료 추출 후에 물을 담아 혼합하여야 한다.
2. 커피음료 전체의 양은 잔의 상단에서 1.5cm 정도의 여유 공간을 남겨 두어야 한다.
3. 에스프레소음료에 물을 혼합하여도 엷은 색의 크레마는 남아 있어야 한다.

〈조리 레시피〉
① 준비된 잔에 에스프레소음료를 추출한다.
② 스팀피처에 온수를 담는다.
③ 에스프레소음료가 추출된 잔에 10cm 정도의 높이에서 온수를 빠르게 붓는다.

2. 카페 아메리카노(물을 먼저 담고 에스프레소를 추출하는 방법)

※ 추가사항(에스프레소음료) : 리스트레또, 에스프레소, 룽고, 도피오

〈준비물〉
270㎖ 잔, 600㎖ 스팀피처

〈조리 포인트〉
1. 물을 먼저 담은 후에 에스프레소음료를 추출하여야 한다.
2. 커피음료 전체의 양은 잔의 상단에서 1.5cm 정도의 여유 공간을 남겨 두어야 한다.
3. 에스프레소음료가 추출되면서 크레마는 남아 있어야 한다.

〈조리 레시피〉
① 스팀피처에 온수를 담는다.
② 준비된 잔에 온수를 붓는다. 단, 잔의 상단에서 2cm 정도의 여유 공간을 남겨 둔다.
③ 온수가 담긴 잔에 직접 에스프레소음료를 추출한다.

3. 카페 라떼(거품이 있게 만드는 방법)

※ 추가사항(에스프레소음료 및 시럽 첨가) : 리스트레또, 에스프레소, 룽고, 도피오
/ 바닐라, 헤이즐넛, 캐러멜

〈준비물〉
270㎖ 잔, 600㎖ 스팀피처, 시럽(바닐라 / 헤이즐넛 / 캐러멜), 우유

〈조리 포인트〉
1. 커피음료 전체의 양은 잔에 가득 채워야 한다.
2. 거품의 두께는 1.5cm 정도 있어야 한다.
3. 시각적인 모양은 하트나 나뭇잎이어야 한다.

〈조리 레시피〉
① 준비된 잔에 에스프레소음료를 추출한다.
② 차가운 우유를 스팀피처에 담는다.
③ 스팀피처에 담긴 우유는 70℃ 정도로 우유거품을 만든다.
④ 에스프레소음료가 담긴 잔에 우유와 우유거품을 붓는다.
⑤ 하트 또는 나뭇잎으로 모양을 만들어 마무리 한다.

4. 카페 라떼(거품이 없게 만드는 방법)

※ 추가사항(에스프레소음료 및 시럽 첨가) : 리스트레또, 에스프레소, 룽고, 도피오
/ 바닐라, 헤이즐넛, 캐러멜

〈준비물〉
270㎖ 잔, 600㎖ 스팀피처, 시럽(바닐라 / 헤이즐넛 / 캐러멜), 우유

〈조리 포인트〉
1. 커피음료 전체의 양은 잔의 상단에서 1.5cm 정도의 여유 공간을 남겨 두어야 한다.
2. 거품은 없어야 한다.
3. 시각적인 모양은 크레마가 남아 있어야 한다.

〈조리 레시피〉
① 준비된 잔에 에스프레소음료를 추출한다.
② 차가운 우유를 스팀피처에 담는다.
③ 스팀피처에 담긴 우유는 70℃ 정도로 데운다.
④ 에스프레소음료가 담긴 잔에 데운 우유를 붓는다.

5. 카페 마끼아또

〈준비물〉
에스프레소 잔, 600㎖ 스팀피처, 우유, 티스푼

〈조리 포인트〉
1. 에스프레소 위로 거품의 두께는 1cm 이상 있어야 한다.
2. 우유거품은 기포가 없는 거품이어야 한다.
3. 시각적인 모양은 흰색의 원이 중앙에 위치하여야 하며, 원이 깨지거나 잔의 안쪽
   벽면과 닿지 않아야 한다.

〈조리 레시피〉
① 준비된 잔에 에스프레소를 추출한다.
② 차가운 우유를 스팀피처에 담는다.
③ 스팀피처에 담긴 우유는 70℃ 정도로 우유거품을 만든다.
④ 에스프레소가 담긴 잔에 티스푼을 이용하여 우유거품을 올린다.

6. 라떼 마끼아또

※ 추가사항(시럽 첨가) : 바닐라 / 헤이즐넛 / 캐러멜

〈준비물〉
225㎖ 손잡이가 있는 유리 잔, 600㎖ 스팀피처, 시럽(설탕 / 바닐라 / 헤이즐넛 / 캐
러멜), 우유, 벨크리머, 바스푼

〈조리 포인트〉
1. 커피음료 전체의 양은 잔에 가득 채워야 한다.
2. 우유거품은 기포가 없는 거품이어야 한다.
3. 시각적인 모양은 우유, 에스프레소, 거품이 1 : 1 : 1의 비율이 되어야 한다.
4. 커피음료 표면의 커피 자국은 지름이 1cm 이하로 제작되어야 한다.

〈조리 레시피〉
① 준비된 잔에 시럽(15㎖)을 담는다.
② 차가운 우유를 스팀피처에 담는다.
③ 스팀피처에 담긴 우유는 70℃ 정도로 우유거품을 만든다.
④ 시럽이 담긴 잔에 우유와 우유거품을 잔의 상단에서 0.5cm 정도의 여유 공간을
   남겨 두고 붓는다.
⑤ 시럽, 우유, 우유거품이 잘 혼합되도록 젓는다.
⑥ 벨크리머에 에스프레소를 추출한다.
⑦ 시럽, 우유, 우유거품이 혼합된 잔에 에스프레소를 들이붓는다.

7. 모카 카푸치노

〈준비물〉
180㎖ 잔, 600㎖ 스팀피처, 초코 소스, 우유, 티스푼

〈조리 포인트〉
1. 커피음료 전체의 양은 잔에 가득 채워야 한다.
2. 거품의 두께는 1.5cm 정도 있어야 한다.
3. 시각적인 모양은 하트 또는 나뭇잎이어야 한다.

〈조리 레시피〉
① 준비된 잔에 초코 소스(15㎖)를 담는다.
② 초코 소스가 담긴 잔에 에스프레소를 추출한다.
③ 차가운 우유를 스팀피처에 담는다.
④ 스팀피처에 담긴 우유는 70℃ 정도로 우유거품을 만든다.
⑤ 에스프레소와 초코 소스가 잘 혼합되도록 젓는다.
⑥ 에스프레소와 초코 소스가 담긴 잔에 우유와 우유거품을 붓는다.
⑦ 하트 또는 나뭇잎으로 모양을 만들어 마무리 한다.

8. 모카 라떼(거품이 있게 만드는 방법)

〈준비물〉
270㎖ 잔, 600㎖ 스팀피처, 초코 소스, 우유, 티스푼

〈조리 포인트〉
1. 커피음료 전체의 양은 잔에 가득 채워야 한다.
2. 거품의 두께는 1.5cm 이상 있어야 한다.
3. 시각적인 모양은 하트 또는 나뭇잎이어야 한다.

〈조리 레시피〉
① 준비된 잔에 초코 소스(15㎖)를 담는다.
② 초코 소스가 담긴 잔에 에스프레소를 추출한다.
③ 차가운 우유를 스팀피처에 담는다.
④ 스팀피처에 담긴 우유는 70℃ 정도로 우유거품을 만든다.
⑤ 에스프레소와 초코 소스가 잘 혼합되도록 저은 다음, 우유와 우유거품을 붓는다.
⑥ 하트 또는 나뭇잎으로 모양을 만들어 마무리 한다.

9. 모카 라떼(거품이 없게 만드는 방법)

〈준비물〉
270㎖ 잔, 600㎖ 스팀피처, 초코 소스, 우유

〈조리 포인트〉
1. 커피음료 전체의 양은 잔의 상단에서 1.5cm 정도의 여유 공간을 남겨 두어야 한다.
2. 거품은 없어야 한다.
3. 시각적인 모양은 초코의 색이 남아있어야 한다.

〈조리 레시피〉
① 준비된 잔에 초코 소스(15㎖)를 담는다.
② 초코 소스가 담긴 잔에 에스프레소를 추출한다.
③ 차가운 우유를 스팀피처에 담는다.
④ 스팀피처에 담긴 우유는 70℃ 정도로 데운다.
⑤ 초코 소스와 에스프레소가 잘 혼합되도록 젓는다.
⑥ 데운 우유가 담긴 스팀피처를 잔에 붙이고, 잔의 안쪽 벽면으로 우유를 들이붓는다.

10. 리스트레또

〈준비물〉
에스프레소 잔

〈조리 포인트〉
1. 에스프레소음료의 양이 15~25㎖(크레마포함)이어야 한다.

〈조리 레시피〉
① 준비된 잔에 에스프레소음료의 양이 맞도록 리스트레또를 추출한다.

11. 에스프레소

〈준비물〉
에스프레소 잔

〈조리 포인트〉
1. 에스프레소음료의 양이 25~35㎖(크레마포함)이어야 한다.

〈조리 레시피〉
① 준비된 잔에 에스프레소음료의 양이 맞도록 에스프레소를 추출한다.

12. 룽 고

〈준비물〉
에스프레소 잔

〈조리 포인트〉
1. 에스프레소음료의 양이 35~45㎖(크레마 포함)이어야 한다.

〈조리 레시피〉
① 준비된 잔에 에스프레소음료의 양이 맞도록 룽고를 추출한다.

13. 리스트레또 도피오

〈준비물〉
에스프레소 잔, 벨크리머

〈조리 포인트〉
1. 에스프레소음료의 양이 30~50㎖(크레마 포함)이어야 한다.

〈조리 레시피〉
① 준비된 잔과 벨크리머에 에스프레소음료의 양이 맞도록 리스트레또를 추출한다.
② 준비된 잔에 리스트레또를 붓는다.

14. 에스프레소 도피오

〈준비물〉
에스프레소 잔, 벨크리머

〈조리 포인트〉
1. 에스프레소음료의 양이 50~70㎖(크레마 포함)이어야 한다.

〈조리 레시피〉
① 준비된 잔과 벨크리머에 에스프레소음료의 양이 맞도록 에스프레소를 추출한다.
② 준비된 잔에 에스프레소를 붓는다.

15. 룽고 도피오

〈준비물〉
180㎖ 잔, 벨크리머

〈조리 포인트〉
1. 에스프레소음료의 양이 70~90㎖(크레마 포함)이어야 한다.

〈조리 레시피〉
① 준비된 잔과 벨크리머에 에스프레소음료의 양이 맞도록 룽고를 추출한다.
② 준비된 잔에 룽고를 붓는다.

16. 핫 초코(거품이 있게 만드는 방법)

〈준비물〉
270㎖ 잔, 600㎖ 스팀피처, 초코 소스, 우유, 티스푼

〈조리 포인트〉
1. 커피음료 전체의 양은 잔에 가득 채워야 한다.
2. 거품의 두께는 1.5cm 이상 있어야 한다.
3. 시각적인 모양은 하트나 나뭇잎이어야 한다.

〈조리 레시피〉
① 준비된 잔에 초코 소스(30㎖)를 담는다.
② 차가운 우유를 스팀피처에 담는다.
③ 스팀피처에 담긴 우유는 70℃ 정도로 우유거품을 만든다.
④ 에스프레소와 초코 소스가 담긴 잔에 온수(20㎖)를 붓고, 잘 혼합되도록 젓는다.
⑤ 혼합된 잔에 우유와 우유거품을 붓는다.
⑥ 하트 또는 나뭇잎으로 모양을 만들어 마무리 한다.

17. 핫 초코(거품이 없게 만드는 방법)

〈준비물〉
270㎖ 잔, 600㎖ 스팀피처, 초코 소스, 우유

〈조리 포인트〉
1. 커피음료 전체의 양은 잔의 상단에서 1.5cm 정도의 여유 공간을 남겨 두어야 한다.
2. 거품은 없어야 한다.
3. 시각적인 모양은 옅은 초코의 색이 남아 있어야 한다.

〈조리 레시피〉
① 준비된 잔에 초코 소스(30㎖)를 담는다.
② 차가운 우유를 스팀피처에 담는다.
③ 스팀피처에 담긴 우유는 70℃ 정도로 데운다.
④ 초코 소스와 에스프레소가 담긴 잔에 온수(20㎖)를 붓고, 잘 혼합되도록 젓는다.
⑤ 데운 우유가 담긴 스팀피처를 잔에 붙이고, 잔의 안쪽 벽면으로 우유를 들이붓는다.

18. 녹차 라떼(거품이 있게 만드는 방법)

〈준비물〉
270㎖ 잔, 600㎖ 스팀피처, 녹차 분말, 우유, 벨크리머, 티스푼

〈조리 포인트〉
1. 커피음료 전체의 양은 잔에 가득 채워야 한다.
2. 거품의 두께는 1.5cm 이상 있어야 한다.
3. 시각적인 모양은 하트나 나뭇잎이어야 한다.

〈조리 레시피〉
① 벨크리머에 녹차 분말(15g)을 담는다.
② 온수를 스팀피처에 담고, 녹차 분말이 담긴 벨크리머에 온수(20㎖)를 붓는다.
③ 녹차 분말이 잘 용해되도록 저은 다음, 준비된 잔에 옮겨 담는다.
④ 차가운 우유를 스팀피처에 담는다.
⑤ 스팀피처에 담긴 우유는 70℃ 정도로 우유거품을 만든다.
⑥ 녹차 용액이 담긴 잔에 우유와 우유거품을 붓는다.
⑦ 하트 또는 나뭇잎으로 모양을 만들어 마무리 한다.

19. 녹차 라떼(거품이 없게 만드는 방법)

〈준비물〉
270㎖ 잔, 600㎖ 스팀피처, 녹차 분말, 우유, 벨크리머, 티스푼

〈조리 포인트〉
1. 커피음료 전체의 양은 잔의 상단에서 1.5cm 정도의 여유 공간을 남겨 두어야 한다.
2. 거품은 없어야 한다.
3. 시각적인 모양은 녹차의 색이 남아있어야 한다.

〈조리 레시피〉
① 벨크리머에 녹차 분말(15g)을 담는다.
② 온수를 스팀피처에 담고, 녹차 분말이 담긴 벨크리머에 온수(20㎖)를 붓는다.
③ 녹차 분말이 잘 용해되도록 저은 다음, 준비된 잔에 옮겨 담는다.
④ 차가운 우유를 스팀피처에 담는다.
⑤ 스팀피처에 담긴 우유는 70℃ 정도로 데운다.
⑥ 데운 우유가 담긴 스팀피처를 잔에 붙이고, 잔의 안쪽 벽면으로 우유를 들이붓는다.

20. 카푸치노

〈준비물〉
180㎖ 잔, 600㎖ 스팀피처, 우유

〈조리 포인트〉
1. 커피음료 전체의 양은 잔에 가득 채워야 한다.
2. 거품의 두께는 1.5cm 정도 있어야 한다.
3. 시각적인 모양은 하트나 나뭇잎이어야 한다.

〈조리 레시피〉
① 준비된 잔에 에스프레소를 추출한다.
② 차가운 우유를 스팀피처에 담는다.
③ 스팀피처에 담긴 우유는 70℃ 정도로 우유거품을 만든다.
④ 에스프레소가 담긴 잔에 우유와 우유거품을 붓는다.
⑤ 하트 또는 나뭇잎으로 모양을 만들어 마무리 한다.

21. 카페 콘파냐

〈준비물〉
에스프레소 잔, 휘핑크림

〈조리 포인트〉
1. 커피음료 전체의 양은 잔에 가득 채워야 한다.
2. 휘핑크림은 잔의 외부로 넘치지 않아야 하며, 시각적으로 꽃모양을 만들어야 한다.

〈조리 레시피〉
① 준비된 잔에 에스프레소를 추출한다.
② 에스프레소가 담긴 잔에 휘핑크림을 담는다.

22. 카페 비엔나

〈준비물〉
180㎖ 잔, 600㎖ 스팀피처, 휘핑크림

〈조리 포인트〉
1. 커피음료 전체의 양은 잔에 가득 채워야 한다.
2. 휘핑크림은 잔의 외부로 넘치지 않아야 하며, 시각적으로 꽃모양을 만들어야 한다.

〈조리 레시피〉
① 준비된 잔에 에스프레소를 추출한다.
② 온수를 스팀피처에 담는다.
③ 에스프레소가 담긴 잔에 온수를 붓는다. 단, 잔의 상단에서 2cm 정도의 여유 공간을 남겨 둔다.
④ 에스프레소와 온수가 담긴 잔에 휘핑크림을 담는다.

23. 카페 모카

〈준비물〉
180㎖ 잔, 600㎖ 스팀피처, 초코 소스, 우유, 휘핑크림, 티스푼

〈조리 포인트〉
1. 커피음료 전체의 양은 잔에 가득 채워야 한다.
2. 휘핑크림은 잔의 외부로 넘치지 않아야 하며, 시각적으로 꽃모양을 만들어야 한다.
3. 초코 소스는 잔의 외부로 넘치지 않아야 한다.

〈조리 레시피〉
① 준비된 잔에 초코 소스(15㎖)를 담는다.
② 초코 소스가 담긴 잔에 에스프레소를 추출한다.
③ 차가운 우유를 스팀피처에 담는다.
④ 스팀피처에 담긴 우유는 70℃ 정도로 데운다.
⑤ 에스프레소와 초코 소스가 잘 혼합되도록 저은 다음, 데운 우유를 붓는다. 단, 잔의 상단에서 2cm 정도 여유 공간을 남겨 둔다.
⑥ 준비된 잔에 휘핑크림을 담는다.
⑦ 초코 소스로 마무리 장식을 한다.

UCEI 바리스타 실기시험문제(공개문제)

종목 · 등급 : 바리스타(2급)
과 제 명 : 커피음료 제작
시 험 시 간 : 총 23분(준비시간 : 5분, 과제시간 : 과제별 각 5분, 정리시간 : 3분)

1. 요구사항

* 다음 커피음료 중 감독위원이 제시하는 3가지 과제를 순서대로 제작하여 제출하시오.
(과제의 순서는 각 과제시간 시작 전에 감독위원이 제시한다)

번 호	커피음료	번 호	커피음료
1	카페 아메리카노 (에스프레소 추출 이후 물을 혼합)	2	카페 아메리카노 (물을 담고, 에스프레소를 추출)
3	카페 라떼(거품이 있게)	4	카페 라떼(거품이 없게)
5	카페 마끼아또	6	라떼 마끼아또
7	캐러멜 라떼 마끼아또	8	리스트레또
9	에스프레소	10	룽고
11	리스트레또 도피오	12	에스프레소 도피오
13	룽고 도피오	14	카푸치노

2. 수험자 유의사항

1) 3개 이상의 린넨 또는 행주를 본인이 준비한다(시계와 온도계 사용가능, 본인 준비).
2) 준비시간 시작 전에 감독위원이 요구사항(3가지 과제)을 제시한다.
3) 준비시간에 필요한 장비, 도구, 기물, 재료를 점검한다(잔의 예열 및 시험추출 가능).
4) 감독위원이 각 과제시간 시작 전에 제시한 커피음료를 5분 이내에 완료하여 제출한다.
5) 본인이 준비한 린넨 또는 행주, 시계 및 온도계를 제외하고, 시험장의 도구, 기물, 재료를 사용하여야 한다.
6) 감독위원이 제출한 커피음료를 채점하는 동안에 장비 및 작업 공간을 정리할 수 있다.
7) 장비 파손 및 안전사고에 주의하며, 장비에 이상이 있는 경우 감독위원에게 즉시 보고한다.
8) 정리시간에 사용한 도구 및 기물(스팀피처, 벨크리머, 티스푼, 잔 등)은 세척하지 않는다.
9) 다음 중 1가지라도 해당되는 경우 불합격 처리된다.
   (1) 과제 3가지 중 2가지 이상의 커피음료 제작을 잘못한 경우
   (2) 과제 3가지 중 2가지 이상의 커피음료에 사용되는 잔 또는 재료 선택을 잘못한 경우
   (3) 과제 3가지 중 2가지 이상의 커피음료를 과제시간 내에 제출하지 못한 경우

UCEI 바리스타 실기시험문제(공개문제)

종목 · 등급 : 바리스타(1급)
과 제 명 : 카페음료 제작
시험시간 : 총 17분(준비시간 : 3분, 과제시간 : 과제별 각 3분, 정리시간 : 2분)

1. 요구사항

* 다음 카페음료 중 감독위원이 제시하는 4가지 과제(8가지 카페음료)를 제작하여 제출하시오.
  (각 과제시간 시작 전에 감독위원이 2가지 카페음료를 제시한다)

번 호	카페음료	번 호	카페음료
1	카페 아메리카노 (에스프레소 추출 이후 물을 혼합) * 리스트레또 / 에스프레소 / 룽고 / 도피오	2	카페 아메리카노 (물을 담고, 에스프레소를 추출) * 리스트레또 / 에스프레소 / 룽고 / 도피오
3	카페 라떼(거품이 있게) * 리스트레또 / 에스프레소 / 룽고 / 도피오 * 바닐라 / 헤이즐넛 / 캐러멜	4	카페 라떼(거품이 없게) * 리스트레또 / 에스프레소 / 룽고 / 도피오 * 바닐라 / 헤이즐넛 / 캐러멜
5	카페 마끼아또	6	라떼 마끼아또 * 바닐라 / 헤이즐넛 / 캐러멜
7	모카 카푸치노	8	모카 라떼(거품이 있게)
9	모카 라떼(거품이 없게)	10	리스트레또
11	에스프레소	12	룽고
13	리스트레또 도피오	14	에스프레소 도피오
15	룽고 도피오	16	핫 초코(거품이 있게)
17	핫 초코(거품이 없게)	18	녹차 라떼(거품이 있게)
19	녹차 라떼(거품이 없게)	20	카푸치노
21	카페 콘파냐	22	카페 비엔나
23	카페 모카		

2. 수험자 유의사항

1) 3개 이상의 린넨 또는 행주를 본인이 준비한다(시계와 온도계 사용가능, 본인 준비).

2) 준비시간 시작 전에 감독위원이 요구사항(4가지 과제)을 제시한다.

3) 준비시간에 필요한 장비, 도구, 기물, 재료를 점검한다(잔의 예열 및 시험추출 가능).

4) 감독위원이 각 과제시간 시작 전에 제시한 2가지 카페음료 및 추가사항을 3분 이내에 완료하여 제출한다.

5) 본인이 준비한 린넨 또는 행주, 시계 및 온도계를 제외하고, 시험장의 도구, 기물, 재료를 사용하여야 한다.

6) 감독위원이 제출한 카페음료를 채점하는 동안에 장비 및 작업 공간을 정리할 수 있다.

7) 장비 파손 및 안전사고에 주의하며, 장비에 이상이 있는 경우 감독위원에게 즉시 보고한다.

8) 정리시간에 사용한 도구 및 기물(스팀피처, 벨크리머, 티스푼, 잔 등)은 세척하지 않는다.

9) 다음 중 1가지라도 해당되는 경우 불합격 처리된다.

   (1) 과제 4가지 중 2가지 이상의 카페음료 또는 추가과제 제작을 잘못한 경우

   (2) 과제 4가지 중 2가지 이상의 카페음료에 사용되는 잔 또는 재료 선택을 잘못한 경우

   (3) 과제 4가지 중 2가지 이상의 카페음료를 과제시간 내에 제출하지 못한 경우

바리스타(2급) 실기시험 평가표

시험장명		수험번호		성명	

I. 전체평가

준비	커피기계 · 그라인더$^{(0/1)}$ / 기물$^{(0/1)}$ / 작업 공간$^{(0/1)}$	(/ 3)
마무리	커피기계 · 그라인더$^{(0/1)}$ / 기물$^{(0/1)}$ / 작업 공간$^{(0/1)}$	(/ 3)
자세 / 서비스	복장$^{(0/1)}$ / 예절$^{(0/1)}$ / 표정$^{(0/1)}$ / 시간$^{(0/1)}$	(/ 4)
합계	(/ 10)	

II. 메뉴별 평가

1번 메뉴 :

위생	커피기계$^{(0/1)}$ / 그라인더$^{(0/1)}$ / 작업 공간$^{(0/1)}$ / 기물$^{(0/1)}$ / 재료$^{(0/1)}$	(/ 5)
숙련도	커피기계 조작$^{(0/1)}$ / 그라인더 조작$^{(0/1)}$ / 신속 · 정확$^{(0/1)}$ / 추출$^{(0/1)}$ / 스티밍$^{(0/1)}$	(/ 10)
관능	온도$^{(0/1)}$ / 완성된 양$^{(0/1/2)}$ / 시각적인 모양$^{(0/2/4/6)}$ / 맛$^{(0/2/4/6)}$	(/ 15)
합계	(/ 30)	

2번 메뉴 :

위생	커피기계$^{(0/1)}$ / 그라인더$^{(0/1)}$ / 작업 공간$^{(0/1)}$ / 기물$^{(0/1)}$ / 재료$^{(0/1)}$	(/ 5)
숙련도	커피기계 조작$^{(0/1)}$ / 그라인더 조작$^{(0/1)}$ / 신속 · 정확$^{(0/1)}$ / 추출$^{(0/1)}$ / 스티밍$^{(0/1)}$	(/ 10)
관능	온도$^{(0/1)}$ / 완성된 양$^{(0/1/2)}$ / 시각적인 모양$^{(0/2/4/6)}$ / 맛$^{(0/2/4/6)}$	(/ 15)
합계	(/ 30)	

3번 메뉴 :

위생	커피기계$^{(0/1)}$ / 그라인더$^{(0/1)}$ / 작업 공간$^{(0/1)}$ / 기물$^{(0/1)}$ / 재료$^{(0/1)}$	(/ 5)
숙련도	커피기계 조작$^{(0/1)}$ / 그라인더 조작$^{(0/1)}$ / 신속 · 정확$^{(0/1)}$ / 추출$^{(0/1)}$ / 스티밍$^{(0/1)}$	(/ 10)
관능	온도$^{(0/1)}$ / 완성된 양$^{(0/1/2)}$ / 시각적인 모양$^{(0/2/4/6)}$ / 맛$^{(0/2/4/6)}$	(/ 15)
합계	(/ 30)	

	감독/채점위원	채점위원장	총점
성명			
서명			/ 100

Ⅰ. 전체평가(10점)

점수 차이가 4점 이상이면 협의하여 최종결정

1. 준비상태(3점)

 - 커피가루, 커피자국, 우유거품 등의 잔여물이 남아있는지 확인
 - 커피기계 : 필터홀더 내부와 스팀완드 외부 확인 / 그라인더 : 도저 내부 확인
 - 메뉴 제작에 필요한 기구, 기물, 재료가 부족하지 않게 있는지 확인

2. 마무리상태(3점)

 - 커피가루, 커피자국, 우유거품 등의 잔여물이 남아있는지 확인
 - 커피기계 : 필터홀더 내부와 스팀완드 외부 확인 / 그라인더 : 도저 내부 확인
 - 세척이 필요한 것은 한쪽에 모여 있고, 남은 것은 원래 자리에 놓여 있는지 확인

3. 기본자세 및 고객서비스(4점)

 - 복장, 개인위생이 고객에게 민망함, 불쾌감을 주지 않고, 작업에 불편함이 없는지 확인
 ※ 민망함, 불쾌감, 불편함의 유무는 종료 후에 협의하여 최종 결정할 수 있다.
 - 복장, 앞치마, 손 등에 잔여물이 묻어있는지 확인
 - 주문한 요구사항 및 요구순서에 맞는 커피음료인지, 시간 내에 제공하였는지 확인
 - 고객을 응대하는 기본자세, 표정, 예의 등이 불쾌감을 주지 않고 적절하였는지 확인

Ⅱ. 메뉴별 평가(각 30점)

각 메뉴별로 위생+숙련도 점수 차이가 5점 이상이면 협의하여 최종결정

1. 위생 관리(5점)

 - 작업 전후에 작업 공간, 커피기계, 그라인더를 점검하는지 확인
 - 작업 시에 기구, 기물, 재료를 위생적으로 관리하는지 확인

2. 숙련도(10점)

 - 커피기계, 그라인더의 작동방법 / 스팀피처, 탬퍼의 사용방법 확인
 - 원두분쇄, 탬핑, 커피추출, 스티밍 등의 작업을 정확하게 진행하는지 확인
 - 요구사항에 맞는 레시피, 알맞은 기구 / 기물 / 재료 사용, 커피음료 제작순서가 맞는지 확인

3. 관능평가(15점)

 - 요구 레시피에 맞는 커피음료의 전체 양, 온도, 색과 모양, 재료와 비율, 완성도 확인
 - 커피음료의 전체 양
   • 리스트레또 : 15~25㎖ / 에스프레소 : 25~35㎖ / 룽고 : 35~45㎖
   • 리스트레또, 에스프레소, 룽고의 도피오 : 각 메뉴의 양에 2배
   • 카페 마끼아또 : 에스프레소 위로 1cm 이상 채워야 함
   • 거품이 들어가는 메뉴 : 잔의 상단까지 가득 채워야 함
   • 거품이 없는 메뉴 : 잔의 상단에서 1.5cm 정도 여유 공간을 두고 채워야 함
 - 커피음료의 온도 : 60~70℃

바리스타(1급) 실기시험 평가표

시험장명		수험번호		성명	

Ⅰ. 전체평가

준비	커피기계 · 그라인더$^{(0/1)}$ / 기물$^{(0/1)}$ / 작업 공간$^{(0/1)}$	(/ 3)
마무리	커피기계 · 그라인더$^{(0/1)}$ / 기물$^{(0/1)}$ / 작업 공간$^{(0/1)}$	(/ 3)
자세 / 서비스	복장$^{(0/1)}$ / 예절$^{(0/1)}$ / 표정$^{(0/1)}$ / 시간$^{(0/1)}$	(/ 4)
합계		(/ 10)

Ⅱ. 과제별 평가

1번 과제 :

위생	커피기계$^{(0/1)}$ / 그라인더$^{(0/1)}$ / 작업 공간$^{(0/1)}$ / 기물$^{(0/1)}$ / 재료$^{(0/1)}$	(/ 5)
관능	온도$^{(0/1)}$ / 완성된 양$^{(0/1/2)}$ / 시각적인 모양$^{(0/2/4/6)}$ / 맛$^{(0/2/4/6)}$	(/ 15)
합계		(/ 20)

2번 과제 :

위생	커피기계$^{(0/1)}$ / 그라인더$^{(0/1)}$ / 작업 공간$^{(0/1)}$ / 기물$^{(0/1)}$ / 재료$^{(0/1)}$	(/ 5)
관능	온도$^{(0/1)}$ / 완성된 양$^{(0/1/2)}$ / 시각적인 모양$^{(0/2/4/6)}$ / 맛$^{(0/2/4/6)}$	(/ 15)
합계		(/ 20)

3번 과제 :

위생	커피기계$^{(0/1)}$ / 그라인더$^{(0/1)}$ / 작업 공간$^{(0/1)}$ / 기물$^{(0/1)}$ / 재료$^{(0/1)}$	(/ 5)
관능	온도$^{(0/1)}$ / 완성된 양$^{(0/1/2)}$ / 시각적인 모양$^{(0/2/4/6)}$ / 맛$^{(0/2/4/6)}$	(/ 15)
합계		(/ 20)

4번 과제 :

위생	커피기계$^{(0/1)}$ / 그라인더$^{(0/1)}$ / 작업 공간$^{(0/1)}$ / 기물$^{(0/1)}$ / 재료$^{(0/1)}$	(/ 5)
관능	온도$^{(0/1)}$ / 완성된 양$^{(0/1/2)}$ / 시각적인 모양$^{(0/2/4/6)}$ / 맛$^{(0/2/4/6)}$	(/ 15)
합계		(/ 20)

Ⅲ. 숙련도 평가

기술	커피기계 · 그라인더$^{(0/1/2)}$ / 도구 · 기물$^{(0/1/2)}$ / 메뉴 제작$^{(0/2/4/6)}$	(/10)
합계		(/10)

	감독/채점위원	채점위원장	총점
성명			
서명			/ 100

Ⅰ. 전체평가(10점)

1. 준비상태(3점)
- 커피가루, 커피자국, 우유거품 등의 잔여물이 남아있는지 확인
- 커피기계 : 필터홀더 내부와 스팀완드 외부 확인 / 그라인더 : 도저 내부 확인
- 메뉴 제작에 필요한 기구, 기물, 재료가 부족하지 않게 있는지 확인

2. 마무리상태(3점)
- 커피가루, 커피자국, 우유거품 등의 잔여물이 남아있는지 확인
- 커피기계 : 필터홀더 내부와 스팀완드 외부 확인 / 그라인더 : 도저 내부 확인
- 세척이 필요한 것은 한쪽에 모여 있고, 남은 것은 원래 자리에 놓여 있는지 확인

3. 기본자세 및 고객서비스(4점)
- 복장, 개인위생이 고객에게 민망함, 불쾌감을 주지 않고, 작업에 불편함이 없는지 확인
- ※ 민망함, 불쾌감, 불편함의 유무는 종료 후에 협의하여 최종 결정할 수 있다.
- 복장, 앞치마, 손 등에 잔여물이 묻어있는지 확인
- 주문한 요구사항 및 요구순서에 맞는 카페음료인지, 시간 내에 제공하였는지 확인
- 고객을 응대하는 기본자세, 표정, 예의 등이 불쾌감을 주지 않고 적절하였는지 확인

Ⅱ. 과제별 평가(각 20점)

1. 위생 관리(5점)
- 작업 전후에 작업 공간, 커피기계, 그라인더의 청결을 점검하는지 확인
- 작업 시에 기구, 기물, 재료를 위생적으로 관리하는지 확인

2. 관능평가(15점)
- 요구 레시피에 맞는 카페음료의 전체 양, 온도, 색과 모양, 재료와 비율, 완성도 확인
- 카페음료의 전체 양
  - 리스트레또 : 15~25㎖ / 에스프레소 : 25~35㎖ / 룽고 : 35~45㎖
  - 리스트레또, 에스프레소, 룽고의 도피오 : 각 메뉴의 양에 2배
  - 카페 마끼아또 : 에스프레소 위로 1cm 이상 채워야 함
  - 거품이 들어가는 메뉴 : 잔의 상단까지 가득 채워야 함
  - 거품이 없는 메뉴 : 잔의 상단에서 1.5cm 정도 여유 공간을 두고 채워야 함
- 카페음료의 온도 : 60~70℃

Ⅲ. 숙련도 평가(10점)

1. 기술 숙련도(10점)
- 커피기계 · 그라인더 / 도구 · 기물의 경우 4가지 과제 전체를 평가하여 배점
- 메뉴 제작의 경우 각 과제별로 평가하여 배점

UCEI 바리스타(2급) 교육과정 평가문제

<table>
<tr><td colspan="2">커피이론</td></tr>
</table>

01 다음 중 커피품종의 원종이 아닌 것은?

① 아라비카

② 로부스타

③ 모 카

④ 리베리카

02 다음 중 커피의 교배 품종이 아닌 것은?

① 카투아이

② 리베리카

③ 카티모르

④ 문도노보

03 다음 중 아라비카의 생육 고도로 가장 알맞은 것은?

① 0~800m

② 200~500m

③ 600~2,000m

④ 3,000~5,000m

04 다음 중 커피가 처음 발견된 지역으로 알맞은 것은?

① 예 멘

② 에티오피아

③ 브라질

④ 인도네시아

05 다음 중 커피를 처음으로 먹었다고 알려진 동물로 알맞은 것은?

① 호랑이

② 고양이

③ 염 소

④ 다람쥐

06 다음 중 커피를 처음으로 먹었다고 알려진 종교로 알맞은 것은?

① 기독교

② 불 교

③ 천주교

④ 이슬람교

[정답] 1③ 2② 3③ 4② 5③ 6④

07 "15세기에 이르러 커피의 수요가 증가하자 (   )항구로 한정하고 다른 지역으로 반출을 엄격히 제한하였다." 다음 중 (   ) 안에 들어갈 항구로 알맞은 것은?

① 모 카
② 산토스
③ 베네치아
④ 수에즈

08 다음 중 인도네시아에서 가장 많이 생산되는 커피의 품종으로 알맞은 것은?

① 아라비카
② 로부스타
③ 모 카
④ 리베리카

09 다음 중 세계에서 커피 생산량 1위인 국가로 알맞은 것은?

① 미 국
② 콜롬비아
③ 브라질
④ 에티오피아

10 다음 중 커피가 생산되는 지역인 커피벨트의 위도 범위로 가장 알맞은 것은?

① 북위 65도~남위 65도
② 북위 55도~남위 55도
③ 북위 45도~남위 45도
④ 북위 25도~남위 25도

11 "커피나무는 다년생 쌍떡잎 식물로 열대성 상록교목이며, (   )과의 코페아속에 속한다." 다음 중 (   ) 안에 들어갈 단어로 알맞은 것은?

① 꼭두서니
② 카네포라
③ 파치먼트
④ 리베리카

12 다음 중 커피의 씨앗을 가리키는 용어로 알맞은 것은?

① 그린 빈
② 파치먼트
③ 실버스킨
④ 팩 틴

13 다음 중 커피 체리를 수확하는 방법으로 사용하지 않는 것은?

① 피킹(Picking)
② 훑기(Stripping)
③ 낙 과
④ 기계수확

[정답] 7 ① 8 ② 9 ③ 10 ④ 11 ① 12 ② 13 ③

14 다음 중 정상적인 커피 체리와 달리 생두가 1개만 들어있는 커피 체리로 알맞은 것은?

① 펄 프
② 파치먼트
③ 아교질
④ 피베리

15 다음 중 로부스타의 원산지로 알려진 나라로 알맞은 것은?

① 에티오피아
② 콩 고
③ 인 도
④ 인도네시아

16 다음 중 커피 체리의 구조와 관계가 없는 것은?

① 오 일
② 파치먼트
③ 외과피
④ 센 터 컷

17 다음 중 과테말라처럼 생산고도에 따라 등급 분류하는 등급 표기가 아닌 것은?

① SHB
② HB
③ AA
④ EPW

18 다음 중 가장 큰 커피 생두를 표현한 등급의 표기로 알맞은 것은?

① SHB
② 엑셀소
③ 엑스트라
④ 수프리모

19 다음 중 커피가 생산되지 않는 나라로 알맞은 것은?

① 이탈리아
② 중 국
③ 태 국
④ 온두라스

20 다음 중 생두에서 가장 많은 성분으로 알맞은 것은?

① 단백질
② 당 질
③ 지 질
④ 카페인

21 다음 중 생두의 결점 두에 따른 등급 분류로 알맞은 것은?

① SHB
② AA
③ G1
④ EPW

[정답] 14 ④ 15 ② 16 ① 17 ③ 18 ④ 19 ① 20 ② 21 ③

22 다음 중 쓴맛이 가장 강한 로스팅 단계로 알맞은 것은?

① 라이트 로스팅
② 미디엄 로스팅
③ 다크 로스팅
④ 베리 다크 로스팅

23 다음 중 신맛이 가장 높은 로스팅 단계로 알맞은 것은?

① 라이트 로스팅
② 미디엄 로스팅
③ 다크 로스팅
④ 베리 다크 로스팅

24 다음 중 아라비카가 주로 생산되는 지역으로 알맞은 것은?

① 아시아
② 중남미
③ 아프리카
④ 유 럽

25 다음 중 100% 아라비카 원두를 다크하게 로스팅하면 나타나는 맛으로 알맞은 것은?

① 신 맛
② 단 맛
③ 쓴 맛
④ 짠 맛

26 다음 중 정상적인 커피 체리에 들어있는 파치먼트의 숫자로 알맞은 것은?

① 1개
② 2개
③ 3개
④ 4개

27 다음 중 처음으로 커피를 음료로써 먹은 나라로 알맞은 것은?

① 이집트
② 시리아
③ 에티오피아
④ 터 키

28 다음 중 커피 추출기구가 개발된 시대의 순서대로 나열한 것은?

에스프레소, 드립, 사이폰, 이브릭, 모카포트, 캡슐

① 이브릭 – 드립 – 사이폰 – 에스프레소 – 모카포트 – 캡슐
② 사이폰 – 이브릭 – 드립 – 모카포트 – 에스프레소 – 캡슐
③ 드립 – 이브릭 – 사이폰 – 에스프레소 – 캡슐 – 모카포트
④ 이브릭 – 드립 – 에스프레소 – 사이폰 – 모카포트 – 캡슐

[정답] 22 ④ 23 ① 24 ② 25 ③ 26 ② 27 ④ 28 ①

29 다음 중 1년에 1인당 커피를 가장 많이 마시는 나라로 가장 알맞은 것은?

① 미 국
② 덴마크
③ 에티오피아
④ 이탈리아

30 다음 중 1년에 커피를 가장 많이 소비하는 나라로 가장 알맞은 것은?

① 브라질
② 덴마크
③ 미 국
④ 이탈리아

31 다음 중 잘 익은 커피 체리의 색으로 알맞은 것은?

① 녹 색
② 검은색
③ 파란색
④ 빨간색

32 다음 중 수프리모, 엑셀소 등으로 생두의 등급을 표기하는 나라로 알맞은 것은?

① 콜롬비아
② 인도네시아
③ 에티오피아
④ 과테말라

33 다음 중 로부스타가 많이 생산되는 지역으로 알맞은 것은?

① 중남미
② 아시아
③ 아프리카
④ 오세아니아

34 다음 중 리베리카의 원산지로 알맞은 것은?

① 에티오피아
② 콩 고
③ 라이베리아
④ 인도네시아

35 다음 중 아라비카의 원산지로 알맞은 것은?

① 에티오피아
② 콩 고
③ 라이베리아
④ 인도네시아

36 다음 중 아라비카 생두의 특징이 아닌 것은?

① 쓴맛이 좋다.
② 향이 좋다.
③ 단맛이 좋다.
④ 신맛이 좋다.

[정답] 29 ② 30 ③ 31 ④ 32 ① 33 ② 34 ③ 35 ① 36 ①

37 다음 중 대한민국에서 커피를 처음 먹었다고 알려진 사람으로 알맞은 것은?

① 세종대왕
② 흥선 대원군
③ 이승만 대통령
④ 고종 황제

38 다음 중 전 세계 커피 생산량의 70%를 차지하는 커피품종으로 알맞은 것은?

① 아라비카
② 카네포라
③ 리베리카
④ 피베리

39 다음 중 아라비카에 대한 설명이 아닌 것은?

① 해발 600~2,000m에서 자란다.
② 자가 수정 식물이다.
③ 병충해에 강하다.
④ 평균 1.2%의 카페인을 함유하고 있다.

40 다음 중 로부스타에 대한 설명이 아닌 것은?

① 1그루당 생산량이 아라비카보다 적다.
② 해발 800m 이하에서 자란다.
③ 병충해에 강하다.
④ 평균 2%의 카페인을 함유하고 있다.

41 다음 중 커피를 처음 먹었다고 알려진 사람으로 알맞은 것은?

① 칼 디
② 베제라
③ 가찌아
④ 오마르

42 다음 중 커피가 유럽으로 전파되는 계기가 된 사건으로 알맞은 것은?

① 프랑스 혁명
② 십자군 전쟁
③ 보스턴 사건
④ 세계 2차 대전

43 다음 중 일반적인 커피 생두의 수분 함량으로 가장 알맞은 것은?

① 5~8%
② 10~13%
③ 15~18%
④ 20~23%

44 다음 중 커피를 로스팅한 이후에 성분의 변화가 가장 적은 성분으로 알맞은 것은?

① 당 분
② 수 분
③ 카페인
④ 염기성 산

[정답] 37 ④ 38 ① 39 ③ 40 ① 41 ① 42 ② 43 ② 44 ③

45 다음 중 커피의 포장 방법으로 사용되지 않는 방법으로 알맞은 것은?

① 질소포장
② 냉동포장
③ 밸브포장
④ 진공포장

에스프레소 추출

01 다음 중 에스프레소를 추출하기 전에 카푸치노 잔의 예열 온도로 가장 알맞은 것은?

① 35~40℃
② 55~60℃
③ 65~70℃
④ 85~90℃

02 다음 중 에스프레소를 추출하기 전에 데미타세의 예열 온도로 가장 알맞은 것은?

① 55~60℃
② 65~70℃
③ 75~80℃
④ 85~90℃

03 다음 중 핫 음료를 제작하는 경우 음료의 온도로 가장 알맞은 것은?

① 55~56℃
② 65~70℃
③ 75~80℃
④ 85~90℃

04 다음 중 데미타세의 지름으로 가장 알맞은 것은?

① 10~20mm
② 30~40mm
③ 50~60mm
④ 70~80mm

05 다음 중 카푸치노 잔의 용량으로 가장 알맞은 것은?

① 100~130㎖
② 120~150㎖
③ 150~180㎖
④ 200~250㎖

06 다음 중 에스프레소 잔의 용량으로 가장 알맞은 것은?

① 20~40㎖
② 40~60㎖
③ 50~70㎖
④ 70~90㎖

[정답] 45 ② / 1 ③ 2 ② 3 ② 4 ③ 5 ③ 6 ③

07 다음 중 커피의 추출 속도가 가장 빠른 추출방법으로 알맞은 것은?

① 모카포트 추출
② 더치 추출
③ 핸드드립
④ 에스프레소 추출

08 다음 중 커피의 추출 속도가 가장 느린 추출방법으로 알맞은 것은?

① 이브릭 추출
② 더치 추출
③ 핸드드립
④ 에스프레소 추출

09 다음 중 커피 추출물의 양이 가장 적은 추출방법으로 알맞은 것은?

① 사이폰 추출
② 더치 추출
③ 핸드드립
④ 에스프레소 추출

10 다음 중 에스프레소 추출과정의 진행순서로 가장 알맞은 것은?

① 포타필터 장착 – 커피담기 – 탬핑 – 태핑 – 잔 내려놓기 – 추출버튼 누르기
② 커피담기 – 태핑 – 탬핑 – 포타필터 장착 – 추출버튼 누르기 – 잔 내려놓기
③ 커피담기 – 탬핑 – 태핑 – 포타필터 장착 – 잔 내려놓기 – 추출버튼 누르기
④ 커피담기 – 탬핑 – 포타필터 장착 – 추출버튼 누르기 – 잔 내려놓기

11 "에스프레소의 추출과정은 커피담기 – 탬핑 – 태핑 – (   ) – 포타필터 장착 – 추출버튼 누르기 – 컵 내려놓기이다." 다음 중 (   ) 안에 들어갈 행동으로 가장 알맞은 것은?

① 도 징
② 탬 핑
③ 레벨링
④ 가루 털기

12 다음 중 에스프레소 추출과정에서 포타필터에 커피를 담는 작업의 명칭으로 알맞은 것은?

① 태 핑
② 탬 핑
③ 레벨링
④ 도 징

13 다음 중 커피추출과 관련된 용어가 아닌 것은?

① 숙 성

② 탬 핑

③ 도 징

④ 태 핑

14 다음 중 에스프레소 추출과정에서 커피 입자와 입자 사이의 공간을 없애기 위한 작업의 명칭으로 알맞은 것은?

① 태 핑

② 탬 핑

③ 레벨링

④ 도 징

15 다음 중 탬핑을 하지 않는 경우 나타나는 현상에 대한 설명으로 가장 알맞은 것은?

① 커피 온도가 낮아진다.

② 커피 온도가 높아진다.

③ 추출이 빨라진다.

④ 커피가 진해진다.

16 다음 중 에스프레소 2잔을 추출하기 위한 원두의 투입량으로 가장 알맞은 것은?

① 4~5g

② 10~11g

③ 14~15g

④ 18~19g

17 다음 중 1잔용 필터홀더에 사용되는 원두의 투입량으로 가장 알맞은 것은?

① 4~5g

② 6~7g

③ 9~10g

④ 14~15g

18 다음 중 동일한 조건에서 1잔용 필터홀더에는 7g을, 2잔용 필터홀더에는 14g을 도징하여 추출하는 경우 1잔용이 더 빨리 추출되는데, 그 원인에 대한 설명으로 가장 알맞은 것은?

① 추출 압력이 같기 때문

② 로스팅 정도가 같기 때문

③ 스팀 압력이 같기 때문

④ 숙성이 이루어지지 않았기 때문

19 다음 중 1잔용 필터홀더에는 6g을, 2잔용 필터홀더에는 12g을 도징하여 추출하는 경우 1잔용이 더 빨리 추출되는데, 이를 동일하게 추출하는 해결방법으로 바르지 못한 것은?

① 온도를 높인다.

② 숙성을 시킨다.

③ 입자를 바꾼다.

④ 투입량을 바꾼다.

[정답] 13 ① 14 ② 15 ③ 16 ③ 17 ② 18 ① 19 ②

20 다음 중 에스프레소 추출과정에서 추출에 직접적인 영향을 주는 요소가 아닌 것은?

① 추출 수의 온도
② 원두의 입자크기
③ 원두의 투입량
④ 그룹의 청소 여부

21 다음 중 에스프레소 추출과정에서 맛에 직접적인 영향을 주는 요소가 아닌 것은?

① 추출 수의 온도
② 분쇄 날의 재질
③ 잔존가스 함량
④ 포타필터의 청소 여부

22 다음 중 에스프레소 추출과정에서 맛에 영향을 주는 요소가 아닌 것은?

① 생두의 등급
② 추출물의 양
③ 원두의 입자크기
④ 원두의 투입량

23 다음 중 에스프레소의 추출 압력으로 가장 알맞은 것은?

① 3~5bar
② 4~6bar
③ 7~9bar
④ 10~12bar

24 다음 중 에스프레소 추출과정에서 물 흘리기를 하는 이유로 가장 알맞은 것은?

① 청 소
② 추출온도의 확인
③ 추출량의 확인
④ 추출속도의 확인

25 다음 중 에스프레소 추출과정에서 필요한 행동이 아닌 것은?

① 탬핑을 한다.
② 태핑을 한다.
③ 포타필터에 커피를 담고 대기한다.
④ 수평을 맞춘다.

26 다음 중 동일한 조건에서 에스프레소를 추출하는 경우 추출 속도를 가장 느리게 하는 행동으로 알맞은 것은?

① 태 핑
② 포타필터 물기 제거
③ 레벨링
④ 탬 핑

[정답] 20 ④ 21 ② 22 ① 23 ③ 24 ② 25 ③ 26 ④

27 다음 중 에스프레소 추출과정에서 출렁거리면서
추출된다면, 그 원인으로 가장 알맞은 것은?

① 투입량이 많다.
② 입자가 가늘다.
③ 온도가 낮다.
④ 잔존 가스가 많다.

28 다음 중 에스프레소 30㎖를 추출했을 때 크레
마를 뺀 엑기스가 너무 적다면, 그 원인으로 가
장 알맞은 것은?

① 잔존가스가 너무 많은 커피를 사용
② 입자가 너무 커서 빨리 추출됨
③ 투입량을 너무 많이 해서 추출
④ 낮은 온도로 추출

29 다음 중 에스프레소 30㎖를 추출했을 때 크레
마를 뺀 엑기스가 너무 많았다면, 그 원인으로
가장 알맞은 것은?

① 투입량을 너무 많이 사용하여 추출
② 입자가 너무 커서 빨리 추출
③ 잔존가스가 없는 커피를 사용
④ 추출 수가 낮은 온도로 추출

30 다음 중 에스프레소 추출과정에서 크레마가 적
게 추출되었다면, 그 원인으로 가장 알맞은 것
은?

① 너무 오래된 커피를 사용
② 잔존가스가 많은 커피를 사용
③ 청소를 하지 않고 추출
④ 높은 온도로 추출

31 다음 중 에스프레소 추출과정에서 추출 속도가
빠르다면, 그 원인으로 가장 알맞은 것은?

① 투입량이 많다.
② 입자가 굵다.
③ 온도가 높다.
④ 잔존 가스가 적다.

32 다음 중 에스프레소 추출과정에서 다른 조건이
동일한 경우 로부스타와 아라비카의 크레마 양
에 대한 설명으로 가장 알맞은 것은?

① 로부스타에 비해 아라비카의 크레마
   양이 아주 많다.
② 로부스타에 비해 아라비카의 크레마
   양이 조금 많다.
③ 로부스타와 아라비카의 크레마 양은
   같다.
④ 아라비카에 비해 로부스타의 크레마
   양이 더 많다.

[정답] 27 ④ 28 ① 29 ③ 30 ① 31 ② 32 ④

33 다음 중 에스프레소에서 좋은 향이 아닌 것은?

① 흙

② 보 리

③ 과 일

④ 꽃

34 다음 중 에스프레소에서 나쁜 향이 아닌 것은?

① 곰팡이

② 캐러멜

③ 담 배

④ 가 죽

35 다음 중 여운(에프터 테이스트)을 감지하는 감각 기관으로 알맞은 것은?

① 혀 가장자리

② 코

③ 목

④ 혀 끝

36 다음 중 에스프레소 크레마에 대한 설명이 아닌 것은?

① 3~4mm의 고운 입자로 형성된다.

② 호피 문양으로 형성된다.

③ 크레마의 성분은 오일이 포함되어 있다.

④ 크레마는 잔존가스가 많을수록 많이 추출된다.

37 다음 중 탬핑에 대한 설명으로 바르지 못한 것은?

① 탬핑 시 수평이 중요하다.

② 입자가 굵을수록 약하게 한다.

③ 추출 속도를 통제한다.

④ 강하게 할수록 진해진다.

38 다음 중 에스프레소를 평가하는 기준이 아닌 것은?

① 신 맛

② 쓴 맛

③ 바디감

④ 음료의 양

39 다음 중 에스프레소 추출에서 현재 가장 많이 사용되는 탬핑의 세기로 알맞은 것은?

① 10 ± 2kg

② 15 ± 2kg

③ 20 ± 2kg

④ 25 ± 2kg

40 다음 중 커피기계에서 가해지는 인퓨전 시간으로 가장 알맞은 것은?

① 1~3초

② 3~5초

③ 5~7초

④ 7~9초

[정답] 33 ① 34 ② 35 ③ 36 ④ 37 ② 38 ④ 39 ① 40 ②

41 다음 중 에스프레소 추출 수의 온도로 가장 알맞은 것은?

① 80~85℃

② 85~90℃

③ 90~95℃

④ 95~100℃

42 다음 중 에스프레소 추출과정에서 탬핑의 수평이 틀린 경우 나타나는 현상으로 가장 알맞은 것은?

① 커피 맛이 연해진다.

② 수평이 낮은 쪽으로 커피가 먼저 추출이 되어 균형감이 없어진다.

③ 신맛이 높게 추출이 된다.

④ 크레마의 양이 많아진다.

43 다음 중 포타필터 장착 시 충격이 일어나는 경우에 나타나는 현상으로 가장 알맞은 것은?

① 커피의 바디감이 높아진다.

② 커피의 농도가 진해진다.

③ 커피가 필터에 밀착하지 않아 추출이 빨라진다.

④ 커피의 신맛이 향상된다.

44 다음 중 에스프레소 추출에서 입자크기가 큰 원두를 사용하는 경우 추출방법으로 가장 알맞은 것은?

① 추출 시간을 오래한다.

② 탬핑을 약하게 한다.

③ 추출 수의 온도를 내린다.

④ 원두의 투입량을 늘린다.

45 다음 중 잔존가스의 양을 확인하는 방법으로 가장 알맞은 것은?

① 추출해서 추출 모습을 확인한다.

② 향을 맡아본다.

③ 원두의 크기를 확인한다.

④ 원두의 오일 상태를 확인한다.

46 다음 중 추출된 에스프레소에서 크레마 층이 과도하게 많다가 금방 사라지는 경우 그 원인에 대한 설명으로 가장 알맞은 것은?

① 탬핑을 약하게 해서 추출

② 잔존가스가 많은 상태에서 추출

③ 원두의 투입량을 너무 많이 사용하여 추출

④ 추출 속도가 너무 빨라서 일어나는 현상

[정답] 41 ③ 42 ② 43 ③ 44 ④ 45 ① 46 ②

01 다음 중 우유 데우기 과정에서 가열된 우유의 온도로 가장 알맞은 것은?

① 45~50℃

② 65~70℃

③ 85~90℃

④ 95~100℃

02 다음 중 스팀 노즐의 청소시기로 가장 알맞은 것은?

① 우유 데우기를 시작하기 전에

② 영업을 마감할 때

③ 우유를 데우고 나서 즉시

④ 손님이 없을 때

03 다음 중 우유거품 만들기 과정에서 거품이 거칠게 만들어졌다면, 그 원인으로 가장 알맞은 것은?

① 공기주입을 너무 적게 한 경우

② 공기주입을 너무 늦게 한 경우

③ 우유온도가 너무 차가운 경우

④ 유지방 함량이 너무 많은 경우

04 다음 중 우유거품 만들기 과정에서 우유의 온도가 낮다면, 그 원인으로 가장 알맞은 것은?

① 유지방 함량이 높은 우유를 사용

② 스팀밸브를 너무 빨리 닫음

③ 공기를 너무 적게 주입

④ 너무 차가운 우유를 사용

05 다음 중 우유거품 만들기 과정에서 거품의 양이 적다면, 그 원인으로 가장 알맞은 것은?

① 온도가 올라간 후 공기주입 했다.

② 공기 주입량이 적었다.

③ 온도를 너무 높게 했다.

④ 스팀 밸브를 너무 많이 열었다.

06 다음 중 우유거품 만들기 과정에서 우유가 너무 심하게 튄다면, 그 원인으로 가장 알맞은 것은?

① 온도가 올라간 후 공기를 주입

② 스팀피처를 너무 급하게 많이 내림

③ 유지방 함량이 높은 우유를 사용

④ 너무 차가운 우유를 사용

07 다음 중 바리스타가 진한 향수를 뿌리고 우유거품을 만드는 경우 나타나는 현상으로 가장 알맞은 것은?

① 커피기계의 고장 원인이 된다.

② 우유거품이 거칠어진다.

③ 우유거품에서 향수 냄새가 난다.

④ 우유거품이 고와진다.

[정답] 1② 2③ 3② 4② 5② 6② 7③

08 다음 중 우유거품 만들기 과정에서 사용할 우유 온도로 가장 알맞은 것은?

① 4~5℃

② 8~9℃

③ 15~16℃

④ 20~21℃

09 다음 중 우유거품 만들기 과정에서 공기 주입이 끝났을 때 우유의 온도로 알맞은 것은?

① 40℃ 이하

② 50~55℃

③ 65~70℃

④ 80℃ 이상

10 다음 중 우유거품 만들기 과정에서 가장 사용하기 어려운 우유로 알맞은 것은?

① 멸균 우유

② 저지방 우유

③ 목초를 먹인 우유

④ 사료를 먹인 우유

11 다음 중 우유거품 만들기 과정에서 사용되는 스팀피처의 종류가 아닌 것은?

① 100㎖

② 300㎖

③ 600㎖

④ 900㎖

12 다음 중 우유거품 만들기 과정에서 사용되는 스팀피처의 모양으로 가장 알맞은 것은?

① 역삼각형

② 호리병

③ 삼각형

④ 사각형

13 다음 중 영업마감 시 스팀노즐의 청소방법으로 가장 알맞은 것은?

① 그냥 둔다.

② 우유 청소전용 세제로 청소한다.

③ 물에만 담근다.

④ 그룹 청소전용 세제에 담근다.

14 다음 중 우유거품 만들기 과정에서 공기가 주입되는 위치로 가장 알맞은 것은?

① 노즐 끝이 우유 표면에 있을 때

② 노즐 끝이 우유에 1cm 잠겨 있을 때

③ 노즐 끝이 우유에 2cm 잠겨 있을 때

④ 노즐 끝이 우유에 3cm 잠겨 있을 때

15 다음 중 우유거품 만들기에서 처음 시작하는 스팀노즐의 위치로 가장 알맞은 것은?

① 우유 표면

② 우유 표면과 떨어지게

③ 노즐 팁이 우유에 잠기게

④ 노즐 팁이 피처 바닥에

[정답] 8 ① 9 ① 10 ② 11 ① 12 ③ 13 ② 14 ① 15 ③

01 다음 중 에스프레소 메뉴에서 추출된 음료의 양이 가장 적은 메뉴로 알맞은 것은?

① 리스트레또
② 에스프레소
③ 룽 고
④ 에스프레소 도피오

02 다음 중 양이 많고 연하며 쓴맛이 강한 에스프레소 메뉴로 알맞은 것은?

① 리스트레또
② 에스프레소
③ 룽 고
④ 에스프레소 도피오

03 다음 중 리스트레또 음료의 양으로 가장 알맞은 것은?

① 15~20㎖
② 25~30㎖
③ 35~40㎖
④ 45~50㎖

04 다음 중 음료의 양을 15~20㎖ 정도로 추출한 메뉴로 알맞은 것은?

① 리스트레또
② 에스프레소
③ 룽 고
④ 에스프레소 도피오

05 다음 중 양이 적고 쓴맛이 적은 에스프레소 2 잔으로 제작하는 메뉴로 알맞은 것은?

① 리스트레또 도피오
② 에스프레소 더블
③ 룽고 도피오
④ 에스프레소 도피오

06 다음 중 룽고의 양으로 가장 알맞은 것은?

① 15~20㎖
② 35~40㎖
③ 55~60㎖
④ 75~80㎖

07 다음 중 양이 많고 연하며 쓴맛이 강한 에스프레소 2잔으로 제작하는 메뉴로 알맞은 것은?

① 리스트레또
② 에스프레소
③ 룽고 도피오
④ 에스프레소 도피오

[정답] 1① 2③ 3① 4① 5① 6② 7③

08 다음 중 에스프레소의 추출량으로 가장 알맞은 것은?

① 20~30㎖

② 30~40㎖

③ 40~50㎖

④ 50~60㎖

09 다음 중 쓴맛이 적고 추출량이 가장 많은 에스프레소 메뉴로 알맞은 것은?

① 리스트레또

② 에스프레소

③ 룽고 도피오

④ 리스트레또 도피오

10 다음 중 2잔이라는 뜻을 가진 용어가 아닌 것은?

① 샷 추가

② 도피오

③ 더블

④ 투 샷

11 다음 중 리스트레또 음료에 대한 설명이 아닌 것은?

① 양이 가장 적다.

② 농도가 가장 진하다.

③ 쓴맛이 가장 많다.

④ 바디감이 가장 높다.

12 다음 중 리스트레또와 룽고의 차이점에 대한 설명이 아닌 것은?

① 양이 다르다.

② 농도가 다르다

③ 쓴맛이 다르다.

④ 투입량이 다르다.

13 다음 중 효율적으로 도피오를 추출하는 방법으로 가장 알맞은 것은?

① 1잔은 에스프레소 잔에 받고 1잔은 다른 용기에 받아 바로 붓는다.

② 2잔을 에스프레소 잔에 직접 받는다.

③ 2잔을 다른 용기에 받아서 에스프레소 잔에 옮긴다.

④ 2잔을 에스프레소 2잔에 각각 추출해서 따로 제공한다.

14 다음 중 커피의 성분이 가장 많이 포함된 메뉴로 알맞은 것은?

① 리스트레또

② 룽고 도피오

③ 에스프레소

④ 리스트레또 도피오

[정답] 8 ① 9 ④ 10 ① 11 ③ 12 ④ 13 ① 14 ②

15 다음 중 카페인이 가장 많이 포함된 메뉴로 알맞은 것은?

① 리스트레또
② 룽고 도피오
③ 리스트레또 도피오
④ 에스프레소 도피오

16 다음 중 카페인이 가장 적게 포함된 메뉴로 알맞은 것은?

① 리스트레또
② 룽고 도피오
③ 리스트레또 도피오
④ 에스프레소 도피오

17 다음 중 에스프레소 추출에서 가장 처음에 추출되는 맛으로 알맞은 것은?

① 쓴 맛
② 짠 맛
③ 떫은 맛
④ 신 맛

18 다음 중 농도가 가장 진한 메뉴로 알맞은 것은?

① 리스트레또
② 룽고 도피오
③ 에스프레소
④ 에스프레소 도피오

19 다음 중 추출량이 가장 많은 메뉴로 알맞은 것은?

① 리스트레또 도피오
② 룽 고
③ 에스프레소
④ 에스프레소 도피오

핫 메뉴

01 다음 중 핫 음료의 온도가 높은 경우 가장 먼저 강하게 느껴지는 맛으로 알맞은 것은?

① 신 맛
② 단 맛
③ 쓴 맛
④ 떫은 맛

02 다음 중 우유거품이 첨가되지 않으면 제작할 수 없는 메뉴로 알맞은 것은?

① 카페 오레
② 카페라떼
③ 카페마키아또
④ 카페 콘파냐

03 다음 중 카푸치노에서 잔의 높이를 기준으로 에스프레소 : 우유 : 거품의 비율로 가장 알맞는 것은?

① 1 : 1 : 1
② 1 : 1 : 3
③ 1 : 2 : 3
④ 1 : 2 : 1

04 다음 중 카푸치노에서 양을 기준으로 에스프레소 : 우유 : 거품의 비율로 가장 알맞은 것은?

① 1 : 1 : 1
② 1 : 1 : 3
③ 1 : 2 : 3
④ 1 : 2 : 1

05 다음 중 커피음료 제작과정에서 사용되는 재료의 수가 가장 많은 음료로 알맞은 것은?

① 카페 아메리카노
② 카페라떼
③ 카푸치노
④ 카페 모카

06 다음 중 커피음료 제작과정에서 사용되는 우유의 양이 가장 많은 음료로 알맞은 것은?

① 카페라떼
② 라떼마키아또
③ 카푸치노
④ 카페 콘파냐

07 다음 중 커피음료의 모양에서 그 이름이 유래된 메뉴로 알맞은 것은?

① 에스프레소
② 카페라떼
③ 카푸치노
④ 카페 비엔나

08 다음 중 우유와 우유거품 중간에 마크가 형성되는 커피음료로 알맞은 것은?

① 카페라떼
② 라떼마키아또
③ 카푸치노
④ 카페마키아또

09 다음 중 우유거품이 필수적으로 첨가되지 않는 메뉴로 알맞은 것은?

① 라떼마키아또
② 카푸치노
③ 카페마키아또
④ 카페라떼

[정답] 3 ① 4 ③ 5 ④ 6 ① 7 ③ 8 ② 9 ④

10 다음 중 카페 아메리카노가 진하고 강한 느낌의 맛을 느낄 수 있게 제작하는 방법으로 가장 알맞은 것은?

① 에스프레소추출 후에 물을 빠르게 붓는다.
② 에스프레소와 물을 동시에 붓는다.
③ 물을 담고, 에스프레소를 다른 용기에 추출하여 붓는다.
④ 물을 담고, 동일한 잔에 에스프레소를 직접 추출한다.

11 다음 중 거품이 없는 카페라떼 제작과정에서 우유를 부을 때 크레마가 남아있도록 하기 위한 방법으로 가장 알맞은 것은?

① 잔에 에스프레소와 우유를 동시에 붓는다.
② 잔에 에스프레소를 추출한 다음, 우유를 잔의 중앙으로 빠르게 붓는다.
③ 잔에 우유를 담고, 에스프레소를 다른 용기에 추출하여 붓는다.
④ 잔에 에스프레소를 추출한 다음, 우유를 잔의 내벽으로 붓는다.

12 다음 중 카푸치노 제작에서 우유를 부을 때 잔의 전체가 하얗게 되었다면, 그 문제점의 원인에 대한 설명으로 가장 알맞은 것은?

① 잔에 우유를 부을 때 너무 천천히 부었다.
② 우유거품을 너무 곱게 만들었다.
③ 우유거품이 아주 곱게 만들지 못했다.
④ 우유와 우유거품이 잘 혼합되지 않았다.

13 다음 중 시럽을 첨가하여 라떼마키아또를 제작하는 경우 중간의 커피 층이 얇게 형성되었다면, 그 문제점의 원인에 대한 설명으로 가장 알맞은 것은?

① 에스프레소를 부을 때 너무 높은 곳에서 부었다.
② 잘못 추출된 에스프레소를 사용하였다.
③ 우유거품이 너무 거칠었다.
④ 에스프레소를 너무 천천히 부었다.

14 다음 중 라떼마키아또 제작과정에서 사용하기 가장 어려운 시럽으로 알맞은 것은?

① 캐러멜 시럽
② 자몽 시럽
③ 바닐라 시럽
④ 헤이즐넛 시럽

15 다음 중 에스프레소에 우유 거품을 1cm 이상 올려 제작하는 메뉴로 알맞은 것은?

① 카페 아메리카노
② 카페라떼
③ 카푸치노
④ 카페마키아또

16 다음 중 커피음료에 우유가 가장 적게 들어가는 메뉴로 알맞은 것은?

① 카페라떼
② 라떼마키아또
③ 카푸치노
④ 카페마키아또

17 다음 중 커피음료의 모양에서 이름이 붙여진 메뉴가 아닌 것은?

① 카페마키아또
② 카페라떼
③ 카푸치노
④ 라떼마키아또

18 다음 중 아메리카노 제작과정에서 연하고 마일드한 느낌의 맛을 연출하기 위해 사용되는 방법으로 가장 알맞은 것은?

① 에스프레소 추출 후에 물을 빠르게 부어준다.
② 물을 받고 에스프레소를 다른 용기에 받아서 부어준다.
③ 에스프레소를 받고 물을 천천히 부어준다.
④ 물을 받고 에스프레소를 직접 받는다.

19 다음 중 거품이 있는 카페라떼 제작과정에서 우유를 붓는 방법으로 가장 알맞은 것은?

① 에스프레소와 우유를 잔에 동시에 붓는다.
② 잔에 에스프레소를 받고 우유를 빠르게 가운데 붓는다.
③ 잔에 우유를 받고 에스프레소를 나중에 붓는다.
④ 카푸치노 만드는 방법과 동일하게 만든다.

20 다음 중 카푸치노 제작에서 흰색 모양이 작게 만들어지는 원인으로 가장 알맞은 것은?

① 우유를 잔에 부을 때 너무 천천히 부었다.
② 우유거품이 너무 곱다.
③ 우유거품을 부을 때 양이 적다.
④ 우유와 우유거품이 잘 혼합되지 않았다.

[정답] 15 ④ 16 ④ 17 ② 18 ① 19 ④ 20 ③

21 다음 중 시럽이 없는 라떼마키아또 제작과정에서 가운데 커피 층이 형성되지 않는다면, 그 원인에 대한 설명으로 가장 알맞은 것은?

① 에스프레소를 부을 때 너무 낮은 곳에서 부었다.
② 에스프레소 추출이 잘못 되었다.
③ 우유거품이 너무 거칠었다.
④ 에스프레소를 너무 빨리 부었다.

22 다음 중 에스프레소 추출과정에서 포타필터에 물기를 제거하는 경우 나타나는 현상에 대한 설명이 아닌 것은?

① 포타필터에 커피가 밀착되지 않는다.
② 물기가 없기 때문에 추출이 느려진다.
③ 물기 제거용 행주가 많이 필요하다.
④ 작업시간이 길어진다.

23 다음 중 카푸치노의 필수 재료가 아닌 것은?

① 우유
② 시나몬 가루
③ 에스프레소
④ 우유거품

24 다음 중 카페라떼 제작에서 크레마가 없어지는 원인에 대한 설명으로 가장 알맞은 것은?

① 우유를 잔에 부을 때 천천히 부었다.
② 우유거품이 너무 적다.
③ 우유를 10cm 높이에서 많이 부었다.
④ 우유와 우유거품이 잘 혼합되지 않았다.

25 다음 중 커피음료에 우유가 첨가되지 않는 메뉴로 알맞은 것은?

① 카페 오레
② 카페 비엔나
③ 카페라떼
④ 카페 모카

26 다음 중 제작과정에서 사용되는 재료의 수가 가장 적은 메뉴로 알맞은 것은?

① 카페 아메리카노
② 룽고
③ 캐러멜 라떼마키아또
④ 카페 모카

27 다음 중 메뉴의 명칭이 재료의 합성으로 만들어진 메뉴로 알맞은 것은?

① 카페라떼
② 라떼마키아또
③ 카푸치노
④ 카페 마키아또

[정답] 21 ④ 22 ③ 23 ② 24 ③ 25 ② 26 ② 27 ①

28 다음 중 에스프레소 위에 우유거품으로 마크를 형성하는 메뉴로 알맞은 것은?

① 카페라떼
② 라떼마키아또
③ 카푸치노
④ 카페마키아또

29 다음 중 전통적인 카페 모카 제작과정에서 첨가되지 않는 재료로 알맞은 것은?

① 에스프레소
② 초콜릿
③ 휘핑크림
④ 우 유

30 다음 중 휘핑크림을 만들 경우 휘핑기에 휘핑크림을 담는 양으로 가장 알맞은 것은?

① 가 득
② 1/2
③ 1/3
④ 2/3

31 다음 중 에스프레소 위에 휘핑크림을 올린 메뉴로 알맞은 것은?

① 카페 콘파냐
② 카페 비엔나
③ 카페라떼
④ 카페 모카

32 다음 중 카푸치노와 카페라떼의 가장 큰 차이점으로 알맞은 것은?

① 에스프레소 양
② 우유의 양
③ 거품의 양
④ 만드는 순서

33 다음 중 아메리카노 위에 휘핑크림을 올린 메뉴로 알맞은 것은?

① 카페오레
② 카페 비엔나
③ 카페라떼
④ 카페 모카

아이스 메뉴

01 다음 중 아이스 아메리카노 제작과정에서 가장 부드러운 맛을 내는 방법으로 알맞은 것은?

① 냉수 받고 에스프레소를 붓는다.
② 믹싱 틴을 이용해서 쉐이킹을 한다.
③ 에스프레소 붓고 냉수를 붓는다.
④ 에스프레소 받고 냉수를 천천히 붓는다.

[정답] 28 ④ 29 ③ 30 ③ 31 ① 32 ② 33 ② / 1 ②

02 다음 중 아이스 카페라떼 제작과정에서 차가운 우유를 받고 에스프레소를 부어 2단으로 층을 만드는 경우 층이 없어지고 전체가 섞였다면, 그 원인으로 가장 알맞은 것은?

① 온도가 낮은 에스프레소를 부었다.
② 룽고를 사용했다.
③ 에스프레소를 너무 빨리 부었다.
④ 리스트레토를 사용했다.

03 다음 중 아이스 메뉴 제작과정에서 추출된 에스프레소의 사용시기로 가장 알맞은 것은?

① 추출하고 나서 1분 후에
② 추출하고 나서 최대한 빨리
③ 아무 때나 상관없다.
④ 추출하고 나서 20분 안에

04 다음 중 아이스 카페라떼 제작과정에서 사용되는 필수 재료가 아닌 것은?

① 얼 음
② 에스프레소
③ 우유거품
④ 우 유

05 다음 중 아이스 라떼마키아또 제작과정에서 사용되는 필수 재료가 아닌 것은?

① 시 럽
② 에스프레소
③ 우유거품
④ 우 유

06 다음 중 아이스 카페 마키아또 제작과정에서 사용되는 필수 재료가 아닌 것은?

① 얼 음
② 에스프레소
③ 우유거품
④ 우 유

07 다음 중 에스프레소를 믹싱 틴에 담고 흔들어서 제작하는 메뉴로 알맞은 것은?

① 카페 프레도 샤케라또
② 아이스 아메리카노
③ 플랫 화이트
④ 아인 슈페너

08 다음 중 설탕 시럽을 끓이지 않고 만드는 과정에서 설탕 : 물의 비율로 가장 알맞은 것은?

① 1 : 1
② 2 : 1
③ 2 : 3
④ 1 : 2

09 다음 중 얼음을 만드는 기계의 명칭으로 알맞은 것은?

① 빙삭기
② 블렌더
③ 제빙기
④ 냉동고

[정답] 2 ③ 3 ② 4 ③ 5 ① 6 ④ 7 ① 8 ② 9 ③

10 다음 중 얼음 스쿱을 관리하는 방법에 대한 설명으로 가장 알맞은 것은?

① 제빙기 안에 넣어 놓는다.
② 어느 곳에 보관하든 상관없다.
③ 물속에 넣어 둔다.
④ 밖에 꺼내서 말려 보관한다.

커피기계

01 다음 중 일반적으로 커피추출에 사용되는 물로 가장 알맞은 것은?

① 10~30ppm
② 30~50ppm
③ 50~100ppm
④ 100~150ppm

02 다음은 영업준비 과정에서 커피기계를 점검하는 순서이다. ( ) 안에 들어갈 작업으로 알맞은 것은?

> 스팀 압력 게이지 확인 – 스팀 세기 확인 – 온수 확인 – 추출 버튼 작동 – ( ) – 포타필터 점검

① 보일러 수위 확인
② 전압 확인
③ 그룹온도 확인
④ 추출 압력 게이지 확인

03 다음 중 커피기계 관리에서 세제를 사용하여 청소하는 주기로 가장 알맞은 것은?

① 매일 1회
② 매주 1회
③ 매달 2회
④ 매달 1회

04 다음 중 에스프레소 추출과정에서 그룹과 포타필터 사이로 물이 새는 경우에 그 원인으로 가장 알맞은 것은?

① 그룹 개스킷이 마모 되어서
② 분쇄된 원두의 사용량이 너무 적어서
③ 추출 온도가 너무 높아서
④ 포타필터 청소가 불량이어서

05 다음 중 에스프레소 기계의 일일 점검 사항이 아닌 것은?

① 보일러 압력
② 펌프 압력
③ 포타필터
④ 정수기 필터

06 다음 중 포타필터를 청소하는 주기로 가장 알맞은 것은?

① 매일 1회
② 매주 1회
③ 매달 2회
④ 매달 1회

[정답] 10 ④ / 1 ③ 2 ④ 3 ① 4 ① 5 ④ 6 ①

07 다음 중 포타필터의 스파웃 청소방법으로 가장 알맞은 것은?

① 물에 담근다.
② 온수에 담근다.
③ 분해해서 세제로 청소한다.
④ 청소가 필요 없다.

08 다음 중 바스켓 필터에 대한 설명이 아닌 것은?

① 1잔용과 2잔용이 구분되어 있다.
② 재질은 스테인리스다.
③ 매일 청소를 해야 한다.
④ 영구적으로 사용이 가능하다.

09 다음 중 포타필터에 대한 설명이 아닌 것은?

① 소모품이다.
② 재질은 스테인리스다.
③ 매일 청소를 해야 한다.
④ 1잔용과 2잔용이 구분되어 있다.

10 다음 중 바리스타가 설정할 수 없는 영역으로 알맞은 것은?

① 보일러 수위 설정
② 추출 물량 설정
③ 멀티 보일러 온도 설정
④ 펌프 압력 설정

11 다음 중 커피기계에서 펌프 압력 게이지에 표시된 숫자로 가장 알맞은 것은?

① 0~15Bar
② 0~9Bar
③ 0~6Bar
④ 0~3Bar

12 다음 중 커피기계에서 보일러 압력 게이지에 표시된 숫자로 가장 알맞은 것은?

① 0~15Bar
② 0~9Bar
③ 0~6Bar
④ 0~3Bar

13 다음 중 에스프레소 기계의 종류가 아닌 것은?

① 반자동 에스프레소 기계
② 전자동 에스프레소 기계
③ 드립 에스프레소 기계
④ 레버형 에스프레소 기계

14 다음 중 버튼을 누르면 원두가 직접 분쇄되어 추출되는 커피기계로 알맞은 것은?

① 반자동 에스프레소 기계
② 전자동 에스프레소 기계
③ 세미 오토 에스프레소 기계
④ 레버형 에스프레소 기계

[정답] 7 ③ 8 ④ 9 ② 10 ① 11 ① 12 ④ 13 ③ 14 ②

15 다음 중 커피기계의 개발로 발견되어 에스프레소에서만 나타나는 것으로 알맞은 것은?

① 신 맛
② 단 맛
③ 크레마
④ 바디감

16 다음 중 커피기계에 흐르는 미세한 전류를 흘러 보내기 위해 연결하는 선의 명칭으로 알맞은 것은?

① 접 지
② 단 상
③ 3상
④ 플러그

17 다음 중 커피기계에서 7~9bar로 압력을 상승시키는 부품으로 알맞은 것은?

① 보일러
② 펌 프
③ 그 룹
④ 정수기

18 다음 중 커피기계에 사용하는 물에서 광물질을 걸러내는 장치로 알맞은 것은?

① 온수기
② 연수기
③ 프리필터
④ 정수기

19 다음 중 커피기계에 사용하는 물에서 이물질과 냄새를 제거하는 장치로 알맞은 것은?

① 온수기
② 연수기
③ 프리필터
④ 정수기

20 다음 중 온도 센서에 의해 추출 수의 온도를 제어하는 방식의 커피기계로 알맞은 것은?

① 일체형 에스프레소 기계
② 레버형 에스프레소 기계
③ 캡슐형 에스프레소 기계
④ 독립형 에스프레소 기계

그라인더

01 다음 중 그라인더 원두통의 청소 주기로 가장 알맞은 것은?

① 매일
② 매주
③ 매월
④ 매년

[정답] 15 ③ 16 ① 17 ② 18 ② 19 ④ 20 ④ / 1 ①

02 다음 중 그라인더의 입자를 점검하는 시기가 아닌 것은?

① 커피 생산 일자가 바뀔 때
② 포장 봉투가 바뀔 때
③ 날짜가 바뀔 때
④ 매주 1회

03 다음 중 그라인더에서 포타필터에 커피를 담는 작업의 명칭으로 알맞은 것은?

① 도저
② 도징
③ 레벨링
④ 푸어링

04 다음 중 원두를 분쇄해서 담아 두는 장치의 명칭으로 알맞은 것은?

① 도저
② 호퍼
③ 모터
④ 도징

05 다음 중 원두의 입자 조절방법에 대한 설명이 아닌 것은?

① 일반적으로 숫자가 낮아지면 가늘어진다.
② 에스프레소 그라인더는 2잔 분량이 미리 갈려 있다.
③ 커피 추출이 빠르면 숫자를 높인다.
④ 커피의 입자는 매일 확인을 해야 한다.

06 다음 중 도저에 대한 설명이 아닌 것은?

① 커피 투입량을 설정하는 장소이다.
② 커피를 계량해주는 장소이다.
③ 투입량은 일반적으로 3~8g까지 조절이 가능하다.
④ 커피를 숙성하는 장소이다.

07 다음 중 그라인더 원두통의 청소 주기로 가장 알맞은 것은?

① 매일 1회
② 매주 1회
③ 매월 1회
④ 매년 1회

08 다음 중 일반적으로 일일 100잔 정도를 사용하는 경우 분쇄 날의 크기로 알맞은 것은?

① 35mm
② 64mm
③ 75mm
④ 90mm

09 다음 중 일반적으로 일일 200잔 이상을 사용하는 경우 분쇄 날의 크기로 알맞은 것은?

① 35mm
② 64mm
③ 75mm
④ 90mm

[정답] 2 ④ 3 ② 4 ① 5 ③ 6 ④ 7 ① 8 ② 9 ③

10 다음 중 분쇄 날의 재질로 사용되기 적합하지 않은 재료로 알맞은 것은?

① 플라스틱
② 티타늄
③ 세라믹
④ 금속재질

11 다음 중 그라인더의 입자크기를 점검하는 시점으로 가장 알맞은 것은?

① 매일 저녁
② 매일 아침
③ 매일 점심
④ 매주 아무 때나 한번

12 다음 중 그라인더에서 정확한 입자크기를 확인하는 방법으로 가장 알맞은 것은?

① 무게를 계량한다.
② 손으로 만져보고 확인한다.
③ 추출해서 확인한다.
④ 눈으로 보고 확인한다.

13 다음 중 그라인더는 작동이 되는데 공회전만 하면서 원두가 분쇄되지 않는다면 그 원인으로 가장 알맞은 것은?

① 모터가 불량이다.
② 이물질이 끼어있다.
③ 콘덴서가 불량이다.
④ 원두통 투입구가 닫혀있다.

14 다음 중 그라인더가 작동이 되지 않으며 원두가 분쇄되지 않는다면 그 원인과 가장 거리가 먼 것은?

① 모터가 불량이다.
② 이물질이 끼어있다.
③ 콘덴서가 불량이다.
④ 원두통 투입구가 닫혀있다.

15 다음 중 64mm 그라인더 날의 교환 시기로 가장 알맞은 것은?

① 50~100kg 사용 후
② 100~200kg 사용 후
③ 300~400kg 사용 후
④ 500~600kg 사용 후

16 다음 중 그라인더의 도저를 청소하는 시기로 가장 알맞은 것은?

① 매일 저녁
② 매일 아침
③ 매일 점심
④ 매주 아무 때나 한번

17 다음 중 75mm 그라인더 날의 교환 시기로 가장 알맞은 것은?

① 50~100kg 사용 후
② 100~200kg 사용 후
③ 300~400kg 사용 후
④ 500~600kg 사용 후

[정답] 10 ① 11 ② 12 ③ 13 ④ 14 ④ 15 ③ 16 ① 17 ④

01 다음 중 바리스타로서 해야 하는 업무가 아닌 것은?

① 포타필터를 분해 · 청소한다.
② 그룹을 분해 · 청소한다.
③ 물량을 세팅한다.
④ 보일러 청소를 한다.

02 다음 중 바리스타가 물 잔을 잡는 위치로 가장 알맞은 것은?

① 아래에서 1/3 지점을 잡는다.
② 아래에서 2/3 지점을 잡는다.
③ 잔의 바닥을 잡는다.
④ 어느 지점이나 상관이 없다.

03 다음 중 바리스타가 매장에 출근해서 가장 먼저 해야 하는 업무로 알맞은 것은?

① 기계 설정
② 그라인더 설정
③ 매장청소
④ 재료준비

04 다음 중 바리스타가 매장 오픈 시에 해야 하는 업무가 아닌 것은?

① 기계 설정
② 매출 집계
③ 매장청소
④ 재료준비

05 다음 중 바리스타가 매장 마감 시에 해야 하는 업무가 아닌 것은?

① 기계 점검
② 매출 집계
③ 매장청소
④ 재료보관

06 다음 중 매장에서 바리스타가 신경을 써야 하는 업무가 아닌 것은?

① 위 생
② 손님 접객
③ 원두의 등급
④ 커피음료의 맛

[정답] 1 ④ 2 ① 3 ③ 4 ② 5 ① 6 ③

07 다음 중 매장에 손님이 들어오는 경우 가장 먼저 해야 하는 일로 알맞은 것은?

① 메뉴 주문
② 인 사
③ 재료준비
④ 주문할 때까지 무관심

08 다음 중 매장의 커피 맛을 유지하는 사람으로 알맞은 것은?

① 커피기계 업체
② 원두 업체
③ 바리스타
④ 손 님

09 다음 중 일반적으로 매장의 커피 맛을 결정하는 사람으로 알맞은 것은?

① 바리스타
② 사장님
③ 커피 업체
④ 손 님

10 다음 중 일반적으로 매장의 커피 맛을 평가하는 사람으로 알맞은 것은?

① 바리스타
② 사장님
③ 커피 업체
④ 손 님

11 다음 중 바리스타가 매장에서 누구의 말을 듣고 행동을 해야 되는가?

① 커피기계 업체
② 사장님
③ 커피 업체
④ 손 님

[정답] 7 ② 8 ③ 9 ② 10 ④ 11 ②

UCEI 교육과정평가 시험문제

01 아라비카와 로부스타의 차이점에 대하여 기술하시오.

02 커피의 품종을 개량하는 이유에 대하여 기술하시오. (3가지 이상)

03 커피체리의 구조에 대하여 기술하시오.

04 커피를 수확하는 방법에 대하여 기술하시오. (2가지 이상)

05 커피체리에서 외과피를 제거하는 방법에 대하여 기술하시오. (2가지 이상)

06 로스팅 진행과정을 순서대로 기술하시오.

07 원두의 볶음 정도에 따른 맛에 대하여 기술하시오.

08 원두를 블랜딩하는 이유에 대하여 기술하시오. (2가지 이상)

09 원두를 보관하는 방법에 대하여 기술하시오.

에스프레소 추출

01 에스프레소의 추출 조건에 대하여 기술하시오.

02 에스프레소가 느리게 추출이 된다면, 그 원인에 대하여 기술하시오. (2가지 이상)

03 에스프레소가 빠르게 추출이 된다면, 그 원인에 대하여 기술하시오. (2가지 이상)

04 에스프레소 추출 시 커피가 추출되지 않는다면, 그 원인에 대하여 기술하시오. (3가지 이상)

05 도징(Dosing)과 프리 도징(Free Dosing)의 장·단점에 대하여 기술하시오.

우유 스티밍

01 우유거품을 만드는 순서에 대하여 기술하시오.

02 우유거품을 만드는 과정에서 단계별로 우유의 온도에 대하여 기술하시오.

03 우유거품이 거칠게 만들어졌다면, 그 원인에 대하여 기술하시오.

04 우유거품의 양이 적게 만들어졌다면, 그 원인에 대하여 기술하시오.

05 우유거품이 거칠고 양이 적게 만들어졌다면, 그 원인에 대하여 기술하시오.

에스프레소 메뉴

01　에스프레소를 추출하는 방법을 순서대로 기술하시오.

02　에스프레소를 먹는 법(음용방법)에 대하여 기술하시오. (5가지 이상)

03　리스트레또에 대하여 기술하시오.

04 룽고에 대하여 기술하시오.

05 에스프레소음료(리스트레또, 에스프레소, 룽고)의 양에 대하여 기술하시오.

01 다양한 맛의 아메리카노를 제작하는 방법에 대하여 기술하시오. (5가지 이상)

02 거품이 없는 카페 라떼를 제작하는 방법을 순서대로 기술하시오.

03 거품이 있는 카페 라떼를 제작하는 방법을 순서대로 기술하시오.

04 다양한 맛의 카페 라떼를 제작하는 방법에 대하여 기술하시오.

05 카페 마끼아또를 제작하는 방법을 순서대로 기술하시오.

06 라떼 마끼아또를 제작하는 방법을 순서대로 기술하시오.

07 다양한 맛의 라떼 마끼아또를 제작하는 방법에 대하여 기술하시오.

08 카푸치노를 제작하는 방법을 순서대로 기술하시오.

09 카푸치노를 먹는법(음용방법)에 대하여 기술하시오. (5가지 이상)

10 카푸치노와 카페 라떼의 차이점에 대하여 기술하시오.

11 핫 초코를 제작하는 방법에 대하여 기술하시오. (2가지 이상)

12 핫 녹차 라떼를 제작하는 방법에 대하여 기술하시오. (2가지 이상)

13 카페 비엔나를 제작하는 방법을 순서대로 기술하시오.

14 카페 모카를 제작하는 방법을 순서대로 기술하시오.

15 모카 카푸치노를 제작하는 방법을 순서대로 기술하시오.

16 거품이 있는 카페라떼와 카푸치노를 동시에 만드는 방법에 대하여 기술하시오.

17 거품이 없는 카페라떼와 카푸치노를 동시에 만드는 방법에 대하여 기술하시오.

18 휘핑기를 사용하는 경우 휘핑크림을 만드는 방법에 대하여 기술하시오.

19 물과 에스프레소의 혼합방법을 다르게 하여 아메리카노를 제작하는 경우, 각 커피음료의 특징을 기술하시오.

20 우유거품이 있고 없는 카페 라떼를 제작하는 경우, 각 커피음료의 특징을 기술하시오.

아이스메뉴

01 아이스 에스프레소를 제작하는 방법에 대하여 기술하시오.

02 아이스 카페 라떼를 제작하는 방법에 대하여 기술하시오. (2가지 이상)

03 아이스 카푸치노를 제작하는 방법에 대하여 기술하시오.

04 카페 프레도 샤케라또를 제작하는 방법에 대하여 기술하시오.

05 아이스 아메리카노를 제작하는 방법에 대하여 기술하시오.

06 다양한 맛의 아이스 아메리카노를 제작하는 방법에 대하여 기술하시오. (2가지 이상)

07 카페 프레도 샤케라또를 제작하는데 거품이 적고 거칠다면, 그 원인에 대하여 기술하시오.

08 아이스 메뉴를 제작하기 위한 우유거품을 만드는 방법에 대하여 기술하시오.

09 설탕 시럽 만드는 방법에 대하여 기술하시오.

01 커피기계를 청소하는 방법에 대하여 기술하시오.

02 펌프 압력을 조절하는 방법에 대하여 기술하시오.

03 그룹 개스킷의 마모상태를 점검하는 방법에 대하여 기술하시오.

04 그룹 개스킷을 교환하는 방법에 대하여 기술하시오.

05 자동 커피기계와 반자동 커피기계의 장 · 단점을 기술하시오.

06 매장 오픈 시 효율적으로 커피기계를 점검하는 순서에 대하여 기술하시오.

07 정수기 필터의 교환 시기에 대하여 기술하시오.

08 커피기계를 작동할 때 누전 차단기는 작동하지 않으나 전기가 느껴진다면, 그 원인에 대하여 기술하시오.

09 커피기계의 포타필터를 청소하는 방법에 대하여 기술하시오.

10 커피기계의 그룹을 청소하는 여러 가지 방법에 대하여 기술하시오.

그라인더

01 그라인더 날의 교체시기에 대하여 기술하시오.

02 그라인더 날의 마모 상태를 점검하는 방법에 대하여 기술하시오.

03 그라인더 날의 종류에 대하여 기술하시오.

04 원두 통에 커피는 있지만 분쇄가 되지 않는다면, 그 원인에 대하여 기술하시오. (2가지 이상)

05 그라인더 날을 교체하지 않는 경우 발생되는 문제점에 대하여 기술하시오.

06 자동 그라인더와 반자동 그라인더의 차이점을 기술하시오.

라떼아트

---

01 라떼아트 하트를 만드는 방법에 대하여 기술하시오.

02 라떼아트에서 전체가 하얗게 되었다면, 그 원인에 대하여 기술하시오.

03 라떼아트 하트의 외곽선이 이중으로 형성되었다면, 그 원인에 대하여 기술하시오.

04 라떼아트 하트의 꼬리 부분이 두껍게 형성되었다면, 그 원인에 대하여 기술하시오.

05 라떼아트 하트의 모양이 작게 만들어졌다면, 그 원인에 대하여 기술하시오. (2가지 이상)

01 모카포트를 사용하여 커피를 추출하려고 한다. 추출방법을 순서대로 기술하시오.

02 모카포트를 사용하여 커피를 추출하려고 한다. 다양한 맛을 만드는 방법에 대하여 기술하시오.

03 이브릭을 사용하여 커피를 추출하려고 한다. 추출방법을 순서대로 기술하시오.

04 이브릭을 사용하여 커피를 추출하려고 한다. 다양한 맛을 만드는 방법에 대하여 기술하시오.

05 핸드드립을 사용하여 커피를 추출하려고 한다. 추출방법을 순서대로 기술하시오.

06 핸드드립을 사용하여 커피를 추출하려고 한다. 다양한 맛을 만드는 방법에 대하여 기술하시오.

07 핸드드립에서 뜸 들이기를 하는데 물이 빨리 떨어진다면, 그 원인에 대하여 기술하시오. (3가지 이상)

08 에스프레소, 이브릭, 사이폰, 핸드드립, 모카포트, 캡슐기계 중 개발시기가 빠른 순서부터 기술하시오.

09 핸드드립의 추출 조건에 대하여 기술하시오.

10 모카포트의 추출 조건에 대하여 기술하시오.

11 이브릭 추출 조건에 대하여 기술하시오.

12 융 드립과 종이 드립의 차이점에 대하여 기술하시오.

01 원두의 잔존가스양과 핸드드립 추출과의 관계에 대하여 기술하시오.

02 원두의 잔존가스양과 에스프레소 추출과의 관계에 대하여 기술하시오.

03 추출 온도가 높은 커피기계로 잔존가스가 많은 원두를 사용하여 부드러운 맛의 에스프레소를 추출하고자 하는 경우 추출방법에 대하여 기술하시오.

04 추출 온도가 높은 기계에서 부드러운 맛의 에스프레소를 추출하고자 한다면, 선택할 원두와 그 이유에 대하여 기술하시오.

05 잔존가스가 적은 원두를 사용하여 에스프레소를 추출하고자 하는 경우 추출방법에 대하여 기술하시오.

06 아라비카와 로부스타로 에스프레소 추출 시 각각의 크레마 양과 색상에 대한 차이를 기술하시오.

07 커피가 쓴맛이 많이 느껴진다면, 그 원인에 대하여 기술하시오. (3가지 이상)

08 커피가 신맛이 많이 느껴진다면, 그 원인에 대하여 기술하시오.

기 타

01 손님을 접객하는 방법을 순서대로 기술하시오.

02 인스턴트 커피와 원두커피의 차이점에 대하여 기술하시오.

03 커피란 무엇이라고 생각하는지에 대하여 기술하시오.

04 가장 좋아하는 메뉴 1가지와 그 이유를 기술하시오.

05 가장 좋아하는 로스팅 단계와 그 이유에 대하여 기술하시오.

06 가장 좋아하는 추출방법과 그 이유에 대하여 기술하시오.

UCEI 교육과정평가 시험문제 예시답안

커피이론

01 아라비카와 로부스타의 차이점에 대하여 기술하시오.

- 아라비카 : 원산지는 에티오피아이고 해발 600~2,000m의 고산지대에서 재배한다. 헥타르 당 생산량이 적고 자가 수정 식물이다. 신맛과 단맛과 향이 로부스타에 비해 좋다.
- 로부스타 : 원산지는 콩고이고 해발 0~800m의 저지대에서 재배한다. 헥타르 당 생산량이 많고 타가 수정 식물이다. 신맛과 단맛과 향은 아라비카에 비해 낮지만 구수한 맛이 난다.

02 커피의 품종을 개량하는 이유에 대하여 기술하시오. (3가지 이상)

- 수확을 편하게 하기 위해
- 병충해에 강하게 하기 위해
- 환경 적응력을 높이기 위해
- 수확량을 늘리기 위해
- 필요로 하는 맛을 향상시키기 위해

03 커피체리의 구조에 대하여 기술하시오.

외과피(껍질) – 펄프(과육) – 펙틴(점액질) – 파치먼트(씨앗) – 실버스킨(은피) – 생두 – 센터컷

04 커피를 수확하는 방법에 대하여 기술하시오. (2가지 이상)

- 따내기 방법(Picking) : 잘 익은 체리를 손으로 하나씩 따내는 방법으로 소규모의 농장에서 주로 사용하는 방법이다. 인건비는 많이 들지만 좋은 품질의 커피를 얻을 수 있다.
- 훑기(Stripping) : 손으로 훑는 방법과 기계를 이용해서 훑는 방법이 있고, 대규모 농장에서 주로 사용하는 방법이다. 대량 수확이 가능하여 비용이 따내기 방법(Picking)에 비해 덜 들지만 덜 익은 체리도 함께 수확된다.

05 커피체리에서 외과피를 제거하는 방법에 대하여 기술하시오. (2가지 이상)

- 자연건조법 : 햇빛에 말려 제거하는 방법으로 시설비용이 적게 들어간다. 물이 없는 환경에서 사용하는 방법이며 훑기(Stripping)로 수확한 체리를 주로 사용한다.
- 습식처리법 : 물속에 넣어서 발효를 시켜 제거하는 방법으로 시설비용이 많이 든다. 가격이 비싸며 따내기 방법(Picking)으로 수확한 체리를 주로 사용한다.

06 로스팅 진행과정을 순서대로 기술하시오.

200~230℃로 예열 – 생두 투입 – 1차 크랙에서 열량 변화 – 원하는 로스팅 단계 결정

07 원두의 볶음 정도에 따른 맛에 대하여 기술하시오.

- 약 볶음 : 신맛
- 중 볶음 : 신맛과 쓴맛의 조화
- 강 볶음 : 신맛은 현저히 떨어지고 쓴맛이 강하게 올라오는 단계
- 최강 볶음 : 신맛은 사라지고 쓴맛이 지배적인 단계

08 원두를 블랜딩하는 이유에 대하여 기술하시오. (2가지 이상)

- 새로운 맛을 창조하기 위해
- 만들어진 맛을 유지하기 위해
- 다양한 맛을 연출하기 위해
- 단조롭지 않은 특징적인 맛을 만들기 위해

09 원두를 보관하는 방법에 대하여 기술하시오.

- 빠른 시일 내에 사용할 원두는 상온 보관
- 2개월 이내에 사용할 원두는 냉장 보관
- 2개월 이후 사용할 원두는 냉동 보관

에스프레소 추출

01 에스프레소의 추출 조건에 대하여 기술하시오.

- 커피 사용량 : 8g ± 1.5g
- 물의 온도 : 90℃ ± 5℃
- 펌프의 압력 : 9bar ± 1bar
- 추출 시간 : 25초 ± 5초
- 추출 물량 : 25㎖ ± 5㎖
- 잔의 온도 : 65~70℃
- 잔의 지름 : 50~60mm
- 잔의 용량 : 50~70㎖
- 탬핑의 세기 : 10kg ± 2kg
- 물 : 1ℓ 당 50~80ppm

02 에스프레소가 느리게 추출이 된다면, 그 원인에 대하여 기술하시오. (2가지 이상)

- 원두 분쇄입자가 가늘다.
- 원두 투입량이 많다.
- 펌프의 성능이 떨어졌다.
- 물 공급이 부족하다.

03 에스프레소가 빠르게 추출이 된다면, 그 원인에 대하여 기술하시오. (2가지 이상)

- 원두 분쇄입자가 굵다.
- 원두 투입량이 적다.
- 추출 온도가 낮다

04 에스프레소 추출 시 커피가 추출되지 않는다면, 그 원인에 대하여 기술하시오. (3가지 이상)

- 원두 분쇄입자가 너무 가늘다.
- 투입량이 너무 많다.
- 펌프가 불량이다.
- 단수가 되었다.
- 전자밸브가 불량이다.
- 추출수의 관이 막혔다.

05 도징(Dosing)과 프리 도징(Free Dosing)의 장·단점에 대하여 기술하시오.

- 도징(Dosing)
  〈장점〉
  – 계량이 용이하다.
  – 작업 시간이 빠르다.
  – 바쁜 시간에 연속 추출이 용이하다.
  〈단점〉
  – 오래 보관 시 향이 떨어질 수 있다.
  – 일정한 계량을 위해서는 사용법을 숙지해야 한다.

- 프리 도징(Free Dosing)
  〈장점〉
  – 그때그때 갈아 쓰므로 향이 보존된다.
  – 잔존 가스가 없는 커피 사용 시 향을 보존한다.
  〈단점〉
  – 작업 시간이 느리다.
  – 일정량으로 계량하기 힘들다.
  – 여러 사람이 사용 시 맛의 편차가 있다.

우유 스티밍

01 우유거품을 만드는 순서에 대하여 기술하시오.

1) 우유를 스팀피처에 계량한다.
2) 스팀 밸브를 열어 먼저 스팀노즐 내에 물을 제거한다.
3) 스팀노즐을 스팀피처에 넣는다.
4) 스팀 밸브를 연다.
5) 공기를 주입한다.
6) 거품이 고와지도록 혼합한다.
7) 70℃ 정도가 되도록 온도를 높인다.

02 우유거품을 만드는 과정에서 단계별로 우유의 온도에 대하여 기술하시오.

1) 사용 전 온도 : 4~5℃
2) 공기 주입 온도 : 30~40℃ 이하
3) 완성된 온도 : 65~70℃

03 우유거품이 거칠게 만들어졌다면, 그 원인에 대하여 기술하시오.

- 온도가 올라간 후에 공기 주입을 진행했다.
- 우유거품 작업을 마치는 과정, 즉 스팀 밸브를 잠그는 동작에서 공기가 들어갔다.
- 공기 주입 후 혼합하는 과정을 생략하고 작업을 끝냈다.
- 공기 주입 시 한 번에 너무 많은 공기를 주입해서 혼합이 잘 이루어지지 않았다.

04 우유거품의 양이 적게 만들어졌다면, 그 원인에 대하여 기술하시오.

공기 주입량을 너무 적게 했다.

05 우유거품이 거칠고 양이 적게 만들어졌다면, 그 원인에 대하여 기술하시오.

온도가 올라간 후에 공기 주입이 이루어졌으며, 공기 주입량을 적게 했다.

04 룽고에 대하여 기술하시오.

길게 추출한 에스프레소로 35~40㎖ 정도이며, 쓴맛이 많고 연한 에스프레소이다.

05 에스프레소음료(리스트레또, 에스프레소, 룽고)의 양에 대하여 기술하시오.

• 리스트레또 : 15~20㎖
• 에스프레소 : 25~30㎖
• 룽고 : 35~40㎖

에스프레소 메뉴

01 에스프레소를 추출하는 방법을 순서대로 기술하시오.

포타필터 분리 – 도징 – 탬핑 – 포타필터 장착 – 추출버튼 누르기 – 잔 내려놓기

핫 메뉴

01 다양한 맛의 아메리카노를 제작하는 방법에 대하여 기술하시오. (5가지 이상)

• 물 받고 에스프레소를 직접 받기
• 물 받고 에스프레소를 다른 용기에 받아서 붓기
• 에스프레소 추출 후 물을 빨리 많이 붓기
• 에스프레소 추출 후 물을 천천히 적게 붓기
• 리스트레또로 만들기
• 에스프레소로 만들기
• 룽고로 만들기

02 에스프레소를 먹는 법(음용방법)에 대하여 기술하시오. (5가지 이상)

• 설탕과 우유를 같이 넣고 저어 마신다.
• 설탕을 넣고 저어 마신다.
• 설탕을 넣고 젓지 않은 상태로 마신 후 설탕물로 쓴맛을 제거한다.
• 블랙을 마신 후 초콜릿을 먹어 쓴맛을 제거한다.
• 우유를 넣고 저어 마신다.
• 블랙으로 마신다.
• 취향에 따라 향 시럽과 초콜릿을 넣고 저어 마신다.

03 리스트레또에 대하여 기술하시오.

짧게 추출한 에스프레소로 15~20㎖ 정도이며, 쓴맛이 적고 진한 에스프레소이다.

02 거품이 없는 카페 라떼를 제작하는 방법을 순서대로 기술하시오.

1) 에스프레소를 추출한다.
2) 우유를 거품 없이 데운다.
3) 추출된 에스프레소 잔 안쪽 벽면으로 우유를 붓는다.

03 거품이 있는 카페 라떼를 제작하는 방법을 순서대로 기술하시오.

1) 에스프레소를 추출한다.
2) 우유거품을 만든다.
3) 추출된 에스프레소 잔에 카푸치노 만드는 방법으로 카페 라떼를 만든다.

04 다양한 맛의 카페 라떼를 제작하는 방법에 대하여 기술하시오.

• 거품이 있는 카페 라떼
• 거품이 없는 카페 라떼
• 리스트레또로 만들기
• 에스프레소로 만들기
• 룽고로 만들기
• 초콜릿과 각종 시럽을 첨가하여 만들기

05 카페 마끼아또를 제작하는 방법을 순서대로 기술하시오.

1) 에스프레소를 추출한다.
2) 우유거품을 만든다.
3) 추출된 에스프레소 잔에 카푸치노 티스푼으로 원이 깨지지 않게 커피 위로 1㎝ 이상 거품을 올린다.

06 라떼 마끼아또를 제작하는 방법을 순서대로 기술하시오.

1) 우유거품을 만든다.
2) 225㎖의 손잡이가 있는 유리 글라스에 시럽 15㎖를 담는다.
3) 우유와 우유거품을 잘 혼합하여 준비된 잔에 반을 붓는다.
4) 우유와 우유거품, 시럽을 롱스푼으로 잘 젓는다.
5) 벨크리머에 에스프레소를 추출한다.
6) 우유와 우유거품이 분리가 된 것을 확인한다.
7) 5㎝ 위에서 빠르게 부어주고 커피 찌꺼기는 남긴다.

07 다양한 맛의 라떼 마끼아또를 제작하는 방법에 대하여 기술하시오.

라떼 마끼아또에 헤이즐넛, 바닐라, 바나나, 초코, 캐러멜, 블루 큐라소 등 다른 맛의 시럽을 이용해서 만든다.

08 카푸치노를 제작하는 방법을 순서대로 기술하시오.

1) 에스프레소를 추출한다.
2) 우유거품을 만든다.
3) 우유거품을 잘 혼합하여 잔에 절반이 찰 때까지는 잔 위에서 양을 적게 붓고, 절반이 넘으면 잔에 스팀피처를 붙이고 양을 많이 부어 원을 만든다.

09 카푸치노를 먹는 법(음용방법)에 대하여 기술하시오. (5가지 이상)

• 그냥 마신다.
• 설탕을 거품 위에 뿌리고 마신다.
• 설탕을 거품 위에 뿌려 스푼으로 떠먹고 남은 커피를 마신다.
• 설탕을 넣고 저어 마신다.
• 시나몬을 뿌리고 마신다.
• 초코가루를 뿌리고 마신다.
• 각종 향 시럽을 넣어 마신다.

10 카푸치노와 카페 라떼의 차이점에 대하여 기술하시오.

우유와 우유거품의 비율에서는 카푸치노는 1:2 정도이며, 카페 라떼는 1:5 정도로 카페 라떼가 카푸치노보다 우유가 많이 첨가된다. 맛에서는 카푸치노는 부드럽고 진하며, 카페 라떼는 부드럽고 고소하다. 카푸치노는 거품이 반드시 있어야 하지만, 카페 라떼는 거품이 있거나 없더라도 가능한 메뉴이다.

11 핫 초코를 제작하는 방법에 대하여 기술하시오.
(2가지 이상)

- 핫 초코는 분말 또는 소스를 이용해서 만들 수 있다.
- 분말 또는 소스를 녹이는 방법은 물 또는 우유를 사용하는데, 물을 사용하면 당도가 떨어지고 우유를 사용하면 당도가 유지된다.
- 깔끔한 맛의 거품이 없는 핫 초코와 부드러운 맛의 거품이 있는 핫 초코를 만들 수 있다.

12 핫 녹차 라떼를 제작하는 방법에 대하여 기술하시오. (2가지 이상)

- 핫 녹차 라떼는 분말을 이용해서 만들 수 있다.
- 분말을 녹이는 방법은 물 또는 우유를 사용하는데, 물을 사용하면 당도가 떨어지고 우유를 사용하면 당도가 유지된다.
- 깔끔한 맛의 거품이 없는 핫 녹차 라떼와 부드러운 맛의 거품이 있는 핫 녹차 라떼를 만들 수 있다.

13 카페 비엔나를 제작하는 방법을 순서대로 기술하시오.

1) 에스프레소를 추출한 뒤 잔에 2㎝ 정도 여유 공간을 남기고 온수를 붓는다.
2) 휘핑크림을 올리고 장식한다. 이때 장식은 맛에 영향을 주지 않는 것으로 하는 것이 좋다.

14 카페 모카를 제작하는 방법을 순서대로 기술하시오.

1) 잔에 초코소스 또는 초코분말을 넣는다.
2) 초코소스가 준비된 잔에 에스프레소를 추출한다.
3) 우유를 데운다.
4) 초코와 에스프레소를 잘 섞는다.
5) 잔에 2㎝ 정도 여유 공간을 남기고 데운 우유를 붓는다.
6) 휘핑크림을 올린다.
7) 초코소스와 초코분말로 장식한다.

15 모카 카푸치노를 제작하는 방법을 순서대로 기술하시오.

1) 잔에 초코소스 또는 초코분말을 넣는다.
2) 초코소스가 준비된 잔에 에스프레소를 추출한다.
3) 우유거품을 만든다.
4) 초코와 에스프레소를 잘 섞는다.
5) 우유거품을 잘 혼합하여 잔에 절반이 찰 때까지는 잔 위에서 양을 적게 붓고, 절반이 넘으면 잔에 스팀피처를 붙이고 양을 많이 부어 원을 만든다.

16 거품이 있는 카페 라떼와 카푸치노를 동시에 만드는 방법에 대하여 기술하시오.

1) 600㎖ 스팀피처에 코에서 0.5㎝ 아래 높이까지 우유를 붓는다.
2) 에스프레소를 180㎖ 카푸치노 잔과 270㎖ 카페 라떼 잔에 각각 추출한다.
3) 우유거품을 만든다.
  *우유거품은 잘 만들었을 경우 600㎖ 스팀피처에 9부가 되어야 한다.
4) 우유와 우유거품이 잘 혼합되도록 흔들어 섞은 후 300㎖ 스팀피처에 흔들면서 따른다. 이때 600㎖ 스팀피처 코에서 1㎝ 정도 위 높이까지 남긴다.
5) 600㎖ 스팀피처를 다시 잘 흔들어 우유와 우유거품을 섞은 후 카푸치노를 먼저 만든다.
6) 300㎖ 스팀피처에 있는 우유를 600㎖ 스팀피처로 옮긴 후 우유와 우유거품을 잘 혼합하여 카페 라떼를 만든다.

17 거품이 없는 카페 라떼와 카푸치노를 동시에 만드는 방법에 대하여 기술하시오.

1) 600㎖ 스팀피처에 코 높이까지 우유를 붓는다.
2) 우유거품을 만든다.
   *우유거품은 잘 만들었을 경우 600㎖ 스팀피처에 9부가 되어야 한다.
   *거품을 만든 600㎖ 스팀피처를 잘 흔들어 우유와 우유거품을 섞어 고운 거품을 만든다.
3) 에스프레소를 180㎖ 카푸치노 잔과 270㎖ 카페 라떼 잔에 각각 추출한다.
4) 카페 라떼를 먼저 만든다.
   *600㎖ 스팀피처를 흔들지 말고 그냥 잔 벽에 떨어뜨린 후 많이 붓는다.
5) 600㎖ 스팀피처를 잘 흔들어 우유와 우유거품을 섞은 후 카푸치노를 만든다.

18 휘핑기를 사용하는 경우 휘핑크림을 만드는 방법에 대하여 기술하시오.

1) 휘핑기에 휘핑크림을 2/3 정도 담는다.
2) 휘핑기 캡을 닫는다.
3) 휘핑 가스를 주입한다.
4) 휘핑기를 잘 흔든다.
5) 휘핑크림이 잘 만들어졌는지 확인한다.

19 물과 에스프레소의 혼합방법을 다르게 하여 아메리카노를 제작하는 경우, 각 커피음료의 특징을 기술하시오.

• 물 받고 에스프레소 추출 : 강한 맛이 나는 크레마 층이 위에 뜨기 때문에 강한 맛 또는 진한 느낌의 아메리카노가 되며, 크레마는 진한 색으로 형성된다.
• 에스프레소 받고 물 빨리 붓기 : 에스프레소와 물이 잘 혼합되어 깔끔하고 부드러운 느낌의 아메리카노가 되며, 크레마는 연한 색으로 형성된다.
• 에스프레소 받고 물 천천히 붓기 : 강한 맛이 나는 크레마 층이 위에 뜨므로 강한 맛 또는 진한 느낌의 아메리카노가 되며, 크레마는 진한 색으로 형성된다.

20 우유거품이 있고 없는 카페 라떼를 제작하는 경우, 각 커피음료의 특징을 기술하시오.

• 우유거품이 있는 카페 라떼 : 우유거품이 있기 때문에 거품이 먼저 입안으로 들어와서 더 부드러운 맛이 난다.
• 우유거품이 없는 카페 라떼 : 우유거품이 없고 우유만 첨가되기 때문에 깔끔하고 마일드한 맛이 난다.

아이스 메뉴

---

01 아이스 에스프레소를 제작하는 방법에 대하여 기술하시오.

잔에 얼음을 담고 에스프레소를 추출해서 붓는다.

02 아이스 카페 라떼를 제작하는 방법에 대하여 기술하시오. (2가지 이상)

• 거품이 있는 아이스 카페 라떼
1) 우유거품기로 거품을 만든다.
2) 아이스 잔에 얼음을 담는다.
3) 에스프레소를 추출한다.
4) 아이스 잔에 에스프레소를 붓는다.
5) 찬 우유를 아이스 잔에 2㎝ 정도 여유 공간을 남기고 붓는다.
6) 롱 스푼으로 잘 젓는다.
7) 큰 스푼을 이용해서 우유거품을 곱게 만든 후 잔에 가득 담는다.

• 거품이 없는 아이스 카페 라떼
1) 아이스 잔에 얼음을 담는다.
2) 에스프레소를 추출한다.
3) 찬 우유를 아이스 잔에 2~3㎝ 정도 여유 공간을 남기고 붓는다.
4) 모양을 만들기 위해 에스프레소를 얼음 위에 천천히 붓는다.

03 아이스 카푸치노를 제작하는 방법에 대하여 기술하시오.

1) 우유거품기로 거품을 만든다.
2) 아이스 잔에 얼음을 담는다.
3) 에스프레소를 추출한다.
4) 아이스 잔에 에스프레소를 붓는다.
5) 찬 우유를 아이스 잔에 4㎝ 정도 여유 공간을 남기고 붓는다.
6) 롱 스푼으로 잘 젓는다.
7) 큰 스푼을 이용해서 곱게 만든 우유거품을 잔에 가득 담는다.

04 카페 프레도 샤케라또를 제작하는 방법에 대하여 기술하시오.

1) 믹싱 틴에 얼음을 1/3 정도 담는다.
2) 에스프레소를 추출한다.
3) 믹싱 틴에 에스프레소를 붓는다.
4) 취향에 따라 시럽을 넣을 수도 있다.
5) 믹싱 볼을 결합한다.
6) 크고 빠르게 20회 정도 흔든 후, 믹싱 틴을 뒤집어 거품이 고운지 확인한다.
7) 믹싱 틴에서 믹싱 볼을 제거한다.
8) 믹싱 틴을 잘 흔든 후 잔에 담는다.

05 아이스 아메리카노를 제작하는 방법에 대하여 기술하시오.

1) 420㎖ 아이스 잔에 얼음을 가득. 채운다.
2) 스테인리스 샷잔에 에스프레소를 추출한다.
3) 420㎖ 아이스 잔에 추출한 에스프레소를 붓는다.
4) 420㎖ 아이스 잔에 냉수를 1㎝ 정도 남기고 붓는다.
5) 바스푼으로 한번 부드럽게 아래위로 젓는다.

06 다양한 맛의 아이스 아메리카노를 제작하는 방법에 대하여 기술하시오. (2가지 이상)

• 에스프레소 받고 찬물 붓기
1) 420㎖ 아이스 잔에 얼음을 가득 채운다.
2) 스테인리스 시럽 볼에 에스프레소를 추출한다.
3) 420㎖ 아이스 잔에 추출한 에스프레소를 붓는다.
4) 420㎖ 아이스 잔에 냉수를 1㎝ 정도 남기고 붓는다.
5) 바스푼으로 한번 부드럽게 아래위로 젓는다.

• 물 받고 에스프레소 붓기
1) 420㎖ 아이스 잔에 얼음을 가득 채운다.
2) 스테인리스 시럽 볼에 에스프레소를 추출한다.
3) 420㎖ 아이스 잔에 냉수를 2㎝ 정도 남기고 붓는다.
4) 420㎖ 아이스 잔에 추출한 에스프레소를 얼음 위로 천천히 붓는다.

• 믹싱 틴을 이용한 아이스 아메리카노
1) 믹싱 틴에 얼음을 7부 정도 담는다.
2) 스테인리스 시럽 볼에 에스프레소 2잔을 추출한다.
3) 믹싱 틴에 에스프레소를 붓는다.
4) 믹싱 틴에 설탕 시럽 15~20㎖를 붓는다. (선택사항)
5) 믹싱 틴에 냉수를 얼음과 수평이 되도록 붓는다.
6) 믹싱 틴에 믹싱 볼을 결합한다.
7) 크고 빠르게 20번 정도 흔든다.
8) 믹싱 틴을 뒤집어 거품이 고운지를 확인하고 곱지 않으면 더 흔든다.
9) 믹싱 틴에서 믹싱 볼을 제거한다.
10) 믹싱 틴을 흔들어 거품을 더 곱게 만든다.
11) 420㎖ 아이스 잔에 얼음과 같이 흔들면서 가득 붓는다.

07 카페 프레도 샤케라또를 제작하는데 거품이 적고 거칠다면, 그 원인에 대하여 기술하시오.

• 너무 천천히 흔들었다.
• 흔드는 횟수가 적었다.
• 크게 흔들지 못했다.

08 아이스 메뉴를 제작하기 위한 우유거품을 만드는 방법에 대하여 기술하시오.

- 기계를 이용한 우유거품 만들기 : 공기주입을 30℃로 빠르게 한 후에 혼합을 40℃ 정도에서 빨리한 후 종료한다.
- 수동 거품기를 이용한 거품 만들기 : 40℃로 우유를 먼저 데운 후에 거품을 만들면 더 편하고 빠르며, 고운 거품이 오래 유지된다.

09 설탕 시럽 만드는 방법에 대하여 기술하시오.

설탕과 물을 1:1 비율로 혼합하고 끓여서 만드는 방법과, 설탕과 물을 2:1 비율로 혼합하고 끓여서 만드는 방법이 있다.

커피기계

---

01 커피기계를 청소하는 방법에 대하여 기술하시오.

- **약식 청소**
1) 기계에서 포타필터를 분리해서 깨끗이 씻은 다음, 그룹에 '장착했다, 뺐다'를 10회 실시한다.
2) 포타필터를 완전히 그룹에 장착한 다음, '연속 추출 버튼을 작동하여 5초를 기다린 후 멈추고, 또 다시 작동하여 5초를 기다린 후 멈추고'를 5회 실시한다.

- **자동 청소**
1) 포타필터의 필터를 빼고 청소용 필터로 교체한 후, 알 세제 1/2개를 넣고 자동 청소 모드로 작동시킨다. (1주일에 한번 하는 경우에는 알 세제 1개를 사용)
2) 자동 청소가 끝나면 기계에서 포타필터를 분리해서 깨끗이 씻은 다음, 그룹에 포타필터를 '장착했다, 뺐다'를 10회 반복한다.
3) 다시 기계에서 포타필터를 분리해서 깨끗이 씻은 다음, 그룹에 '장착했다, 뺐다'를 10회 실시한다.
4) 3번 과정을 한 번 더 실시한다.

5) 포타필터를 완전히 기계에 장착한 다음, '연속 추출 버튼을 작동하여 5초를 기다린 후 멈추고, 또 다시 작동하여 5초를 기다린 후 멈추고'를 5회 실시한다.

- **수동청소**
1) 기계에서 포타필터를 청소용 필터로 교체한 다음, 가루 세제 1스푼(3~5g)을 넣고 5초 동안 연속 추출 버튼을 작동시킨 후 멈춘다.
2) 찌꺼기를 분리하기 위해 5초를 기다린 후에 1초 동안 작동하고 멈춘다. 이 동작을 10회 실시한다.
3) 위의 2번 동작이 끝나면 '5초 작동하고, 1초 멈추고'를 10회 실시한다.
4) 위의 3번 동작이 끝나면 포타필터를 분리해서 깨끗이 씻은 다음, 그룹에 '장착했다, 뺐다'를 10회 실시한다.
5) 다시 기계에서 포타필터를 분리해서 깨끗이 씻은 다음, 그룹에 '장착했다, 뺐다'를 10회 실시한다.
6) 5번 과정을 한 번 더 실시한다.
7) 포타필터를 기계에 완전히 장착한 다음, '연속 추출 버튼으로 5초를 작동하고, 1초 멈추고'를 5회 실시한다.

- **각 방법으로 그룹 청소가 끝나면 포타필터 청소**
1) 청소용 필터를 제거하고 싱크대에서 세제를 포타필터와 필터에 뿌려 1분 정도 기다린 후에 물로 깨끗이 씻는다.
2) 드립 트레이를 분리해서 배수통에 600㎖ 스팀피처 온수를 담아 붓는다.
3) 드립 트레이를 싱크대에서 깨끗이 씻는다.
4) 커피기계를 젖은 행주와 마른 행주를 이용해서 깨끗이 닦는다.
5) 스팀피처에 온수를 담아 스팀 노즐을 넣어 놓는다.

02 펌프 압력을 조절하는 방법에 대하여 기술하시오.

추출 버튼을 작동시킨 상태에서 펌프 압력 게이지를 보면서 펌프의 압력 조절 나사를 시계 방향으로 돌리면 압력이 높아지고, 시계 반대 방향으로 돌리면 압력이 낮아진다. 펌프 압력은 매일 아침에 확인하는 것이 좋다.

03 그룹 개스킷의 마모상태를 점검하는 방법에 대하여 기술하시오.

- 포타필터가 90도 이상 과도하게 돌아가는 경우
- 포타필터 장착 시 개스킷에 탄력이 느껴지지 않는 경우
- 에스프레소 추출 시 포타필터 옆으로 물이 새는 경우

04 그룹 개스킷을 교환하는 방법에 대하여 기술하시오.

1) 공구를 이용하여 샤워홀더(Shower Holder)를 분리한다.
2) 송곳을 이용하여 마모된 개스킷을 빼낸다.
3) 교체할 새로운 개스킷을 끼운다.
4) 공구를 이용해서 샤워홀더(Shower Holder)를 조립한다.

05 자동 커피기계와 반자동 커피기계의 장·단점을 기술하시오.

- 반자동기계
  〈장점〉
  - 그라인더와 에스프레소 머신이 분리되어 있어 원두커피에 열이 가해지지 않으므로 맛의 변화가 적은 양질의 에스프레소 커피 추출에 유리하다.
  - 전문 바리스타용 커피머신으로 다양한 에스프레소 메뉴 커피를 만들기가 용이하다.
  - 바리스타의 능력에 따라 다양한 에스프레소 커피 맛을 추구할 수 있다.
  - 기계적인 매커니즘이 비교적 단순하기 때문에 잔고장이 적다.
  - 관리하기가 용이하다.
  - 기계 구입비용이 전자동 커피머신에 비해 적다.
  〈단점〉
  - 장비에 대한 이해와 다루는 기술이 필요하다.
  - 뽑는 사람에 따라 맛의 차이가 있을 수 있다.
  - 설치공간이 넓고, 전문성이 요구된다.

- 자동기계
  〈장점〉
  - 커피를 추출하기 쉽고 간편하다.
  - 블랙커피 추출에 특히 유리하다.
  - 여러 사람이 각자 추출해도 비슷한 맛의 커피추출이 가능하다.
  - 좁은 공간에도 설치가 가능하다.
  〈단점〉
  - 원두를 내부의 호퍼에 담기 때문에 커피 소모량이 적을 경우 맛의 변화가 생기기 쉽다.
  - 디지털 기술을 적용, 잔고장이 많은 편이다.
  - 반자동 커피머신에 비해 상대적으로 비싸기 때문에 초기 구입비가 높다.
  - 다양한 맛의 변화가 어렵다.

06 매장 오픈 시 효율적으로 커피기계를 점검하는 순서에 대하여 기술하시오.

1) 스팀 게이지 압력을 확인한다.
2) 스팀 분출량을 확인한다.
3) 온수를 확인한다.
4) 펌프 게이지 압력을 확인한다.
5) 커피 추출 수의 분출량을 확인한다.
6) 포타필터를 소독 및 예열한다.

07 정수기 필터의 교환 시기에 대하여 기술하시오.

- 정수기에 표기된 양과 매장에서의 사용량을 비교해서 교환 시기를 정한다.
- 싱크대에 정수기와 연결된 수전의 물량을 보고, 교환 시기를 결정한다.
- 정수기를 통과한 물맛을 보고, 교환 시기를 결정한다.

08 커피기계를 작동할 때 누전 차단기는 작동하지 않으나 전기가 느껴진다면, 그 원인에 대하여 기술하시오.

전열기계는 미세 전류가 흐르고 있기 때문에 접지를 반드시 연결해야 한다. 접지가 연결되지 않으면 누전 차단기는 작동하지 않으나 전기는 느낄 수 있다.

09 커피기계의 포타필터를 청소하는 방법에 대하여 기술하시오.

포타필터는 매일 세제로 청소를 해야 한다. 매일 저녁에 커피 전용 세제를 물에 녹인 다음 포타 필터 내부에 뿌려서 청소를 하는 방법과 커피 전용 세제를 물에 희석한 후에 포타 필터를 넣어 뒀다가 다음날 아침에 청소하는 방법이 있다. 또는 커피기계 전용 스팀 청소기를 이용해서 청소하는 방법이 있다.

10 커피기계의 그룹을 청소하는 여러 가지 방법에 대하여 기술하시오.

• 자동 청소
1) 포타필터의 필터를 빼고 청소용 필터로 교체한 후, 알 세제 1/2개를 넣고 자동 청소 모드로 작동시킨다. (1주일에 한번 하는 경우에는 알 세제 1개를 사용)
2) 자동 청소가 끝나면 기계에서 포타필터를 분리해서 깨끗이 씻은 다음, 그룹에 포타필터를 '장착했다, 뺐다'를 10회 반복한다.
3) 다시 기계에서 포타필터를 분리해서 깨끗이 씻은 다음, 그룹에 '장착했다, 뺐다'를 10회 실시한다.
4) 3번 과정을 한 번 더 실시한다.
5) 위의 2~4번 과정이 끝나면 포타필터를 완전히 기계에 장착한 다음, '연속 추출 버튼을 작동하여 5초를 기다린 후 멈추고, 또 다시 작동하여 5초를 기다린 후 멈추고'를 5회 실시한다.

• 수동청소
1) 기계에서 포타필터를 청소용 필터로 교체한 다음, 가루세제 1스푼(3~5g)을 넣고 5초 동안 연속 추출 버튼을 작동시킨 후 멈춘다.
2) 찌꺼기를 분리하기 위해 5초를 기다린 후에 1초 동안 작동하고 멈춘다. 이 동작을 10회 실시한다.
3) 위의 2번 동작 10회가 끝나면 '5초를 작동하고, 1초 멈추고'를 10회 실시한다.
4) 위의 3번 동작 10회가 끝나면 포타필터를 분리해서 깨끗이 씻은 다음, 그룹에 '장착했다, 뺐다'를 10회 실시한다.
5) 다시 기계에서 포타필터를 분리해서 깨끗이 씻은 다음, 그룹에 '장착했다, 뺐다'를 10회 실시한다.
6) 5번 과정을 한 번 더 실시한다.
7) 위의 6번까지 청소가 끝나면 포타필터를 기계에 완전히 장착한 다음, '연속 추출 버튼으로 5초를 작동하고, 1초 멈추고'를 5회 실시한다.

• 분해청소
1) 공구를 이용해서 샤워홀더(Shower Holder)를 분리해서 커피 청소 전용 세제를 물에 녹인 후, 넣어두었다가 다음 날 아침에 청소하고 조립한다.

그라인더

01 그라인더 날의 교체시기에 대하여 기술하시오.

일반적으로, 64㎜의 날은 300~400㎏ 정도 사용 시 교환하며, 75㎜의 날은 500~600㎏ 정도 사용 시 교환하는 것이 좋다.

02 그라인더 날의 마모 상태를 점검하는 방법에 대하여 기술하시오.

원두를 날에 손으로 갈아서 확인한다. 손으로 원두를 날에 갈았을 때 갈리면 날은 사용이 가능하나, 갈리지 않고 밀리는 느낌이 있다면 마모가 많이 된 상태이다.

03 그라인더 날의 종류에 대하여 기술하시오.

그라인더 날은 평면 날과 원뿔 날과 롤 날이 있다. 그라인더 날의 재질은 일반 금속 재질의 날과 티타늄 날이 있다.

04 원두 통에 커피는 있지만 분쇄가 되지 않는다면, 그 원인에 대하여 기술하시오. (2가지 이상)

• 원두 통의 투입구가 막혀서 투입이 되지 않는 경우
• 원두끼리 엉켜서 투입이 되지 않는 경우
• 윗날과 아랫날 사이에 이물질이 끼어있는 경우

05 그라인더 날을 교체하지 않는 경우 발생되는 문제점에 대하여 기술하시오.

• 미분이 많이 생기므로 이로 인해 추출물의 흐름이 정상적으로 이루어지지 못하기 때문에 커피 맛이 거칠어질 수 있다.
• 미분으로 인해 같은 조건에서 커피를 추출 시 추출의 속도가 수시로 변할 수 있다.
• 미분으로 인해 추출 속도가 느려지고, 속도를 조절하기 위해 입자를 굵게 가는 경우 커피 소모량이 많아질 수 있다.

06 자동 그라인더와 반자동 그라인더의 차이점을 기술하시오.

자동 그라인더는 도저 없이 추출 시마다 갈아서 사용하는 방식이고, 반자동 그라인더는 갈아 놓고 도징하여 사용하는 방식이다.

라떼아트

---

01 라떼아트 하트를 만드는 방법에 대하여 기술하시오.

1) 우유 떨어뜨리기 : 10㎝ 정도의 높이에서 잔의 가운데에 빠르게 떨어뜨린다.
2) 양 줄이기 : 1번에서 빠르게 떨어뜨린 다음, 양을 줄인다. 이때 줄이는 양은 에스프레소 표면에 거품이 생기지 않을 정도로 줄인다.
3) 흰점 없애기 : 1번에서 아무리 잘해도 약간의 흰점이 생기는데, 이 점을 없애야 좋은 모양이 나온다. 10㎝ 정도의 높이를 유지하면서 흰점 위에 부으면 흰점이 없어진다.
4) 스팀피처 내려오기 : 3번 동작이 이루어지고 나서 잔에 절반이 차면, 스팀피처를 잔에 닿도록 내린다. 이때는 양을 늘리지 말고 3번의 양 그대로 내려오면서 위치는 잔의 1㎝ 정도 지점으로 내려온다.
5) 흔들어주기 : 잔에 스팀피처가 닿으면 흔든다. 이때는 좌우 1㎝ 정도로 양을 늘리지 말고, 3번의 양 그대로 부드럽게 흔든다.
6) 앞으로 가기 : 5번 동작이 이루어지면 흰점이 생기기 시작하는데, 흰점이 생기면 앞으로 1㎝ 정도 이동한다. 이때도 계속 흔들면서 이동한다.
7) 양 많이 붓기 : 6번 동작에서 1㎝ 정도 이동했으면 양을 늘려준다. 양을 늘릴 때도 계속 흔들어 주어야 한다. 이때 뒤로 빠지지 말고 같은 곳에 부어야 한다.
8) 위로 들기 : 7번의 동작이 끝나면 2㎝ 정도 위로 들어준다. 이때도 양을 줄이지 말고 7번의 양을 유지하면서 붓는다.
9) 앞으로 가기 : 8번 동작이 끝나면 바로 앞으로 간다. 이때 밑으로 내려오지 말고 약간 위로 올라가면서 앞으로 간다.

02 라떼아트에서 전체가 하얗게 되었다면, 그 원인에 대하여 기술하시오.

- 거품이 거친 상태에서 처음 잔에 떨어뜨릴 때 너무 천천히 부으면 전체가 하얗게 된다.
- 우유와 우유거품이 잘 혼합되지 않고 분리된 상태에서 우유를 먼저 따르고, 마지막에 우유거품만 많이 부었을 때 전체가 하얗게 된다.

03 라떼아트 하트의 외곽선이 이중으로 형성되었다면, 그 원인에 대하여 기술하시오.

우유거품을 따를 때 같은 곳에서 부어야 깨끗한 원이 형성되는데, 우유거품을 붓는 위치가 같은 곳이 아니라 뒤로 물러나면서 부었다.

04 라떼아트 하트의 꼬리 부분이 두껍게 형성되었다면, 그 원인에 대하여 기술하시오.

스팀피처에서 떨어지는 우유의 양은 잔에서 높으면 가늘고 낮으면 굵게 떨어지므로, 하트의 꼬리가 두껍게 형성이 되었다면 마지막 마무리 시 스팀피처를 들지 않고 낮은 위치에서 이루어져서 생기는 현상이다.

05 라떼아트 하트의 모양이 작게 만들어졌다면, 그 원인에 대하여 기술하시오. (2가지 이상)

- 우유의 따르는 양을 너무 적게 한 경우
- 잔에 우유를 2/3 이상 채운 다음 하트를 그렸을 경우
- 거품의 양이 너무 적은 상태에서 한 경우

┌─────────────────────────────┐
│   다양한 커피추출   │
└─────────────────────────────┘

01 모카포트를 사용하여 커피를 추출하려고 한다. 추출방법을 순서대로 기술하시오.

1) 모카포트를 분리한다.
2) 필터를 분리한다.
3) 필터에 커피를 담는다.
4) 온수를 안전밸브 아래로 붓는다.
5) 필터를 결합한다.
6) 모카포트 상단 필터를 결합한다.
7) 버너 위에 올려놓는다.
8) 버너의 불을 켠다.
9) 모카포트 뚜껑을 열어 놓는다.
10) 원하는 상태가 되면 불을 끈다.

02 모카포트를 사용하여 커피를 추출하려고 한다. 다양한 맛을 만드는 방법에 대하여 기술하시오.

- 불의 화력을 조절한다.
- 입자 크기를 바꾼다.
- 투입량을 바꾼다.
- 물의 온도를 바꾼다.
- 불을 끄는 시기를 바꾼다.

03 이브릭을 사용하여 커피를 추출하려고 한다. 추출방법을 순서대로 기술하시오.

1) 이브릭에 커피를 담는다.
2) 선택에 의해 설탕을 넣는다.
3) 온수를 붓는다.
4) 버너 위에 올려놓는다.
5) 불을 켠다.
6) 원하는 맛으로 달인다.
7) 원하는 맛으로 걸러서 마신다.

04 이브릭을 사용하여 커피를 추출하려고 한다. 다양한 맛을 만드는 방법에 대하여 기술하시오.

- 불의 화력을 조절한다.
- 입자 크기를 바꾼다.
- 투입량을 바꾼다.
- 물의 온도를 바꾼다.
- 달이는 시간을 바꾼다.
- 추출 물량을 바꾼다.
- 달이는 방법을 바꾼다. (저어가면서 또는 그냥 끓이듯이)

05 핸드드립을 사용하여 커피를 추출하려고 한다. 추출방법을 순서대로 기술하시오.

1) 기구를 예열한다.
2) 필터를 접어 드리퍼에 올린다.
3) 커피를 분쇄한다.
4) 드립 포트에 온수를 붓고 온도를 확인한다.
5) 분쇄 커피를 드립퍼에 담는다.
6) 수평을 맞춘다.
7) 뜸 들인다.
8) 1차 추출한다.
9) 원하는 양까지 추출한다.

06 핸드드립을 사용하여 커피를 추출하려고 한다. 다양한 맛을 만드는 방법에 대하여 기술하시오.

- 추출 물량을 바꾼다.
- 입자 크기를 바꾼다.
- 투입량을 바꾼다.
- 물의 온도를 바꾼다.
- 뜸 들이는 시간을 바꾼다.
- 물 붓는 속도를 바꾼다.

07 핸드드립에서 뜸 들이기를 하는데 물이 빨리 떨어진다면, 그 원인에 대하여 기술하시오. (3가지 이상)

- 드리퍼 가장자리에 물을 부었을 경우
- 물량이 너무 많을 경우
- 너무 오래 물을 부었을 경우
- 너무 높은 위치에서 부었을 경우
- 물의 온도가 낮을 경우
- 입자가 크고 잔존 가스가 없는 경우

08 에스프레소, 이브릭, 사이폰, 핸드드립, 모카포트, 캡슐기계 중 개발시기가 빠른 순서부터 기술하시오.

이브릭 – 핸드드립 – 사이폰 – 에스프레소 – 모카포트 – 캡슐기계

09 핸드드립의 추출 조건에 대하여 기술하시오.

8~24g의 커피를 2~3분 동안에 85~95℃의 물로 100~200㎖를 추출

10 모카포트의 추출 조건에 대하여 기술하시오.

5~10g의 커피를 40~50㎖의 물로 약불~센불로 추출

11 이브릭 추출 조건에 대하여 기술하시오.

4~8g의 커피를 40~50㎖의 물과 설탕 5g을 약불~센불로 추출

12 융 드립과 종이 드립의 차이점에 대하여 기술하시오.

융 드립은 지용성 물질을 통과시켜 부드러움과 진한 느낌의 맛을, 종이 드립은 지용성 물질을 걸러냄으로써 깔끔하고 마일드한 느낌의 맛을 낸다.

추출 조건에 따른 맛의 변화

01 원두의 잔존가스양과 핸드드립 추출과의 관계에 대하여 기술하시오.

커피에 물을 부었을 때 잔존가스가 많을 경우에는 많이 부풀어 오르고, 잔존가스가 적을 경우에는 많이 부풀어 오르지 않는다. 같은 조건에서 추출 시 잔존가스가 많을 경우에는 추출 수의 온도를 낮추는 것이 좋고, 잔존가스가 적을 경우에는 추출 수의 온도를 높이는 것이 좋다.

02 원두의 잔존가스양과 에스프레소 추출과의 관계에 대하여 기술하시오.

잔존가스가 많을 경우에는 굵은 줄기와 끊김 현상으로 추출되고, 잔존가스가 적을 경우는 가늘고 속도가 빠르게 추출된다. 같은 조건에서 추출 시 잔존가스가 많을 경우에는 추출 수의 온도를 내리는 것이 좋고, 잔존가스가 적을 경우는 추출 수의 온도를 높이는 것이 좋다.

03 추출 온도가 높은 커피기계로 잔존가스가 많은 원두를 사용하여 부드러운 맛의 에스프레소를 추출하고자 하는 경우 추출방법에 대하여 기술하시오.

그룹에 추출 수를 많이 흘리거나 포타필터를 찬물에 식혀서 추출하면 된다.

04 추출 온도가 높은 기계에서 부드러운 맛의 에스프레소를 추출하고자 한다면, 선택할 원두와 그 이유에 대하여 기술하시오.

잔존가스가 적은 원두를 사용한다. 그 이유는 잔존가스는 온도에 민감하게 반응하기 때문에, 추출 수의 온도가 높은 경우 잔존가스가 적은 원두를 사용하면 부드럽게 추출할 수 있다.

05 잔존가스가 적은 원두를 사용하여 에스프레소를 추출하고자 하는 경우 추출방법에 대하여 기술하시오.

추출 수의 온도가 조절되지 않는 기계라면 추출 온도가 높은 기계를 선택하는 것이 좋고, 추출 온도 조절이 가능한 기계라면 추출 수의 온도를 높이는 것이 좋다. 잔존가스가 적은 원두는 입자를 가늘게 하고, 투입량을 늘리는 것이 좋다.

06 아라비카와 로부스타로 에스프레소 추출 시 각각의 크레마 양과 색상에 대한 차이를 기술하시오.

아라비카는 크레마의 양이 적고, 옅은 황금색을 형성한다. 로부스타는 크레마의 양이 많고, 진한 황금색을 형성한다.

07 커피가 쓴맛이 많이 느껴진다면, 그 원인에 대하여 기술하시오. (3가지 이상)

- 많이 볶은 원두를 사용했다.
- 잔존가스가 많은 원두로 빠르게 추출했다.
- 추출 시간이 너무 느리다.
- 추출량을 너무 많이 추출했다.

08 커피가 신맛이 많이 느껴진다면, 그 원인에 대하여 기술하시오.

- 약하게 볶은 원두를 사용했다.
- 정상적인 추출 속도에서 추출량을 너무 적게 추출했다.

기타

01 손님을 접객하는 방법을 순서대로 기술하시오.

1) 반갑게 인사로 맞이한다.
2) 주문하실 메뉴를 여쭤본다.
3) 드시고 가시는지, 테이크아웃인지 확인한다.
4) "기다리시면 준비해드리겠습니다."라는 멘트와 함께 차임벨을 드린다.
5) 서빙을 하거나 픽업장소에 음료를 준비하고 차임벨을 울려 고객을 부른다.

02 인스턴트커피와 원두커피의 차이점에 대하여 기술하시오.

인스턴트커피는 추출된 액체에 동결건조 과정을 거쳐 물에 녹을 수 있도록 만들어 누구나 편하게 마실 수 있고, 원두커피는 다양한 추출 기구를 이용하여 본인이 원하는 맛을 다양하게 즐길 수 있다.

03 커피란 무엇이라고 생각하는지에 대하여 기술하시오.

커피란 사람과 사람을 이어주는 매개체의 역할을 하는 음료이며, 또 나른한 몸에 활력을 불어넣어 주는 꼭 필요한 음료라고 생각한다.

04 가장 좋아하는 메뉴 1가지와 그 이유를 기술하시오.

아메리카노를 좋아하며, 마시기 편하고 자주 마셔도 부담이 적다. 카페인 덕분에 큰 힘을 얻는 것 같고 기분도 덩달아 좋아지는 것 같다.

05 가장 좋아하는 로스팅 단계와 그 이유에 대하여 기술하시오.

시티와 풀시티 단계를 좋아하며, 이 단계에서는 생두가 가지고 있는 수분 내가 거의 나지 않고 진한 커피향이 많이 난다.

06 가장 좋아하는 추출방법과 그 이유에 대하여 기술하시오.

드립백으로 내리는 드립커피를 좋아하며, 간편하고 맛의 변화가 적으며 아침에 한 잔 마시면 배변활동에 큰 도움을 주기에 기분도 좋아지고 건강해지는 기분이 든다.

커피머신마스터(UCEI) 문제

로스팅

01 전기식 로스터기의 설치 환경으로 옳은 것은?

① 총 전기소비량을 고려해서 멀티 탭에 연결
② 벽 콘센트에 직접 연결
③ 물청소가 쉬운 환경에 설치
④ 업소용 고압 가스압에 연결
⑤ 가정용 저압 가스압에 연결

02 3키로 미만의 로스터기 설치 시 필요한 테이블로 가장 적합한 것은?

① 속이 비어 있는 수납식 테이블
② 접이식 간이 테이블
③ 기계에 표시된 하중을 견딜 수 있는 바퀴가 달린 테이블
④ 충분한 무게로 인해 이동이 쉽지 않는 강철 테이블
⑤ 소형 원목 간이 테이블

03 로스터기 닥트 공사 환경으로 적합한 것끼리 묶은 것은?

a. 습기가 없고 환기가 잘되는 장소
b. 가급적 연통 배관이 짧게 나갈 수 있는 환경
c. 이미 배기가 검증된 다른 식품 가공 기기 와 배관을 공유
d. 로스터기 설치 전 건물 자체에 준비된 중앙 배기 시스템

① a, b
② b, d
③ a, c
④ b, c
⑤ c, d

04 2시간 이상 연속 작업에 적합하지 않은 로스터기는?

① 반열풍식 로스터기
② 열풍식 로스터기
③ 직화식 로스터기
④ 전기식 로스터기
⑤ 대형 산업용 로스터기

05 로스터기에서 예열시간 및 로스팅 시간을 측정하는 장치는?

① 타이머
② 하부댐퍼
③ 노 브
④ 댐 퍼
⑤ 호 퍼

[정답] 1② 2③ 3① 4④ 5①

06 로스팅 중 화력을 직접적으로 조정 하는 장치는?

① 타이머
② 하부댐퍼
③ 노 브
④ 댐 퍼
⑤ 호 퍼

07 로스팅 중 드럼내부로 유도되는 뜨거운 공기의 속도와 양을 조절하는 장치는?

① 냉각기
② 사이클론
③ 노 브
④ 댐 퍼
⑤ 호 퍼

08 아래의 특성에 적합한 로스터기 가열방식은?

> 배기팬에 의해 빨아들인 열풍으로 배전, 실린더가 철판 한 장이기 때문에 실린더 외벽으로도 열을 받아 커피콩에 열이 닿음

① 반열풍식 로스터기
② 열풍식 로스터기
③ 직화식 로스터기
④ 전기식 로스터기
⑤ 대형 산업용 열풍식 로스터기

09 아래의 특성에 적합한 로스터기 가열방식은?

> 실린더가 이중구조로 되어 있으며, 공기층이 존재하기 때문에 버너의 열이 직접 실린더 외벽에 닿지 않고, 배기팬에 의해 빨아들이는 열풍으로 배전이 되기 때문에 저온으로 배전이 가능하며, 균일하게 배전을 마칠 수 있음

① 반열풍식 로스터기
② 열풍식 로스터기
③ 직화식 로스터기
④ 전기식 로스터기
⑤ 대형 산업용 열풍식 로스터기

10 로스터기에서 점화가 되지 않을 시 점검해야 할 부분이 아닌 것은?

① 가스밸브가 완전히 열려있는지 확인
② 가스밸브를 두세 번 열었다 닫았다 반복
③ 드럼의 유격을 확인 후 넓을 경우 간격을 최적으로 조정
④ 노브를 딸깍 소리 나기 직전까지만 3~4회 돌린 상태로 공기를 배출
⑤ 가스 배관에 기계 및 가스통을 분리 후 조립 또는 가스통 교체 시기 점검

01 다음 기호 중 건전지 기호는 ?

①

②

③

④

02 전류를 흘려주면 전구처럼 밝게 빛나는 기능을 하는 소자는?

① 다이오드
② 트랜지스터
③ 발광다이오드
④ 포토 트랜지스터

03 전기를 일시적으로 담아두는 역할을 하는 것은?

① 콘덴서
② 릴레이
③ 발광다이오드
④ 저 항

04 전기의 흐름을 방해 하는 것은?

① 콘덴서
② 스위치
③ 트랜지스터
④ 저 항

05 다음 중 한쪽방향으로만 전류를 흘려주는 반도체소자는?

① 다이오드
② 트랜지스터
③ 릴레이
④ 전해콘덴서

06 3단자 레귤레이터에 대한 설명으로 틀린 것은?

① 입력전압보다 높은 출력전압은 얻어지지 않는다.
② 형상은 트랜지스터와 같은 모양을 하고 있다.
③ 입력전압의 최대값은 무한정이다.
④ 정전압 공급소자이다.

07 크기와 방향이 변하지 않는 전류를 무엇이라 하는가?

① 교 류
② 직 류
③ 디지털
④ 아날로그

[정답] 1① 2③ 3① 4④ 5① 6③ 7②

08 다음 그림의 명칭은?

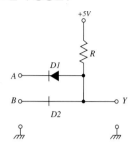

① AND GATE
② OR GATE
③ NOT GATE
④ NAND GATE

09 다음 그림의 명칭은?

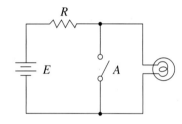

① AND GATE
② OR GATE
③ NOT GATE
④ NAND GATE

10 다음 논리기호의 명칭은?

① AND GATE
② OR GATE
③ NOT GATE
④ NAND GATE

CMT 모의고사

01 보일러에 급수 및 온수 유출에 사용되는 부품은?

① 3way 솔레노이드 밸브
② 2way 솔레노이드 밸브
③ 일방향 밸브
④ 수위 제어 센서
⑤ 열교환기

02 모터 펌프가 물을 보충하는 소리가 나지 않음에도 불구하고 오랜 시간이 지나 보일러가 만수가 되는 현상에서 고장이 의심되는 부품은?

① 일방향 밸브
② 수위 제어 센서
③ 2way 솔레노이드 밸브
④ 3way 솔레노이드 밸브
⑤ 안전 밸브

03 솔레노이드 밸브의 부품 중에서 수문 역할을 하는 것은?

① 플렌저
② 솔레노이드
③ 일방향 밸브
④ 가스켓
⑤ 수위센서

04 역류 청소는 어떤 부품을 관리하기 위해서 하는 것인가?

① 2way 솔레노이드 밸브
② 3way 솔레노이드 밸브
③ 그룹헤드
④ 포타필터
⑤ 블랭크필터

05 그룹헤드에서 물이 지속적으로 누수가 된다면 고장이 의심되는 부품은?

① 2way 솔레노이드 밸브
② 3way 솔레노이드 밸브
③ 그룹헤드
④ 포타필터
⑤ 샤워홀더

06 커피 추출 시 소음과 함께 추출이 되지 않는다면 고장이 의심되는 부품은?

① 그룹 헤드
② 가스켓
③ 2way 솔레노이드 밸브
④ 3way 솔레노이드 밸브
⑤ 안전 밸브

07 커피 추출 후 잔여물을 배출 시켜주는 기능이 있는 부품은?

① 일방향 밸브
② 2way 솔레노이드 밸브
③ 3way 솔레노이드 밸브
④ 워터 플로우메타
⑤ 열교환기

08 커피의 추출을 위해 물의 유입과 차단을 담당하는 부품은?

① 일방향 밸브
② 2way 솔레노이드 밸브
③ 3way 솔레노이드 밸브
④ 솔레노이드
⑤ 안전 밸브

09 플렌저라는 부품이 들어가고 보일러의 물 유입과 차단을 담당하는 부품은?

① 일방향 밸브
② 수위 감지 센서
③ 2way 솔레노이드 밸브
④ 3way 솔레노이드 밸브
⑤ 워터 플로우메타

[정답] 4 ② 5 ② 6 ④ 7 ③ 8 ③ 9 ③

10 보일러에 급수 유입과 커피 추출을 위해 물의 유입과 차단을 담당하는 부품을 묶은 것은?

> a. 일방향 밸브   b. 그룹해드
>
> c. 2way 솔레노이드 밸브
>
> d. 3way 솔레노이드 밸브
>
> e. 워터 플로우메타

① a, c

② b, c

③ d, e

④ c, d

⑤ a, d

11 에스프레소 추출 시 압력이 상승하지 않고 기본 수압으로 추출될 때 의심되는 부품은?

① 콘덴서

② 워터 플로우메타

③ 2way 솔레노이드 밸브

④ 3way 솔레노이드 밸브

⑤ 안전 밸브

12 추출 압력이 상승하지 않는 문제를 일으키는 부품들을 올바르게 묶은 것은?

> a. 모터 b. 프로콘 펌프 c. 콘덴서 d. 안전밸브
>
> e. 과열방지 스위치

① a, b, c

② a, b, e

③ c, d, e

④ c, d, a

⑤ b, c, d

13 머신의 모터에 치명적인 고장을 야기할 수 있는 상황은?

① 커피 분쇄도가 지나치게 고울 경우

② 커피 양을 지나치게 많이 담을 경우

③ 역류청소를 지나치게 많이 했을 경우

④ 단수가 된 사실을 모르고 계속 추출했을 경우

⑤ 샤워필터 분해를 일주일간 하지 않았을 경우

14 에스프레소 추출 시 모터가 작동하는 소리가 나지 않을 경우 가장 먼저 의심해야할 부품은?

① 프로콘 펌프, 콘덴서

② 콘덴서, 플런저

③ 압력 스위치, 온도제어 센서

④ 플런저, 프로콘 펌프

⑤ 안전밸브, 에어밸브

15 에스프레소 머신 추출 압력을 조절할 수 있는 부품은?

① 2way 솔레노이드 밸브

② 3way 솔레노이드 밸브

③ 압력스위치

④ 프로콘 펌프

⑤ 온도제어센서

16 에스프레소 추출 시 모터에서 소음이 나게 되는 원인이 아닌 것은?

① 단 수
② 수도관이 얼었을 때
③ 급수 호수가 꺾였을 경우
④ 커피입자가 매우 굵을 때
⑤ 필터가 막혔을 경우

17 프로콘 펌프에서 누수가 생겼을 경우 엔지니어 사고로 옳은 것은?

① 펌프 내부 오링을 교체하거나 압력조 절기를 조여준다.
② 펌프를 무조건 교체한다.
③ 콘덴서를 교체한다.
④ 모터를 교체한다.
⑤ 모터와 펌프를 같이 교체한다.

18 모터가 작동하기 위해 스타트 모터의 작용을 해주는 부품은?

① 마그네틱 스위치
② 압력 스위치
③ 콘덴서
④ 메인보드
⑤ 워터 플로우메타

19 보일러의 압력을 높이고 낮추는 역할을 하는 부품은?

① 프로콘 펌프
② 콘덴서
③ 압력 스위치
④ 히터
⑤ 열교환기

20 모터 펌프가 물을 보충하는 소리가 나고 밸브가 닫혔음에도 불구하고 오랜 시간이 지나 보일러가 만수가 되었다면 고장이 의심되는 부품은?

① 일방향 밸브
② 수위 제어 센서
③ 2way 솔레노이드 밸브
④ 3way 솔레노이드 밸브
⑤ 안전 밸브

21 솔레노이드 밸브의 부품 중에서 수문 역할을 하는 것은?

① 플렌저
② 코 일
③ 일방향 밸브
④ 가스켓
⑤ 워터 플로우메타

[정답] 16 ④   17 ①   18 ③   19 ③   20 ③   21 ①

22 필터홀더를 그룹헤드에 장착 후 에스프레소를 추출하는 중 커피가 헤드 상부에서 세는 경우 다음 중 점검해야 하는 부품으로 가장 옳은 것은?

① 필터홀더 가스켓
② 샤워스크린
③ 샤워필터
④ 헤드 상부오링
⑤ 샤워홀더

23 맛있는 에스프레소를 추출하기 위한 대분류 중 아닌 것은?

① 원산지별 커피의 특징을 이해하고 혼합하여 맛의 황금비율을 찾는다.
② 원두의 다공질적 특성과 입자 조절에 따른 맛을 이해하고 그라인딩을 한다.
③ 탬핑의 강약은 맛에 엄청난 영향을 미치므로 아주 신중하게 다룬다.
④ 머신 추출 압력과 추출온도는 맛의 큰 영향을 준다는 것을 알아야 한다.
⑤ 원두의 숙성도와 추출의 원리를 아는 바리스타의 손은 커피 맛에 큰 영향을 미친다.

24 에스프레소 머신에 대한 역사와 정의 중 잘못된 것은?

① 오늘날의 반자동식 커피머신은 이탈리아에서 최초로 발명되었다.
② 이탈리아에서는 일반적으로 7.5g±1.5g의 분쇄된 커피를 1샷 기준 정량으로 한다.
③ 에스프레소 추출 정격압력은 8~10bar 사이이다.
④ 에스프레소 추출 온도는 카페인이 추출되는 40도 이상부터 95도 사이이다.
⑤ 일반적으로 에스프레소 추출량은 20~30ml, 추출 시간은 20~30초 사이에 이루어진다.

25 커피 기계의 종류와 특징이 옳게 짝지어 진 것은?

① 수동 머신 – 캡슐형태로 포장된 커피로 추출
② 반자동 머신 – 분쇄부터 추출까지 자동
③ 전자동 머신 – 피스톤을 이용하여 사람의 힘으로 압력을 발생시켜 추출
④ 캡슐머신 – 분쇄가루가 든 종이 팩을 넣어 자동으로 추출
⑤ 반자동 머신 – 분쇄된 커피가루를 필터홀더에 넣어 추출 압력 9bar로 추출

26 반자동 에스프레소 머신을 설치하기 위해서 여러 조건들이 필요하다. 적합하지 않은 것은?

① 전기시설
② 수도시설
③ 배수시설
④ 연도시설
⑤ 정수기

27 일체형 보일러 에스프레소 머신의 경우 추출용 온수를 보관하는 부속품의 이름으로 옳은 것은?

① 모터펌프
② 열교환기
③ 보일러
④ 히터
⑤ 온도 제어센서

28 다음 중 반자동 또는 전자동 머신에서 자동 추출버튼으로 추출할 때 일정한 물 유입량을 조절해 주는 부품은?

① 급수 솔밸브
② 추출 솔밸브
③ 워터 플로우메타
④ 모터펌프
⑤ 온수밸브

29 다음 에스프레소 머신의 부품 중 보일러 내부의 증기압이 과다하게 올라감으로 발생 할 수 있는 안전사고를 예방하기 위한 부품으로 올바른 것은?

① 진공제동 밸브
② 안전 밸브
③ 스팀 밸브
④ 온도제어센서
⑤ 히 터

30 커피기계를 다루는 방법 중 적합하지 않은 것은?

① 수압 또는 펌프압을 확인하지 않고 전원을 켠다.
② 보일러 압력 게이지가 정상일지라도 스팀이 나오는지 재확인 한다.
③ 추출압력이 정상인지 확인을 한다.
④ 온수물에서 정수되지 않은 수도냄새가 나는지 확인해 본다.
⑤ 에스프레소 추출이 잘되는지 확인해 본다.

31 반자동 에스프레소 커피 추출 시 물량이 계속 변하는 이유로 가장 적합한 부위는?

① 보일러
② 에어 밸브
③ 스팀 밸브
④ 필터 홀더 가스켓
⑤ 워터 플로우메타

[정답] 26 ④ 27 ② 28 ③ 29 ② 30 ① 31 ⑤

32 커피기계 부품 중 소모품에 해당하지 않는 것은?

① 필터 홀더 가스켓

② 스팀노즐 하부 오링

③ 샤워필터

④ 샤워홀더

⑤ 보일러 히터가스켓

33 커피 추출 시 펌프모터에서 심한 소음이 나는 경우 중 적합한 것은?

① 커피 투입량이 많아서

② 배수가 잘 안되어서

③ 물 공급이 잘 안돼서

④ 전압이 낮아서

⑤ 콘덴서가 불량일 때

34 반자동 에스프레소 머신의 추출이 되지 않는 현상에 대한 진단 중 틀린 것은?

① 추출 솔레노이드 밸브가 막힘 또는 고장

② 플로우메타의 이상 현상 또는 막힘

③ 물 공급이 원활하지 않을 시

④ 머신에 전원이 공급되지 않을 시

⑤ 원두의 분쇄도가 지나치게 굵어서

35 그라인더 부위 명칭에 해당하지 않는 것은?

① 워터 플로우메타

② 원두 투입 레버

③ 분쇄원두 추출량 조절 레버

④ 분쇄입자 조절 레버

⑤ 도저레버

36 그라인더에서 원두커피가 닿는 부위가 아닌 것은?

① 호퍼통

② 도저통

③ 배출량 조절레버

④ 그라인더 날

⑤ 도저레버

37 다음 중 에스프레소 머신의 추출그룹 역류청소를 위해 사용하는 부품으로 옳은 것은?

① 그룹샤워 홀더

② 샤워필터

③ 필터 홀더 가스켓

④ 블라인더 필터

⑤ 스파웃

[정답] 32 ④ 33 ③ 34 ⑤ 35 ① 36 ⑤ 37 ④

38 다음 중 머신청소용 세제의 보관방법으로 옳은 것은?

① 습하고 서늘한 곳에 보관한다.

② 건조하고 열기가 많은 곳에 보관한다.

③ 냉동 보관한다.

④ 직사광선은 피하고 서늘하며 건조한 곳에 보관한다.

⑤ 햇볕이 잘 드는 창가에 보관한다.

39 반자동 커피머신의 포타필터에 세정약품을 넣어 청소 시 청소가 되는 부품은?

① 열교환기, 오르피스

② 워터 플로우메타, 열교환기

③ 프로콘 펌프, 모터

④ 보일러, 열교환기

⑤ 샤워필터, 샤워홀더, 솔레노이드 밸브

40 실내온도가 5도 이하의 장소에서 커피 머신을 설치 및 보관 시 다음 중 가장 고장나기 쉬운 부품은?

① 각종전선

② 필터홀더

③ 케이스

④ 물이 닿는 부품

⑤ 모 터

41 커피기계 하부에서 바닥으로 커피물이 조금씩 누수가 될 경우 초동 대처로 옳은 것은?

① 배수트레이를 점검한다.

② 수도를 잠근다.

③ 기계전원공급을 중단한다.

④ 전용약품으로 청소를 한다.

⑤ 기계를 천천히 분해한다.

42 필터홀더를 그룹헤드에 장착 후 에스프레소를 추출하는 중 커피가 필터홀더와 헤드 사이에서 세는 경우 점검해야 하는 부품으로 가장 옳은 것은?

① 필터 홀더 가스켓

② 필터홀더

③ 샤워스크린

④ 샤워필터

⑤ 그라인더 날

43 일반적으로 커피머신에서 게이지를 보고 알 수 없는 것은?

① 추출압력

② 수도온도

③ 보일러 압력

④ 보일러의 히팅

⑤ 수도압력

[정답] 38 ④ 39 ⑤ 40 ④ 41 ① 42 ① 43 ②

44 머신 열교환기를 통과하는 물의 흐름에 맞는 순서가 바르게 나열 된 것은?

① 펌프 → 일방향 밸브 → 솔레노이드 밸브 → 워터플로우 메타 → 열교환기 → 오르피스 → 추출그룹

② 오르피스 → 솔레노이드 밸브 → 펌프 → 워터플로우 메타 → 열교환기 → 일방향 밸브 → 추출그룹

③ 워터플로우 메타 → 펌프 → 오르피스 → 열교환기 → 일방향 밸브 → 솔레노이드 밸브 → 추출그룹

④ 펌프 → 일방향 밸브 → 워터플로우 메타 → 열교환기 → 오르피스 → 솔레노이드 밸브 → 추출그룹

⑤ 펌프 → 열교환기 → 워터플로우 메타 → 오르피스 → 솔레노이드 밸브 → 추출그룹 → 일방향 밸브

45 커피 맛에 가장 큰 변수를 주는 것이 아닌 것은?

① 그라인더 날과 호퍼 청소를 안했을 때
② 포타필터 청소를 안했을 때
③ 정수기필터를 교환 안했을 때
④ 샤워필터 샤워홀더 청소를 안했을 때
⑤ 커피기계 외관 청소를 안했을 때

46 다음 중 커피추출물이 역류되는 것을 방지해주는 부품으로 알맞은 것은?

① 모터펌프
② 플로우 메타
③ 연수기
④ 수위 감지봉
⑤ 역류방지 밸브

47 다음 중 에어 밸브의 설명으로 올바른 것은?

① 보일러 압력이 과하게 올랐을 때 보일러를 보호하기 위해 작동하는 안전장치이다.
② 보일러의 공기를 빼주는 역할을 한다.
③ 물의 수위를 조절하는 역할을 한다.
④ 물의 온도를 조절하는 역할을 한다.
⑤ 물의 유량을 측정하는 역할을 한다.

48 수압과 추출압력을 표시해주는 부품의 이름으로 올바른 것은?

① 보일러 압력 게이지
② 수위 압력 게이지
③ 수위 감지봉
④ 추출 압력 게이지
⑤ 온도 센서

49 다음 중 에스프레소 추출을 위해 필터 홀더 장착하는 부위의 명칭으로 올바른 것은?

① 그룹 게스킷
② 샤워 스크린
③ 스파우트
④ 샤워 홀더
⑤ 그룹 헤드

50 다음 중 워터플로우 메타에서 추출량을 측정 기준으로 알맞은 것은?

① 시 간　　　② 유 속
③ 유 량　　　④ 수 온
⑤ 무 게

51 다음 중 머신 전용세제의 사용법으로 옳지 않은 것은?

① 머신 사용 후 샤워 스크린과 3way 밸브를 위한 청소이므로 매일 사용한다.
② 가급적이면 3종 세제를 사용하여 최대한 깨끗하게 머신을 관리하는 것이 바람직하다.
③ 2종 세제로 청소를 하였다면 헹구는 시간을 여러 번 갖는 것이 바람직하다.
④ 가급적 습기가 먹지 않는 서늘한 곳에 보관하는 것이 좋다.
⑤ 마시는 물이 흐르는 관을 청소하는 용도이므로 가급적 1종 세제를 사용하는 것이 바람직하다.

52 다음 중 세이프티 밸브가 작동하게 된 원인으로 옳은 것은?

① 보일러 내부의 압력이 낮아서
② 열교환기 내부의 온도가 너무 낮아서
③ 보일러 내 · 외부 압력차가 심해서
④ 보일러 내부 압력이 너무 높아졌거나, 수위 센서봉에 스케일이 껴서
⑤ 보일러 내부에 물이 70% 이상 차있어서

53 다음 중 세이프티 밸브가 작동했을 시 바리스타가 취해야 하는 응급처치 요령으로 적절한 것은?

① 온도를 뺏기는 것을 방지하기 위해 머신을 켜둔 상태로 계속해서 추출온수를 빼준다.
② 과압으로 생긴 현상으로 디스펜서 기능을 활용해 물을 빼가며 엔지니어를 기다린다.
③ 기계를 끄고 엔지니어를 기다린다.
④ 신속히 기계를 분해하여 보일러를 점검한다.
⑤ 한쪽 스팀 노즐을 개방한채로 계속해서 머신을 사용한다.

[정답] 49 ⑤　50 ③　51 ②　52 ④　53 ③

54 다음 중 에스프레소 머신에 대한 설명 중 옳지 못한 것은?

① 일반적으로 에스프레소 머신의 수명은 3년이므로 3년 이상 사용한 머신을 바로 교체해주는 것이 좋다.

② 정기적인 청소와 관리를 통해 좋은 커피맛을 유지할 수 있다.

③ 에스프레소를 추출하기 위한 기계이며, 에스프레소 추출, 스티밍, 온수추출, 컵 워밍 등 크게 4가지 기능이 있다.

④ 추출용 온수와 디스펜서용 온수는 다른 곳에서 보관되므로 온도가 다를 수 있다.

⑤ 같은 원두라 하여도 머신 브랜드에 따라 원두 향미의 강조점이 다르게 나타날 수 있다.

55 다음 중 에스프레소 머신 관리 요령으로 옳지 못한 것은?

① 에스프레소 머신 역류 청소는 가급적 매일해주는 것이 좋다.

② 에스프레소 추출 압력이 높거나 낮을 때, 모터펌프에 있는 조절계를 통해 압력을 조절 할 수 있다.

③ 에스프레소 추출 시 끓는 물이 떨어질 수 있으므로 추출 전 항상 4~5초 이상 물을 빼주는 것이 좋다.

④ 사용하고 있는 스팀압력이 너무 높거나 낮을 때는 팁의 교체를 통해 조절할 수 있다.

⑤ 추출온수와 디스펜서용 온수는 각각 다른 공간에서 보관/온도 유지가 되지만 서로에게 온도 영향을 줄 수 있으므로, 특히 디스펜서 기능을 과하게 사용하지 않는 것이 좋다.

56 다음 중 에스프레소 머신에서 에스프레소 추출 버튼을 눌렀을 때 "딸깍" 소리를 내며 물공급을 해주는 부품으로 알맞은 것은?

① 스팀노즐
② 메인보드
③ 샤워 스크린
④ 세이프티 밸브
⑤ 솔레노이드 밸브

57 에스프레소 머신의 전원이 OFF되어 있는 증상의 원인으로 볼 수 없는 것은?

① 플러그 및 콘센트 이상
② 메인배전반 차단기 이상
③ 전원 s/w 이상
④ 기계 전원 PCB 이상
⑤ 공급되는 물의 온도가 너무 낮아서

58 다음 중 에스프레소 머신의 보일러가 데워지지 않는 증상의 원인으로 옳은 것은?

① 모터에 달린 컨덴서에 방전이 일어나지 않아서
② 보일러 내부 물의 양이 많아서(80% 이상)
③ 온수 보일러 급수 전자 밸브 불량
④ 과열방지 바이메탈이 불량일 때
⑤ 보일러 내부 물의 양이 부족하여

59 다음 에스프레소 머신의 이상 증상 중 보일러 위에서 스팀이 새는 소리가 나는 경우 점검해야 하는 부품으로 알맞은 것은?

① 에어 밸브 내부 오링
② 수위 감지봉
③ 온도센서
④ 플로우 메타
⑤ 열교환기

60 스팀 압력은 정상이지만 스팀이 약하게 나오는 경우 문제의 원인으로 올바른 것은?

① 온도센서의 오작동
② 추출 버튼의 오작동
③ 수위 감지봉의 오작동
④ 스팀 노즐 팁의 막힘
⑤ 스팀 완드의 과열

61 에스프레소 추출 중 과소 추출의 원인으로 옳지 않은 것은?

① 물의 온도가 낮아서
② 추출 압력이 높아서
③ 원두 입자가 굵어서
④ 원두의 사용량이 적어서
⑤ 추출 온수의 온도가 높아서

62 다음 중 그룹헤드의 세제를 이용한 역류청소 주기로 알맞은 것은?

① 월 1회
② 주 1회
③ 매 일
④ 연 1회
⑤ 주 2회

63 다음 중 그룹헤드 내 샤워스크린/샤워홀더 청소주기로 알맞은 것은?

① 월 1회
② 주 1회
③ 매 일
④ 연 1회
⑤ 주 2회

[정답] 58 ④ 59 ① 60 ④ 61 ⑤ 62 ③ 63 ③

64 스티밍하는 중 스팀 노즐의 팁이 결속되는 부분에서 누증현상이 발견되었다. 다음 중 그 원인으로 가장 알맞은 것은?

① 보일러 압력이 너무 높아서
② 스팀 노즐 내부 청소상태가 불량해서
③ 팁과 노즐 사이에 고무 오링이 마모되어서
④ 스팀 완드가 과열되어서
⑤ 보일러 압력이 너무 낮아서

65 다음 에스프레소 머신에서 스팀 밸브를 열었는데 스팀이 나오기 전 필요 이상으로 물이 나오는 경우 점검해야 하는 부품으로 알맞은 것은?

① 압력조절계
② 수위 감지봉
③ 세이프티 밸브
④ 보일러 히터
⑤ 플로우 메타

66 다음 중 에스프레소 추출을 위해 버튼을 눌렀는데 모터소리는 나지만 물이 나오지 않는 증상의 원인으로 가장 알맞은 것은?

① 모터펌프에 스케일이 낌
② 펌프 압력이 너무 낮게 셋팅되어 있음
③ 물이 정수되지 않음
④ 플로우 메타가 작동하지 않음
⑤ 3way 솔레노이드 밸브에 스케일이 끼어있거나, 코일이 고장남

67 다음 중 에스프레소 머신의 유지관리 방법으로 옳지 않은 것은?

① 에스프레소 추출 후 가급적이면 그룹헤드 내부를 헹궈주는 것이 좋다.
② 에스프레소 추출 시 최대한 주변의 물 사용량(싱크대, 정수기 파우셋 등)을 늘려 추출압력을 안정화 시키는 것이 좋다.
③ 추출 온도는 항상 96도 이상을 유지하는 것이 맛 향상에 도움을 준다.
④ 스팀 노즐은 사용 전후에 물을 빼주는 것이 좋다.
⑤ 에스프레소 머신에 있는 온수 디스펜싱 기능은 보일러 내부 온도에 영향을 줄 수 있으므로 과한 사용은 금하는 것이 좋다.

68 엔지니어로서 가장 신속한 AS 조치는 무엇인가?

① 증상을 듣고 바로 출동한다.
② AS 신청서 양식을 통해 철저히 준비하고 출동한다.
③ 현장에 있는 사람이 조치할 수 있도록 설명해준다.
④ 지속적인 방문을 통해 관리한다.
⑤ 최소 3일 이상 걸리지 않게 출동한다.

[정답] 64 ③ 65 ② 66 ⑤ 67 ③ 68 ③

69 2그룹 업소용 에스프레소 머신 설치 시 요구사항이 아닌 것은?

① 머신 + 그라인더 + 너클박스를 올려둘 공간을 준비한다.
② 머신 하단부에 배수구를 만들어준다.
③ 30A 단독 차단기를 머신 근방에 만들어둔다.
④ 머신 전기용량을 2KW 준비해둔다.
⑤ 전용 급수를 위한 수도관을 플러그로 막아둔다.

70 1회 도징 시 배출되는 커피 양을 조절하는 방법으로 올바른 것은?

① 원두 투입조절 레버를 좌우로 돌려 조정한다.
② 도징을 짧게 한다.
③ 도징을 길게 한다.
④ 도징을 천천히 한다.
⑤ 도징을 빠르게 한다.

71 그라인더 분쇄도 조절 방법 중 잘못된 것은?

① 교육 기관에서 추천하는 수치에 맞춘다.
② 실내 온도와 습도에 맞춰 추출시간을 보고 분쇄도를 조절한다.
③ 추출되는 모양을 보고 분쇄도를 조절한다.
④ 커피양을 적게 담을 때는 입자를 곱게 한다.
⑤ 커피양을 많이 담을 때는 분쇄도를 크게한다.

72 에스프레소 머신의 추출 원리와 가장 가까운 커피 기구는?

① 핸드드립 기구
② 사이폰
③ 모카포트
④ 더치기구
⑤ 드립포트

73 에스프레소 머신 사용 시 안전사항이 아닌 것은?

① 손이나 발에 물기 또는 습기가 있는 경우 기계를 만지지 않는다.
② 맨발로 기계를 작동하지 않는다.
③ 기계사용 경험이 없다면 전문가에게 교육을 받고 사용한다.
④ 큰 위험이 없으므로 어린이들도 사용이 가능하다.
⑤ 접지가 되어있는지 확인한다.

74 제빙기의 관리법 중 잘못된 것은?

① 제빙기의 필터를 청결하게 관리한다.
② 제빙기의 내부 청소를 주기적으로 한다.
③ 배수가 원활하게 되도록 관리한다.
④ 공냉식 제빙기의 경우 규격에 정확히 맞는 선반에 설치한다.
⑤ 제빙기의 용량을 고려하여 정수기를 설치한다.

[정답] 69 ④ 70 ① 71 ① 72 ③ 73 ④ 74 ④

75 머신 전원을 켰을 때 압력이 상승하지 않을 경우 선행해야 할 조치는?

① 머신 전원을 다시 껐다 켠다.
② 스팀을 개방하여 압력(공기)을 제거한다.
③ 압력스위치의 압력을 상승시킨다.
④ 업장 전기 용량을 증설한다.
⑤ 머신에 온수를 공급한다.

76 배수 호수를 설치하는 방법 중 잘못된 것은?

① 호수의 끝부분을 대각선으로 잘라 배수구에 장착한다.
② 밴드를 키워 호수에 먼저 장착 후 결합한다.
③ 머신을 눕혀서 작업하면 편리하다.
④ 밴드는 장착할 필요가 없다.
⑤ 최대한 수직으로 배수되게 설치한다.

77 커피 그라인더 날에 대한 설명이 잘못 된 것은?

① 그라인더 날 교체 시 위아래를 같이 한다.
② 그라인더 날은 통상적인 시기가 되면 교체한다.
③ 위쪽 날은 간격을 주어 입자의 크기를 결정해준다.
④ 원두를 분쇄하는 톱니 모양의 원형 칼날이다.
⑤ 그라인더 날의 종류는 원뿔형과 원통형 2가지가 있다.

78 그라인더의 명칭이 아닌 것은?

① 호 퍼
② 원두 투입 레버
③ 도저 레버
④ 분쇄원두 추출량조절 레버
⑤ 필터바스켓

79 포타필터를 머신에 항시 결합하는 이유로 올바른 것은?

① 가스켓의 수명 연장
② 그룹 헤드의 가열
③ 포타필터의 보온
④ 샤워스크린 보호
⑤ 외관상 보기 좋다.

80 온수 추출 시 온수에서 냄새가 날 경우 올바른 조치는?

① 연수기나 정수기 필터를 교체한다.
② 보일러의 물을 제거하고 새물을 담는다.
③ 온수를 사용하지 않는다.
④ 온수 추출구를 청소한다.
⑤ 보일러의 온도를 낮춘다.

81 샤워스크린의 역할로 맞는 것은?

① 커피에 물이 고르게 분배되도록 한다.
② 포타필터에 담겨진 커피를 고르게 펴
준다.
③ 탬핑을 하지 않아도 되도록 한다.
④ 고압으로 추출되는데 도움을 준다.
⑤ 추출 시 온도가 떨어지는 것을 방지해
준다.

82 정수시스템을 통해 에스프레소 머신에 급수를
연결하는 이유 중 틀린 것은?

① 스케일 억제를 위하여
② 염소의 함유로 인한 특유의 향과 잡미
를 제거하기 위해
③ 경수의 물을 연수로 바꾸기 위해
④ 1~2bar 이하로 수압을 낮추기 위해
⑤ 광물질의 필터링을 위해

83 정수기 교체시기를 파악하는 방법 중 틀린 것은?

① 물맛이 변했을 때
② 수압이 약해졌을 때
③ 통상적인 교체시기에 맞춰 교체
④ 물에서 냄새가 날 때
⑤ 급수 시 머신에서 소음이 날 때

84 커피머신을 위한 정수기 선별 시 고려할 사항
이 아닌 것은?

① 분당 정수 능력
② 연수 기능
③ 교체시기 확인이 가능한 것
④ 정수기 크기
⑤ 업장 수질에 적합한 정수기

85 정수기 선별 시 커피머신, 제빙기, 온수기, 식수
등 사용량이 많을 때 가장 고려해야 하는 것은?

① 연수 기능
② 분당 정수 능력
③ 스케일 억제 기능
④ 정수기 크기
⑤ 교체시기 알람 기능

86 정수기 교체 방법을 순서대로 나열한 것은?

a. 정수기 필터를 교체 한다.
b. on/off 밸브를 잠근다.
c. 수압을 제거 한다.
d. 충분히 물을 흘려 적응 시간을 갖는다.
e. 머신의 전원을 off 한다.

① a, c, d, e, b
② e, b, c, a, d
③ e, b, a, c, d
④ e, c, b, a, d
⑤ e, b, a, c, d

87 아래와 같은 증상에서 가장 의심이 가는 것은?

> [증상]
> 업장의 수압에 변화가 없는 상태에서 에스프레소 머신 압력 게이지의 기본 수압이 낮아졌으며 추출 시 머신에서 소음이 난다.

① 단 수
② 로터리 펌프 고장
③ 플로우 메타 고장
④ 솔레노이드 밸브 고장
⑤ 정수필터 막힘

88 정수기 교체 시기가 지났을 때 나타나는 증상으로 틀린 것은?

① 머신의 기본 수압이 상승한다.
② 머신의 기본 수압이 낮아진다.
③ 물에서 냄새가 난다.
④ 물맛이 변했다.
⑤ 에스프레소 추출 시 소음이 난다.

89 정수기 설치 시 물이 역류하는 것을 방지해주는 피팅은?

① 이퀄 T자 피팅
② 1/2 직수용 피팅
③ 3/8 체크밸브
④ 3/8 ↔ 1/4 변환 피팅
⑤ 이퀄 피팅

90 커피머신에 빈번한 스케일 침적으로 인한 문제가 발생할 때 조치로 올바른 것은?

① 머신 청소
② 정수기 필터 교체
③ 커피머신의 균형을 맞춘다.
④ 커피 분쇄도를 굵게 한다.
⑤ 마감 시 커피머신의 전원을 끈다.

[정답] 87 ⑤ 88 ① 89 ③ 90 ②

카페/기업 관리자
체크리스트

※ 체크리스트는 복사해서 사용합니다.

커피 컨디션 점검 일지

작성일 20 . . 작성자

관리항목	관리사항	점검		기준
원두	원두의 보관 상태는 어떠한가?	상		오일 30% 이하
		중		오일 50% 이하
		하		산패취, 오일 80% 이상
	제조일이 최근 제품으로 입고되었는가?	상		4개월 이내
		중		8개월 이내
		하		12개월 이상
에스프레소	크레마 색은 어떠한가?	상		황금색(타이거 무늬)
		중		갈색
		하		적갈색
	추출시간은 어떠한가?	상		20~30초 사이
		중		17~19초 사이
		하		30초 이상
	추출양은 어떠한가?	상		20~30ml 사이
		중		18~23ml 사이
		하		25±10ml 이상
	TDS(물에 녹은 유기물과 무기물 수치)와 BRIX(당도) 수치는 어떠한가?	TDS( )		BRIX( )
	카페다 유기농 에스프레소 제품 특성이 잘 나타나는가?	상·중·하		아래 〈표 1-1〉 참고
아메리카노	HOT 아메리카노의 온도는 어떠한가?	상		85±5℃
		중		65±5℃
		하		30±5℃ or 92℃이상
	아메리카노 컵의 용량은 어떠한가?		HOT:13OZ	ICE:14OZ
	기존 아메리카노 맛을 유지하는가?	상		기존의 맛 유지
		중		아래 〈표 1-1〉 참고
		하		아래 〈표 1-1〉 참고
카페라떼 카푸치노	음료의 온도(스티밍 온도)는 어떠한가?	상		60±5℃
		중		55±5℃
		하		30±5℃ or 75℃이상
	카푸치노, 카페라떼 컵의 용량은 어떠한가?		HOT:13OZ	ICE:14OZ
	우유와 커피의 조화는 어떠한가?	상		밸런스 좋음
		중		우유 풍미가 많이 남
		하		맛없음/쓴맛

〈표 1-1〉

제품 특성	하우스 블렌드	에스프레소 블렌드	비고
상	무난함, 구수함	설탕과의 조화가 뛰어남, 구수함, 바디 좋음, 지속성 좋음	
중	쓴맛, 튀는 산미	향미 약함, 바디 약함	
하	찌든 맛, 산패취, 오일리	설탕과 커피의 조화가 없고 설탕물 맛, 풍미 없음, 텁텁함, 산패취	

커피 컨디션 점검 일지

작성일 20 . . 　　작성자

관리항목	관리사항	점검		기준
원두	원두의 보관 상태는 어떠한가?	상		
		중		
		하		
	제조일이 최근 제품으로 입고되었는가?	상		
		중		
		하		
에스프레소	크레마 색은 어떠한가?	상		
		중		
		하		
	추출시간은 어떠한가?	상		
		중		
		하		
	추출양은 어떠한가?	상		
		중		
		하		
	TDS(물에 녹은 유기물과 무기물 수치)와 BRIX(당도) 수치는 어떠한가?	TDS(	) BRIX( )	
	에스프레소 제품 특성이 잘 나타나는가?	상 · 중 · 하		아래 〈표 1-1〉 참고
아메리카노	HOT 아메리카노의 온도는 어떠한가?	상		
		중		
		하		
	아메리카노 컵의 용량은 어떠한가?	HOT(	) ICE( )	
	기존 아메리카노 맛을 유지하는가?	상		기존의 맛 유지
		중		아래 〈표 1-1〉 참고
		하		아래 〈표 1-1〉 참고
카페라떼 카푸치노	음료의 온도(스티밍 온도)는 어떠한가?	상		
		중		
		하		
	카푸치노, 카페라떼 컵의 용량은 어떠한가?	HOT(	) ICE( )	
	우유와 커피의 조화는 어떠한가?	상		
		중		
		하		

〈표1-1〉

제품 특성			비고
상			
중			
하			

청소 및 위생 관리 일지

작성일 20 . . 작성자 확인자 점검결과

구분	항목	점검
내·외부 기본 관리	창문, 출입문, 창틀의 먼지 및 거미줄 제거를 하였는가?	
	바닥(바/매장), 상품 진열대, 테이블은 먼지나 물기가 없는가?	
	수납장, 백룸(창고)은 청결하게 정리정돈 되어 있는가?	
	고객응대포인트(포스/카운터/반납대/셀프바)는 청결하며 소모품이 채워져 있는가?	
	냉·난방기 필터는 매월 1회 이상 청소 및 마감 30분 전 송풍으로 관리하는가?	
	싱크대, 더치바, 에스프레소 머신바 주변은 먼지나 물기가 없는가?	
	매장 내 음악소리는 적당한가?	
	분기별로 배수관 청관약품청소를 하였는가?	
	간판, 메뉴판, 실내·외(화장실 포함) 전등은 전부 들어오는가?	
	화장실은 청결하며 휴지, 비누, 소독용품이 적절히 채워져 있는가?	
	고객 음용수(냉·온수)는 적절한 온도이며 컵의 위생 점검을 하고 있는가?	
	우산꽂이, 화분, 분리수거통은 적당한 장소에 위치하며 관리하고 있는가?	
요일별 집중 관리	월요일 : 제빙기 필터와 내부 청소 및 소독	
	화요일 : 냉동실 성에 제거, 냉장실 청소(유통기한 확인 필수)	
	수요일 : 아이스크림 머신 청소	
	목요일 : 더치기구, 쇼케이스 청소	
	금요일 : 청소도구(솔/행주/대걸레), 식기소독기(건조기) 청소 및 소독, 수납장 정리 정돈	
	토요일 : 복장(유니폼) 관리 및 세탁	
	일요일 : 분리수거통, 소화기, 창틀, 문틀, 매장 내 모든 손잡이, 벨브 청소 및 소독	
조별 집중 관리	오픈조 : 포스시제(정산준비금 및 잔돈 체크), 커피 머신 컨디션 체크	
	마감조 : 포스시제(일 매출 및 준비금 체크), 화재(전기/가스)설비 및 잠금 보안 체크	
	*금요일 오픈조는 토, 일 근무를 위해 충분한 잔돈 및 각종 부재료 준비 확인	
	*마감조는 화장실 위생용품(비누/휴지) 및 위생상태(양변기/세면대/거울) 확인 후 퇴근	
개인 복장 및 위생 관리	내부 근무 시간 중 흡연을 하지는 않는가?	
	바 및 조리시설 내부에서 근무복장(모자/앞치마/위생장갑)을 준수하는가?	
	바 및 조리시설 내부를 잠깐이라도 벗어난 뒤 다시 들어올 경우 손을 씻는가?	
	반지, 시계, 귀걸이, 목걸이, 매니큐어 등 액세서리를 착용하지 않았는가?	
	모든 직원의 손톱은 깨끗하게 관리하는가?	
	근무자의 개인 복장은 깨끗하게 관리되는가?	
	근무자중 질환자가 있나?('예'일 경우 진단서 확인)	
	개인 명찰(개인 식별카드)을 착용하는가?	
식료품 관리	쇼케이스 및 냉장고 온도는 5℃로 유지되고 있는가?	
	냉동고의 온도는 영하 15℃로 유지되고 있는가?	
	무신고·무허가·무표시 제품이 반입 및 사용되고 있는가?	
	유제품(우유·생크림·요거트·치즈 등)이 적정한 온도에서 적합하게 보관 및 사용되고 있는가?	
	냉동·냉장차로 입고되는 제품의 경우 운반 차량의 온도 확인 후 입고하였는가?	
	한글표시사항, 유통기한의 표시사항이 훼손된 제품을 입고하지는 않았는가?	
	사용 원재료의 보관 중 특이한 냄새가 나거나 팽창·부패한 제품이 있었는가?	

※ 확인자는 점검결과를 우수, 양호, 미흡 3단계로 평가

※ 청소 : 때와 찌꺼기를 대상 표면에서 제거하는 행위 / 행동요령-적합한 세정제, 수온, 수압

※ 소독 : 보이지 않는 미생물을 대상 표면에서 안전한 수준으로 감소하는 행위 / 행동요령-전용 소독제 및 열탕

체크리스트2

청소 및 위생 관리 일지

작성일 20   .   .   작성자   확인자   점검결과

구분	항목	점검

그라인더, 머신, 블렌더, 제빙기 유지 관리 일지

작성일 20 . . 작성자 확인자 점검결과

	관리업무	예	아니요	비고
그라인더	그라인더의 사용법은 습득하였는가?			
	외부 환경에 따른 원두 그라인더 세팅은 가능한가?			
	그라인더 칼날의 물(분해)청소가 가능한가?			
	도우저 청소가 잘 되어있는가?			
	호퍼는 마감 때 세척 후 퇴근하는가?			
	그라인더 분해 청소는 일주일에 한 번씩 하는가?			
	마감 시 남은 원두는 별도 보관 후 다음날 사용하는가?			
	머신 사용 중 느낀 이상 징후가 있는가?(서술)			
커피머신	머신압력은 이상이 없는가?(스팀 · 온수 · 추출 등의 압력)			
	최근에 머신을 A/S 받은 이력이 있는가?			
	가스켓, 샤워스크린, 정수필터 등 소모품은 구비되었는가?			
	스팀노즐은 청결한가?			
	머신배수구는 월 1회 청관약품 청소를 하는가?			
	머신은 일 1회 약품청소(솔벤브 청소)를 시행하는가?			
	포타필터의 청결을 위해 분리 청소를 하는가?			
	그룹헤드, 샤워스크린, 홀더의 분해 청소를 하는가?			
	퇴근 시 스팀노즐은 뜨거운 물에 잠긴 것을 확인하는가?			
	정수필터 교환은 할 수 있는가?			
	머신 사용 중 느낀 이상 징후가 있는가?(서술)			
블렌더	컨테이너와 뚜껑은 유지방이 남아있지 않은가?			
	퇴근 시 블렌더 뚜껑에 유지방이 없는 것을 확인하는가?			
	소음방지 뚜껑과 고무판은 세척 후 퇴근하는가?			
	머신 사용 중 느낀 이상 징후가 있는가?(서술)			
제빙기	퇴근 시 아이스 스쿱을 소독 후 건조하는가?			
	외관을 행주로 닦고 공랭식의 경우 필터 청소를 하는가?			
	하절기 주 1회, 동절기 월 1회 빙수판 내부 분리 청소를 하는가?			
	머신 사용 중 느낀 이상 징후가 있는가?(서술)			
기본	화장실과 쓰레기통은 청결한가?			
	퇴근 시 행주 및 대걸레는 살균소독제로 처리하는가?			
	불필요 전원은 모두 소등 확인했는가?			
	포스 및 음악 스피커 전원을 확인했는가?			

※ '아니요' 항목은 최고책임자에게 문의(보고)하여 해결하시오.

A/S 점검 리스트

작성일 20 . . 작성자 A/S기사 성명

점검사항			
점검일		머신 종류	
관리 업체명(연락처)		머신 사용기간(최초 구매일)	
A/S 신청 증상			

A/S 현황

점검 및 개선사항

종합의견 및 기타

협력 업체 비상 연락망

업체명	담당자	전화번호	비고

직원별 건강진단서(보건증) 유효 검사일 확인(1년 간격)

이름	검사 유효일 *년 *월 *일 까지				
	년 월 일	년 월 일	년 월 일	년 월 일	년 월 일
	년 월 일	년 월 일	년 월 일	년 월 일	년 월 일
	년 월 일	년 월 일	년 월 일	년 월 일	년 월 일
	년 월 일	년 월 일	년 월 일	년 월 일	년 월 일
	년 월 일	년 월 일	년 월 일	년 월 일	년 월 일
	년 월 일	년 월 일	년 월 일	년 월 일	년 월 일
	년 월 일	년 월 일	년 월 일	년 월 일	년 월 일
	년 월 일	년 월 일	년 월 일	년 월 일	년 월 일
	년 월 일	년 월 일	년 월 일	년 월 일	년 월 일
	년 월 일	년 월 일	년 월 일	년 월 일	년 월 일
	년 월 일	년 월 일	년 월 일	년 월 일	년 월 일
	년 월 일	년 월 일	년 월 일	년 월 일	년 월 일
	년 월 일	년 월 일	년 월 일	년 월 일	년 월 일
	년 월 일	년 월 일	년 월 일	년 월 일	년 월 일
	년 월 일	년 월 일	년 월 일	년 월 일	년 월 일

체크리스트7

안전 점검표_약식(27항목)

작성일 20 . .   사업장명

구 분	점검사항	점검결과		비고
		적합	부합	
1. 건물 (7항목)	건물에서 수시로 "턱턱" 소리가 들리는 등 균열 현상은 없는가?			이상 시 시 · 군 · 구 재난관리 부서에 신고
	벽지가 찢어지거나 화장실 타일에 균열이 있는가?			
	옥상에 과하중의 물건이 적재되어 있지 않은가?			
	창문의 여닫힘 상태가 좋은가?			
	시설물 주변이나 옥상 등의 배수시설 상태는 좋은가?			
	콘크리트 구조체의 균열, 박리, 누수, 철근, 노출은 없는가?			
	기둥, 보 등 구조부의 손상 · 균열은 없는가?			
2. 가스 (7항목)	중간밸브, 가스레인지 콕은 완전히 잠겨있는가?			이상 시 가스안전 공사 또는 가스공급 업소에 신고
	월 1회 가스가 새지 않는지 비눗물과 점검액으로 점검을 하는가?			
	환기가 잘 되는 실외에 가스통을 보관하는가?			
	이사에 의한 가스시설 철거 및 설치 시는 전문시공업자에게 의뢰하는가?			
	가스보일러의 흡 · 배기구시설 설치 상태는 양호한가?			
	경보기 등은 정상 작동하는가?			
	가스 밸브 및 배관은 녹슬지 않았는가?			
3. 전기 (5항목)	누전차단기를 설치하고 월 1회 정상 작동 시험 버튼을 눌러 확인하는가?			이상 시 전기안전 공사에 신고
	젖은 손으로 전기기구를 만지지 않는가?			
	1개의 콘센트에 여러 개의 전기, 전열 기구를 사용하지 않는가?			
	손상된 코드선, 피복이 벗겨진 전선을 사용하지 않는가?			
	매장을 비울 때는 각종 코드를 뽑아두는가?			
4. 기타 (8항목)	소화기를 비치하고 작동요령을 알고 있는가?			화재신고 국번 없이 ☎119
	화기 주변에 인화성 물질 등을 내버려두고 있지 않은가?			
	구급상자는 누구나 쉽게 사용할 수 있는 장소에 보관하여 두었는가?			
	라이터, 성냥, 약물, 칼 등은 어린이의 손이 닿지 않는 곳에 보관하고 있는가?			
	높은 곳에 떨어질 위험이 있는 물건을 내버려두지 않았는가?			
	목욕탕 등의 미끄럼 방지를 위한 안전조치는 하였는가?			
	유해물질(인화성, 유독물질 등)을 내버려두지 않았는가?			
	문, 책상, 가구 등의 날카로운 모서리에 안전조치를 하였는가?			

※ 농어촌체험 · 휴양마을 안전 · 위생 표준교재에서 발췌(농림축산식품부)

체크리스트8

위생 점검표_약식(22항목)

작성일 20 . . 　　　사업장명

구 분	점검사항	점검결과		비고
		적합	부합	
1. 개인위생 (7항목)	설사 · 발열 · 구토 등 화농성질환이 있는가?			
	가족 및 동거인의 과거질환이 있는가?			
	위생모 · 위생복 · 작업화 등이 청결한가?			
	손 세척 및 소독의 필요성을 알고 있는가?			
	손톱의 청결 유지 및 장신구(반지 등)를 착용하고 있는가?			
	종업원의 심리적 상태가 안정적인가?			
	건강진단결과서(보건증)의 기준 유효일이 적합한가?			
2. 원료 및 조리 · 가공 식품 취급 (7항목)	부패 · 변질 및 무신고(허가), 무표시 제품 등을 사용하는가?			
	저장조건, 포장 · 용기 등이 적정한가?			
	교차오염 방지를 위한 구분 보관이 되어 있는가?			
	적정 보관 온도를 준수하고 있는가?			
	로스팅 원두와 생두를 구분하는가?			
	로스팅 원두를 신속 냉각 및 적정하게 포장/보관하고 있는가?			
	커피 제조 · 가공 · 포장 시 마스크를 착용하는가?			
3. 조리 · 가공 설비 및 시설 (5항목)	오염, 청결, 준청결 구역 구분을 하고 있는가?			
	방충, 방서 및 이물 혼입 방지에 신경 쓰는가?			
	유기원료, 비유기 원료 조리 시 기구를 구분하여 사용하는가?			
	로스터기, 포장기 등 제조 · 가공 · 포장기구 및 설비 등은 적정 세척, 소독하여 사용하는가?			
	작업장 내 수세시설 및 소독시설의 구비 및 작동이 잘 되고 있는가?			
4. 기타 준수 사항 이행 (3항목)	수돗물이 아닌 물을 사용 시 먹는 물 수질검사를 하는가?			
	유통기한이 경과된 제품은 진열 · 보관 또는 조리 · 가공 등 재사용하지 않고 있는가?			
	쓰레기 및 쓰레기장의 청결상태를 관리하는가?			

위생관리 평가표 및 작성요령

※ 본 평가표는 소규모 커피 제조 및 휴게 음식업 종사자분들이 활용하시면 됩니다.
※ 업소 성격에 따라 해당 사항과 점수를 정리해서 100점 만점 기준 평가표로 활용합니다.
※ 본 평가표는 지자체의 모범위생업소 자율가이드 자료에서 발췌하였습니다.

《작성요령》

■ 기본관리 평가항목
〈서류 평가(법적서류)〉
  ○ 영업허가(신고) 및 변경신고
   − 비치된 영업허가(신고)증 및 부대서류는 평가대상업소의 영업자의 성명, 영업소의 명칭 또는 상호, 식품군 및 식품첨가물과 일치하여야 하며, 추가 제조 식품군 및 식품첨가물이 있는 경우에는 이에 대한 변경신고 이행유무를 확인하여야 한다.
  ○ 품목제조보고
   − 품목제조보고서를 적법하게 보고하여야 하며, 품목제조보고서 사본을 보관·관리하여야 한다.
  ○ 생산작업기록서류
   − 생산 또는 작업기록서류를 작성하여야 하며, 이들 서류를 3년간 보관·관리하여야 한다.
  ○ 원료수불부
   − 원료(원부자재, 포장재 등) 수불관계서류를 작성하여야 하며, 이들 서류를 3년간 보관·관리하여야 한다.
  ○ 제품의 거래기록
   − 제품의 거래기록을 작성·유지하여야 하며, 이들 서류를 3년간 보관·관리하여야 한다.
  ○ 자가품질검사
   − 자가품질검사 실시 등 관련서류를 2년간 보관·관리하여야 한다. 자가품질검사관련 서류에 기재된 내용은 법령으로 정하여진 자가품질검사항목 및 검사횟수에 적합하여야 한다.
  ○ 건강진단
   − 식품 등의 채취·제조·가공·운반·보관 등에 직접 종사하는 직원(작업원)은 입사할 때와 년 1회 이상 건강진단을 받아야 하며, 이를 증빙하는 서류(건강진단증, 건강진단서류 등)를 보관·관리하여야 한다.
  ○ 위생교육
   − 법령으로 정하는 영업자 등에 대한 위생교육을 받아야 하며, 이를 증빙하는 서류를 보관·관리하여야 한다.
  ○ 음용수 수질검사
   − 지하수를 사용하는 때에는 음용수의 경우 연 2회 이상, 기타용수의 경우 연 1회 이상 정기 수질검사를 하여야 하고, 이를 증빙하는 서류(성적서 등)를 보관·관리하여야 한다.
   − 상수도를 사용하는 경우에는 "유(○)"로 표시하고, "비고"에 상수도라고 기입한다.
  ○ 생산실적보고
   − 법령으로 정하는 생산실적보고를 하며, 생산실적보고서 사본을 보관·관리하여야 한다.

○ 소비자 이물 신고 기록부
  – 소비자로부터 이물 검출 신고 등을 받은 경우 그 내용을 기록하여 2년간 보관하여야 한다.

〈환경 및 시설평가〉

○ 환경 및 시설평가는 구획관리, 제조설비 등에 대한 수준을 평가하는 것으로서 평가실시시점을 기준으로 하여 평가대상업소의 현장을 확인한 후 평가한다.
  – 평가결과는 유(○), 무(−) 중에서 하나를 선택하여 평가표에 기입한다. 이 경우, 불필요하여 구비하지 아니한 시설의 경우에는 "유(○)"로 기입한다.
○ 건축물
  – 위치
  • 공장은 오염발생원(축산폐수, 화학물질, 기타오염물질 등)과 일정한 거리를 두고 있어 나쁜 영향을 받지 아니하여야 한다. 다만, 공장이 밀폐식 건물로 이루어졌고, 공조시설을 통해서 외부환경의 영향을 받지 아니하는 경우는 제외한다.
  – 구조
  • 온도 : 작업장은 작업원이 종사하기에 적절한 온도 이하를 유지하여야 한다. 만약 작업원이 많은 땀을 흘리거나 위생복을 풀어 해칠 정도로 더운 경우는 "무(−)"로 기입한다.
  • 환기유지 : 작업장안에는 매연, 악취, 증기 등이 차지 아니하도록 적절한 환기를 유지하여야 한다.
○ 작업장
  – 분리
  • 작업장은 식품(또는 식품첨가물)제조·가공 외 용도로 사용되는 시설(사무실 등)이 작업장에 영향을 주지 아니하도록 작업장과 벽, 층으로 분리되어 있어야 한다.
  • 각 공간이 벽, 층으로 분리되어 있어도 주변으로부터의 오염을 방지하지 못하는 구조이거나 상태(예; 문이 없음, 벽이 부서지거나 구멍남 등)인 경우에는 "무(−)"로 기입한다.
  – 작업실
  • 작업장, 작업실 또는 작업동은 식품 등의 제조·가공을 하는 수행하는 공간이므로 주변 환경으로부터 나쁜 영향을 받지 아니하도록 분리(벽 또는 층) 또는 구획되어야 한다. 다만, 자동화 시설 또는 제품의 특수성으로 인하여 분리 또는 구획할 필요가 없다고 인정되는 경우에는 선·줄 등에 의한 구분도 가능하다.
  • 원료처리실 또는 전처리실은 해당 목적에 적합하도록 구성되어야 하고, 전용으로 사용되어야 하며, 다른 작업공간(예; 충전실)과 벽, 층으로 분리되어야 한다.
  • 제조가공실은 식품 등의 제조·가공을 직접 수행하는 공간이므로 해당 목적에 적합하도록 구성되어야 하고, 전용으로 사용되어야 하며, 다른 작업공간과 벽, 층으로 분리되어야 한다.
  • 충전(진)실(내포장실을 포함)은 해당 목적에 적합하도록 구성되어야 하고, 전용으로 사용되어야 하며, 다른 작업공간과 벽, 층으로 분리되어야 한다.
  – 바닥
  • 바닥은 내수성 재질로 내수처리 되어야 하고, 물이 잘 고이지 아니하여야 한다. 만약 바닥이 평평하지 아니하여 물이 고여있거나 울퉁불퉁하고 홈이 파여 있는 경우, 바닥의 상당부분에 곰팡이,

꺼멓게 된 기름때, 오래된 찌꺼기가 있는 경우, 바닥이 갈라지거나 파손되거나 코팅된 바닥의 상당 부분이 분리되거나 들고 있어난 경우에는 "무(-)"로 기입한다. 다만, 작업특성상 물을 사용하지 아니하여 항상 마른 상태의 바닥을 유지하는 경우에는 "유(○)"로 기입한다.

- 배수용이성 : 배수로는 배수가 용이한 구조 즉, 적정한 경사·폭·깊이를 갖추어야 한다. 만약 물이 고여있거나 넘치는 경우, 배수로에 오래된 침전물이 있고, 냄새가 심한 경우에는 "무(-)"로 기입한다. 만약 물을 사용하지 아니하는 작업장인 경우에는 배수로의 유무와 상관없이 "유(○)"로 기입한다. 다만, 물을 사용하지 아니하는 작업장에 배수로가 있는 경우에는 청결 및 유지·보수를 확인하여야 한다.

  - 내벽
- 내벽은 바닥으로부터 1.5미터 이상 내수성, 내부식성 재질이어야 하며, 밝은색이어서 더러움이나 오염을 쉽게 확인할 수 있어야 한다. 만약 내벽이 녹이 슬거나 부식이 되는 재질인 경우, 내벽의 많은 부분이 먼지, 연기, 오물 등으로 지저분하거나 파손되어 있는 경우에는 "무(-)"로 기입한다.

  - 환기설비
- 작업장에서 사용하는 환기설비는 깨끗하고 잘 유지·보수되어야 하며, 만약 작업장 또는 특정 작업공간에 매연, 증기 등이 차서 잘 보이지 아니하거나 작업에 지장을 주거나 천장, 벽 등에 응축수가 생기는 경우, 환풍기, 환기구 등에 찌든 때가 있고 퇴적물이 떨어지기 쉬운 경우에는 "무(-)"로 기입한다.

  - 방서·방충
- 작업장은 외부로부터 쥐·벌레 등이 유입되지 아니하도록 방서시설과 방충망 등의 방충시설을 갖추어야 한다. 만약 벽, 문, 창, 환기구 및 배수구의 밀폐장치 등이 파손되었거나 밀폐성이 부족(닫히지 아니하는 경우 등)하여 외부와 연결이 되는 경우에는 "무(-)"로 기입한다.

  - 청결관리
- 작업장의 특성(원료처리실, 제조가공실, 충전·포장실)에 적합하게 청결상태를 유지·관리하여야 한다.

○ 식품 등의 취급시설 등
  - 식품 등의 접촉부분
- 위생적 내수성 재질 : 제조·가공용 설비 또는 기계는 식품 등에 접촉하는 부위가 내수성·내부식성 재질(스테인레스, 알루미늄, FRP, 테프론 등)이어야 한다. 또한 제조·가공용 설비(기계)는 식품 등에 접촉하는 부위가 깨끗해야 하고, 잘 유지·보수하여야 한다. 만약 해당 부위의 세척·소독이 잘 되지 아니하여 부패·변질물이 있거나 오래된 찌꺼기가 있는 경우와 건조·유지보수가 되지 아니하여 녹이 슬은 경우에는 "무(-)"로 기입한다.
- 세척 및 살균, 소독 : 제조·가공기계(설비), 도구·용구 등을 세척 또는 소독할 수 있는 공간이 있어야 하고, 세척·소독한 소품들을 건조·보관하는 것이 가능한 공간이 있어야 하며, 필요시 선반 등을 구비하여야 한다. 만약 기계, 도구의 세척·소독공간이 별도 마련되어 있지 아니한 경우에는 "무(-)"로 기입한다. 또한 제조·가공기계(설비), 도구·용구 등을 세척 또는 소독할 수 있는 기구(예; 솔, 수세미 등) 및 시설(예; 고압세척기 등)이 있어야 한다. 만약 기계, 도구 세척·소독공간이 별도 마련되어 있지 아니한 경우에는 세척·소독설비가 있어도 "무(-)"로 기입한다. 제

조·가공기계(설비), 도구·용구 등을 세척하는데 사용할 온수가 항시 공급되어야 한다. 만약 온수를 틀은 지 3분이 지나도 온수가 나오지 아니하는 경우에는 "무(−)"로 기입한다.

– 냉동·냉장시설 및 가열처리시설

• 냉동·냉장시설 및 가열처리시설에는 온도표시장치를 설치하여야 한다.

• 냉동·냉장시설 및 가열처리시설에 설치된 온도계측기는 정확하여야 한다. 만약 계측기가 부정확하고, 고장 또는 파손된 경우에는 "무(−)"로 기입한다. 그러나 계측기가 없이 사람이 조절하고, 그 조절이 적정한 경우에는 "유(○)"로 기입한다.

• 냉동·냉장시설 및 가열처리시설에 설치된 온도계측기를 검·교정관리하고, 온도계측기의 적정성을 점검하는 점검표를 구비하여야 하며, 이를 정기적으로 기록·관리하여야 한다.

• 대상업소·공정·제품의 특성상 냉동·냉장시설(설비) 및 가열처리시설을 사용할 필요가 없는 경우에는 세부평가항목 전체를 "유(○)"로 기입한다.

– 청결관리

• 제조·가공용 기계·기구류에 대한 세척·소독을 실시하고 청결상태를 유지·관리하여야 한다.

○ 급수시설

– 사용용수는 먹는물수질기준에 적합하여야 하며, 사용용수로 지하수를 사용할 경우 취수원은 오염원(화장실, 폐기시설, 동물사육장)과 20미터 이상 떨어져야 한다. 수돗물을 사용하는 경우는 "유(○)"로 기입한다.

○ 화장실

– 화장실은 정화조를 갖춘 수세식이어야 한다. 화장실의 바닥, 내벽(1.5m 이상)은 내수성 재질로써 견고하여야 한다. 만약 바닥·바닥과 벽의 연결부·벽 하단부가 오래된 찌꺼기 등으로 누렇게 변색되어 냄새가 심하게 나는 경우, 또는 바닥·바닥과 벽의 연결부·벽 하단부가 상당부분 갈라지거나 파손된 경우에는 "무(−)"로 기입한다.

○ 창고 등의 시설

– 위생적 보관관리

• 교차오염을 방지하기 위하여 원료와 제품은 구분·관리하여야 한다. 만약 교차오염 가능성이 있는 경우에는 "무(−)"로 기입한다.

• 보관품(원부자재, 포장재, 공정품, 제품 등)을 바닥과 벽에서 일정 거리를 이격시켜 보관하여야 한다. 만약 벽에 붙여서 보관하거나 바닥에 장기간 방치한 경우, 또한 이격용 도구·설비가 기능을 못하거나 오염을 발생시키는 경우에는 "무(−)"로 기입한다.

• 창고 등의 시설에 대하여 세척·소독을 실시하고 청결상태를 유지·관리하여야 한다.

– 적정 보관·관리

• 부패, 변질되기 쉬운 원료 및 제품은 반드시 냉동·냉장보관 하여야 한다. 단, 냉동·냉장이 필요 없는 경우에는 "유(○)"로 기입한다.

○ 검사실

– 검사실(또는 실험실)은 해당 목적에 적합하도록 구성되어야 하고, 전용으로 사용되어야 하며, 다른 작업공간과 벽, 층으로 분리되어야 한다.

– 검사실이 없는 경우에는 "무(−)"로 기재한다.

- 평가대상업소가 사용하는 원부자재, 공정품, 제품에 대한 검사에 필요한 시설(설비) 및 기구를 구비하여야 하고, 검사를 위한 충분한 공간을 갖고 있어야 한다. 만약 검사시설(설비) 및 기구는 있어도 실질적 사용이 안 되거나 장기간 사용하지 아니하는 경우에는 "무(−)"로 기입한다.

○ 출고 · 운반관리
- 원부자재, 포장재, 제품의 보관상태, 반출 · 입 관리상태(선입선출 준수), 반품 · 불량품의 관리상태를 점검하는 점검표를 구비하여야 하고, 이를 현장에서 기록 · 관리하여야 한다.

○ 제조 · 가공 · 조리 · 포장 종사자의 개인위생관리
- 작업원은 위생복, 위생모, 위생화를 올바르게 착용하여야 한다. 위생복, 위생모, 위생화를 착용하지 아니하는 경우에는 "무(−)"로 기입한다.
- 위생복, 위생모, 위생화 등은 깨끗하여야 한다. 위생복, 위생모, 위생화 등이 더럽거나 오염된 경우에는 "무(−)"로 기입한다.
- 작업원의 손, 손톱, 머리카락 등은 깨끗하여야 한다. 무작위로 작업원을 선택하여, 작업원의 손, 손톱, 머리카락 등을 직접 확인하여야 한다.
- 작업원은 반지, 시계, 목걸이 등을 착용하여서는 아니 된다. 만약 교차오염을 방지하기 위해 특별히 고안된 장비 또는 장갑 등을 착용하지 아니하고 맨손 작업을 하는 작업원이 반지, 시계를 착용한 경우에는 "무(−)"로 기입한다.

■ 우수관리 평가항목
○ 우수관리 평가항목은 기본관리항목과 동일한 방법으로 평가실사 시점을 기준으로 하여 평가대상업소에 대한 사항을 기재한다.
- 서류평가는 평가실시시점을 기준으로 하여 평가대상업소의 해당 세부평가항목에 대하여 유(○), 무(−)로 구분하여 평가표의 "평가결과"에 ○, −로 표시한다.
- 평가항목(세부평가항목)에 관련된 평가서류가 없는 경우에는 "무(−)"로 기입한다. 다만, 평가대상업소가 평가표에 있는 서류명, 서식명, 규정명과 다른 명칭으로 관리하더라도 평가내용을 만족하는 경우에는 이를 인정하여야 한다.
- 담당자 이름과 서명(날인), 관리책임자 이름과 서명(날인), 날짜 또는 점검결과 등이 허위로 기재되거나 사실과 달리 기록된 경우에는 "무(−)"로 기입한다.
- 서류평가대상 시 점검표 등의 사실성, 현장성, 실제성을 확인하기 위하여 기록자 또는 관리자와 인터뷰를 할 수 있고, 만약 형식적 또는 허위로 작성 또는 기록된 경우에는 "무(−)"로 표시하며, 해당 세부평가항목의 "비고"에 해당 사유를 기입하고 관계자 이름과 서명(날인)을 받는다.
- 평가기준에 적합하지 아니하면 "무(−)"로 기입하고, 이 경우 해당 사유를 "비고" 또는 "평가기준" 칸에 기입한다.
- 평가결과는 유(○), 무(−) 중에서 하나를 선택하여 평가표에 ○, − 중 하나를 기재한다.

○ 작업장관리 및 기록
- 작업장관리
• 작업장의 특성(원료처리실, 제조가공실, 충전포장실)에 적합하게 규정한 장소별 청소방법을 설정

하여야 하고 이의 준수여부 또는 청결상태를 점검하는 점검표를 구비하여야 하며, 이를 현장에서 기록·관리하여야 한다.

- 작업표준관리 : 공정별 관리점검표를 구비하고 이를 기록·관리하고 있는 경우에는 "유(○)"로 기입한다.

- 방역 및 소독관리 : 작업장, 창고 등을 주기적으로 방역(소독)하고, 이를 기록·관리하고 있는 경우에는 "유(○)"로 기입한다.

- 폐기물관리: 작업장 밖에 있는 폐기물저장소의 청결 및 관리상태를 점검하는 점검표를 구비하고, 이를 기록·관리하고 있는 경우에는 "유(○)"로 기입한다.

○ 식품취급시설 등 관리 및 기록

- 청결관리

• 제조·가공용 기계·기구류에 대한 세척·소독방법을 설정하여야 하고, 이의 준수여부 또는 청결상태를 점검하는 점검표를 구비하여야 하며, 이를 현장에서 기록·관리하여야 한다.

- 유지보수관리 : 작업장에 있는 제조·가공용 설비의 기계별 정상적 작동여부를 점검(진동, 소리, 계측기 등을 통한 점검)하는 점검표를 구비하고, 이를 정기적으로 기록·관리하고 있는 경우에는 "유(○)"로 기입한다.

- 검·교정관리 : 작업장에 있는 제조·가공용 설비, 기계(특히 가열, 가압, 냉장 또는 냉동 등에 관련된 것)와 관련한 계측기를 검·교정관리하는 방법을 구비·보관하였고, 작업장에 있는 제조·가공시설의 계측기 적정성을 점검하는 점검표를 구비하였으며, 이를 정기적으로 기록·관리하고 있는 경우에는 "유(○)"로 기입한다.

○ 창고 등의 시설 관리 및 기록

- 청결관리 : 창고 등의 시설에 대하여 세척·소독방법을 설정하여야 하고, 이의 준수여부 또는 청결상태를 점검하는 점검표를 구비하여야 하며, 이를 현장에서 기록·관리하여야 한다.

- 검수관리 : 원부자재, 포장재 검수기준에 따른 검수결과를 기록·관리하고 있는 경우에는 "유(○)"로 기입한다.

- 보관관리: 원부자재, 포장재, 제품의 보관상태를 점검하는 점검표를 구비하고, 이를 현장에서 기록·관리하고 있는 경우에는 "유(○)"로 기입한다.

- 반품 등의 관리 : 창고에 보관된 반품·불량품의 분리보관 준수여부 및 반품·불량품의 관리상태를 점검하는 점검표를 구비하고, 이를 기록·관리하고 있는 경우에는 "유(○)"로 기입한다.

○ 종사자관리 및 기록

- 종사자관리 : 종사하는 작업원의 작업복장 착용, 손씻기·소독상태, 작업 중 위생적 행동, 작업원의 개인위생상태 등을 점검하는 위생점검표를 구비하고, 이를 현장에서 기록·관리하고 있는 경우에는 "유(○)"로 기재한다.

- 식품위생교육훈련관리 : 법정 위생교육을 제외한 교육·훈련으로

• 연 1회 이상 사외 교육·훈련을 실시하고 그 실시결과를 기록·관리하여야 한다. 교재·강사명·교육명·교육인원·교육참석자 서명(날인)·교육일시 및 교육시간이 입증된 경우에 한하여 "유(○)"로 기입한다.

• 연 4회 이상 사내 교육·훈련을 실시하고 그 실시결과를 기록·관리하여야 한다. 다만, 1회 교

육은 50분 이상이어야 하고 「식품위생법」령, 기준 및 규격, 표시 등에 대한 교육·훈련을 품질관리직 직원을 포함한 직원(전체 직원의 최소 1/3을 초과하여야 함)에게 실시한 경우에 한하여 "유(○)"로 기입한다.

○ 현장관리

– 작업장의 조도

• 작업장은 작업에 지장이 없는 밝기를 유지하여야 한다(200룩스 이상). 조명기구 없이 자연채광으로 작업에 필요한 밝기가 유지되는 경우에는 "유(○)"로 기입한다.

• 조명기구는 보호장치를 설치하여야 한다. 만약 제조·가공설비 위나 원부자재·포장재·공정품 등 위에 있는 조명기구에 보호장치가 없는 경우에는 "무(−)"으로 기입한다.

– 세제, 유해물질 : 세제, 소독제, 윤활유 등은 식품과 직·간접적으로 접촉하는 제조·가공시설(설비) 및 원부자재, 포장재, 공정품, 제품 등과 분리하여 보관하여야 한다. 만약 세제, 소독제, 윤활유 등을 제조·가공설비의 식품과 직접 접촉하는 면이나 원부자재·포장재·공정품 등과 같이 밀착 보관하는 경우에는 "무(−)"로 기입한다.

– 저수탱크 : 저수탱크는 6개월에 1회 이상 세척하여야 하며, 이를 기록·관리하여야 한다.

– 화장실관리 : 화장실 전용 신발을 따로 구비하고 있는 경우에는 "유(○)"로 기입한다.

– 작업장관리 : 작업장 출입구에 먼지 및 이물 제거장치를 설치하고 이를 관리하고 있는 경우에는 "유(○)"로 기입한다.

– 식품위생감시원 지적 : 식품위생감시원의 출입 및 검사결과 지적사항이 없는 경우에는 "유(○)"로 기입한다.

○ 제품관리

– 위생관리 책임자 : 식품 또는 식품위생 전공자 및 관련 자격증 소지자가 위생관리 책임자로 있는 경우에는 "유(○)"로 기입한다.

– 자가품질검사 : 자가품질검사 시 법령에서 정한 검사항목 외의 검사항목을 추가하거나 법령에서 정한 검사횟수의 2배 이상으로 검사를 실시하고 있는 경우에는 "유(○)"로 기입한다.

– 유통기간설정 : 제품의 유통기간을 설정하는데 근거로 사용한 자료를 구비하고, 이를 보관·관리하고 있는 경우에는 "유(○)"로 기입한다.

– 제품 유해물질 분석 : HACCP의 원칙에 따라 생산제품에서 발생할 수 있는 유해물질에 대한 위해요소분석을 실시하고 그 근거자료를 구비하고 있는 경우에는 "유(○)"로 기입한다.

– 제품 유해물질 관리 : HACCP의 원칙에 따라 생산제품에서 발생할 수 있는 유해물질에 대한 CCP 결정을 거쳐 관리기준(Critical limit)을 설정하고 이를 관리(monitoring)하고 있는 경우에는 "유(○)"로 기입한다.

– 회수관리 : 자체 회수관련 규정 등을 마련하고, 담당직원을 고용하여 회수담당부서를 실제로 운영하고 있는 경우에는 "유(○)"로 기재한다.

– 소비자보호관리 : 자체소비자상담(반품, 피해구제 등을 포함함) 관련 규정 등을 마련하고, 담당직원을 고용하여 소비자보호부서를 실제로 운영하고 있으며, 소비자상담(반품, 피해구제 등을 포함함)관련 내용을 기록·관리하고 있는 경우에는 "유(○)"로 기입한다.

■ **행정처분**

  ○ 행정처분 및 행정지시관련 서류를 보관·관리하여야 한다.

  ○ 행정처분내용은 업소를 방문하여 얻은 평가결과를 위생관리등급 프로그램에 입력한 뒤 기입한다.

  ○ 행정처분은 조사시점을 기준으로 하여 최근 1년 동안 있었던 행정처분내용을 기입한다.

  ○ 행정처분은 영업정지, 영업정지 및 당해 제품폐기, 품목류제조정지, 품목류제조정지 및 당해 제품폐기, 품목제조정지, 품목제조정지 및 당해 제품폐기는 날짜(일)로 기입하고, 시정명령, 시설개수명령, 과태료 처분은 건으로 기입한다. 날짜(일), 건은 1년 동안 각각의 행정처분사항을 항목별로 합산하여 해당 항목에 기입한다.

위생관리 평가표

◎ 매장 목표 점수 (   )점 / 점검 결과 점수 (   )점

■ 기본관리 평가항목(47개)

1. 서류평가(13개)

평가 항목	세부평가 항목	평가 기준	평가 결과		비고
			유/무	점수	
아래 세부평가항목 관련 서류, 시설 및 관리를 완벽하게 구비 또는 수행하고 있는 경우에만 "유(○)"로 표시하십시오.					
① 법적 서류	영업등록	영업자의 성명		1	
		영업소의 명칭 또는 상호		1	
		추가 제조 식품 · 식품첨가물 변경등록		1	
	품목제조보고	품목제조보고 이행		1	
	생산작업기록	생산 및 작업기록서류 작성 및 3년간 보관		1	
	원료수불부	원료수불관계서류 작성 및 3년간 보관		1	
	제품의 거래기록	제품의 거래기록 작성 및 3년간 보관		1	
	자가품질검사	자가품질검사실시 및 2년간 성적서 비치(법적검사항목 및 검사횟수의 준수 여부)		1	
	건강진단(보건증)	종사자의 건강진단 실시 및 관련서류 보관(연 1회 이상)		1	
	위생교육	영업자 위생교육 이수		1	
	음용수 수질검사	수돗물 또는 먹는 물 수질기준에 적합한 지하수 사용 및 관련 서류 보관(음용수의 경우 연 2회 이상, 기타용수의 경우 연 1회 이상 정기수질검사)		1	
	생산실적보고	생산실적보고 이행		1	
	소비자 이물 신고 기록부	소비자 이물 신고 기록부 작성(2년간 보관)		1	
소 계				13	

2. 환경 및 시설 평가(34개)

평가 항목	세부평가 항목	평가 기준		유/무	점수	비고
① 건축물	위치	오염발생원(축산폐수, 화학물질, 기타오염물질 등)과 일정 거리 유지 또는 오염방지방법 등 확보			1	
	구조	적정온도 및 환기유지			1	
② 작업장	분리	식품 등의 제조 · 가공 외 용도로 사용되는 시설과 분리			1	
	작업실	분리(벽 또는 층) 또는 구획(칸막이, 커텐 등). 단, 자동화 시설 또는 제품의 특수성으로 인하여 분리 또는 구획할 필요가 없다고 인정되는 경우 선 · 줄 등에 의하여 구분 가능	원료처리실		1	
			제조가공실		1	
			충전 · 포장실		1	
	바닥	내수처리			1	
		배수 · 세척 · 소독 용이성(단, 시설 · 제품의 특수성으로 배수 등이 불필요한 경우 인정)			1	
	내벽	1.5미터 이상 밝은색의 내수성 설비 또는 세균방지용 페인트로 도색			1	
	환기설비	충분한 환기시설 구비(악취, 유해가스, 매연, 증기 등)			1	
	방서 · 방충	배수구의 차단성			1	
		문의 밀폐성			1	
		창문 및 환기구의 밀폐성			1	
	청결관리 (천장, 바닥, 내벽, 배관, 외부 등)	원료처리실			1	
		제조가공실			1	
		충전 · 포장실(외포장실 제외)			1	
③ 식품 등의 취급시설 등	식품 등의 접촉부분	위생적 내수성 재질(스테인레스 · 알루미늄 · FRP · 테프론 등) 또는 위생적인 목재			1	
		세척용이성 및 소독 · 살균 가능성			1	
	냉동 · 냉장시설 및 가열처리시설	온도측정계기 설치			1	
		적정 온도 유지			1	
		온도측정계기 적정 관리(검 · 교정 등)			1	
	청결관리	제조 · 가공용 기계 · 기구류의 세척 및 소독			1	
④ 급수 시설	수돗물 또는 지하수 등	수돗물 또는 먹는물수질기준에 적합한 급수시설로서 취수원은 오염원으로부터 영향을 받지 아니하는 곳에 위치			1	
⑤ 화장실	설치	정화조를 갖춘 수세식 화장실로서 바닥과 내벽 (1.5m 이상) 내수처리			1	
⑥ 창고 등의 시설	위생적 보관 · 관리 (창고에 갈음할 수 있는 냉동 · 냉장시설을 따로 갖춘 업소의 경우도 인정)	원료와 제품의 구분관리			1	
		바닥 · 벽과의 일정간격 유지			1	
		청소 및 소독 등			2	
	적정 보관 · 관리	부패 · 변질되기 쉬운 원료 및 제품의 냉동 · 냉장보관 (단, 냉동 · 냉장보관이 필요없는 경우도 인정)			3	
⑦ 검사실	설비 (「식품위생법」시행규칙 제36조 관련 별표 14 업종별 시설 기준 제1호 사목 1)에 해당되는 경우도 인정)	당해 식품 등의 기준 및 규격을 검사할 수 있는 검사실, 기계 · 기구 및 시약류 구비			1	
⑧ 출고 · 운반관리	보존 및 보관	식품 등의 기준 및 규격이 정하고 있는 보존 및 보관기준에 적합하도록 보관 · 운반			1	
⑨제조 · 가공 · 조리 · 포장 종사자의 개인 위생관리	복장	위생복, 위생모, 위생화 등의 적정 착용			1	
		위생복, 위생모, 위생화 등의 청결유지			1	
	손청결, 장신구 착용 등	손, 손톱 등의 청결 유지(손세척 · 소독 설비 포함)			1	
		반지, 목걸이, 시계 등의 착용금지			1	
소 계					37	

■ 우수관리 평가항목(28개)

평가 항목	세부평가 항목	평가 기준	평가 결과		비고
			유/무	점수	
① 작업장 관리 및 기록	작업장관리	작업장 특성별 청결관리		1	
	작업표준관리	공정별 관리점검표 구비 및 기록관리		1	
	방역 및 소독관리	작업장, 창고의 방역(소독)실시 및 기록관리		1	
	폐기물관리	폐기물 저장소 관리 점검표 구비 및 기록관리		1	
② 식품 취급시설등 관리 및 기록	청결관리	기계·기구류의 세척 및 소독관리 기록 관리		1	
	유지보수관리	설비(기계)별 정상적 작동여부 점검표 구비 및 기록관리		1	
	검·교정관리	설비(가열, 가압, 냉장 또는 냉동기계 등)의 계측기 검·교정 점검표 구비 및 기록관리		1	
③ 창고 등의 시설 관리 및 기록	청결관리	창고 등의 세척 및 소독관리, 기록관리		1	
	검수관리	원부자재 검수점검표 구비 및 기록관리		1	
	보관관리	원부자재,제품의 보관상태 점검표 구비 및 기록관리		1	
	반품 등의 관리	반품, 불량품의 분리보관 및 처리결과 기록관리		1	
④ 종사자 관리 및 기록	종사자관리	종사자 복장의 착용규정, 손씻기·소독상태, 개인위생 점검표 구비 및 기록관리		1	
	식품위생교육훈련관리	연 1회 이상 사외 교육훈련실시 및 기록관리		3	
		연 4회 이상(매회 50분 이상) 사내 교육훈련 실시 및 기록관리		5	
⑤ 현장 관리	작업장의 조도	작업에 지장이 없는 밝기(200룩스 이상)		1	
		조명기구 보호장치 설치		2	
	세제, 유해물질	세제, 소독제 등의 윤활유 등의 별도 관리		2	
	저수탱크	저수탱크의 세척(1회/6개월) 및 기록유지		1	
	화장실관리	화장실 전용 신발 구비		1	
	작업장관리	작업장 출입구 먼지 및 이물 제거장치 설치 및 관리		2	
	식품위생감시원 지적	식품위생감시원의 출입·검사결과 지적사항이 없는 업소		5	
⑥ 제품 관리	위생관리책임자	식품 또는 식품위생 전공 및 자격증 소지자		3	
	자가품질검사	자가품질검사 실시(법적 외 검사항목 또는 법적검사횟수 2배 이상 추가 실시)		2	
	유통기간설정	제품의 유통기간 설정용 근거자료 구비		2	
	제품 유해물질 분석	유해물질 분석 및 근거자료 구비		2	
	제품 유해물질 관리	유해물질 관리기준설정 및 유지관리		2	
	회수관리	회수 담당기구 운영		2	
	소비자보호관리	소비자 담당기구 운영		3	
소　계				50	

■ 행정처분

구 분	행정처분 내용	감점 기준
영업정지	일	일당 3점 감점 추가
영업정지 및 당해 제품폐기	일	일당 5점 감점 추가
품목류제조정지	일	일당 2점 감점 추가
품목류제조정지 및 당해 제품폐기	일	일당 3점 감점 추가
품목제조정지	일	일당 1점 감점 추가
품목제조정지 및 당해 제품폐기	일	일당 2점 감점 추가
시설개수명령	건	건당 5점 감점 추가
과태료 처분	건	건당 3점 감점 추가
시정명령	건	건당 3점 감점 추가

여기서 멈출 거예요? 고지가 바로 눈앞에 있어요.
마지막 한 걸음까지 시대에듀가 함께할게요!

여기서 멈출 거예요? 고지가 바로 눈앞에 있어요.
마지막 한 걸음까지 시대에듀가 함께할게요!

여기서 멈출 거예요? 고지가 바로 눈앞에 있어요.
마지막 한 걸음까지 시대에듀가 함께할게요!

여기서 멈출 거예요? 고지가 바로 눈앞에 있어요.
마지막 한 걸음까지 시대에듀가 함께할게요!